KB042465

보험과 행동경제학

Insurance and Behavioral Economics

하워드 C. 컨루더 · 마크 V. 폴리 · 스테이시 맥모로 지음
김정동 옮김

박영사

서 문

이 책의 연구 대상은 보험을 구입하는 개인과 기업, 보험을 판매하는 보험산업의 의사결정자, 보험을 규제하는 지방정부, 주정부 및 연방정부의 정책 담당자들이다. 이 책에서는 그들의 실제 행동과 전통 경제학 이론에서 도출된 표준 모형benchmark models이 예측한 행동을 비교한다. 실제 행동이 예측과 다를 경우가 흔히 있는데, 그러한 행동을 변칙anomalies이라고 한다. 저자들은 그러한 변칙이 어떤 경우에 발생하고 어떤 경우에는 발생하지 않는지를 행동경제학이 제공하는 통찰을 이용하여 이해해보려 한다. 저자들은 또한 그러한 변칙 행동이 고쳐질 수 있는지, 그리고 어떻게 고칠 것인지를 생각해보려 한다.

이 책은 보험산업을 옹호하거나 공격하지 않는다. 비록 이 책이 보험을 현명하게 구입하는 데 도움이 될 수는 있겠지만, 보험소비자를 위한 보험구매 안내서는 아니다. 저자들은 이 책에서 정부의 보험 정책과 보험산업의 행동 중에서 개선할 필요가 있는 상황을 기술하고 있다. 그러한 개선을 이룩하려면 보험 관계자들이 하고 있는 비효율적이고 변칙적인 행동을 줄이고 개인과 사회의 후생을 증대시키는 방향으로 행동하도록 유도하는 인센티브, 규칙, 제도 등에 관하여 연구해야 할 것이다.

안전한 삶을 누리기 위하여 필요한 핵심 요소는 보험이 본연의 역할을 다할 수 있도록 투명성을 확보하는 것이다. 보험 본연의 역할이란, 위험이 닥쳐올 때면 주의하라는 신호를 보내고, 자신의 안전과 재무적 안정 및 건강을 증진할 책임을 다한 사람들에게 적절한 인센티브를 제공하며, 불행한 일을 겪는 사람들에게 적시에 보상을 제공하는 것이다. 개인과 조직의 선택과 행동이 표준모형에 가까울수록 결과 또한 최선일 때도 있지만, 정치적 여건과 경제적 환경에 따라 표준모형과 다른 선택을 선호하는 경우도 있다는 것을 저자들은 인식하고 있다. 이 책이 가장 오해를 많이 받는 산업(보험산업)에서 일어나는 혼란과 불신을 제거하는 데 도움이 되기를 바란다.

책의 구성

　제1부 「보험의 이상과 현실 비교」는 일련의 보험 실무 사례를 제시한다. 제1장에서는 이 책의 목적을 제시하고 보험에 대한 오해의 뿌리에 대하여 논의한다. 제2장에서는 보험의 수요와 공급에 관한 표준 경제학 모형을 제시함으로써 보험에 대한 전통 경제학의 가르침을 설명한다. 제3장에서는 표준모형과 사례들을 이용하여 실제 보험 의사결정 상황을 예시하고, "변칙행동anomalous behavior"을 정의한다. 제4장에서는 보험의 수요 측면과 공급 측면에서 각각 표준모형이 현실을 비교적 잘 설명하는 경우를 살펴본다.

　제2부 「소비자와 보험사의 행동 이해하기」는 표준모형을 도출하는데 사용된 가정이 현실의 여러 복잡성과 상충하는 문제에 초점을 맞춘다. 이러한 상충에는 리스크에 관한 불완전한 정보와 잘못된 정보, 보험 구매자와 판매자 간의 정보비대칭, 그리고 2차 손해 등이 포함된다. 제5장에서는 이러한 현실 하에서 보험시장이 어떤 모습을 나타내는지를 설명한다.

　표준모형이 소비자와 시장의 반응을 정확히 예측하는 데 실패한다면 행동경제학의 개념을 이용하여 다른 모형을 구축해야 한다. 제6장에서는 불확실성 하에서의 의사결정의 중요성에 초점을 맞추어 보험 수요를 설명하는 데 필요한 의사결정 모형을 개발한다. 그리고 제7장에서 수요 측면의 변칙이 왜 일어나는지를 보여주는 사례들을 제시한다.

　제8장에서는, 보험의 공급 측면으로 주제를 전환하여, 보험사가 어떻게 보험료를 책정하고 보장범위를 결정하는지, 그리고 그 과정에서 자본시장과 기업평가기관이 어떤 역할을 하는지를 살펴보고, 그 과정에서 나타나는 변칙을 검토한다. 보험사가 왜 표준모형에서 벗어나는 행동을 하는지를 이해함으로써 시장에서 나타나는 공급 측면의 변칙을 더 쉽게 이해할 수 있다.

제9장에서는 테러 공격과 자연재해의 사례를 이용하여 보험사들이 왜 변칙적인 행동을 하는지에 대하여 설명한다.

제3부 「보험의 미래」는 제1부와 제2부에서 살펴본 보험소비자와 보험사의 행동에 대한 이해를 바탕으로 다음과 같은 질문에 대한 답을 제시한다. 보험소비자들이 자신의 위험을 극복하는데 적합한 보험 상품을 구입하도록 도움을 주려면 어떠한 정보가 필요한가? 큰 손해가 발생한 이후에도 보험사가 계약자들에게 적절한 수준의 보험료로 보장을 제공하려면 어떻게 해야 하는가? 보험사로 하여금 투자자와 보험계약자들이 함께 매력을 느낄 수 있는 수준의 보험료로 보험상품을 지속적으로 공급하게 하려면 자본시장은 어떤 구조를 가져야 하는가? 보험소비자와 보험사들로 하여금 표준모형에 어긋나지 않게 행동하도록 유도하거나 요구하려면 정부는 어떤 역할을 해야 하는가?

제10장에서는 예상치 못한 사건으로 인한 손해를 누가 부담해야 그 손해를 초래하는 리스크의 발생 빈도와 손해 규모를 최소화할 것인지를 묻는다. 이에 대한 답은 자원을 효율적이고 공평하며 공정하게 배분하게 하는 데서 구할 수 있다. 그러한 원칙 하에서, 보험제도가 다른 정책들과 공조하여 리스크를 줄이고 발생된 손해를 적절히 보상하도록 하는 정보 체계와 시스템 설계 원칙을 개발한다. 제11장에서는 왜 보험소비자와 보험사가 변칙적인 행동을 하는지에 초점을 맞추어 변칙을 바로잡는 수요와 공급 양쪽 측면에서의 정책 조합을 제시하고, 그러한 정책이 어떻게 그들 자신의 효용과 사회의 후생을 향상시키도록 유도하는지를 설명한다.

그 다음 3개 장은 리스크를 감소시키는 보험 전략에 초점을 맞춘다. 제12장에서는 비용절감과 리스크 감소를 유도하는 다년multi-year 주택종합보험 계약을 제시한다. 제13장에서는 건강보험 시장에서 발생하는 변칙을 살펴보고, 그러한 변칙을 바로잡아 의료비와 건강보험료를 적절한 수준에서 유지하게 하는 방안을 검토한다. 마지막으로, 제14장에서는 보험시장이 개인과 사회의 후생을 향상시킬 수 있도록 하는 정치와 시장의 구조를 제시한다.

감사의 말씀

저자들이 이 책의 개념과 아이디어를 구상하던 5년 동안, 저자들의 동료이자 친구인 펜실베이니아 대학교의 교수들과, 정책 과정에서의 보험의 역할에 관심이 있는 연구자들로부터 많은 것을 배웠다. 또한, 현실 세계에서 일상적으로 보험 관련 문제를 다루는 실무자들과의 토론에서도 상당한 통찰을 얻었다. 그들은 저자들에게 제도적 장치와 현실의 의사결정 과정의 본질을 알게 해주었다.

Tom Baker, Debra Ballen, Jeffrey R. Brown, Cary Coglianese, Keith Crocker, Neil Doherty, Ken Froot, Jin Gallagher, Victor Goldberg, Gary Grant, Scott Harrington, Robert Hartwig, Eric Johnson, Robert W. Klein, Paul Kleindorfer, David Krantz, Michael Liersch, Jim MacDonald, Robert Meyer, Erwann Michel-Kerjan, Olivia Mitchell, Eric Nelson, Ed Pasterick, Jim Poterba, Richard Roth, Jr., Joshua Teitelbaum, Richard Thomas, 그리고, Joel Wooten에게 통찰과 비판적 의견을 준 것에 대하여 특별한 감사를 드린다. 이 책에서 논의한 많은 개념과 아이디어는 와튼 리스크 센터의 '극단적 재해Extreme Events' 팀의 비판적 검토를 거쳤다. 그들은 이 책의 14장의 내용인 '지도 원칙'을 고안하고 그 시사점을 도출하는 데 도움을 주었다. 다른 많은 개념들은 학회와 세미나에서 동료들과의 토론에서 얻었는데, 특히, 미국립경제연구소NBER의 보험 워크숍이 많은 도움이 되었다. 저자들은 또한 이 책을 쓸 수 있도록 재정적으로 지원한 '와튼 리스크관리 및 의사결정과정 센터'에게 감사드린다.

연구 조교로 수고한 Hugh Hoikwang Kim과 세심하게 원고를 편집하고 그 내용을 발표하는 데 전문적인 도움을 준 Douglas R. Sease에게 특별한 감사를 드린다. 예상보다 오래 걸린 이 책의 출판과정 내내 우리를 격려하고 지원해준 케임브리지 출판사의 편집인 Scott Parris에게도 크나큰 감사를 드린다. 원고를 편집하고 출판 과정의 여러 단계에서 값진 조언을 준 Carol Heller와 그를 도와준 Allison Hedges와 Ann Miller의 노고에 대해서도 특별히 치하한다.

마지막으로, Howard와 Mark는 이 책을 쓰는 동안 내내 지지와 격려를 보내준 우리들의 아내 Gail과 Kitty에게 감사한다. 우리는 그녀들에게 원고가 거의 완성되었다고 끊임없이 말했지만, 결국 그녀들은 책을 쓴다는 것이 긴 과정이라는 것을 알게 되었다. 이 책의 마지막 장의 주제인 '행동을 개선하는 전략과 원칙들'을 도출하는 데에는, 이 책을 쓰는데 얼마나 시간이 오래 걸릴 지에 대하여 저자들이 잘못된 인식을 가졌었다는 깨달음으로부터 자극받은 바 크다.

Howard C. Kunreuther

Mark V. Pauly

Stacy McMorrow

2012년 9월

역자 서문

이 책은 Howard C. Kunreuther, Mark V. Pauly, and Stacy McMorrow,
『Insurance & Behavioral Economics: Improving Decisions in the Most
Misunderstood Industry』(Cambridge University Press, 2013)을 번역한 것이다.
Kunreuther 교수와 Pauly 교수는 역자가 미국의 Pennsylvania 대학교
Wharton School의 박사과정에서 공부할 때 교수님이셨다. 역자는 두 분께
직접 배우지는 않았지만, 학문적으로나 인격적으로나 존경할 만한 교수님이
라는 것을 잘 알고 있었다. 두 분의 저서를 번역하게 된 것은 본 역자에게
큰 영광일 뿐 아니라, 번역하는 과정에서 많은 것을 배우게 되어 두 분께
감사드린다.

보험학은 기본 이론과 그 실증분석을 다루는 보험경제학, 보험료 및 보
험사의 재무적 안정에 관한 수리적 모형을 다루는 보험수리학, 그리고 보험
관련 법과 제도를 다루는 보험법학으로 구성되어 있다. 이 책의 주제는 보
험경제학이다. 전통적인 보험경제학은 주로 불확실성의 경제학과 정보경제
학을 이용하여 보험소비자, 보험사 및 정부 규제당국의 행동과 정책 및 전
략을 연구해 왔다. 전통적인 보험경제학이 보험현상의 많은 부분을 잘 설명
하고 예측하지만, 보험시장에는 전통적인 보험경제학으로는 잘 설명되지 않
는 현상도 있다. 행동경제학이 그러한 현상의 많은 부분을 설명할 수 있다.

행동경제학의 효시는 1979년에 저명한 경제학 학술지인 Econometrica
에 실린 Kahneman and Tversky의 논문 "Prospect Theory: An Analysis of
Decision under Risk"라는 것이 정설이다. Kahneman과 Tversky는 경제학
자가 아니라 심리학자였다. 그들의 논문의 주제인 프로스펙트 이론은 불확
실성 하의 의사결정 문제를 다루는 전통 미시경제학의 기본 이론인 기대효

용이론이 현실을 잘 설명하고 예측하지 못하는 점이 있음을 지적하고, 심리학의 방법론을 사용하여 전통 경제학이 잘 설명하지 못하는 부분을 설명하였다. 그 논문 이래로 그들의 방법론을 이용한 연구가 활발하게 이루어져 심리학과 경제학의 학제적 분야인 행동경제학으로 자리 잡았다. Kahneman은 Vernon Smith와 함께 심리학적 방법론과 실험적 방법론을 도입하여 경제학의 새로운 지평을 연 공로로 2002년 노벨 경제학상을 수상했다.

경제학과 심리학의 가장 근본적인 차이는 서로 다른 방법론을 사용한다는 데 있을 것이다. 경제학은 연역추리를 사용하는 규범적 이론체계를 가지고 있고, 심리학은 귀납추리를 사용하는 서술적 이론체계를 가지고 있다.

규범적 이론체계란, 몇 개의 자명한 원리로 구성된 공리公理로부터 연역추리를 통하여 정리定理들을 이끌어 내고, 그 정리가 현실을 잘 설명하는지를 관찰과 실험을 통하여 검증하는 이론체계다. 실증적 검증을 통과한 정리는 이론으로 인정되어 자연과 사회의 여러 현상들을 설명하고 예측하는 데 사용된다. 물리학, 화학, 생물학 등의 자연과학과 경제학이 이러한 이론체계를 가지고 있다.

반면에 서술적 이론체계란, 관찰된 여러 현상들을 설명할 수 있는 공통적인 원리를 도출하여 이론이라고 하고, 그 이론으로 다른 현상들을 설명하고 예측한다. 심리학과 사회학이 서술적 이론체계를 가지고 있는 대표적인 학문이다. 심리학의 방법론을 사용하는 행동경제학도 서술적 이론체계를 가지고 있다.

규범적 이론체계의 장점은 완벽한 논리적 체계를 가지고 있다는 것이다. 공리가 진실하다면 그로부터 연역적으로 도출된 정리의 진실함이 보장된다. 그러므로 어떤 현상이 왜 그러한지를 설명할 수 있다. 예를 들면, 경제학에 의하면 경쟁시장의 균형에서는 기업이 초과이윤을 얻지 못하는데, 그 이유는 가용한 자원이 한정되어 있고, 생산자와 소비자가 모두 이기적이고 합리적이기 때문이라고 설명한다.

그러나 서술적 이론체계를 가진 심리학은 인간이 이기적이고 합리적인 존재라는 공리를 인정하지 않는다. 그러므로 심리학은 완전경쟁시장의 존재와 시장에 균형이 존재하는 것을 인정하지 않고, 따라서 기업이 초과이윤을 얻지 못한다는 것도 인정하지 않는다. 서술적 이론체계에서는 오로지 현실에서 관찰할 수 있거나 실험으로 보여줄 수 있는 것만 진실하다고 생각한다. 완전경쟁시장 이론으로 어떤 종류의 시장을 어느 정도 설명할 수는 있지만, 이론처럼 완벽한 완전경쟁시장은 현실에 존재하지 않는다. 규범적 이론체계의 단점은 그 이론이 아무리 정교하더라도 복잡한 현실을 완벽하게 설명하지 못한다는 것이다. 또한, 소수의 공리로부터 엄격한 연역추리를 통하여 정리를 이끌어내기 때문에 현실의 다양하고 복잡한 현상을 다 설명할 수 있을 만큼 다양하고 융통성 있는 이론을 만들어내기 어렵다는 것도 단점이다.

서술적 이론체계의 장점은 어떤 현상이라도 다 설명할 수 있을 만큼 다양한 이론을 만들어낼 수 있다는 것이다. 단점은 논리적으로 완벽한 체계를 갖추지 못하여 이론들 사이에 상호 모순이 있을 수 있다는 것이다. 또한, 어느 이론이 옳은지를 검증하기가 어렵기 때문에 여러 학파가 난립하여 끝없이 논쟁하지만 결론이 나지 않는 현상이 일어난다.

예를 들어, 어느 상품을 슈퍼마켓에 진열할 때, 눈에 잘 띄는 곳에 두면 눈에 잘 안 띄는 곳에 둘 때보다 판매량이 더 많은 현상을 두 진영이 어떻게 설명하는지 비교해보자. 행동경제학의 주요 이론 중 하나인 프레이밍 이론은 똑같은 내용을 가진 말이라도 표현을 달리하면 사람들의 의사결정이 달라진다고 주장한다. 그리고 실제로 그러한 현상이 발생한다. 전통 경제학 이론에 의하면, 이기적이고 합리적인 경제인은 자신의 효용을 극대화하도록 행동하므로 상품을 어디에 진열하는지 관계없이 자신에게 가장 높은 효용을 주는 상품을 찾아내야 하는데, 사실은 그렇지 않으므로 전통 경제학의 이론은 틀렸고, 진열위치(프레임)를 바꾸면 판매량(소비자의 의사결정)이 달라진다는 프레이밍 이론이 옳다고 주장한다. 이에 대한 전통 경제학의 반론은, 눈에 잘 띄지 않는 곳에 진열된 상품을 찾아내는 데에는 탐색비용이라는 일종의 거래비용이 드는데, 거래비용을 고려하면 눈에 잘 띄지 않는 상품을 덜 소비하는 소비자들의 행동은 이기적이고 합리적이라는 경제학의 공리에 부합한다는 것이다. 어느 쪽을 지지할지는 각자 판단할 문제다.

서술적 이론의 한 가지 문제점은, '왜'라는 질문에 답하지 못하고, 현실이 그러하니 믿으라고 할 수밖에 없다는 것이다. 앞서 예를 가지고 설명하면, 프레이밍 이론은 프레임을 바꾸면 왜 사람들의 행동(의사결정)이 달라지는지를 설명하지 못하고, 그저 현실에서 그런 현상이 일어난다고 주장할 뿐이다. 또한, 프레이밍 이론의 예측과 다른 행동을 하는 사람도 있는데, 그런 경우를 설명하지 못하는 문제점도 있다.

예컨대, 슈퍼마켓의 구석에 숨겨져 있다시피 한 상품을 찾아내어 구입하는 소비자도 있는데, 프레이밍 이론은 그런 사람의 행동을 설명하지 못한다. 반면에 전통 경제학은, 그런 사람은 여유시간이 많아서 그런 상품을 찾아내는 데 드는 기회비용이 낮거나, 그 상품에 대한 선호도가 매우 높다고 설명한다. 즉, 그가 다른 사람들과 다른 조건을 갖고 있지만, 이기적이고 합리적인 존재라는 점에서는 같기 때문에 남들과 다른 행동을 한다는 것이다.

이처럼 연역적 이론체계를 가진 이론은 '왜'라는 질문에 답할 수 있다는 장점이 있다. 나아가서 경제학의 균형 개념에 의하면, 눈에 잘 안 띄는 곳에 진열한 상품이 예상외로 잘 팔리면, 슈퍼마켓의 경영자는 그 상품을 눈에 잘 띄는 곳으로 재배치 할 것이라고 예측한다. 균형개념이 없고, 인간의 이기심과 합리성을 부정하는 행동경제학은 이러한 현상도 설명하지 못한다.

그렇다고 해서 행동경제학의 가치가 부정되는 것은 아니다. 위의 예와는 달리, 전통 경제학으로는 설명하기가 매우 어려운 현상도 많다. 이 책에 나오는 현상인 9.11 이후 보험사들이 테러보험 시장에서 일시적으로 철수한 것이 그러한 예다. 그러한 경우에는 행동경제학으로부터 설명을 구하는 것이 현명하다.

세상은 매우 복잡하여 어느 한 이론으로 모든 행동과 현상을 다 설명할 수 없다. 먼 미래에 전통 경제학이 더욱 발전하여 현재 행동경제학으로만 설명할 수 있는 현상도 설명할 수 있게 될지도 모르지만, 아직은 아니다. 그러므로 전통 경제학과 행동경제학을 모두 공부하여 상황에 따라 적절히 취사선택하는 것이 올바른 접근법일 것이다. 대략적으로 말하면, 다수의 경제주체들의 장기적이고 평균적인 행동을 설명하고 예측하며, 정책의 목표를 설정하는 데에는 전통 경제학을 사용하고, 개인이나 소집단의 단기적인 행동을 설명하고 예측하며, 정책적 개입이 필요한 문제점을 찾아내고 진단하는 데에는 행동경제학을 사용하는 것이 좋을 것이다.

행동경제학자들 중에는 전통 경제학을 부정하는 학자가 있는가 하면, 인정하는 학자도 있다. 이 책의 저자들은 전통 경제학을 부정하지 않고, 전통 경제학이 잘 설명하지 못하는 몇몇 현상을 행동경제학으로 보완하는 입장을 취하고 있다. 현실의 시장에서는 전통 경제학의 예측과 다른 변칙anomalies이 발생하는데, 변칙이 발생하면 자원 배분의 비효율이 발생하여 사회적으로 손해와 낭비가 생기게 된다. 그러므로 정부와 기업 및 소비자들은 그러한 변칙의 발생을 가능한 한 최대로 억제해야 하고, 변칙이 발생하면 최대한 손해를 줄이는 방향으로 수습해야 한다. 그러려면 변칙 발생을 얼마나 줄일 수 있고, 어디까지 손해를 줄일 수 있을지를 알아야 한다. 즉, 변칙을 다루는 전략과 정책의 목표가 있어야 한다. 전통 경제학은 그러한 목표를 알려줄 수 있다. 이것이 전통 경제학이 필요한 하나의 중요한 이유다.

행동경제학자와 전통 경제학자는 서로 자기만 옳다거나 상대방이 틀렸다며 다툴 것이 아니라, 서로의 장단점을 인정하고, 인류의 복지 향상을 위하여 서로 협력해야 한다. 본 역자는, 이 책의 가장 큰 기여가 전통 경제학과 행동경제학이 서로 협력하는 방법을 보여준 것이라고 생각한다.

이 번역본이 나올 수 있게 된 데에는 여러분의 도움이 있었다. 먼저 '해외 보험전문서적 번역사업'의 당선작으로 선정하여 책 발간에 드는 비용을 지원해주신 한국보험학회의 회장님과 심사위원들께 감사드린다. 그리고 이 책의 출간을 기꺼이 맡아주시고, 책의 구성과 편집에 많은 조언을 주시고 수고하신 박영사의 조성호 이사와 배근하 대리께도 감사드린다.

김 정 동
2017년 12월

차 례

보험과 행동경제학

PART 1
보험의 이상과 현실 비교

nsurance and
Behavioral Economics

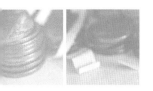

CHAPTER 1
이 책의 목적

이 책의 목적은 보험소비자, 보험사, 투자자 및 규제당국이 '합리적 행동rational behavior'에 비추어볼 때 '변칙적anomalous'인 의사결정과 행동을 하는 사례를 찾아내고 분석하는 것이다.[1] 이 책에서 사용되는 '합리성'은 리스크와 불확실성 하에서의 의사결정 문제에서 경제학자들이 전통적으로 사용해오던 개념으로 정의한다. '변칙'이란 그 기준에 어긋나는 행동을 뜻한다.

비록 경제학자들의 합리성에 대한 견해가 잘 정립되어 있기는 하지만, 그것이 사람들이 의미하는 적절한 행동을 묘사하는 방법으로 유일하다거나 최선이라고 할 수는 없다. 사실, 우리는 종종 그러한 공식적인 합리성 원칙에서 벗어나는 행동을 하고, 그러한 일탈에 대한 합당한 이유나 변명을 댈 수 있다. 저자들과 다른 학자들(Cutler and Zeckhauser 2004; Kunreuther and Pauly 2006; Liebman and Zeckhauser 2008)은 과거에 이미 보험소비자와 보험사들이 경제학 이론이 제시하는 합리적 선택에 위배되는 행동을 하는 사례에 대하여 논한 바 있다.

행동경제학 혁명의 가장 큰 시사점은, 현실 세계에서의 사람들의 선택이 종종 합리성에 바탕을 둔 전통적인 경제학 이론이 예측하는 바와 다르다는 것이다. 그러한 행동의 결과를 평가하고, 대응전략이 어떠해야 할지에 대하

---

1 (역주) Anomalies는 행동경제학의 주요 연구 주제로서, 전통적인 미시경제학 이론의 예측에서 벗어나는 현실에서의 행동이다. 미시경제학 이론의 예측과 일치하는 행동이 원칙 또는 정상이고, 그와 다른 행동은 변칙 또는 이상(異常)이라는 의미에서 anomalies라고 부른다. Anomalies는 변칙, 이상, 이상행동, 이례, 예외 등으로 번역된다. 본서에서는 '변칙'이라고 번역한다.

여 대부분의 연구자들은 아직도 전통 경제학[2] 모형을 규범적 기준으로 삼고 있다. 그래서 보험을 구입하려는 소비자와 특정 리스크에 대하여 보험을 제공하는 보험사의 행동을 평가하는 모형을 구축하는 데 있어서, 지난 수십년 동안 수요와 공급에 관한 전통 경제학 모형이 주로 사용되어 왔다.

보험학의 역사, 논리적 일관성 및 합리성에 바탕을 둔 모형의 명확한 전략적 시사점 등을 고려하여, 이 책에서는 전통 경제학 이론으로부터 도출된 모형을 '표준모형'으로 삼는다. 그러나 표준모형에서 벗어나는 것이 더 적절한 경우가 있다. 사실, 사람들은 종종 표준모형이 규범적 표준이라고 인정하면서도 논리적으로 또는 정치적으로 적절하지 못하다고 주장한다. 그러므로 저자들은 보험소비자와 보험사들의 속성을 조사하여 그들의 작위와 부작위를 더 잘 설명하고, 의사결정을 향상시킬 수 있는 방안을 제시하고자 한다.

이 책에는 세 가지의 광의의 목적이 있다. 첫째는, 보험소비자들이 어떻게 특정 리스크에 대비한 보험상품의 구입 여부를 결정하고 보장범위를 선택하는지에 대하여 보다 확실하게 이해하도록 돕는 것이다. 또한, 보험사들로 하여금 고객들의 보험구입 동기와 편견biases을 더 잘 이해하도록 하여 더 좋은 보험상품을 출시하고 더 나은 보험시장을 구축하는 데 일조一助하는 것이다. 마지막으로, 입법기관과 규제기관으로 하여금 민간 보험시장에 어떻게, 그리고, 언제 개입할지에 대하여 더 좋은 의사결정을 내리도록 하는 것이다.

---

2 (역주) 원서는 행동경제학과 대비되는 전통적인 경제학을 classical economics, conventional economics, economic models of rational choice 등으로 표현하고 있다. 본 역서에서는 특별한 사유가 없는 한 이들 표현을 '전통 경제학'이라는 용어로 통일하였다. '고전 경제학'이라는 용어가 일견 적절해보이지만, 불확실성의 경제학, 정보경제학, 게임이론, 재무경제학, 법경제학 등의 현대 경제학이 출현하기 이전 아담 스미스, 데이비드 리카도, 칼 멩거, 알프레드 마셜 등의 경제학으로 오해할 수 있기 때문에 배제하였다. 그 밖에 다른 대안도 있었지만, '전통 경제학'이 가장 적절하다고 판단했다.

보험에 대한 오해의 뿌리

미국인들이 보험 구입에 자발적으로 지출하는 금액이 연간 1조 달러에 달한다는 사실이 보험을 구입하는 소비자와 보험계약을 판매하는 보험사들이 전통 경제학 교과서가 묘사하는 바대로 행동한다는 것을 의미하지는 않는다. 가장 분명한 이유는 앞에서 언급한 바와 같이, 소비자들이 보험상품을 얼마나 구입할지, 그리고 보험사가 어떤 가격에 그러한 보험 계약을 제공할지를 결정하는 데 있어서, 전통 경제학의 모형을 사용하지 않기 때문이다. 조금 덜 분명한 이유도 있는데, 그것은 보험소비자들이 개별적으로 보험상품을 구입하는 것이 아니라, 제도적으로 구입이 강제되었거나, 임직원들의 편의를 위하여 기업이 마련한 단체보험에 가입하거나, 또는, 세제혜택을 고려하여 구입하기 때문이다.

예를 들면, 은행과 기타 금융기관들은 모기지(주택담보대출) 제공의 조건으로 재산손해보험에 가입할 것을 요구한다. 미국의 거의 모든 주state가 책임보험 가입을 자동차 등록의 요건으로 하고 있고, 작업장에서의 상해 사고를 담보하는 산재보험에 가입할 의무를 기업에게 부과하고 있다. 또한, 많은 고용주들이 그들의 임직원에게 비과세 생명보험을 제공하고 있고, 건강보험료를 보조한다. 그래서 대부분의 보험 가입자들은 보험료를 계산하여 따져보거나, 보험의 혜택과 보장범위가 적절한지를 심각하게 고려할 필요를 느끼지 못한다. 그들은 단순히 법적 요구사항이나 금전적 유인에 반응할 뿐이다.

개인이 자발적으로 구입하는 보험에 있어서도 역시 보험가입 의사결정이 표준 경제학 모형과 일치하지 않을 수 있다. 어떤 종류의 보험은 자발적으로 구입하지만 '과도한 보험가입'이라고 일컬어진다. 예를 들면, 품질 보증, 자기부담금deductible이 낮은 주택종합보험, 건강보험, 자동차보험 등이 그러하다. 반면에, 개인과 기업이 '과소한 보험가입'을 하는 경우도 많다. 예를 들면, 대재해catastrophe나 매우 비싼 진료에 대한 보험이 그러하다. 또한, 모기지 공급자들은 표준적인 주택종합보험 가입을 요구하지만 지진보험

가입은 요구하지 않는다. 캘리포니아의 지진 빈발 지역에 거주하는 주민들조차 지진보험을 구입하는 사람이 드물다. 많은 금융기관들이 홍수 지역에 거주하는 사람일지라도 연방정부가 제공하는 모기지 보험에 가입되어 있으면 홍수보험 구입을 요구하지 않는다.

보험의 공급 측면에서도 역시 표준 경제학 모형의 예측과 다른 행동이 발견된다. 보험사들은 최근에 심각한 손해를 경험한 리스크에 대하여 더 이상 보험을 판매하기를 꺼린다. 예를 들면 9.11 사태 직후 많은 보험사들이 테러보험의 공급을 중단했고, 1992년 허리케인 앤드류로 인한 피해 이후 플로리다에서 태풍 피해를 담보하는 보험을 제공하기를 꺼려했다. 이 책의 각 장에는 이러한 현상에 대한 몇 가지 설명이 제시되어 있다.

보험소비자들이 보험을 오해하는 하나의 중요한 원인은 그들이 경험하거나 경험하지 않을 손해에 대하여 비현실적인 예측을 하기 때문이다. 사람들은 종종 보험료를 절약하기 위하여 충분치 않은 보장범위를 선택하는데, 실제로 손해가 발생하면 모든 손해가 보상되지 않는다고 불만을 토로한다. 또한, 보험에 가입하여 보험료를 지불했지만 손해가 발생하지 않아서 보상을 받지 못한 경우에도 보험가입이 어리석은 투자였다고 후회한다.

대부분의 보험 가입자들이 특정한 해에 사고가 발생하지 않아서 보상받지 못하거나, 보상 받더라도 그들이 다년간 보험료로 지불한 금액의 합계보다 적은 금액의 보상을 받는 것은 불가피하다. 그것이 보험 사업의 본질이다. 보험소비자들은 '보험의 가장 좋은 보상은 보상받지 않는 것'이라는 점을 명심하고, 보험은 잠재적인 손해로부터 보호받는 것이라는 점을 알아야 한다.

그러나 보험소비자들은 가끔 보험을 구입하는 기본 목적을 잊어버린다. 보험소비자들로 하여금 혼동을 일으키고 불만을 품게 하는 하나의 원인은 보험료를 내는 시점과 보험 혜택을 받는 시점이 다르다는 것이다. 만약 자발적으로 보험을 구입했는데 수년 동안 전혀 사고가 나지 않아 보상을 못받았다면, 보험소비자들은 종종 보험계약을 갱신하지 않는다. 홍수보험의 경우 수년간 홍수 피해를 입지 않았다면, 모기지를 제공한 금융기관이 주택

소유자에게 홍수보험 가입 의무를 부과한 경우에도, 주택 소유자들은 흔히 보험계약을 해약한다.

사고를 당한 보험계약자들은, 비록 보험계약이 보상하는 손해의 종류와 금액을 명시적으로 제한하고 있더라도, 매우 관대한 보상을 받을 것을 기대한다. 예를 들어, 2004년의 플로리다 폭풍과 2005년의 태풍 카트리나, 리타, 그리고 윌마 등으로 인하여 수많은 주택이 침수되었을 때, 홍수보험에 가입하지 않은 주택 소유자들이 꽤 많았다. 그들이 보유한 주택종합보험의 약관에는 바람으로 인한 피해에 대한 보상은 포함되어 있지만 침수 피해에 대한 보상은 포함되지 않았다. 그들은 보험을 구입하기는 했지만, 보장범위를 적절히 선택하지 못했던 것이다.

물론, 그들이 곧 태풍 피해를 입을 것으로 예상했다면 보험약관의 작은 글자들을 주의 깊게 검토했을 것이고, 태풍 피해가 보상대상에 포함되지 않았다는 것을 발견하고 태풍 피해를 담보하는 특별약관을 추가하거나 홍수보험을 별도로 구입했을 것이다. 만약, 일생 동안 절대로 자기 집에 화재가 발생하지 않을 것이라는 사실을 아는 사람이라면 자발적으로는 화재보험을 구입하지 않을 것이다. 미래에 일어날 일을 확실하게 알 수 없음을 인식해야 보험을 구입할 생각을 내게 된다. 보험은 이러한 불확실성을 극복하기 위하여 그리 크지 않은 금액을 미리 지불하고, 사고 발생 시에는 그 금액보다 훨씬 큰 보상을 받도록 설계되었다는 사실을 사람들은 종종 인식하지 못한다. 그러므로 구입 즉시 유형有形의 즐거움과 혜택을 주는 일반 상품에 비하여 미래에 사고가 발생하면 무형의 혜택을 준다고 약속하는 보험상품에 대하여 불만을 표시하는 소비자가 훨씬 더 많은 것은 전혀 놀라운 일이 아니다.

보험소비자들에게 실망을 안겨주는 또 다른 혼동과 오해의 원천은 보험약관의 복잡하고 모호한 용어다. 미시시피 주의 해안을 강타한 태풍 카트리나는 수천 채의 주택과 사업장에 피해를 주고 파괴하여 수십억 달러에 달하는 손해를 발생시켰다. 주택 소유자들은 그들이 보유한 보험이 바람으로 인한 피해는 보상하지만 침수로 인한 피해는 보상하지 않는다는 사실을 알고 분노했고, 주 정부와 함께 보험사들을 대상으로 소송을 제기했다. 그들의 주장은, 비록 그들이 보유한 보험이 침수피해를 보상하지 않는다는 사실을 알고 있었지만, 태풍 카트리나의 강력한 바람이 바닷물을 육지로 밀어올려 그들의 재산을 파괴하였으므로 보험사가 그 피해를 보상해야 한다는 것이었다. 그 소송에서 주택 소유자들이 패소했지만, 보험산업은 상당한 신뢰도 하락을 감수해야 했고, 보험소비자들은 그들이 보유한 보험의 실제 보장범위가 보험약관을 통하여 자신들이 이해한 것보다 훨씬 좁다는 사실에 보다 유의하게 되었다.

보험 공급 측면에서는, 보험사 임직원들은 불확실성 때문에 간혹 자신들이 판매한 보험상품을 잘못 이해하고 있는 것처럼 보인다. 불확실성이란, 예를 들면, 대재해, 의료비 인상, 또는, 자산운용 수익률 등을 정확히 예측할 수 없다는 것이다. 남의 리스크를 대신 부담해주는 사업의 임직원들은 종종 그들이 부담해야 할 리스크의 대부분을 회피할 수 있다고 믿는 것 같다. 또한, 고객들의 상품구입 동기나 편견을 잘 이해하지 못하는 것으로 보인다.

보험산업은 놀랍도록 단순한 실수를 여러 차례 했던 과거가 있고, 그에 대하여 혹독한 대가를 치렀다. 건물과 시설물이 즐비한 플로리다 해변에 태풍이 몰아쳐 엄청난 피해를 입힐 수 있다는 사실을 인식하는 것이 과연 어려운 일인가? 1992년의 태풍 앤드류 이전에는 많은 보험사들이 앞으로 태풍이 상륙하여 대재해를 일으킬 가능성이 얼마인지 따져보지도 않고 보험 청약을 하는 사람들 모두에게 저렴한 비용으로 보험을 제공했다. 손해보험사를 9개나 파산시킨 태풍 앤드류 이후에야 보험사들은 해안의 주택과 시설의 태풍 피해를 담보하는 보험의 보험료를 대폭 인상해야 한다는 사실을 깨달았다.

이와 같은 보험의 기본 목적에 대한 오해와 보험약관의 상세한 부분에 대한 소비자의 혼동 등은 보험 수요 측면의 변칙 현상을 낳는 원인이 된다. 보험사들도 변칙적인 행동을 하는데, 드물게 발생하는 사고에 대한 이해가 불충분하여 리스크를 무시하는 듯한 의사결정을 종종 내린다. 다른 한편으로, 최근에 발생한 대재해와 그에 대한 보상액을 지나치게 의식하여 미래에 발생할 대재해의 발생 확률과 예상 손해액을 과도하게 높게 평가하기도 한다. 이러한 사례들은 보험이 소비자뿐만 아니라 보험 사업자에게도 이해하기 어렵다는 점을 시사한다.

이 책의 목적은 이와 같은 보험에 대한 오해를 씻어내고 어려움을 극복하는 방법을 제시하는 데 있다.

현실에서의 행동과 표준모형의 비교

저자들은 보험의 구매자들과 판매자들, 그리고 보험 산업을 감시하는 규제담당자들이 무엇을 하고 어떤 의사결정을 할지에 대한 지침을 주고자 한다. 현실에서의 '실제 행동'과 표준모형이 제시하는 '합리적 행동'을 비교함으로써, 보험시장의 여러 경제주체들이 불확실성에 직면했을 때 무엇을 어떻게 해야 할지에 대해서부터 논의를 시작한다.

수요 측면에서, 전통 경제학 모형은 보험소비자들이 리스크에 대한 정확한 정보를 가지고 있고, 각 보험 상품으로부터의 기대수익과 비용을 신중하게 비교하여 보험 구매 의사결정을 한다고 가정한다. 경제학자들은 잘 정립된 기대효용이론expected utility theory of decision을 사용하여 개인이 불확실성 하에서 어떻게 의사결정을 하여야 할지를 설명한다. 이 책에서는 이것을 '보험 수요의 표준모형'이라고 일컫는다.

공급 측면에서, 전통 경제학 이론은 보험사들 사이에 완전경쟁이 이루어지고 있고 가격 결정의 자유를 누리고 있다고 가정하며, 투자자들은 자신의 리스크를 여러 종류의 투자대안에 적절히 분산시키고 있고 리스크를 고려한 기대 수익률이 가장 높은 투자대상에 투자하는 방식으로 기업에 자금을 공급한다고 가정한다. 또한, 경제학자들은 기업(보험사)이 장기적 기대 이윤을 극대화하도록 행동하기 때문에 항상 기업가치의 극대화가 이루어진다고 가정한다. 이것이 이 책에서 일컫는 '보험 공급의 표준모형'이다.

또한, 보험규제 당국은 보험시장에 비효율성이 널리 확산되었을 때에만 시장에 개입한다고 가정한다. 보험규제 당국이 시장에 개입할 필요가 있는 경우는 시장의 실패를 초래하는 요인, 즉 한 보험사의 행동이 다른 경제주체에게 영향을 미칠 경우(외부효과)와, 시장에 불완전한 정보와 낭비적인 거래 비용이 존재할 경우이다.

보험소비자, 보험 산업 및 규제당국은 실제로는, 설사 자발적 시장에서 보험상품이 자유롭게 거래될 경우라도, 전통 경제학이 예측하는 정도로 합리적인 의사결정을 내리지는 못한다. 그러므로 저자들은 새로이 대두되고 있는 행동경제학의 도움을 받아 전통 경제학이 개발한 표준모형에서 벗어나는 소비자, 보험사 임직원, 투자자 및 보험규제 당국의 행동을 설명하고자 한다.

행동경제학은 공포와 불안, 손실을 이득보다 더 크게 생각하는 경향, 의사결정을 변경하는 것이 마땅한 상황에서도 현상유지를 하려는 경향 등의 감정과 편견을 고려한다. 즉, 행동경제학은 경제주체들이 항상 또는 대부분의 경우 전통 경제학의 표준모형에 따른 의사결정 또는 신중하고 체계적인 계산에 따른 행동을 하지는 않는다고 가정한다. 행동경제학은 사람들의 의사결정에 느낌, 감정, 모호한 사고, 제한된 정보처리 능력 및 불완전한 예측능력 등이 개입한다는 사실을 인정한다.

소비자와 보험사의 의사결정에 관한 전통 경제학 이론과 행동경제학 사이의 갈등은 대니얼 카너먼Daniel Kahneman의 대표 저서인 『Thinking, Fast and Slow』3에 서술된 '시스템 1'과 '시스템 2'라는 두 개의 생각 모형을 이

---

3 (역주) 이 책의 한글 번역판은, 『생각에 관한 생각』, 이진원 옮김, 김영사 간, 2012. 카너먼은 그 책에서 인간에게는 두 가지의 서로 다른 생각하는 방식이 있다고 주장하면서, 그것을 각각 '시스템 1'과 '시스템 2'라고 명명하였다. 시스템 1은 감정, 감성, 본능 등과 같이 즉각적이고 자동적으로 생각하고 판단하는 정신 기능이고, 시스템 2는 '이성(理性)'처럼 신중하게 생각하고 판단하는 정신 기능이다.
참고로, 카너먼의 '시스템 1, 2'와 같이, 현실에서 일어나는 다양한 현상을 관찰하고, 그것들을 잘 설명할 수 있는 원리를 찾아내어 이론으로 만든 것을 서술적 모형(descriptive model) 또는 귀납적 이론(inductive theory)이라고 한다. 반면에, 미시경제학은 물리학이나 진화생물학처럼, 몇 개로 구성된 한 세트의 공리(axioms)에서 논리적 추론을 통하여 정리(theorems)를 도출하고, 그것이 진실임을 논리적으로 증명하는 일련의 과정, 즉 '연역 추리' 과정을 거쳐 이론을 수립한다. 또는, 실제로는 귀납적 추론으로 이론의 아이디어를 얻었더라도, 연역 추리 과

PART 1 보험의 이상과 현실 비교

용하면 잘 설명할 수 있다.

- 시스템 1은 별다른 노력이나 의식적인 통제 없이 자동적이고 재빨리 작용한다. 그것은 개인적으로 경험한 사건이나 그 결과들로부터 습득된 감성적 반응과 같은 단순한 연상 작용을 이용한다.
- 시스템 2는 간단하거나 복잡한 계산이나 논리적 추론 등의 수고스럽고 의도적인 정신 활동을 필요로 한다.

저자들이 이 책에서 논의하는 불확실한 상황 하에서의 의사결정에 사용되는 편견이나 단순화된 의사결정 원칙(주먹구구)들은 대부분이 보다 자동적이고 덜 분석적인 '시스템 1'의 산물이다. 기대효용 극대화와 기대이윤 극대화를 달성하려면 보다 신중한 의사결정을 하는 '시스템 2'를 활용하여야 한다. 그러나 심지어 보험소비자와 보험사가 충분한 시간과 노력을 투입하여 의사결정을 하는 경우에도 감성은 체계적인 의사결정 과정을 압도할 정도로 강력하다.[4]

정을 통하여 그것이 이론으로 정립될 수 있음을 입증해야 한다. 이러한 과정을 거쳐 수립된 이론을 규범적 모형(prescriptive model) 또는 연역적 이론(deductive theory)이라고 한다.
전통적 경제학과 행동경제학의 가장 중요한 차이는 아마 서로 다른 방법론을 사용한다는 사실일 것이다. 행동경제학과 심리학의 여러 이론들은 연역적 방법론으로는 이론화 할 수 없다. 예를 들면, 심리학의 '시스템 1, 2', '인지부조화 이론' 및 '전망이론'과, 행동경제학의 '프레이밍'이나 '심적회계' 등을 연역적 이론으로 재정립하는 것은, 적어도 역자의 생각으로는 불가능하다.
규범적 이론은 '왜'와 '어떻게'에 대하여 모두 답할 수 있지만, 서술적 이론은 '왜'에 대해서는 답할 수 없고, '어떻게'에 대해서만 답할 수 있다. 예를 들어 설명해보자. 미시경제학의 '죄수의 딜레마' 이론은, 사람들이 각자 자기 자신의 이익을 극대화하도록 행동하면, 어떤 경우에는 사회적 최적에 미달하는 자원배분 이루어질 수 있다는(어떻게) 이론이다. 또한, 사람들이 죄수의 딜레마에 빠지는 이유는 인간의 본성이 이기적이고 합리적이지만, 그 합리성이 완벽하지 못한 '제한된 합리성'이기 때문이라고 한다(왜). 그러나 심리학과 행동경제학의 '프레이밍' 이론은, 똑같은 사안일지라도 프레이밍이 달라지면 사람들의 행동(의사결정)이 달라질 수 있다는 이론인데(어떻게), 왜 그러한 현상이 일어나는지는 설명하지 못한다. 그 대신 서술적 접근법은 융통성이 좀 부족해 보이는 규범적 접근법에 비하여, 다양한 관점에서 다채로운 이론들을 만들어낼 수 있다는 장점이 있다.

4 (역주) 이 문단을 통하여 저자들이 말하고자 하는 바는, 이성이 제대로 작동하지 않는 상황 하에서 내린 감성적 의사결정이 변칙을 낳는다는 것과, 그러한 변칙 현상이 행동경제학의 연구대상이라는 것이다.

이러한 특성은 특히 보험에서 잘 나타난다. 보험에 관한 의사결정은 미래에 손해를 발생시키는 사건을 다루어야 하는데, 미래에 손해가 발생할 확률과 그 손해액을 추정하는 데에는 상당한 불확실성이 따르기 때문이다. 보험을 구입하려는 사람들은 보험을 잘 이해하지 못하여 보험 판매원을 불신하는 경향이 있다. 리스크를 보유하고 있는 보험계약자들은 대개 모호함을 잘 견디지 못하고 마음의 평화를 얻기 위하여 보험을 구입한다. 그리고는, 보험계약으로부터 아무런 보상을 받지 못하면 보험을 구입한 것을 후회한다.

저자들은 이 책이 전통 경제학 이론의 우아함과 행동경제학의 현실적 유용성이라는 두 가지의 접근법을 비교함으로써, 사회과학자들 사이에 보다 폭넓은 토론이 일어나도록 자극하고 경제학의 발전을 위한 단초를 제공했다고 생각한다. 현재 경제학계에는 표준 모형을 고수하는 그룹과 행동경제학을 수용하는 그룹 사이에 지적 전쟁이 벌어지고 있다. 그러나 그 전쟁은, 대부분의 경우 방법론적 순수성을 고수하려는 다툼이 아니라, 어느 쪽에 얼마만큼의 비중을 둘 것인지, 그리고 전통 경제학 이론을 의심하는 것이 현실을 이해하는 데 얼마나 도움을 주는지에 관한 논쟁이다. 보다 현실적으로, 저자들은 보험 산업을 양쪽의 렌즈로 각각 들여다봄으로써 불합리하다고 여겨지는 행동을 고치거나, 적어도 수정해 줄 정책이나 프로그램을 제시할 수 있게 되었다고 믿는다.

요약

보험은 리스크를 관리하는 데 있어서 대단히 유용한 수단이다. 그러나 보험소비자, 규제 당국, 보험사 임직원 등 보험과 관련된 사람들은 모두 대체로 보험을 오해하고 있고, 전통 경제학의 합리성에 근거한 예측에 어긋나는 행동을 흔히 한다. 그러나 개인과 사회에 대한 보험의 혜택은 보험소비자와 공급자의 합리적이고 예측 가능한 행동으로부터 도출된다. 소비자가 지불한 보험료와 보험사가 제공하는 보험금의 규모가 막대함을 감안하면,

변칙적인 행동을 하는 이유가 무엇인지를 이해하는 것은 매우 중요하다. 보험계약은 이러한 의사결정을 하는 경제주체들과 일반 대중이 부담하는 손해와 낭비를 최소화하도록 설계되어 사회후생을 극대화하는 데 이바지해야 한다.

저자들은 전통 경제학의 렌즈를 통하여 경제주체들이 어떤 의사결정을 해야 하는지를 조사한다. 그에 더하여, 행동경제학의 렌즈를 통하여 감성, 편견 및 단순화된 의사결정 원칙들도 분석한다. 그러한 조사와 분석을 바탕으로 불합리하다고 여겨지는 행동을 바로잡거나, 적어도 수정하는 정책과 프로그램을 제안한다.

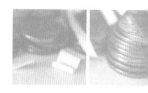

CHAPTER 2
보험 실무와 이론 입문

보험 관련 변칙 사례 4가지

주디Judy는 언니가 암에 걸렸다는 사실을 알고 겁에 질렸다. 그녀들의 어머니는 암으로 사망했다. 주디는 그녀들과 유전적 연관성이 있는 자신도 위험할 수 있음을 깨닫고 정신을 잃을 지경이었다. 언니가 암 진단을 받은 후 얼마 지나지 않아 주디는 암의 진단과 치료에 가장 높은 보상을 지급하는 보험을 비싼 값에 구입하였다. 그 보험은 다른 질병의 진단과 치료에 대해서는 보상하지 않는다.

더그Doug는 평소 자신의 꿈이었던 고가의 렉서스 스포츠카를 새로 구입하였다. 그는 그 차를 꼼꼼히 관리함은 물론이고, 보험료가 상당히 높아짐에도 불구하고 자동차보험 구입 시 자기부담금을 매우 낮은 수준인 $500로 설정했다. 그렇게 함으로써 주차장에서 차의 펜더가 긁히는 등의 피해를 대부분 다 보상받을 것이라고 생각했다. 3개월 후 그는 휴대전화에서 울리는 벨소리에 잠시 주의가 분산되어 적신호에 서 있는 앞 차를 들이받았다. 자동차 정비소는 그의 렉서스 차의 수리비를 자기부담금 $500을 훨씬 상회하는 $1,500으로 추정했다. 더그는 보험료가 인상될 것을 염려하여 $1,500 전액을 자신이 부담했다.

2004년과 2005년에 태풍이 여러 차례 플로리다 주의 낮고 길게 뻗은 해안을 강타한 후, 여러 손해보험사들은 태풍 피해가 잦은 지역의 주택과 호텔에 보험을 제공하는 것이 손해를 자초할 뿐이라고 판단하고 플로리다 주에서 태풍보험 판매를 중단했다. 플로리다 주는 그에 대응하여 2007년에 주정부 산하에 '시민재산보험회사Citizens Property Insurance Corporation, CPIC'라는 보험사를 설립하여 민간 보험사로부터 태풍보험을 구입하지 못한 해변 거주 주민들에게 보험을 제공했다. 주민들에게 더욱 반가운 소식은, 주정부가 제공하는 보험은 민간부문의 것보다 정부보조가 많아서 보험료가 훨씬 저렴하다는 것이다. 2010년 말이 되자 CPIC는 플로리다 주에서 가장 큰 태풍보험의 공급자가 되었다.

2001년 9월 11일에 발생한 월드 트레이드 센터WTC의 쌍둥이 빌딩과 펜타곤 빌딩에 대한 공격은 누구나 생생히 기억할 것이다. 그러나 그것이 미국에서 처음 발생한 테러 사건은 아니다. 1993년 2월 26일, 일단의 테러범들이 폭탄을 실은 트럭을 몰고 WTC 쌍둥이 빌딩의 지하 공간으로 돌진하여 폭탄을 터뜨렸다. 그들은 빌딩을 무너뜨리는 데는 실패했지만, 6명을 사망케 했고 1,000명 이상에게 부상을 입혔다. 빌딩을 수리하는 데 수백만 달러가 들었고, 기업과 정부의 사무실 여러 개가 수개월 동안 다른 빌딩으로 이전해야 했으며, 보험사들은 7억 2,500만 달러의 보험금을 지불했다. 1993년의 WTC 빌딩에 테러가 발생한 지 2년 후, 티모시 맥베인이라는 테러범이 오클라호마 시 중심가에 위치한 Alfred P. Murrah Federal Building에 대규모의 폭탄을 설치하고 터뜨려 빌딩 내 보육원에 있던 아기들을 포함한 168명을 사망케 했다.

알카에다 소속 테러범들이 2001년에 쌍둥이 빌딩을 무너뜨렸을 때만 해도 WTC 빌딩에 세든 기업들이 보유한 포괄보상보험all perils insurance은 테러를 별도의 리스크로 취급하지 않았다. 따라서 보험사들은 테러 피해를 보상하는 데 대하여 추가적인 보험료를 부과하지 않았다. 그러나 9.11 직후, 공포에 질린 빌딩과 주택 소유자들이 테러 공격에 대비한 보험을 급히 구입하려고 했지만, 그러한 보험을 팔려는 보험사가 드물었고, 있다 하더라도 극도로 높은 보험료를 요구했다.

앞서 살펴본 네 가지 사례는 모두 보험에 대한 기초적인 오해를 보여주고 있다. 보험을 구입하려는 소비자들은 어떤 보장범위를 선택할지에 대하여, 그리고 보험을 판매하는 보험사들은 얼마에 보험을 공급할지에 대하여 기본적인 이해가 부족했다.

보험의 수요 측면에 있어서, 주디는 암 진료뿐만 아니라 그녀가 앓을 수 있는 다른 질병에 대해서도 보상하는 보험을 구입했어야 한다. 보상 청구를 함에 있어서 더그는 낮은 자기부담금을 가진 고가의 보험을 보유했음에도 불구하고 마치 높은 자기부담금을 가진 저렴한 보험을 보유한 것처럼 행동했다. 보상청구를 그와 같이 할 것 같으면 높은 자기부담금을 가진 저렴한 보험을 구입하여 보험료를 절감했어야 한다. 그처럼 값비싼 보험을 구입하고서 사고 후에 보상을 청구하지 않는 것은 매우 비논리적이다.

보험의 공급 측면에 있어서, 플로리다 주 의회 의원들은 태풍 피해 지역 주민들에게 주정부 보조로 저렴한 태풍보험을 제공하는 주정부 산하 보험사인 시민재산보험회사CPIC의 설립을 인가하는 법을 통과시키고 매우 흡족해 했다. 그러나 플로리다의 다른 지역에 사는 납세자들은 태풍보험을 구입한 주민들이 입은 태풍 피해에 대한 보상금의 대부분을 자신이 부담해야 한다는 사실에 불만을 품었다. 태풍보험을 구입한 주민들이 부담하는 보험료가 턱없이 낮기 때문에 보험료의 상당 부분을 주정부가 부담해야 하고, 주 정부가 부담하는 부분은 다른 지역의 납세자들이 낸 세금으로 충당되기 때문이다.

그리고 1993년의 WTC 빌딩에 대한 테러 공격과 1995년의 오클라호마 폭탄사건 이후에도 보험사들이 왜 테러를 별도의 위험으로 분류하지 않았고, 따라서 그에 대한 추가적인 보험료를 징수하지 않았는지 매우 의아하다. 더군다나 과거에는 테러 위험에 대하여 추가적인 보험료를 받지 않고 건물과 시설물에 대한 보험을 제공하다가, 2001년의 WTC 빌딩 붕괴 이후에 왜 갑자기 테러 위험에 대한 피해를 보상 대상에서 제외하거나 보험료를 극도로 높게 책정했는가?

보험은 인류의 위대한 발명품으로서 리스크를 줄이는데 매우 유용한 도구다. 그것이 원래 목적대로 작동한다면, 경제주체들에게는 재무적 보호를 제공하고, 보험사와 투자자들에게는 수익성 있는 사업이 된다. 그러나 사람들이 보험을 제대로 이해하지 못하기 때문에 표준모델로는 이해할 수 없는 변칙들이 보험의 모든 단계에서 발생된다.

보험 수요와 보험 공급은 모두 불확실성이 존재하기 때문에 생겨난다. 만약 사람들이 자신의 잘못으로 자신의 차를 손상시킬 가능성이 전혀 없다고 확신한다면 자동차보험의 자기차량손해보험을 구입하지 않을 것이다. 만약 보험사가 어떤 리스크에 대하여 반드시 일정 금액의 보상을 해야 한다는 것을 확실히 안다면 그 금액 이하로는 보험을 제공하지 않을 것이다. 그러나 현실에서는 사고가 확률적으로 발생한다. 만약 보험 가입 기간 중에 자동차 사고가 발생하지 않는다면 보험계약자는 보험료만큼 손해를 본다. 그러나 자동차가 전손total loss 사고를 당하면 보험사로부터 자동차 가액 전액을 보상받아 보험가입자가 큰 이득을 얻는다. 보험사는 일반적으로 자동차 가격보다 훨씬 낮은 금액의 보험료를 받는 대가로 보험계약자의 차가 손상을 입을 리스크를 대신 부담한다. 만약 보험사가 보험상품의 가격을 정확히 계산할 수 있다면, 그 보험료로 보험계약자들이 당한 사고에 대한 보상과 보험사의 사업비 및 투자자들에 대한 보상을 지급하기에 충분하고, 적절한 정도의 순이익도 남길 것이다.

보험이 개인과 사회에 주는 혜택의 대부분은 합리적이고 예측가능하게 행동하는 사람들로부터 나온다. 그런 행동은 사람들이 어려서부터 귀에 따갑도록 들어 증오심마저 드는 격언이 요구하는 행동이다. "그 정도는 미리 예측했어야지"(그래서 보장범위가 충분한 보험을 구입한다), 또는 "다른 사람도 모두 그렇게 행동한다면?"(그래서 실제 손해액보다 더 큰 보상액을 청구한다.)

만약 어떤 사람이 건강염려증이 있어서 자신이 걸릴 가능성이 거의 없는 병을 진단하는 고가의 검사를 해 달라고 의사에게 요구한다고 하자. 만약 그가 보유한 보험이 그 검사의 비용을 보상해준다면 그는 마음의 평화를 얻을 것이다. 만약 그가 그 검사를 받는 유일한 사람이면 그의 보험료는 인상되지 않을 것이다. 그러나 만약 그가 가입한 건강보험 상품의 다른 가입자들도 모두 그 검사를 받는다면 가입자 모두의 보험료가 급상승할 것이고, 그들은 의학적으로 정당화되기 어려운 불필요한 검사에 큰 돈을 낭비한 셈이 된다.

홍수보험에 가입하지 않은 주택 소유자가 침수피해를 당하면 정부가 자신을 구제해주기를 바란다. 정부의 담당 공무원은 그러한 일이 생길 것을 미리 인지하고 홍수 빈발 지역에 사는 주민들에게 보조금을 지급하여 홍수보험을 구입하도록 유도한다. 그러나 보험료가 리스크를 적절히 감안한 정당한 보험료보다 현저히 낮을지라도 홍수빈발 지역 주민들이 자발적으로 홍수보험을 구입하는 경우는 드물다.

그러므로 보험이 겉보기에 단순하게 보이지만, 충분한 이유가 있든 없든 간에 오해가 많이 있다. 보험소비자들은 어떤 보험을 얼마나 구입해야 할지 잘 모르고, 국회의원과 공무원들은 종종 보험의 역할을 잘못 알고 있으며, 심지어 보험사 임직원들조차 그들이 공급하는 보험의 기본 원리에 어긋나는 행동을 한다. 보험계약자들이 지불하는 보험료와 보험사가 지불하는 보상금액의 규모가 막대함에 비추어, 보장범위를 어떻게 선택하고 얼마의 보험료에 그것을 구입할지와 같이 보험구입에 보다 신중을 기해야 한다. 그러나 앞에서 살펴본 사례들처럼 사람들은 보험을 구입하거나 판매할 때 종종 체계적으로 심사숙고하지 못하고 불명확하고 지나치게 단순한 의사결정 규칙을 따르는 것처럼 보인다.

사람들이 보험을 적절하게 구입하고 판매한다면 소비자의 후생과 경제의 건전성에 크나큰 유익함을 준다. 그러므로 만약 리스크를 안고 있는 소비자와 보험을 제공하는 보험사의 의사결정 과정을 향상시킬 수 있다면 개인과 사회의 후생이 증가할 것이다. 보험 관련 의사결정 과정의 타당성 여부를 판단하기 위하여 저자들은 보험 수요와 공급에 관한 전통 경제학적 표준모형을 개발하고자 한다.

보험과 미국 경제

보험 산업은 매년 수조 달러의 수입과 지출이 이루어지는 매우 거대한 산업이다. 보험 산업은 미국 경제에서 얼마나 중요한 위치를 차지하고 있을까?

이에 대한 답은 흔히 국내총생산GDP 또는 다른 경제지표 대비 해당 산업의 수입revenue이나 매출sales로 표현된다. 특정 산업의 수입은 노동과 자본 등 국가의 자원을 그 산업이 얼마나 차지하고 있는지를 나타내기도 한다.

보험은 이와 같은 전통적인 방식과는 다르게 보아야 한다. 이미 앞에서 저자들이 지적한 바와 같이, 사람들은 보험금을 지급받기 위하여 보험료를 지불한다. 즉, 앞문을 통하여 보험사로 들어오는 수입의 대부분은 다른 문을 통하여 사고에 대한 보상으로 지급되고, 수입의 작은 부분만이 보험 거래를 가능케 하는 시스템을 운영하기 위하여 보험산업이 고용한 노동과 자본에 대한 대가로 사용된다. 이 사실은 보험산업이 자신을 위한 비용으로 사용하는 경제적 자원이 보험산업의 수입보다 훨씬 작음을 의미한다.

미국 경제의 일부분인 민간 보험산업의 이같은 특별한 성격은 〈표 2.1〉에 요약되어 있다. 한편으로, 보험산업으로 들어오는 수입금액은 절대 금액(약 $2조)으로 보거나, $14조에 달하는 미국의 경제규모에 대한 상대적 비중으로 보거나에 관계없이 매우 크다. 다른 한편으로, 230만이 넘는 보험산업의 인력이 미국 전체의 근로자 수에서 차지하는 비중은 미국 GDP에서 차지하는 수입보험료의 비중에 비하면 작은 편이다. 또한, 미국 정부가 산출한 보험산업의 부가가치(수입에서 비용을 뺀 금액)는 수입보험료의 절반에도 못 미치는 $3,920억에 불과하다. 그 이유는 보험산업의 비용의 대부분이 보험계약자에 대한 보상금이기 때문이다.

마지막으로, 보험산업은 거대한 자산을 보유하고 있는데, 그것의 대부분은 미래에 보험계약자들에게 보상금으로 지급할 준비금이거나 그들에게 수익을 지급하기 위하여 투자한 자금이다. 2007년에 보험사가 보유한 자산은 $6조를 상회하는 거대한 금액이지만, 미국이 보유한 금융자산 전체의 약 4%에 불과하다.

이상에서 살펴본 보험산업 관련 자금 흐름 및 자산 지표는 기껏해야 보험산업이 경제 시스템에서 차지하는 중요성에 대한 불완전한 정보를 알려 줄 뿐이라는 사실에 유의해야 한다. 그 이유는, 보험은 종종 거대한 거래를 성사시키기 위하여 필요한 조건이기 때문이다. 보험은 구입하는데 든 비용

표 2.1 민간 보험산업의 수입 보험료, 고용 및 재무적 자산(2007)
(합계 금액 및 미국 경제에서 차지하는 비중)

종목별 수입보험료	
민영건강보험과 관리의료	$760 billion
생명/건강보험사[a]	$667 billion
손해보험사[b]	$448 billion
합계	$1.875 trillion
미국 GDP에서 차지하는 비중	13.3%
보험 산업에 고용된 근로자 수	2.3 million
미국 전체 근로자에서 차지하는 비중(정규직과 비정규직)	1.6%
재무 자산과 부가가치	
보험산업의 자산(연금 제외)	$6.3 trillion
미국 전체의 자산에서 차지하는 비중	4.2%
보험사가 창출하는 부가가치	$392 billion
미국 전체의 부가가치에서 차지하는 비중	2.8%

자료 출처: 민영건강보험과 관리의료 관련 자료의 출처는 Center for Medicare and Medicaid Services, National Health Expenditure Projections임. 생명/건강보험사 관련 자료의 출처는 Insurance Information Institute가 발행한 *Online Insurance Fact Book*, 2010임. 손해보험사 관련 자료의 출처는 U.S. Statistical Abstract 2010의 Table 1185임. (원 자료의 출처는 ISO 및 Highline Data LLC임) 보험산업의 노동 관련 자료의 출처는 Bureau of Economic Analysis, Industry Economic Accounts(full-time and part-time employment by industry)임. 보험산업 자산 관련 자료의 출처는 U.S. Statistical Abstract 2010의 Table 1129임. (원 자료의 출처는 Board of Governors of the Federal Reserve임) 부가가치 관련 자료의 출처는 Bureau of Economic Analysis, Industry Economic Accounts(value added by industry)

a 원수보험료
b 보유보험료

보다 월등히 더 큰 가치가 있는 경우가 많다.❶ 예를 들면, 보험은 주택 구입자의 재산과 주택금융을 제공하는 금융기관의 대출금이 자연재해나 인위적 재해로 인하여 손해를 입을 수 있는 리스크로부터 보호한다. 만약 보험의 보호가 없다면 은행은 모기지를 제공하지 않을 것이다.

〈표 2.2〉는 보험산업의 어떤 부분이 다른 부분보다 더 크다는 사실을 보여주기 위하여 〈표 2.1〉의 내용을 좀 더 상세하게 표시한 것이다. 민영건강보험은 수입보험료가 2007년에 $7,600억에 달함으로써(민간의 건강관련 지출의 약 65%를 차지함), 여러 보험 분야들 중에서 규모가 가장 크다. 손해보험 산

업의 수입보험료 $4,480억의 절반을 약간 상회하는 금액을 자동차보험과 주택종합보험에서 거두어들였는데, 이 금액은 보험소비자의 재산 손해나 과실로 남에게 끼친 손해에 대한 법적 배상책임을 보장하기 위한 것이다. 그 나머지는, 〈표 2.2〉에 예시된 바와 같이, 여러 다양한 리스크를 담보하기 위하여 사용되었다. 생명/건강보험 산업의 수입보험료 $6,670억 중 생명보험과 연금(개인연금과 퇴직연금)이 $5,520억을 차지한다. 그 나머지는 상해 및 건강보험의 수입보험료다.

종목별 수입보험료(2007)	표 2.2
민영건강보험	$760 billion
손해보험[a]	$448 billion
자동차보험	$186 billion
주택종합보험	$57 billion
기업성 재산종합보험	$31 billion
해상보험	$13 billion
산재보험	$41 billion
의료사고보험	$10 billion
기타 배상책임보험	$41 billion
재보험	$12 billion
기타 종목	$57 billion
생명/건강보험(2008)[b]	$667 billion
생명보험	$184 billion
연금	$328 billion[c]
상해 및 건강보험	$155 billion

자료 출처: 민영건강보험 관련 자료의 출처는 CME National Health Expenditure Projections임. 손해보험 관련 자료의 출처는 U.S. Statistical Abstract 2010의 Table 1185임. (원 자료의 출처는 ISO 및 Highline Data LLC임) 생명/건강보험 관련 자료의 출처는 Insurance Information Institute 간 *Online Insurance Fact Book*, 2010임.
a 원수보험료
b 보유보험료
c 즉시연금(보험)과 거치식 퇴직연금기금(투자)의 합계

　　민간 보험뿐만 아니라 사회보험도 있는데, 어떤 사회보험의 보험료 규모는 유사한 성격의 민간 보험의 보험료 규모를 능가한다. 건강보험 분야에서, 메디케어와 메디케이드의 보험료는 연간 약 $8,130억에 달하여 민영건

강보험의 보험료 규모보다 크다.❷ 그리고 미국의 국민연금Social Security의 연간 보험료 수입은 약 $8,050억으로서, 민간 연금시장의 규모보다 훨씬 더 크다. (자료: Federal OASDI Board of Trustees 2009; Truffer et al. 2010)

보험 공급의 표준모형

공급의 표준모형의 가정은, 보험사는 경쟁시장 환경 하에서 주주들의 장기적 기대 이윤을 극대화한다는 것이다. 이러한 조건 하에서 개별 보험사들은 각각 특정 보험물건에 대하여 보험료를 책정한다. 경쟁시장 가정은 보험사가 책정한 보험료가 보상금과 사업비 등 각종 비용을 지불하고 정상이윤을 간신히 남기는 수준에서 결정된다는 것을 의미한다.[1]

보험소비자와 보험공급자는 모두 손해발생 확률과 손해 금액에 대하여 정확한 정보를 가지고 있다고 가정한다. 이와 같은 이상적인 세상에서는, 보험거래를 성사시키기 위한 거래비용(서류작업 비용)이 지나치게 높지 않고, 소비자들이 기대효용을 극대화하려는 위험회피자들이라면(Arrow 1963 참조), 사실상 불확실성이 있는 모든 것이 보험에 가입될 것이다. 보험의 대상이 되는 것은 사실상 모든 리스크다. 재무적 손해, 질병과 상해, 해고, 악천후 등은 물론이고, 심지어 불운한 사랑도 보험의 대상이 된다. 보험의 대상이 되지 못하는 것은 불확실하지 않은 것뿐이다. 예를 들면, 아침에 해가 뜬다거나, 소행성의 충돌로 지구상의 모든 재산이 파괴되는 재난과 같은 것은 보험의 대상이 아니다.

현실에서 보험소비자들이 겪는 최대의 리스크는 보험의 보호를 불충분하게 받거나 전혀 보호받지 못하는 경우다. 이런 경우가 생기는 이유는 보험사들이 모든 위험에 대하여 보험을 제공하지는 않기 때문이다. 그렇다면

---

1 (역주) 이것은 "경쟁기업의 이윤은 0이다"라는 미시경제학의 기본원리를 보험사에게 적용한 것이다.

PART 1 보험의 이상과 현실 비교

중요한 질문이 제기된다. 보험사들은 왜 어떤 리스크에 대한 보험은 제공하고, 그 밖의 리스크에 대한 보험은 제공하지 않는가? 예를 들면, 부동산 소유자가 태풍 피해를 보장하는 보험에 가입할 수 있지만, 9.11 테러 직후에는 왜 미래에 닥칠 테러 피해에 대비하는 보험에 가입하지 못해야 하는가?

현실적으로 많은 사람들이 태풍 피해와 테러 리스크에 보험의 보호 없이 노출되어 있다. 그러나 최근에는 많은 사람들이 태풍 피해에 대비하는 보험의 보호를 받고 있다. 이 경우에 대해서는 꽤 분명히 설명할 수 있다. 태풍이 주기적으로 발생하여 보험사와 대재해 모형을 연구하는 기관들이 상당한 데이터를 수집할 수 있게 되었고, 그 결과 리스크를 적절히 반영하는 보험료를 계산할 수 있게 되었다. 더군다나, 주택과 건물의 소유주들은 은행을 비롯한 금융기관으로부터 모기지 대출의 조건으로 태풍 피해에 대한 보험에 가입하도록 요구받고 있다. 홍수 빈발지역에 사는 주민이 연방정부가 보증하는 모기지 대출을 받으려면 국민홍수보험공단National Flood Insurance Program, NFIP이 파는 홍수보험에 가입해야 한다.

그러나 테러 위험의 경우에는, 9.11 사태 이후 대부분의 보험사들이, 테러 공격 리스크는 미래에 테러가 발생할 확률과 피해금액을 추정하기가 너무 어려워서 민간 보험 산업만으로는 담보할 수 없는 리스크라고 결론지었다.

이 책의 뒷부분에서 다시 살펴보겠지만, 테러공격 리스크 이외에도, 전통 경제학에서는 보험이 필요하다고 예측하지만 실제로는 보험이 잘 제공되지 않는 경우가 많다. 또한, 비용 편익 분석을 해 보면 구입할만한 실익이 없음에도 불구하고 민간 보험사들이 보험을 팔고 있고, 많은 사람들이 그 보험을 구입하는 경우도 꽤 있다.

⁚ 보험 공급의 기본 원칙

보험 공급을 가능하게 하는 기본 원리는 보험사가 보험가입자들이 보유한 리스크를 결합한다는 것이다. 보험의 가장 단순한 형태는, 특정 리스크에 직면한 당사자가 보험자insurer에게 보험료를 지불하고, 보험자는 그 보험료로 피해자의 손해를 보상하는 것이다. 보험자는 반드시 보험회사일 필요가 없고, 개인이거나 개인들의 그룹이어도 된다.

예를 들어, 어떤 사회의 구성원 모두가 각자 내년에 10%의 확률로 $100씩의 손해를 입을 리스크를 가지고 있다고 가정하자. 평균 100명 중 10명꼴로 돈을 잃는 것이다. 그런데, 그 사회에는 보험사가 없어서 모든 사회구성원들이 각자 $10씩을 출연하여 펀드를 만들고, 그 펀드에 적립된 돈으로 손해를 입은 사람에게 보상금을 지급하기로 했다.[2] 그런 합의 하에서, 만약 내년이 평균적인 해라면, 100명 중 10명꼴로 손해를 당할 것이고, 각각 펀드로부터 $100씩 보상을 받을 것이다. 손해를 당하지 않은 90명은 그 합의를 하지 않았을 경우에 비하여 $10만큼씩 가난해졌다. 결과적으로, 손해를 입은 사람이나 입지 않은 사람이나 모두 그 합의 이전에 비하여 $10씩 돈을 잃은 셈이다. 위에서 예시한 상호보험 합의의 의의는 구성원 각자 $10의 비용을 들여 리스크를 완벽히 제거했다는 것이다. 어떤 해에는 100명당 10명보다 적은 사람이 손해를 입고, 다른 해에는 10명보다 많은 사람이 손해를 입을 수 있지만, 평균적으로는 10명이 손해를 입는다.

매년 손해를 입지 않은 사람들이 손해를 입은 사람들에게 보상하기 위하여 돈을 걷고, 거둔 돈을 운용하여 정확한 금액을 지급하는 것은 쉬운 일이 아니다. 그러한 어려움을 피하려면 그 일을 담당하는 전문 기관이 필요하다. 그 기관이 보험사다. 보험사는 사고가 발생하기 전에 사회 구성원들에게 일정 금액의 보험료를 부과하여 징수하고, 징수한 보험료로 자산운용을 하며, 사고로 손해를 입은 사람에게 보험금을 지급한다.

위 사례의 경우 일 년 중에 사고가 발생할 확률이 10%이고, 사고금액이 $100이므로 기대손해액은 $10이다. 나중에 사고를 당할 사람을 포함한 모든 사회구성원 각자에게 부과된 $10의 보험료는 사고를 당한 10명에게

---

2 (역주) 이 같은 합의를 법적 요건을 갖추어 체계적으로 한 것이 상호보험(mutual insurance)이다. 대한민국에는 상호보험사가 없지만, 보험주식회사와 더불어 상호보험사는 전 세계 보험사의 가장 보편적인 조직 구조다. 대형 보험주식회사 못지않게 규모가 큰 상호보험사도 많다.

보상금을 지급하기에 남지도 않고 모자라지도 않는다. 만약 어느 해에 10건 이상의 사고가 발생한다면 보험료로 보상금 전액을 지급하기에 부족하다. 그렇다면 보험사는 기대손해금액 이상으로 보험료를 책정하거나, 부족한 보상금을 충당하기 위한 준비금reserve을 보유하여야 한다. 보험사가 주식회사라면 주주들이 제공한 납입자본금과 이익잉여금이 준비금 역할을 한다.

단순히 사고를 당한 사람의 재산을 감소시키는 손해도 있지만, 불법행위로 남에게 손해를 끼치면 배상책임을 이행해야 하는데, 그 경우에 돈을 지불해야 하는 손해도 있다. 그러한 경우에도 보험에 가입되어 있으면 보험사가 대신 손해배상금을 지불하기 때문에 사고를 낸 당사자가 돈을 마련해야 하는 어려움을 겪지 않아도 된다. 리스크를 안고 있는 모든 사람이 똑같은 보험료를 내는 이 시스템은 재무적으로 실현가능하고 안정적이다. 이 시스템의 가장 훌륭한 점은 사회 구성원 개개인이 가지고 있는 큰 리스크를 그보다 훨씬 작은 확정된 금액으로 해소할 수 있다는 것이다.

⁚ 대수의 법칙, 보험 공급, 그리고 경쟁 균형

모든 사람이 손해를 입을 확률이 각각 10%라는 사실을 미리 알고 있고, 대부분의 사람이 위와 같은 합의에 동의한다고 하자. 또한, 각각의 손해가 다른 손해와 통계적으로 독립적statistically independent이고 그 수가 충분히 많다면, 소위 '대수의 법칙'이 적용되어 평균 손해액average loss이 기대손해액 expected loss에 매우 근접하게 된다. 이러한 상황이라면 보험사는 별도의 준비금이나 추가적인 보험료 없이 보험을 제공할 수 있다.

위의 가상적 논의에서는 보험료에 보험사를 운영하기 위하여 필요한 사업비를 고려하지 않았고, 보험사가 이익을 남기지 않는다고 가정했다. 보험업계와 학계에서는 이러한 보험료를 '보험계리적으로 공정한 보험료actuarially fair premium[3]'라고 부른다.❸ 물론, 민영보험사에 투자한 사람들은 돈을 벌기

---

3 (역주) 보험업계에서는 이것을 순보험료(pure premium 또는 net premium)라고도 한다. 순보

를 원한다. 뿐만 아니라 현실에서는 보험료를 징수하고 지급하며 보상 여부 및 금액을 검증하는 등에 드는 사업비가 필요하기 때문에 실제로 보험소비 자들에게 부과되는 보험료는 보험계리적으로 공정한 보험료보다 높다. 만약, 보험소비자들이 위험회피적risk averse이라면 그들은 자신이 가지고 있는 리스크를 회피하기 위하여 기꺼이 기대손해액(보험계리적으로 공정한 보험료)보다 높은 보험료를 지급하려고 한다.

보다 구체적으로, 보험계리적으로 공정한 보험료는 손해의 기대 빈도, 즉 손해 확률(p로 표시함)과 손해금액(L로 표시함)에 의하여 결정된다. 그러므로 보험계리적으로 공정한 보험료, 또는 그와 같은 값인 기대손해액은 두 수의 곱인 pL이다. 개별 보험소비자들이 pL을 초과하여 얼마까지 보험료를 낼 용의가 있는지는 각자의 위험회피 정도에 달려있다.

보험은 리스크를 교환함으로써 작동하는 것이 아니라 리스크를 결합함으로써 작동한다는 사실을 이해하는 것이 중요하다. 즉, 특정 가격에 보험을 거래함에 있어서 보험공급자가 반드시 보험소비자보다 덜 위험회피적일 필요는 없다. 모든 사람이 똑같은 부wealth와 위험회피 정도를 가지고 있더라도 보험은 잘 작동한다. 보험이 작동하는데 필요한 조건은 리스크들이 서로 완전한 상관관계를 가지지 않는다는 것이다.

보험이 작동하기에 이상적인 상태는 리스크들이 서로 독립적이어서 대수의 법칙이 적용되는 경우다. 즉, 어떤 사람에게 손해가 발생하는 것이 다른 사람에게 발생한 손해로부터 아무런 영향을 받지 않아야 한다. 이러한 상황 하에서 보험이 어떻게 작동하는지를 예시해 보자. 마틴과 루이스가 똑같은 종류의 리스크를 가지고 있고, 손해발생 확률이 각각 50%씩이라고 가정하자. 〈표 2.3〉의 처음 2개 행은 보험이 없는 경우에 마틴과 루이스가 각각 보유한 리스크를 보여준다. 두 사람이 각각 $100씩의 손해를 입을 확률이 50%이고, 손해를 입지 않을 확률 또한 50%이다. 이제 누가 손해를 당하

험료를 초과하는 보험료, 즉 보험사의 사업비와 이익에 충당되는 부분은 부가보험료(loading)라고 한다.

PART 1 보험의 이상과 현실 비교

건 관계없이 상대방이 입은 손해의 절반씩을 보상하기로 두 사람이 합의했다고 하자. 즉, 두 사람은 자신들의 리스크를 결합하기로 합의한 것이다. 〈표 2.3〉의 아래쪽 4개 행이 이러한 합의 하에서 발생할 수 있는 모든 경우의 확률과, 그 확률에 대응하는 두 사람의 순 손해 금액을 보여준다.

위험결합의 예시   표 2.3

	확률		1인당 손해액
마틴 또는 루이스		보험 없음	
No Loss	50%		$0
Loss	50%		$100
마틴과 루이스		두 사람 간의 위험 결합	
No Loss, No Loss	25%		$0
Loss, No Loss	25%		$50
No Loss, Loss	25%		$50
Loss, Loss	25%		$100

〈표 2.3〉에서 보는 바와 같이, 두 사람이 자신들의 리스크를 결합함으로써 각각 $100의 손해를 입을 확률을 절반으로, 즉 50%에서 25%로 낮추었다. 이제 두 사람 각자에게 가장 확률이 높은 경우는 50%의 확률로 $50씩의 손해가 발생하는 것이다. 또한 가장 바람직한 경우인 손해를 입지 않는 경우도 그 확률이 낮아졌다. 이 사례의 요점은, 위험결합으로 최악의 경우가 발생할 확률이 감소했고, 두 사람의 실제 손해가 기대손해액에 근접할 확률이 높아졌다는 것이다. 더 많은 사람이 이같이 위험을 분담하는 합의에 참여할수록 참여자 각각이 최악의 손해를 입을 확률이 더욱 작아지고 실제 손해가 $50에 근접할 확률은 더욱 커질 것이다. 만약 수천명이 이같은 합의에 참여한다면 일인당 손해가 $50에서 현저히 벗어날 확률은 매우 작다.

이 예는 위험회피적인 사람이 위험결합을 통하여 어떻게 효용을 증가시키는지를 보여준다. 보험계약자들이 주인인 상호보험사mutual insurer는 실제로 이 예와 같은 방식으로 작동한다. 농업이 주업인 주state들에 소재한 몇몇 건강보험 상호회사는 종자와 비료를 공급하기 위하여 농부들이 설립한 협동조합을 모태로 출발했다. 그들은 손해가 발생한 후에 보상금을 마련하기 위하여 자금을 갹출하기보다, 기대손해액과 상호회사의 사업비 예상액을 충당할 만큼의 보험료를 미리 걷고, 차후에 보험료를 조정하여 실제로 발생한 손해와 기대손해액의 차이를 메운다. 비록 상호보험을 운영하기 위한 사업비를 부담할지라도 모든 참여자들이 위험회피적이어서 보험 없이 스스로 고가의 의료비를 부담할 때보다 효용이 높아졌다. 이 사례의 핵심은 보험의 주된 역할은 불운을 완화시키는 장치를 마련하고 실행한다는 것이다.

상호보험회사와 달리 보험주식회사의 주주들은, 만약 지급 보험금이 보험료 수입과 보험사의 준비금을 상회하여 보험사가 지급불능 상태가 되면, 그들이 보험사에 투자한 금액의 일부 또는 전부를 잃을 리스크를 안고 있다. 그러나 보험사의 포트폴리오가 많은 수의 독립적인 리스크로 구성되어 있다면 보험주식회사의 주주들이 부담해야 할 리스크는 매우 작다.

보험사가 상호 독립적인 리스크로 구성된 포트폴리오를 보유하고 있다면, 위험의 결합과 대수의 법칙이 보험사의 실제 손해액이 기대손해액과 크게 달라지지 않도록 보장한다. 그러나 경우에 따라서 어느 회계연도의 총 보험금 청구액이 수입 보험료 총액을 상회할 가능성이 없는 것은 아니다. 주사위 두 개를 여러 번 던지다 보면, 각각의 시행이 서로 독립적이지만, 1이 두 개 나오는 경우snake eyes가 몇 번 연속될 수 있다. 또한, 어느 해에 예상 외로 많은 가정이 주방에서 화재를 일으켜 보험사들이 예상보다 많은 보험금을 지급할 수 있다. 마틴과 루이스의 예에서, 두 사람이 합의할 당시 각각 $50씩을 갹출하여 보관해 둔다면, 그 자금으로 손해를 충분히 보상하지 못할 확률은 두 사람 다 손해를 당할 확률인 25%다.

이제 다수의 독립적인 리스크로 구성된 보험 포트폴리오가 예상을 크게 뛰어넘는 손해를 경험할 확률이 매우 낮다는 것은 잘 이해했다. 만약 리스크들이 서로 독립적이지 않으면, 즉 리스크들 사이에 상관관계가 존재하면, 손해가 동시다발적으로 발생한다. 위에서 예로 든 주방 화재의 경우, 중국요리 붐이 일어나 많은 사람이 웍wok, 鑊을 부주의하게 사용하여 끓는 기름을 엎질렀기 때문일 수 있다. 같은 장소에 벼락이 두 번 쳤다면, 그것이 순전히 우연일 수 있지만, 뭔가 이유가 있을 가능성이 더 크다.

보험사가 이와 같이 드문 경우에도 '충분한 보상'이라는 보험계약상의 의무를 이행하려면 우발적 사태에 대비한 추가적 재원을 마련해두어야 한다. 예를 들면, 대재해가 발생하기 전에 미리 준비금을 적립해두거나, 자금을 대출받거나, 또는 대재해 발생 후에 보험사가 보유한 주식을 파는 등의 방법이 있다. 일반적으로, 대재해 발생 전에 미리 유동성이 높은 자산으로 준비금을 적립해두는 것이 다른 방법에 비하여 훨씬 쉽고 비용이 적게 든다. 보험사가 다수의 독립적인 리스크를 보유하고 있는 경우에 발생하는 대재해는 순보험료가 기대손해액만큼만 되면 대부분의 경우 보험금을 충분히 지급할 수 있다.❹ (순보험료란 소비자가 지불하는 보험료 중에서 손해 보상에 사용되는 부분을 의미한다. 그 나머지 부분은 부가보험료라고 하는데, 보험사의 사업비와 이익에 충당된다.) 약간의 추가적인 자금을 준비금으로 적립해두면 실제 손해의 빈도 frequency나 심도severity가 예상보다 높은 경우에 대비하는 데에 충분하다. 리스크들이 서로 독립적이지 않은 경우라면, 비정상적으로 높은 손해가 발생하는 경우가 자주 발생한다. 이 경우에 보험사와 보험계약자들이 부담하는 리스크를 독립적인 리스크의 경우와 동일한 수준으로 낮추려면 보험사의 준비금의 규모가 훨씬 더 커야 한다.

⁝ 상호 연관된 두 문제에 대한 해법

그러므로 보험사는 서로 연관된 두 개의 문제를 풀어야 한다. 첫째, 적절한 준비금의 규모가 얼마만큼이고, 둘째, 가장 저렴한 비용으로 준비금을 마련하는 방법은 무엇인가? 준비금을 조달하기 위하여 추가적인 비용(예컨대, 자금조달을 주선한 중개인에게 지급하는 수수료)을 지출하게 되면 손익균형을 맞추기 위한 보험료가 보험계리적으로 공정한 보험료보다 높아진다. 물론, 자금을 공급받으려면 투자자들에게 수익을 안겨주어야 한다. 보험사와 시장의 장기 공급곡선을 도출하려면 시장의 보험 공급량의 변화에 따라 보험료가 얼마나 변동될지를 알아야 한다.

가장 기본적인 경우부터 시작하자. 보험사가 자금을 공급받으려면 자금 공급자에게 그가 시장 내의 다른 투자 대상에 자금을 대출했을 때와 같은 정도의 수익률에 그 보험사의 지급불능 리스크 정도를 반영하여 조정한 만큼의 수익률을 제공하기로 약속하면 된다. 예를 들면, 시장의 투자 수익률이 10%이고, 보험사가 내년에 그 준비금을 사용하여 보상금을 지급하고 파산할 확률, 즉 투자자들이 원금과 이자를 잃게 될 확률이 0.1%라면, 그 보험사의 준비금을 마련하기 위한 자금의 적정수익률은 10.1%이다.❺

이와 같은 상황 하에서 사고를 당한 모든 보험계약자가 동시에 보험금을 청구한다고 하자. 만약 보험사가 10.1%의 투자수익률을 약속하고 충분한 수준의 준비금을 마련해 두었다면, 보험소비자에게 부과할 보험료가 약간 높아지겠지만, 사고가 많이 일어나는 불운한 기간에도 보험사가 지급불능이 되어 보험계약상 지불해야 할 보험금을 지급하지 못하는 경우는 없다.

보험사가 준비금을 증가시키려면 그것을 조달하기 위한 금융비용이 발생하고, 보험사의 순보험료(보험계리적으로 공정한 보험료)도 인상된다. 즉, 0.1%의 확률로 발생하는 지급불능 사태에 대비한 준비금을 조달하는 데 들어간 추가적인 비용만큼 순보험료가 인상된다.❻ 보험사는 준비금으로 적립한 자금을 운용하여 수익을 얻기 때문에, 준비금을 마련하기 위한 보험사의 실제 금융비용은 보험사가 준비금을 제공한 측에게 지불해야 할 이자와 배당 등의 비용에서 그 자금을 이용하여 거둔 자산운용 수익을 뺀 것 만큼이다.

보다 현실적으로 말하면, 보험사는 모든 사고가 동시에 발생하더라도 그것을 전부 충분히 보상할 수 있을 만큼의 자금을 준비금으로 적립하지는 않는다. 다수의 상호 독립적인 리스크를 보장하는 보험사는 순보험료보다 약간 많은 정도의 준비금을 적립하면 충분하다. 설사 보험사가 보장하는 리스크들이 상호 독립적이 아니라 서로 상관관계가 있을지라도, 즉 하나의 사고 발생이 동시다발적으로 다른 사고를 촉발할지라도, 대개의 경우 보험사는 보험금을 지급하기에 충분한 자금을 확보할 수 있다. 그러나 그러한 자금조달 계획과, 그것을 반영한 보험 공급곡선은 좀 더 복잡해진다. 이 주제는 제5장에서 다시 다룰 것이다.

만약 보험사가, 모든 보험계약자들이 동시에 최대한의 손해를 입는 경우를 포함하여, 보험금 지급에 충당할 모든 자금을 추가적인 금융비용 없이 조달할 수 있다면 그렇게 할 것이라는 것이 전통 경제학의 예측이다. 그러나 보험사는 예상 가능한 최대한의 손해를 보상할 정도로 준비금을 많이 적립하지 않는다. 왜냐하면, 조달해야 할 자금이 증가하여 추가적으로 자금을 조달할 때마다 그에 대한 금융비용이 높아지기 때문이다. 한 보험사에 자신의 재산을 집중 투자하기를 꺼려하는 현명한 투자자들을 설득하여 일정 기간 동안 투자하게 하려면 그들이 제공한 자금에 대하여 보다 높은 이자를 지급할 것을 약속해야 한다. 또한, 준비금이 증가할수록 보험사가 지급불능이 될 확률이 낮아지기 때문에 준비금에 추가적으로 투자한 자금으로부터 얻는 수익률은 점차 감소한다.

보험 공급의 표준모형은 보험사가 상호 독립적인 리스크를 담보하는 보험시장으로의 진입과 보험시장으로부터의 퇴출이 자유롭고 비용이 들지 않는다고 가정한다. 표준모형에 따르면 실제 보험료는 보험계리적으로 공정한 보험료와 자금조달을 위한 순비용 및 사업비의 합계에서 크게 벗어나지 않는다. 즉, 경쟁적인 보험시장에서는 시장에서 형성된 보험료가 높아서 보험사들이 초과이윤을 거두고 있으면 신규 보험사들이 진입하거나 기존의 보험사들이 사업을 확장하여 보험 공급이 증가한다. 보험 공급의 증가는 보험사들이 정상이윤만을 거둘 정도로 보험료가 낮아질 때까지 계속된다.

이와 같은 경쟁시장 모형의 흥미로운 점 한 가지는, 설사 어느 보험계약자가 위험회피도가 매우 높아서 자신의 손해를 담보하는 데 필요한 비용보다 월등히 높은 보험료를 지불할 용의가 있다 할지라도, 그가 지불하는 시장 균형 보험료는 기대손해액에 근접한다는 것이다. 왜냐하면 기존의 보험사들과 새로이 진입하려는 보험사들 사이의 경쟁이, 설사 보험소비자가 자신이 사고를 당할 확률을 모를지라도, 보험료를 원가(보험계리적으로 공정한 보험료, 또는 기대손해액)에 가깝게 낮추도록 유도하기 때문이다. 보험소비자가 해야 할 일은 보험사들이 보험료를 제시하기를 기다렸다가 가장 낮은 보험료를 제시하는 보험사로부터 보험을 구입하는 것이다. 만약 기존의 보험사가 과도하게 높은 보험료를 부과하여 초과이윤을 거두고 있다면 새로운 보험사가 진입하여 보험료를 낮춘다.

보험산업에 대한 규제가 없고, 보험사들 사이의 담합도 없으며, 보험산업으로의 진입이 자유롭고, 보험사가 담보하는 리스크들이 서로 독립적이라면, 보험사의 이윤은 경쟁시장 수준(정상이윤)으로 수렴할 것이다. 시장에서 거래되는 보험상품의 보험료와 보장범위는 보험의 거래와 보험사 운영에 드는 비용에도 영향을 받는다. 즉, 시장의 모든 보험사들이 이윤을 극대화하려는 경쟁균형 상태에 있으면, 보험금 지급액과 보험사의 사업비를 반영하는 수준에서 보험료가 결정된다.

현실에서는 이상에서 설명한 경쟁시장의 형성을 방해하는 여러 상황이 존재하는 것이 분명하다. 예를 들면, 정부의 규제당국이 신규 보험사의 시장진입을 제한하여 보험산업이 적절한 준비금을 확보하기에 충분한 정도의 자금을 조달하지 못하게 되는 경우가 있다. 또한, 보험사들이 보험계약자들에게 부과하는 보험료를 통제하기도 한다. 뿐만 아니라, 한 지역에서 오랫동안 영업한 보험사의 보험판매원들이 보험계약을 자동적으로 갱신하는 충성고객을 많이 확보하여 특별한 경쟁우위를 누릴 수 있다. 보험사들이 서로 담합하여 보험료를 높이고 다른 보험사의 시장 진입을 방해할 수도 있다. 보험시장에 이러한 조건들이 존재하면 보험 공급은 표준모형과 다른 양상을 나타내게 된다. 만약 보험사들이 위험회피 정도가 높거나 보험사를 운영할 자금을 조달하기 어렵다는 이유 등으로, 초과이윤을 얻을 기회가 있음에도 불구하고 시장에 진입하지 않는다면 보험 공급의 표준모형은 보험시장의 작동을 제대로 설명하지 못한다.

앞에서 살펴본 2004년과 2005년의 플로리다 태풍과 9.11 테러 이후의 보험사들의 행태는 보험 공급의 표준모형의 또 다른 문제점을 예시한다. 리스크들이 서로 높은 상관관계를 가지고 있거나, 사고가 발생할 확률에 불확실성이 크다면, 보험사들은 그러한 리스크에 대한 보험을 제공하기를 주저하게 된다. 자연재해나 테러 공격 리스크의 경우 보험사가 적절한 수준의 보험료를 산정하는 데 어려움이 있다. 매우 거대한 손해가 발생할 수 있는 리스크의 경우 보험사는 그것이 과연 '보험가능insurable'한 리스크인지에 대하여 의구심을 품는다. 이 책의 다음 몇몇 장에서는 이상에서 논의한 문제점 및 다른 문제점에 대하여 보다 면밀히 검토하고, 보험사들이 보다 표준모형에 가깝게 행동하도록 하는 방법에 대하여 논의할 것이다.

보험 수요의 표준모형

보험 수요의 표준모형은 보험소비자들이 그들의 기대효용을 극대화한다는 사실에 기초를 두고 있다. 보험소비자들은 크고 불확실한 리스크를 제거하거나 감소시키기 위하여 작지만 확정적인 금액을 지불하고 보험을 구입한다. 사람은 불확실한 것보다 확실한 것을 선호한다는 전통 경제학의 설명은 기대효용이론에서 나온 것이다. 기대효용이론은 경제학의 여러 이론들 중에서 오랜 전통을 가진 이론이다. 이러한 기대효용이론으로부터 보험 수요의 변칙 현상을 분석할 표준모형을 도출한다.

⠿ 기대효용 모형에서 도출한 보험 수요 이론

기대효용이론은 위험회피형의 보험소비자가 기대손해액보다 높은 보험료를 지불하고 보험을 구입하는 이유를 설명한다. 이에 대한 가상적인 예를 들어보자. 어떤 보험소비자가 매년 $12를 지불하고 10%의 확률로 $100의 손해를 입는 리스크에 대한 보험에 가입하려 한다. 이 시나리오의 기대손해액은 $10이다. 추가적인 $2는, 기대효용이론의 용어로 리스크 프리미엄risk premium이라고 하는데, 보험소비자가 보험을 구입하기 위하여 기꺼이 지불하려 하는 기대손해액 이상의 금액이다. 기대손해액이 같다면, 손해액이 크고 손해발생 확률이 낮을수록 (예를 들면, 1%의 확률로 $1,000의 손해가 발생하는 경우) 리스크 프리미엄이 커진다. 그 이유는 돈의 한계 효용이 체감하기 때문이다.❼ 즉, 위험회피적인 개인에게 있어서 1000번째의 1달러가 감소시키는 효용이 100번째의 1달러가 감소시키는 효용보다 크다는 것이다.

보험은 고소득 상태(손해를 입지 않은 상태)에서의 돈을 저소득 상태(손해를 입은 상태)로 옮겨주는 역할을 한다. 같은 1달러라도 재산이 많을 때보다 사고를 당하여 재산이 줄어들었을 때 더 가치가 있다. 그러므로 보험 구입은, 보험료가 과도하게 높지 않다면, 위험회피적인 사람의 기대효용을 높여준다.

기대효용이론에 의하면, 위험회피적인 개인은 보험료가 기대손해액보다 크더라도 보험에 가입할 용의가 있을 수 있다. 단, 기대손해액보다 얼마나 더 큰 보험료를 낼 용의가 있는지는 개인의 위험회피 정도와 보유한 재산에 비하여 리스크가 얼마나 큰지에 달려있다. 매우 위험회피적인 사람이 있는가 하면, 조금 위험회피적인 사람도 있다. 위험회피도가 클수록 기꺼이 지불할 용의가 있는 보험료의 금액도 높아진다. 많지는 않지만, 위험을 선호하는 사람도 간혹 있다. 그들은 큰 손해를 입을 가능성에 대하여 보험에 가입하여 리스크를 줄이기보다, 큰 돈을 따거나 잃을 가능성이 있는 도박을 좋아한다.

위의 논의에서는 보험소비자가 미래에 발생할 수 있는 불행한 사고에 대비하여 자신의 리스크 전부를 보험에 가입할 것인지 혹은 보험 없이 지낼 것인지를 두고 선택한다고 가정했다. 그러나 보험소비자가 보험가입 정도를 선택할 수 있는 것이 보다 현실적이다. 즉, 현실에서는 대개 자신의 리스크의 100%를 보험에 가입할 것인지, 또는 70%만 보험에 가입할 것인지를 선택할 수 있는 경우가 많다. 보험가입 정도를 낮추면 보험료가 낮아져 보험소비자의 경제적 부담이 감소한다. 개인이 얼마만큼의 보험을 구입할 것인지는 높은 보험료에 리스크 전부를 보험에 가입하는 경우와, 낮은 보험료에 리스크의 일부만 보험에 가입하는 경우의 손익을 잘 따져보고 결정해야 한다. 이 문제와 관련하여, 다음 항에서는 보장범위를 제한하는 자기부담금 deductible 제도를 살펴본다.

⦂ 최적 자기부담금

Kenneth Arrow(1963)는 최적 자기부담금 결정에 관한 고전적 이론을 제시했다. 최적 자기부담금에 관한 논리를 전개하기 위하여 저자들은 다음과 같은 가정을 채택한다. 소비자는 위험회피적이고, 단 하나의 특정한 리스크에 직면해 있으며, 그 리스크의 확률분포를 알고 있다. 또한, 보험사는 사업비를 감안한 보험료를 소비자들에게 제시하고, 사업비는 보험계약자에게 지급되는 보험금의 크기에 비례한다고 가정한다. 그러므로 보험계약자가 부담하는 보험료는 자신이 직면한 리스크의 기대손해액보다 크다.

보험에 가입하려는 소비자는 먼저 자신이 직면한 리스크의 전부를 보험에 가입하는 '전부보험full insurance'을 고려해 볼 것이다. 그러나 좀 더 깊이 생각해보면, 만약 자신이 입은 손해 중에서 1달러를 자신이 부담한다면, 즉 자기부담금이 1달러인 '부분보험partial insurance'은 어떤 장단점이 있는지를 따져볼 필요가 있음을 깨닫게 된다. 부분보험은 전부보험에 비하여 사고 발생 시 보험사로부터 받는 보상금액이 자기부담금만큼 줄지만 보험료 또한 적게 낸다. 보험계약자가 극도로 위험회피적이지 않다면, 그리고 보험료가 기대손해액보다 크다면, 보험계약자는 1달러의 자기부담금을 선택하는 것이, 즉 1달러의 리스크는 자가보험self-insurance하고 나머지는 보험에 가입하는 것이, 전부보험을 선택하는 것보다 기대효용이 높다.

이러한 생각을 계속 밀고 나가면, 즉 자기부담금을 1달러씩 증가시켜가면서 증가된 1달러의 자기부담금이 주는 혜택(보험료 절감)과 부담(보상금 감소분의 기대값)을 비교해가다 보면, 더 이상 혜택이 부담을 능가하지 못하는 순간이 온다. 그때의 자기부담금이 그의 최적 자기부담금optimal deductible이다.[4] 다른 조건이 동일하다면, 보험료에 포함된 사업비 부분이 클수록 위험회피형인 보험소비자의 최적 자기부담금 또한 커진다. 만약 보험료에 사업비가 포함되지 않았다면, 즉 보험료가 기대손해액과 같다면, 위험회피적인 소비자의 최적 자기부담금은 0이 된다. 즉, 전부보험이 그에게 최선이다.[5]

---

4 (역주) 한계편익(marginal benefit)과 한계비용(marginal cost)이 같아질 때 소비자의 효용이 극대화되어 최적 자원배분이 이루어진다는 경제학의 기본 원리가 이 문제에도 적용된다.
5 (역주) 보험경제학의 기본 원리 중 하나인 베르누이 원리(Bernoulli Principle)이다.

그러나 만약 소비자가 위험중립적이라면, 보험료에 사업비가 포함되어 있어서 보험료가 기대손해액보다 큰 보험은 구입하지 않는 것이 좋다. 즉, 위험중립적인 소비자는 보험료가 기대손해액보다 크다면 보험료를 내고 보험에 가입하는 것보다 자기부담금을 100%로 하여 모든 리스크를 자신이 부담하고 보험료를 절약하는 것이 더 높은 기대효용을 가져다준다. 또한, 위험선호형의 보험소비자는 보험료가 기대손해액과 같더라도 보험에 가입하지 않는다. 그가 자발적으로 보험에 가입하게 하려면 보험료가 기대손해액보다 상당한 정도로 낮아야 한다.[6]

이 논리를 이용하면 보험소비자가 높은 자기부담금을 선택할 이유가 있음을 설명할 수 있다. 어떤 보험소비자가 다양한 크기의 손해를 입을 가능성이 있고, 각각의 크기의 손해를 입을 확률 또한 각각 다르다고 하자. 또한, 보험사의 사업비에는 보상업무를 처리하는 데 드는 비용이 포함되어 있고, 보상업무 처리에 드는 비용은 보상금의 크기에 관계없이 동일하다고 하자. 만약, 보험소비자가 일정 수준의 자기부담금을 선택했다면, 보험사는 그 금액 이하의 작은 손해에 대해서는 보상업무를 처리할 필요가 없고, 따라서 사업비를 지출할 필요도 없다. 소비자가 자기부담금 이상의 보상금을 청구하면 보험사는 그 보상청구를 심사하고, 소비자가 입은 손해액에서 자기부담금을 제외한 금액을 지급한다. 일반적으로, 작은 사고가 큰 사고보다 더 자주, 더 많이 발생하기 때문에, 자기부담금 제도는 보험사의 사업비를 꽤 많이 절감시켜 준다. 그러므로 보험사는 자기부담금 제도를 선호한다. 사업비가 절감되면 보험시장의 경쟁에 의하여 보험료가 그만큼 인하되어 보험사의 매출액을 낮추지만, 낮은 보험료는 보험 수요를 증가시켜 보험사의 매출을 증가시킨다. 또한, 보험소비자의 입장에서도, 자기부담금 수준의 작은 위험을 스스로 부담하는 대가로 보험료를 꽤 낮출 수 있어서, 환영할 만하다.

보험사가 자기부담금을 선호하는 또 하나의 이유는, 보험소비자로 하여

---

6 (역주) 그러한 조건으로 보험을 제공할 기업이나 개인은 없다. 그러므로 만약 위험 선호자가 있다면, 그는 보험에 가입하지 않는다.

PART 1 보험의 이상과 현실 비교

금 사고가 나지 않도록 주의수준을 높이는 역할을 하기 때문이다. 자기부담금이 있는 보험에 가입한 보험소비자는 사고가 발생하면 손해액의 일부를 자신이 부담해야 하기 때문에 자기부담금이 없는 보험에 가입한 경우보다 사고가 발생하지 않도록 주의수준을 더 높인다. 즉, 자기부담금은 도덕적해이를 감소시켜 보험사의 비용(보험금 지급액)을 줄여준다.

사실을 말하자면, 보험소비자들이 직면하는 현실은 본 장의 앞부분에서 기대효용이론에 입각하여 예시한 두 개의 사례에서보다 더 복잡하다. 주디는 자신이 얼마나 유전적으로 암에 걸리기 쉬운지에 대한 확실한 정보 없이 비싼 암보험에 가입하여 암 발병 시에 겪을 수 있는 경제적 어려움에 대한 염려를 덜었다. 더그는 미래의 사고확률도 알지 못했고, 미래에 사고가 발생할 경우 보험료가 얼마나 인상될지도 정확히 알지 못하는 상태에서, 기대효용이론의 예측과 달리 보상청구의 비용과 편익을 비교해보지도 않고, 보상청구를 포기했다. 이 책의 다음 몇몇 장에서는 보험소비자들이 왜 주디와 더그처럼 행동하는지에 대하여 보다 풍부한 통찰을 제공하고, 어떻게 하면 그들의 의사결정을 보험 수요의 표준모형에 가까워지도록 향상시킬지를 연구한다.

요약

본 장에서는 보험소비자와 보험사가 실제로 어떻게 행동하는지를 보여주는 사례 4개를 들었고, 전통 경제학 이론에 바탕을 둔 표준모형에 대하여 조사하였다. 보험 공급의 표준모형은, 보험사가 진입과 퇴출이 자유롭고 거래 비용이 들지 않는 경쟁시장에서 보험사 주주들의 장기적 기대 이윤을 극대화한다고 가정한다. 보험 수요의 표준모형은, 사람들이 보험을 구입하는 이유가 작고 확실한 보험료를 지불하는 대가로 크고 불확실한 손해를 회피할 수 있기 때문이라고 한다. 사람들이 왜 그처럼 행동해야 하는지에 대한 이론적 설명은 기대효용이론에 바탕을 두고 있다.

보험 공급을 결정하는 기본 원리는 보험사가 보험소비자들의 위험을 결합한다는 것이다. 보험사는 특정한 종류의 리스크에 노출된 다수의 사람들로부터 비교적 작은 금액의 보험료를 받아서 큰 손해를 입은 소수의 사람들에게 보험금을 지급한다. 만약 충분히 많은 수의 사람들이 보험을 구입하고, 그들의 리스크가 각각 서로 독립적이라면 대수의 법칙이 작용하여 보험사가 지불해야 할 보험금은 통계학적으로 산출된 기대손해액에 매우 근접하여 보험사는 큰 리스크를 부담하지 않는다.

이와 같이 단순한 예에서는 개별 보험소비자가 부담하는 보험료는 소위 '보험계리적으로 공정한 보험료'로서, 사고 발생 확률에 손해발생액을 곱한 금액이다. 그러나 현실에서는 보험료가 보험계리적으로 공정한 보험료보다 높은데, 그 이유는 보험사의 사업비와 보험사의 이윤이 보험료에 포함되어야 하기 때문이다.

보험사가 부과할 수 있는 보험료는 시장의 경쟁에 의하여 제한되어 있다. 만약 어느 보험사가 높은 보험료를 부과하여 초과이윤을 얻고 있다면 다른 보험사가 시장으로 진입하여 낮은 보험료를 제시한다. 그러므로 경쟁시장의 보험사들은 정상이윤을 얻는 수준의 보험료를 부과할 수밖에 없다. 위험의 결합과 대수의 법칙의 작용으로 보험사의 총 손해(지급보험금의 합계)는 기대손해액에서 크게 벗어나지 않지만, 특정 회계기간에는 보험금 지급액과 사업비의 합계가 수입보험료의 합계보다 클 수 있다. 그러므로 보험사는 그와 같은 예상외의 손해에 대비하기 위하여 준비금을 보유하고 투자자들로부터 자금을 유치하여 적정 수준의 자기자본을 유지해야 한다.

보험사의 사업비가 보험료에 포함되어 있으면 위험회피적인 보험소비자는 자신이 부담해야 할 보험료를 낮추기 위하여 자기부담금을 선택한다. 만약 보험료가 보험계리적으로 공정한 보험료보다 월등히 높으면 위험회피도가 높은 보험소비자만 자기부담금이 낮은 보험상품을 선택하고, 위험회피도가 덜 높은 보험소비자는 자기부담금이 높은 보험상품을 선택한다. 만약 보험료가 보험계리적으로 공정하다면 위험회피적인 보험소비자는 자기부담금이 없는 보험상품을 선택한다. 보험사는 보험금 지급액을 줄일 수 있고 사업비가 적게 들기 때문에, 자기부담금이 높은 보험계약에 대하여 낮은 보험료를 부과한다. 또한 보험사는 보험계약자들이 보험사고를 일으킬 확률을 낮추기 때문에, 자기부담금이 높은 보험계약을 선호한다. 만약, 보유하고 있는 재산의 가치에 비하여 예상 손해액이 작고, 보험계리적으로 공정한 보험료에 비하여 보험료가 크게 높다면, 소비자가 위험회피적일지라도 보험을 구입하지 않을 수 있다. 보험 보호의 가치가 보험료보다 낮기 때문이다.

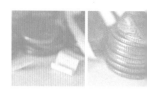

CHAPTER 3
변칙과 변칙에 관한 루머

　전통 경제학의 방법론은 앞 장에서 본 보험 수요와 공급의 표준모형에서와 같이 우아함과 간결함을 추구한다. 보험시장이 경쟁적이라면 자원이 효율적으로 배분되고, 보험상품의 가격은 가능한 범위 내에서 최대한 낮게 형성된다. 보험소비자의 후생은 주어진 자원의 제약 하에서 극대화된다. 정부가 보험시장에 개입할 필요가 있는 유일한 경우는 보험료에 불공정성이 존재할 경우이다. 재난발생 가능성이 높은 지역에 거주하지만 주택종합보험에 가입할 경제적 여유가 없는 저소득층 또는 건강보험에 가입할 경제적 여유가 없는 저소득 가계 등이 그러한 예다. 이러한 경우, 정부는 그들에게 보조금을 지급하거나, 보험료를 시장가격보다 낮게 규제하고 보험사에게 보조금을 지급할 수 있다.

　그러나 현실은 이처럼 단순하지 않은 경우가 많다. 보험소비자들이 보험의 목적과 작동원리를 잘 이해하지 못할 수 있다. 또한, 보험사는 리스크 정도를 제대로 반영하지 못하는 값으로 보험을 제공하거나, 사회적으로 필요한 보험을 공급하지 않을 수 있다. 본 장에서는 언론에 나타난 보험 관련 비정상적 현상의 사례를 소개하고 분석한다. 그 사례들을 보면 언론이 표준모형을 근거로 보험소비자와 보험사의 실수라고 판단하는 경우는 찾아보기 어렵다.

　본 장의 결론에서는 '변칙'을 보다 공식적으로 정의한다. 본 장의 뒷부분에서 설명하겠지만, 비정상적인 것처럼 보이는 모든 경우가 다 변칙으로 분류되어서는 안 된다는 것은 분명하다. 사실, 다음 장에서 설명하는 바와 같이, 보험사의 행동이 전통 경제학 이론에 근거한 표준모형에 부합하는 경우도 많다. 그러나 표준모형에서 벗어나는 행동을 하는 경우 또한 많다.

언론에 비친 보험

대중 매체는 보험에 있어서의 변칙에 대하여 자주 보도한다. 언론에 나타난 흔한 형태의 변칙은 보험을 현명하지 못하게 구입하거나 보험을 구입하는 것이 마땅한 경우에 보험을 구입하지 않는 것이다. 최근 몇 년간 언론에 나타난 그러한 변칙에 대하여 저자들이 검토한 바에 의하면, 언론 보도의 대부분은 그러한 선택이 기대효용이론의 예측에서 벗어났다고 명시적으로 지적하지 않고, 보험을 과소하게 구입했다거나 과도하게 구입했다고 주관적으로 판단한다는 것이다. 이러한 사례들은 저자들이 보험소비자와 보험사의 행동의 합리성 여부를 보다 깊이 있게 조명하는 계기가 되었다.

보험에 관한 많은 기사와 사설은 독자들의 재무적 관심사를 충족시켜주기 위하여 작성된다. 언론기사에 가장 자주 등장하는 주제는 비싸지만 보장범위가 제한적인 보험상품이다. 예를 들면, 1996년에 뉴욕타임즈의 Abelson 기자가 쓴 "가장 좋은 보험은 보험을 구입하지 않는 것"이라는 기사가 있다. 그 기사는 "보험료에 비하여 거의 아무 가치도 없는 보험"을 적어도 10건을 예시하고 있다. 그 중에는 암보험, 비행기탑승자 보험, 렌터카 보험 및 기타 특수한 위험에 대한 보험 등이 있다.❶

그 기사들은 보험상품의 높은 가격에 비하여 낮은 기대손해액(손해발생 확률이 낮거나, 손해가 발생했을 경우 손해액이 낮아서)에 논의의 초점을 맞추고 있다. 그리고는, 그런 보험상품들이 보험료에 비하여 기대 보험금이 낮다고 결론을 내린다. 얼핏 보기에는 그 기사들의 논리가 암묵적으로 보험 수요에 관한 표준모형의 바탕이 되는 기대효용이론에 근거를 둔 것 같다.

그러나 왜 그처럼 보험료가 과도하게 비싼 보험상품이 보험시장에 존재하는지, 즉 왜 보험시장의 경쟁원리가 작동하여 기대손해액에 가까워지도록 보험료를 낮추지 못했는지를 설명하지 못하고, 일부 보험사들이 부주의한 보험소비자를 함정에 빠뜨리려 한다는 식으로 설명하고 있다. 보험료가 과도하다는 점 이외에도, 그 보험상품들이 보장범위가 넓지 못하고 단 한 가지의 리스크만 담보하고 있다고 비판하기도 한다. 즉, 비슷한 종류의 다른 리스크를 담보하지 못하고 일부 특정 리스크만을 담보하는 보험상품은 그 가치가 제한적이라는 것이다. 그러한 기사의 시사점은 분명하다. "생명보험, 건강보험, 자동차보험, 주택종합보험 등과 같이 여러 종류의 리스크를 종합적으로 보장하는 보험을 구입하는 것이, 비행기 추락으로 인한 사망과 같은 특정 사고라거나, 암과 같이 특정한 종류의 질병을 담보하는 보험을 구입하는 것보다 당신의 돈을 더 가치 있게 쓰는 방법이다"라는 것이다.

그런 보험을 구입한 사람이 실제로 몇 명이나 되는지를 언급하는 신문기사는 사실상 없다. 만약 일부 소수의 사람이 그런 보험을 구입했다면, 설

그림 3.1   Ernie (Piranha Club) © King Features Syndicate Inc.

                                         PART 1 보험의 이상과 현실 비교

사 보험료가 기대 보험금보다 훨씬 높더라도, 그런 행동은 심각한 수준의 변칙이라고 할 수는 없다. 그 신문 기사가 독자들에게 좋은 조언을 제공했다고 할 수는 있겠지만, 그 조언이 필요한 사람은 몇 명 되지 않기 때문이다.

설사 보험료가 사고발생 확률에 비하여 낮은 편이어서 구입할 만한 가치가 있는 경우에도 신문 기사들은 그러한 점을 언급하지 않는다. 보장범위가 제한적이라 할지라도 보험료가 낮고 보상액이 크다면 소비자에게 유리한 보험계약이 될 수 있다. 〈그림 3.1〉의 만화가 이 점을 예시하고 있다. 단, 발생확률이 너무 낮은 사고에 대비한 보험이어서 5센트도 비싸다고 생각하는 사람이 있을 수는 있다. 세상에는 남다른 특별한 취향을 가진 사람들이 있다. 일부 소수만이 가입하는 보험의 경우, 보험료가 싼지 비싼지에 대한 판단은 개인의 취향에 달려있다고 보아야 한다.

뉴욕 타임즈에 그 기사가 실린 후 기사에 언급된 보험상품 중 몇몇은 구매자가 별로 없어서 시장에서 사라졌다. 오래 전에 발표된 보험에 관한 전통 경제학적 논문 중에서 Robert Eisner and Robert Strotz(1961)는 비행기 탑승자 보험flight insurance(비행기 추락 사고로 피보험자가 사망하면 상속자에게 보험금을 지급함)은, 자살을 제외한 모든 사망을 보상하여 보장범위가 보다 넓을 뿐만 아니라 보험료가 보장범위에 비하여 저렴한 '생명보험'이 있기 때문에, 구입하지 말아야 한다고 했다. 앤드류 토비아스는 1982년에 발간된 책 『보이지 않는 은행가The Invisible Bankers』에서, 비행기 추락은 확률이 매우 낮기 때문에 비행기탑승자 보험을 구입하는 것은 경제학적으로 신중하지 못하다는 주장을 면밀히 전개하면서, 이 점을 다시 한번 강조했다. 오늘날에는 비행기탑승자 보험을 구입하는 사람이 별로 없고, 공항에서 그 보험을 파는 카운터를 찾아보기도 어렵게 되었다. 그 대신 여행자 보험trip insurance[1]을 구입하면 신용카드 청구서에 그 비용이 추가되어 나온다. 이 사례는 특수한 리스크를 담보하는 다양한 보험상품을 살펴보는 제7장에서 보다 상세히 논의

---

1 (역주) 여행 중에 생긴 비상사태 때문에 여행을 취소하거나, 몸이 아파서 여행할 수 없거나, 비행기 여행의 경우 짐을 잃어버리거나 짐이 늦게 도착하는 경우 등으로 발생하는 손해를 보상해주는 보험.

할 예정이다.

보험의 과소구매에 관한 신문기사는 보험의 과다구매에 관한 신문기사에 비하여 그 수가 적은 편이다. 그러나 신문기사에 가장 흔히 나타나는 보험을 과소하게 구매하는 리스크는 신체적 장애로 인하여 소득이 감소될 리스크다. 이에 관한 가장 전형적인 예를 들면, 2002년 'CNN Money' 코너에 실린 "아차! 장애 보험을 잊지 마세요"라는 기사가 있다(Lobb 2002). 그 기사는 생애의 어느 시점에선가 한번은 장애를 입을 확률이 꽤 높다고 경고한다. 미국인의 약 30%가 적어도 90일간 정상적인 활동을 하지 못하는 장애를 일생 중 한번은 겪는다는 것이다. 또한, 장애 수당을 지급하지 않는 직장이 많음을 강조했고, 설사 장애수당을 지급하거나 질병 휴가제를 실시하더라도 그 혜택이 매우 제한적이며, 일반인들은 개인 보험시장에서 판매되는 장애보험 상품의 내용을 이해하기 어렵다고 했다. 보험료와 보장범위에 대해서는 꽤 폭넓게 논의하고 있으나, 그 논의의 핵심이 일생 중 적어도 한번은 장애를 입을 확률이 높다는 점과, 설사 그 보험을 구입하더라도 평소의 소득을 회복할 정도로 충분한 보험금을 받기는 어렵다는 점에 그치고 있다.

설사, 앞에서 언급한 바와 같이, 일생 중 한 번은 장애를 입을 확률이 높다 하더라도 그 기사의 논의는 장애를 입을 확률과, 그 경우의 기대손해액, 보험금을 받을 확률 및 연간 보험료 사이의 관계를 종합적으로 분석하지 못했다. 예를 들면, 어느 사람이 다음 1년의 기간 중에 장애를 입을 확률이 1/250이고, 장애 발생 시 손해액이 \$180,000이면, 기대손해액은 \$720(=1/250 × \$180,000)이다. 이 경우, 그 리스크를 담보하기 위한 보험의 연간 보험료가 \$800 혹은, 그보다 약간 큰 정도라면 불합리하다고 할 수 없다. 그러나 만약 그 보험의 연간 보험료가 \$5,000이라면 그 보험을 구입하는 것이 재무적으로 현명하지 못하다고 할 수 있다. 즉, 만약 장애보험의 보험료가 지나치게 높다면, 비록 그것이 중대한 리스크를 담보한다 할지라도 보험을 구입하지 않는 것이 합리적이다.

그 CNN 기사는 많은 장애인들이 태어나면서부터 신체적 또는 정신적 장애를 가지고 있었고, 메디케어Medicare와 국민연금Social Security 등 정부가 운영하는 보험으로부터 장애에 대한 보장을 받고 있음을 간과하고 있다. 그러므로 그 기사가 인용한 통계수치는, 비록 기술적으로는 정확하지만, 사람들이 근로기간 중에 장애를 경험할 리스크를 심하게 과장하고 있다.

　　과소보험의 사례로 자주 신문기사에 나타나는 또 다른 보험종목은 세입자보험이다.[2] 세입자의 대부분은 그 보험을 가지고 있지 않다(Insurance Information Institute 2010). 보험료가 기껏해야 연간 $15에 불과하므로 세입자보험을 구입하는 데 별 부담이 되지 않음은 의심할 바 없다. 워싱턴 포스트의 재무기자인 미셸 싱글터리가 쓴 기사는 이 점을 다음과 같이 강조했다. "한 달에 영화 한 편을 건너뛰면 (팝콘과 음료수 포함) 세입자보험을 구입할 수 있습니다." (Singletary 2003, 1) 그러나 보험료가 저렴하다고 해서 반드시 그 보험이 필요하다거나 바람직하다고 할 수는 없다. 그 워싱턴 포스트의 기사처럼 언론기사에는 사고발생 확률이나 손해금액에 대한 정보를 찾아보기 어렵다. 보험금을 신청할 확률이 매우 낮다면 한달에 $15씩(또는, 1년에 $180) 내는 보험료도 비싸다. 뒤에 나오는 장에서 이 사례를 다시 언급하고, 보험료와 기대손해액을 어떻게 비교할지에 대하여 보다 공식적으로 분석할 것이다.

　　변칙 행동에 대한 증거는 보험계약의 보장범위가 복잡한 경우에 흔히 발견된다. 보험료 환급형 생명보험return-of-premium life insurance은 일반적인 정기생명보험term-life insurance에 비하여 보험료가 높다는 이유로 여러 재무칼럼과 신문기사에서 비난의 표적이 되어 있다. 이 보험은, 만약 피보험자가 보험계약 기간 중에 사망하면 보험수익자가 사망보험금을 수령한다. 그러나 보험계약 기간 말까지 피보험자가 생존해 있으면 보험사가 보험계약자에게 보험계약 기간 동안 납입한 보험료를 되돌려준다.[3] 이 보험의 계약

---

2 (역주) 세입자보험(Renters' Insurance)은 Tenants' Insurance라고도 하는데, 세입자가 소유한 가구, 전기전자제품, 골동품 등을 화재, 폭발, 붕괴, 도난 등의 리스크로부터 보호한다. 또한, 세입자가 살면서 세든 주택을 파손 또는 훼손했을 경우 집주인에게 지급해야 할 손해배상금도 보장한다. 세입자보험은 화재, 폭발, 붕괴 등으로 인한 주택의 파손을 보장하지 않기 때문에 주택 소유자가 가입하는 주택종합보험(homeowners' insurance)에 비하여 보험료가 훨씬 낮다.

3 (역주) 정기생명보험(term-life insurance) 또는 정기보험은 자동차보험처럼 보험계약 기간 중

기간은 대개 15년에서 30년 정도다. 그러므로 30세에 이 보험에 가입한다면 상당히 높은 확률로 보험계약 기간 말에 꽤 큰 목돈을 수령할 수 있다.❷

정기생명보험과 비교할 때 이 보험이 가진 매력은 보험사에 납부한 보험료로부터 리베이트를 받을 가능성이 높다는 것이다. 이러한 유형의 보험을 선호하는 사람은 전통적인 정기보험이 보험료를 되돌려 받지 못할 가능성이 높기 때문에 보험소비자에게 불리하다고 주장한다. 또한, 보험료 환급형 생명보험은 삶을 즐길 수 있는 나이에 목돈을 받을 수 있어서 좋다고 한다. 물론, 보험료 환급이라는 추가적 혜택의 비용은 보험료에 반영되어 있다. 사실, 재무 전문가들은 이와 같은 형태의 생명보험에 있어서 보험료 환급에 대비하여 추가적으로 보험사에 납입한 보험료 부분은 보험계약자 자신이 더 현명하게 투자할 수도 있다는 점을 지적한다.

변칙의 사례로 자주 주목받는 보험 상품의 형태를 두 가지만 더 예시하면, 보장범위에 빈틈이 있는 경우와, 자기부담금이 낮은 동시에 보상한도도 낮아서 큰 손해에 대비한 보험으로는 별 쓸모가 없는 경우다. 예를 들면, 병원이나 의사를 방문할 수 있는 횟수를 낮게 제한한 의료보험mini-medical plans이 요즘 인기를 끌고 있다(Frase 2009). 몇몇 건강보험사들이 급증하는 의료수가에 대한 대응책으로 보장범위를 좁게 제한한 보험상품gaps in coverage policies을 시험적으로 출시하고 있다. 소위 도넛구멍 방식doughnut-hole format이라고 불리는 메디케어의 처방약 보험의 경우를 보면, 최초의 기본 보장이 있고, 그 다음 일정금액까지는 보장하지 않으며, 매우 큰 비용을 지출하게 되면 다시 보장해준다. 이러한 형태의 보험은 수요 측면의 변칙이라고 할 수 있다. 단, 도넛구멍 보험은 보험소비자들이 요청한 것이 아니라 미국 의회가 개발한 것이다. 그러므로 정치적 과정이 변칙을 교정하기도 하지만, 만들어 내기도 한다.

에 피보험자가 사망하면 미리 지정된 보험수익자가 계약상의 보험금을 수령하고, 사망하지 않으면 아무 것도 받지 못한다. 정기보험은 순수보장성 보험 또는 소멸성 보험의 일종이다. 보험계약 기간 중에 피보험자가 사망하지 않으면 이자를 붙여 보험료를 되돌려 받는 보험료 환급형 생명보험(양로보험, 생사혼합보험)은 저축성 보험의 일종이다.

언론이 공급 측면의 변칙을 보도하기는 하지만, 수요 측면의 변칙에 대한 보도보다 그 빈도가 훨씬 낮다. 저자들은 보험사들이 독립적이고 작은 리스크에 대비하는 보험의 공급을 거부한 사례를 찾지 못했다. 가장 비슷한 사례는, 건강보험사들이 수가가 높은 진료와 실험적인 진료에 대비한 보험을 팔지 않은 경우와, 위험도가 매우 높은 환자의 보험가입을 거절한 경우로서, 워싱턴 포스트가 보도했다(Sun 2010). 보험사가 가입을 거절하거나 보험상품을 제공하지 않는 경우는 대부분 이미 만성질환을 앓고 있어서 보험료가 감당하기 어려울 정도로 높은 경우다. 보험사는 보험금 지급이 확실시되는 리스크에 대해서는 법과 제도가 강제하지 않는 한, 보험을 제공하지 않는다.

공급 측면의 변칙에 대하여 논의해야 할 또 다른 상황은 리스크들 사이에 높은 상관관계가 있어서 보험이 공급되지 않는 경우다. 2004년 월스트리트저널은 보험사들이 9.11 테러 이후 테러 공격이 불가능하다고 판단되는 건물과 시설물에 대하여 테러 보장을 제외시켰다는 특집기사를 보도했다(Jenkins 2004). 그 기사는 "테러는 보험가입이 불가능한 리스크가 전혀 아니다"라고 주장했고, 심지어 '위험도가 높은 도시'에서조차 "테러공격으로 전통적 보험산업이 재무적 곤경에 빠질 확률은 9.11 이전보다 훨씬 낮다"고 주장했다. 이런 논리로 월스트리트저널은 보험사들이 비효율적인 행태를 나타내고 있다고 결론지었다. 그 기사는 미래의 테러 공격 가능성이 보험사들이 생각하는 것보다 낮다고 주장했지만, 그에 대한 증거는 제시하지 않았다. 사실, 그 기사는 미래의 테러 공격 확률을 어떻게 측정할지에 대해서는 언급조차 하지 않았다.

그 기사는, 보험사들이 테러 위험을 보장하는 보험을 철회한 이유가 연방정부로부터 보조금을 받기 위한 로비의 일환이라는 암시를 한 것 이외에는, 보험사들이 왜 그렇게 행동했는지에 대하여 설명하지 않았다. 또한, 보험계리사들이 심하지 않은 테러 리스크조차 일괄적으로 과도하게 평가하여 보험사가 담보하지 않도록 함으로써 보험사들이 사업기회를 놓치게 되었다고 했다. 그 기사의 핵심적 시사점은, 테러로 거대손해가 발생할 확률이 매우 낮기 때문에 보험사들이 테러 위험을 담보하는 보험을 소비자들이 수용할 수 있는 수준의 보험료에 판매하면 이익을 남길 수 있다는 것이다. 그 기사의 시사점은 여러 학술연구의 주제가 되었으며, 이 책의 제9장에서 보다 상세히 논의할 것이다.

위에서 언급한 기사 이외에도, 지면이나 온라인에는 어떤 보험상품의 보험료가 과도하다거나 과소하다는 논란과 보장범위가 이례적이라는 주장을 하는 기사를 흔히 볼 수 있다. 이러한 사실은 사람들이 보험에 대하여 상당히 혼란스러워할 뿐만 아니라, 보험산업이 어떻게 작동되는지, 그리고 어떻게 하면 보험산업을 향상시킬 수 있는지에 대하여 관심이 있음을 시사한다. 앞에서 지적한 바와 같이, 대중매체들의 변칙에 대한 보도의 문제점은 경제학 이론에 비추어 볼 때 진정한 변칙이라 할 수 있는 것이 무엇인지를 철저히 검토하지 못하고 있다는 것이다.

보험구입 의사결정을 잘 했는지 여부는 사고가 발생하면 보험계약자가 얼마나 큰 손해를 입는지(심도, severity) 뿐만 아니라 사고가 일어날 확률이 얼마인지(빈도, frequency)에도 달려있다. 빈도와 심도 모두를 고려하여 보험료가 적정한지 여부를 판단해야 한다. 대중 매체들은 사고 발생 확률과 보험료의 적절성을 동시에 고려하지 못하는 경우가 많다. 더욱 충격적인 것은 위험회피에 대한 고려가 거의 전무하다는 것이다. 어떤 사람이 얼마만큼의 보험을 구입할지는, 다른 사람이 어떻게 느끼느냐가 아니라, 자신의 위험회피 정도에 따라 결정해야 한다.

마지막으로, 소비자들이 필요를 느끼지만 시장에 공급되지 않는 보험에 대한 논의를 보면, 왜 그것이 공급되지 않는지에 대하여 올바르게 설명하는 경우가 별로 없다. 대중 매체들은 그저 보험사가 어리석다거나 시장을 꿰뚫어보는 눈이 없다고 비난할 뿐이다. 정부의 규제 때문에 경쟁시장에서 마땅히 부과해야 할 만큼의 보험료를 부과하지 못했다거나, 그 보험을 제공하기 위하여 보험사가 지출해야 할 사업비가 지나치게 높아서 소비자들이 감당할 수 있는 보험료 수준을 맞출 수 없었다거나 등 보험사가 그러한 행동을 한 납득할 만한 이유를 제시하는 경우도 찾아보기 어렵다.

행동경제학 모형과 보험에서의 변칙에 대한 짧은 소개

전통 경제학의 표준모형들 중 하나인 기대효용이론이, 사람들이 여러 종류의 재무적 의사결정을 내릴 때 어떻게 생각하고 행동하는지에 대하여 제대로 설명하지 못한다는 사실과 그 이유에 대한 학술 논문이 상당히 많이 있다. 또한, 리스크가 있는 상황 하에서 사람들이 내린 의사결정이 기대효용이론으로는 설명할 수 없는 경우가 꽤 있다는 사실을 보여주는 실험(대개 대학생들을 대상으로 함)적 증거가 쌓여가고 있다.❸ 그러한 실험은 순전히 가상적으로 이루어지기도 하고, 때로는 피험자에게 약간의 금전적 보상이 이루어지기도 하지만, 이윤극대화를 목적으로 하는 보험사들을 대상으로 실제로 작동하는 시장에서 이루어지지는 않는다.

수요 측면의 변칙에 대한 증거는 대개 사람들이 보험구입 의사결정을 내릴 때 위험회피형의 소비자라면 하지 말아야 할 행동을 한다는 사실을 비공식적으로 일반화한 것이다. 어떤 것은 순수 이론의 연장선상에 있다. 예를 들면, Kenneth Arrow(1963)는 만약 보험료가 보험계리적으로 공정한 보험료보다 뚜렷이 높다면 부분보험을 구입해야 하고, 때로는 보험을 전혀 구입하지 말아야 할 수도 있다고 주장했다.

간혹, 기대효용이론의 관점에서 볼 때는 바람직한 보험상품이지만, 보험소비자들은 바람직하지 않다고 여기는 경우가 있다. Peter Wakker, Richard Thaler, and Amos Tversky(1997)가 실제 데이터를 가지고 학생, 기업 임원 및 포트폴리오 관리자들을 대상으로 한 일련의 사고실험에서, 보험상품이 비록 표준모형에 의하면 보험료가 소비자에게 매력적일지라도, 약속된 보험금을 지급받지 못할 확률이 약간이라도 있다면, 만장일치로 그 보험의 구입을 거부하는 결과가 나왔다. 예를 들면, 그들은 피험자들에게 '확률적 화재보험'을 제시했는데, 그것은 화재발생 시 1%의 확률로 보험금이 지급되지 못할 가능성이 있다. 그 실험에서 피험자들은 보험금을 지급받지 못할 확률 1%에 대하여 보험료를 30%나 인하해달라고 요구했다. 이것은 극단적으로 위험회피적인 행동으로서, 현실성 있는 효용함수로는 설명이 안 된다.

변칙에 관한 다른 논의는 실제 행동과 관련된 것이다. 예를 들면, 오늘날 손해보험과 건강보험은 대부분 자기부담금이 있는데, 소비자의 기대효용을 극대화하기에는 보험료의 크기를 감안하면, 대개 그 금액이 너무 작다. 또한, 보험소비자들은 자신이 스스로 관리할 수 있을 정도의 작은 리스크를 보험에 가입하면서 보험사의 사업비와 이익이 지나치게 큰 부분을 차지하는 보험료[4]를 내고 있다. 1970년대에 펜실베이니아 주의 보험감독원장이었던 허버트 데넌버그는 $50이었던 자동차보험의 자기차량손해의 자기부담금을 $100로 강제로 인상하였다. 데넌버그의 조치가 보험소비자들의 비용을 수백만 달러나 절약해 주었지만, 대중들의 반발로 철회되었다(Cummins et al. 1974).

어떤 연구는 보험시장 현장에서 수요 측면의 변칙을 조심스럽게 관찰하였다. 수요 측면의 변칙이라고 흔히 거론되는 것은 공산품에 대한 품질보증, 자기부담금이 낮은 보험, 작은 손해에 대비한 보험 등으로서, 기대손해액보다 보험료가 훨씬 높지만 소비자들이 기꺼이 가입하고자 하는 보험이다. David Cutler and David Zeckhauser(2004)는 필라델피아와 올란도의 주택종합보험 데이터를 이용하여 소비자들이 자기부담금이 지나치게 낮은 보험상품을 선택한다는 증거를 제시하였다. 그들의 연구에 의하면 60~90%의 소비자가 $500의 자기부담금을 선택했다. 만약 자기부담금을 $1,000로 했더라면 보험료를 $220~$270 절약할 수 있었다. 이처럼 낮은 자기부담금이 정당화되려면 위험중립인 보험계약자가 계약기간 1년 중에 $1,000 이상의 화재사고를 당할 확률이 44%(즉, $220/$500)가 되어야 한다. 일부 보험소비자들은 세입자로서 집주인의 요구를 충족시키기 위하여 이러한 보험에 가입하지만, 주택소유자가 자발적으로 이처럼 낮은 자기부담금을 선택하는 것은 불합리하다.

표준모형의 가정이 비현실적이기 때문에 정상적인 행동이 변칙이라고 간주될 수도 있다. 즉, 표준모형은 소비자들이 항상 사려가 깊고 계산능력

---

4 (역주) 보험료에서 차지하는 부가보험료의 비중이 커서, 소비자들이 나중에 보험금으로 되돌려 받을 순보험료 부분이 작다는 뜻이다.

이 뛰어나서 자신의 고유한 위험회피 정도 하에서 자신에게 가장 유리한 보험상품을 언제나 정확히 선택할 수 있고, 다른 보험상품으로 갈아타는 비용을 계산할 수 있으며, 보험료가 비싸지면 즉시 보험을 취소할 수 있다고 가정한다. 그러나 현실에서는 과도하게 비싼 보험료를 내면서 신통찮은 보험상품을 오랫동안 끌어안고 있는 관성과 혼동을 보여주는 소비자들이 꽤 있다(Liebman and Zeckhauser 2008).

마지막으로, 몇몇 연구는 기대효용이론에 어긋나는 대규모의 행동을 밝혀냈다. 예를 들면, 미국의 홍수빈발 지역에 사는 주민들의 대부분은 정부 보조로 보험료가 대폭 낮아진 홍수보험을 자발적으로 구입하지 않았다. 홍수보험을 구입한 일부 사람들도 수년간 홍수 피해를 입지 않자 보험계약을 해지했다. 그들은 자신들이 수년간 홍수피해를 입지 않은 것을 다행으로 여기기보다, 홍수보험 구입이 잘못된 의사결정이었다고 생각했다(Kunreuther et al. 1978; Michel-Kerjan, Lemoyne de Forges, and Kunreuther 2011).

부적절한 보험구입에 관한 논문뿐만 아니라, 바람직하지만 시장에 공급되지 않은 보험에 관한 논문도 있다. 로버트 실러Robert Shiller는 그의 2003년 책 『신 재무질서: 21세기의 리스크The New Financial Order: Risk in the 21st Century』에서 현재 시장에 존재하지 않는 보험상품 여러 가지를 제시하였다. 그 중 하나가 생계보험livelihood insurance 혹은 생애보험career insurance으로서, 개인의 연간 소득이 감소할 리스크를 장기적으로 보장하는 보험이다. 예를 들면, 어떤 사람이 새로운 직업을 가지려고 좁은 분야에 특화된 교육을 받는다면, 그리고 그 기간 중에 소득이 감소한다면, 그는 생계보험의 구입을 고려할 만하다. 생계보험을 구입하면 수요의 변동이나 기술진보 또는 다른 어떤 이유에서든 급여가 예상치 않게 감소했을 때 소정의 보험금을 받을 수 있다.

실러는 또한 주택 순가치 보험home equity insurance도 제안했는데, 그것은 주택종합보험처럼 화재 등 일반적인 리스크를 보장할 뿐만 아니라 다른 이유로 인한 주택가치의 하락도 보장한다. 그 보험은 시카고 교외에 위치한 오크파크 시에 출시된 적이 있는데, 여러 인종이 섞여서 살던 지역에서 백인 거주자들이 이주하면 집값이 하락할 리스크에 대비하는 것이 그 보험의 목적이었다. 그 보험을 구입한 사람은 그러한 가능성을 염려한 소수의 사람들뿐이었다. 그 보험을 구입하지 않은 사람들이 미래의 집값을 올바르게 예측했다. 오크파크 시의 인종 구성이 변화되기는 했지만, 집값은 별 변동이 없었다.

변칙에 관한 학술적 논의의 전체적인 방향은 표준모형에서 벗어난 보통 소비자들의 행동을 연구하는 것이다. 학술적 논의가 암묵적으로 제시하는 가치판단은 변칙 행동과 그 결과를 어떤 방식으로든 바로잡을 필요가 있다는 것이다. 저자들이 아는 한, 보험산업이 일반적으로 얼마나 잘 작동하고 있는지, 또는 경제 전체에 중대한 문제를 일으킬 정도로 보험산업에 변칙이 만연해 있는지 여부를 측정하려는 시도는 없었다.

변칙의 요소: 가상적 사례

이상에서 언론매체가 소비자들에게 제시하는 보험구입에 관한 조언이 그리 만족스럽지 못하다는 것을 살펴보았다. 이제는 보험구입에 관한 보다 현실성 있는 사례를 제시하고, 경제학의 표준모형을 따른다면 그 경우에 보험소비자들이 어떻게 해야 할지를 설명하고자 한다. Joe Szechpach은 30세의 웹디자이너인데, 최근에 연봉 $80,000에 더하여 꽤 큰 금액의 보너스를 받았다. 그는 월세 $2,000의 근사한 아파트를 계약했고, 그의 가구와 가전제품을 손상으로부터 보호하기 위하여 세입자보험renters' insurance을 구입했다. 또한, 보너스로 받은 돈은 풀 옵션을 장착한 '니싼 370Z 로드스터 컨버터블'을 구입하는 데 사용했다. 그 차는 그의 오랜 소망이었다. 그는 그 차를 현금 $40,000을 주고 구입했다. 그 밖에 그가 가진 재산은 $30,000의 주식과 $40,000의 퇴직계좌가 전부인데, 퇴직계좌는 위약금을 내지 않으면 최소한 30년간은 건드릴 수 없다. 그가 받는 월급은 집세, 일상생활비 및 간혹 지출되는 여행비로 사용된다.

Joe는 평소에 운전을 조심스럽게 하지만, 그는 그의 '애마'에 예상치 못한 일이 일어날 수 있다는 사실을 깨달았다. 그의 차에 대한 책임보험의 보험료는 매월 $80이다. 매달 $40의 보험료를 추가로 부담하면 자기차량손해(자차) 보험을 구입할 수 있다. 보험 수요의 표준모형에 의하면 Joe가 자차自車 보험을 구입하는 것과 구입하지 않는 것 중 어느 쪽이 합리적일까? 그의 기대효용을 극대화하려면 얼마만큼의 보험을 구입해야 할까? 그리고 역으로, 그가 범할 수 있는 변칙행동에는 어떤 것이 있을까?

Joe는 그의 새 차가 사고로 일부 또는 전부가 파손될 확률이 있음을 알고 있다는 가정으로부터 시작하자. 그는 먼저 자기 자신과 주변사람들의 운전 행태를 면밀히 관찰하여 향후 1년 사이에 사고를 당하여 차가 파손될 '주관적 확률'을 도출해야 한다. 그는 자신의 추정에 큰 확신은 없을지라도, 어쨌든 0과 1사이에 있는 어떤 확률 값을 추정할 것이다.

보험구입 여부를 결정하려면 그 주관적 확률을 이용하여 자신이 향후 1년 동안 보험사에 청구할 보험금의 기댓값을 구하고, 그것을 보험사가 제시한 보험료와 비교하여야 한다. 만약 보험사가 제시한 보험료가 그가 계산한 보험금의 기댓값(발생가능한 모든 사고금액에 대하여 각각 사고확률을 곱하여 더한 값)보다 작다면 당연히 보험을 구입해야 한다. 보험사에 내는 보험료보다 보험금으로 돌려받는 금액의 기댓값이 클 경우에만 그 보험이 구입할 가치가 있다는 생각은 잘못이다. 만약 Joe가 위험회피적risk averse이라면 그는 보험 구입 시에 리스크 프리미엄(보험료 중 보험금의 기댓값을 초과하는 부분)을 부담할 용의가 있다. 그러나 리스크 프리미엄이 보험금으로 지급받을 금액의 기댓값에 비하여 지나치게 높으면 소비자는 보험 구입을 포기하고 운에 맡긴다. 즉, 사고가 발생하여 차가 손상을 입으면 수리비 또는 신차 구입비를 자신이 스스로 부담한다.

Joe는 옳을 수도 있고 그를 수도 있지만, 자신은 보험사가 평가하는 것보다 더 안전한 운전자라고 생각할 수 있다. 그래서, 설사 보험료에서 차지하는 보험사의 사업비와 이익의 비중이 낮더라도, 자차보험을 구입하지 않을 수 있다. 그가 생각하는 사고확률이 보험사가 계산한 것보다 훨씬 낮다고 가정해보자. Joe가 옳게 판단했을 수도 있지만, 보험사는 수천, 수만명의 다년간의 사고경험을 이용하여 Joe의 사고확률을 예측했고, Joe는 자신의 14년간의 경험을 가지고 자신의 사고확률을 추측했음을 고려해야 한다. 사실, 보험사의 데이터베이스에 의하면 Joe는 평균적인 보험가입자 수준의 리스크를 가지고 있다. Joe가 자차보험에 가입하지 않은 것은 변칙이라고 할 수 있지만, 그의 행동 자체가 변칙이 아니라 그가 현실을 올바르게 인식하지 못했기 때문에 변칙인 것처럼 보이는 행동을 한 것이다.

만약 자차보험(또는 다른 어떤 종류의 보험이든) 가입에 대하여 심사숙고하는 사람들의 대부분이 자신의 리스크 정도에 대하여 보험사와 다른 의견을 가지고 있다면, 왜 보험사, 분석가 또는 교수들이 그들에게 그러한 사실을 알려주려 하지 않을까? 만약 Joe가 보험사나 보험전문가로부터 객관적인 정보에 바탕을 둔 의견을 들었다면, Joe는 자신이 주관적으로 내린 자신의 리스크 정도에 대한 판단이 신뢰성이 낮다고 인정하고 자신의 판단을 수정할 수도 있다. 소비자가 새로운 정보를 접했을 때 얼마나 자신의 주관적 사고확률을 수정할 용의가 있는지는 소비자의 행동을 설명하는 데 있어서 핵심적인 요소다.

지금까지의 논의를 종합해보자. 문제를 단순화하기 위하여 발생가능한 사고는 자동차의 파손뿐이고, 그 사고의 손해액은 $40,000이라고 가정하자. Joe는 향후 1년 사이에 그 사고가 발생할 주관적 확률을 마음속에 가지고 있다. 즉, 그는 자신의 재산의 10%가 전손全損, total loss 사고를 당할 리스크의 정도를 알고 있다고 생각한다. 또한, 만약 Joe의 차가 전손이 난다면, 보험사로부터 사고금액의 전부를 보상받아 폐기처분된 차와 동급의 새 차를 구입할 수 있으므로 금전적으로는 손해가 없다고 가정한다. 그리고 현재 운행하고 있는 차에 대한 특별한 애착이 없어서 다른 370Z(같은 색깔, 같은 옵션, 같은 주행거리)를 현재의 차에 대한 완벽한 대체재로 인식한다.

이제 꽤 강력한 주장을 할 준비가 되었다. 만약 Joe가 위험회피형이라면, 그리고 보상금 한 단위당 보험료가 향후 일년 동안 사고가 발생할 확률과 같은 보험이 있다면, 그는 반드시 그 보험을 구입할 것이다. 사실, 그 보험료는 Joe의 입장에서 볼 때 보험계리적으로 공정하다. 만약 보험료가 그가 추정한 손해액의 기댓값보다 낮다면, 그리고 법적으로 허용된다면 그는 $40,000 이상의 보험에 가입할 것이다.[5] 그러한 보험계약은 보험계약자가 보험사고를 통하여 이득을 볼 수 있기 때문에 사실상 도박이다. 보험목적물의 가치보다 큰 보험금을 약속하는 보험overinsurance은 보험소비자들의 도덕적해이moral hazard를 불러일으키기 때문에 보험사는 그러한 보험을 판매하지 않는다. 그러한 보험을 구입한 소비자는 보다 부주의하게 운전할 경제적 동기를 가지게 되기 때문이다. 보험사들은 도덕적해이가 발생하지 않도록 하기 위하여 항상 주의를 기울인다.

만약 보험사가 제시하는 보험료가 Joe가 생각하는 향후 일년간 발생할 자차 사고의 기댓값보다 크다면 어떻게 될까? 만약 전부보험과 무보험 중에서 선택해야 한다면, 소비자가 보험구입을 거절하는 '유보 보험료reservation premium' 영역이 존재할 수 있다. 즉, 유보 보험료란 매우 높은 수준의 보험료로서, 보험료가 유보 보험료보다 높으면 보험을 구입하는 것이 보험을 구입하지 않고 운에 맡기는 것보다 기대효용이 낮아진다. 그러므로 보험사가 제시할 수 있는 최저 보험료와 유보 보험료 사이의 영역이 시장에서 성립될 수 있는 보험료의 수준이다. 이 책의 뒷부분에서 다양한 종류의 보험에 있어서 다양한 보험소비자와 보험사에게 적용되는 최저 보험료와 유보 보험료의 사례를 좀 더 살펴볼 것이다.

Joe의 사례는 보험과 다른 상품들, 즉 음식, 의복, 주택 등과 같은 필수 소비재 사이에 중대한 차이점이 있음을 알려준다. Joe의 자차보험에 대한 욕구는 필수 소비재에 대한 욕구와 그 성격이 다르다. Joe는 차 값을 다 치렀고, 차를 담보로 은행으로부터 대출받지도 않았기 때문에 은행이 그에게 보험에 가입할 것을 요구하지 않는다. 그러므로 Joe는 자차보험 없이 차를 운행할 수 있다. 그는 자차보험의 보험료가 합당한 수준이라고 생각할 때에만

---

5 (역주) 이러한 보험은 상법의 '실손보상의 원칙(principle of indemnity)'에 어긋나므로 불법이다.

그 보험을 구입한다. 그렇지 않으면 보험 없이 차를 운행할 것이다. 보험료가 합당하다고 생각하는지 여부는 Joe가 주관적으로 추정한 자신의 사고발생 확률과 보험사가 평가하는 Joe의 사고발생 확률의 크기에 따라 결정된다.

위에서 언급한 데이터가 있으면 Joe가 보험을 구입할지 여부와, 구입한다면 보장범위를 얼마로 할지를 예측할 수 있다. 만약 보험금 한 단위에 대한 보험료가 Joe가 주관적으로 추정한 사고확률과 같다면 Joe는 전부보험을 선택할 것이라는 것이 표준모형의 예측이다. 즉, 그 경우에는 자기부담금이나 보상한도 없이 사고로 인한 손해를 전부 보상해주는 보험이 Joe에게 최선이다.6 만약 보상금 한 단위당 보험료가 소비자가 주관적으로 추정한 보험료보다 높으면 소비자는 전부보험을 선택하지 않고 자기부담금이 있는 보험을 선택하여 작은 손해는 본인이 부담하려 할 것이다. 만약 보험료가 유보 보험료 이상으로 높다면 소비자는 보험을 구입하지 않을 것이다. 또한, 소비자는 자신의 위험회피도에 따라 보장범위를 결정한다. 만약 소비자가 자기부담금이 설정된 보험을 구입하면 자신의 과실로 발생한 손해 중에서 자기부담금 이하의 손해 부분은 스스로 부담한다. 즉, 그 부분만큼 자가보험self insurance에 가입했다고 할 수 있다.❹

변칙의 정의定義

Joe에 관한 가상 사례를 이용하여 제2장에서 소개한 표준모형에 어긋나는 수요측면과 공급측면의 변칙이 무엇인지를 정의해보자. 먼저, 표준모

---

6 (역주) 이것은 보험경제학의 기초 이론 중 하나로서, 베르누이 원리(Bernoulli principle)라고 한다. 보험료가 보험계리적으로 공정하다면, 전부보험은 Joe에게 최선일 뿐만 아니라 사회 전체적으로도 최선이다. 왜냐하면, 보험사는 많은 수의 보험계약을 보유하고 있고, 보험료가 보험계리적으로 공정하다고 가정했기 때문에, 개별 보험계약자가 전부보험을 구입하건 부분보험을 구입하건 보험사의 이익에는 영향이 없다. 그러므로 소비자에게 최선이면 사회 전체적으로도 최선이다. 그러나 보험료가 보험계리적으로 공정하지 않다면 다른 결과가 나올 것이다. 이처럼 베르누이 원리는 보다 복잡하고 다양한 상황 하에서의 보험 수요 이론을 전개하기 위한 출발점이다.

형에 부합하는 행동의 지침을 열거해보자. 설사 리스크를 안고 있다 할지라도, 사업비 때문이건 또는 다른 이유에서건, 보험료가 지나치게 높으면 소비자는 보험을 구입하지 말아야 한다. 반대로, 소비자가 리스크를 크게 인식하지 않더라도 기대손해액에 비하여 보험료가 충분히 낮으면 소비자는 반드시 보험을 구입해야 한다.

보험시장에는 어떤 이유에서든, 올바른 보험을 구입하지 않거나 부적절한 보험을 구입하는 소수의 소비자가 있다. 예를 들면, 자기부담금을 낮추려고 보상한도가 지나치게 낮은 재해보험 상품을 구입하여 대규모 재해로부터 보호받지 못하는 것이다. 또한, 순진한 소비자들이 걸려들기를 바라며 과도하게 높은 보험료를 부과하는 사악한 보험사도 더러 있다.

심각한 변칙이 발생할 염려가 없는 보험시장의 특징은 두 가지의 요소로 파악할 수 있는데, 부과된 보험료의 수준과 그 보험을 구입한 사람의 비율이 그것이다.❺ 다음 조건이 성립되면 그 보험시장은 변칙이 발생하기 어렵다고 할 수 있다.

- 조건 1: 보험료가 순보험료(기대손해액)와 보험사의 사업비 및 정상 이윤을 반영하는 적절한 수준의 부가보험료로 구성되어 있음(부가보험료의 정의는 〈글상자 1〉을 참조할 것).
- 조건 2: 유자격 소비자의 대다수가 자발적으로 그 보험을 적절한 양만큼 구입함.

조건 1과 관련하여, 보험료가 변칙이 아니라고 할 수 있는 범위 내에 있는지 여부는 부가보험료에 의하여 결정된다. 이 내용은 〈글상자 1〉에 별도로 정리했다. 그것은 기대손해액 대비 보험사가 부과한 보험료의 비율에 의하여 결정된다. 저자들은 보험료에서 차지하는 부가보험료의 비중이 30~40% 정도면 변칙이 아니라고 본다. 이 정도의 부가보험료율은 시장에서 흔히 볼 수 있는 수준이다. 단, 리스크들 사이에 상관관계가 높아서 사고발생 시 보험사가 꽤 큰 타격을 입을 수 있는 경우에는 부가보험료율이 이보다 좀 더 높을 수 있다.

보험 가입률과 관련하여(조건 2), 저자들은 그것을 자격 있는 보험소비자 수 대비 실제 보험을 구입한 소비자 수의 비율로 정의한다. 현실의 시장에서 보험가입률이 100%인 경우는 사실상 없다. 왜냐하면, 보험소비자들의 위험 회피도가 각각 다르고, 보험 구입을 잊어버리는 사람도 있기 때문이다. 보

〈글상자 1〉 부가보험료와 부가보험료율의 정의

보험사가 수령하는 보험료의 대부분은 보험사가 지급해야 할 두 가지의 비용에 충당된다. 첫째는 기대손해액(expected loss)으로서, 보험계약자가 청구하는 보험금을 지급하는 부분이다. 둘째는 부가보험료(loading)로서, 보험사의 각종 사업비에 충당되는 부분이다. 보험사의 사업비에는 마케팅 비용, 임직원 급여, 사무실 운영비, 공공요금 등을 포함하는 판매관리비, 설계사, 대리점, 브로커 등에게 지급되는 수수료, 보상업무에 따르는 각종 비용 등이 포함된다. 보험사가 납부해야 할 각종 세금 또한 부가보험료에 포함된다.

부가보험료에는 위에서 언급한 것 이외에 조금 더 이해하기 어려운 비용도 포함된다. 그것은 예상 외로 보험금 지출이 증가할 가능성에 대비하여 적립해 둔 준비금에 대한 자본비용이다. 그러므로 부가보험료에는 준비금을 마련하고 적립하기 위하여 지출해야 할 거래비용과 준비금으로 적립한 자금을 운용할 때 발생하는 세금을 포함해야 한다. 간혹 어떤 보험상품의 보험료에는 기대손해액만 반영되어 있고 부가보험료는 포함되지 않았다고 하는데, 그것은 준비금을 투자하여 벌어들인 수익으로 부가보험료를 충당하는 경우이다.

부가보험료는 흔히 보험사가 보험계약자에게 부과하는 보험료에 대한 비율로 표현하는데, 그것이 곧 부가보험료율(premium loading factor)이다. 이를 수식으로 표현하면,

$$보험료 = 기대손해액 / (1 - 부가보험료율)$$

이 식을 부가보험료율에 대하여 정리하면,

$$부가보험료율 = 1 - (기대손해액 / 보험료)$$

화재와 폭풍 등으로 인한 주택의 피해를 담보하는 어느 주택종합보험의 일 년간 기대손해액이 $1,000이고, 부가보험료가 $500이라면, 보험료는 $1,500이다. 그러면 부가보험료율 = 1-$1,000/$1,500 = 0.333 또는 33.3%가 된다.

험 종목별 보험침투도[7]를 조사한 데이터가 존재하지 않는다는 전제 하에서, 저자들은 보험가입률 70%를 잘 작동하는 보험시장의 기준으로 삼는다.

변칙의 종류

이상과 같이 보험료와 보험가입률을 이용하여 잘 작동하는 보험시장에 대한 정의를 내리면, 수요측면과 공급측면에 있어서 생각할 수 있는 여러 종류의 변칙의 특성을 파악할 수 있다.

⁚ 수요측면의 변칙

(1) 보험료는 적절하지만 수요가 부족할 경우

보험료가 적절한 수준이지만 그 보험에 대한 수요가 부족하다면, 즉 보험 가입률이 저자들이 설정한 기준인 70%에 미달하면 변칙이 존재한다고 할 수 있다. 만약 유자격 소비자들 중 일부 소수가 보험을 구입하지 않았다면 저자들은 그것을 사소한 실수라고 간주한다. 그러나 어떤 경우에는, 예를 들면 건강보험의 경우 공적 건강보험[8]에 가입할 자격이 없는 사람들 중 약 20%가 건강보험 없이 지내고 있다면, 왜 그런 현상이 발생하는지에 대해서는 좀 더 연구가 필요하지만 그것을 변칙이라고 간주하지는 않는다.

---

7 (역주) 보험침투도(insurance penetration ratio)는 보험에 가입할 수 있는 사람의 수 대비 실제로 보험에 가입한 사람 수의 비율로서, 보험가입률과 같은 의미로 사용된다.

8 (역주) 미국의 공적 건강보험(public health insurance)은 65세 이상의 유자격 노인과 장애인을 위한 메디케어(Medicare)와 빈곤층을 위한 메디케이드(Medicaid)가 있다. 메디케어는 가입자가 보험료를 일부 부담하지만, 재원의 대부분은 세금(급여세, payroll tax)으로 충당된다. 메디케어의 세부 규정은 매우 복잡하지만, 대체로 가입자에게 부과된 의료비의 50~80% 가량을 대신 부담해준다. 메디케이드는 미국 정부가 진료비 전액을 부담한다. 메디케어 또는 메디케이드의 적용대상이 아닌 사람 중 많은 사람이 직장이 제공하는 단체건강보험에 가입한다. 직장에서 건강보험을 제공하지 않거나 자영업자 또는 프리랜서인 경우에는 개인적으로 민간 보험사가 제공하는 사적 건강보험에 가입해야 한다.

가장 심한 형태의 변칙은 아마도 정부 보조 혹은 규제 때문에 보험료가 기대손해액 이하인데도 불구하고 상당수의 사람들이 자발적으로 보험을 구입하지 않는 경우일 것이다. 표준모형에 의하면, 만약 보험료가 보험계리적으로 공정하면 모든 위험회피적인 사람은 보험을 구입해야 한다. 그러므로 보험료가 정부 보조로 기대손해액보다 낮다면 사람들은 반드시 그 보험을 구입하기를 원해야 한다. 국민홍수보험공단National Flood Insurance Program이 판매하는 홍수보험이 이와 같은 형태의 변칙의 좋은 예다. 미국 정부는 홍수 빈발 지역 주민들을 위하여 홍수보험을 원가 이하로 판매하고 있지만, 그 지역에 사는 주택 소유자들 중 많은 수가 홍수보험을 구입하지 않고 있고, 심지어 은행이 모기지 제공의 전제조건으로 홍수보험 가입을 요구해도 구입하지 않고 버티는 경우가 종종 있다.[9]

(2) 비싼 보험료에도 불구하고 수요가 과도한 경우

부가보험료율이 40% 이상이어서 보험료가 과도하게 높은 경우에도 보험가입률이 꽤 높다면 변칙이 존재한다고 할 수 있다. 상당수의 품질보증warranty이 이 범주에 속한다. 가전제품에 대한 품질보증의 가격은 종종 가전제품의 내구기한耐久期限 중에 발생하는 수리비의 기댓값보다 월등히 높지만(Huysentruyt and Read 2010), 가전제품 구매자의 20~40%가 품질보증을 구입한다. 보험의 표준모형에 의하면 이 현상은 변칙이라고 할 수 있다.

(3) 보험을 과소·과다 구입하거나 잘못된 종목을 구입하는 경우

어떤 경우에는, 보험가입률이 표준모형에 부합하지만, 과소·과다 구입하거나 잘못된 종목을 구입하여 표준모형에서 벗어나는 경우가 있다. 낮은

---

9 (역주) 이 현상이 진정한 보험 수요의 변칙이 되려면, 홍수 피해를 모두 자신이 책임지거나, 보험이 보상해주는 것 이외에는 보상받을 길이 없어야 한다. 만약, 정부의 세금이나 국민들의 성금으로 피해를 모두 보상받을 수 있다면, 전통 경제학에 기반을 둔 보험 수요의 표준모형의 예측은 정부 보조로 보험료가 기대손해액보다 낮더라도 보험에 가입하지 않는 것이다. 이것은 변칙이 아니다. 세금이나 성금으로 홍수 피해자들을 구제하는 것은 홍수 피해의 규모를 키우고, 국민의 도덕성을 타락시킨다.

자기부담금을 강하게 선호하는 것이 이러한 종류의 변칙의 예다. 자동차보험과 주택종합보험의 경우, 자기부담금을 조금 높이면 보험료가 크게 감소되어 소비자에게 득이 됨에도 불구하고 소비자들이 지나치게 낮은 자기부담금을 선택하는 경우가 있다는 실증연구가 있다(Cutler and Zeckhauser 2004; Sydnor 2010).

공급측면의 변칙

(1) 보험이 공급되어야 마땅한 상황이지만 공급되지 않는 경우

보험에 대한 수요가 충분히 많고 부가보험료율이 30~40%가량 되어 보험 공급이 당연히 이루어져야 할 상황이지만 보험사들이 보험을 제공하지 않는 경우가 이 형태의 변칙이다. 9.11 직후 테러보험이 시장에서 거의 사라진 것이 대표적인 예다. 당시 시장에 남아있던 극소수의 테러보험 상품의 부가보험료율은 40%를 훨씬 상회했다. 예를 들면, 어떤 기업은 $900만의 보상한도를 가진 테러보험을 연간 보험료 $90만에 구입했다. 만약 이 보험료가 보험계리적으로 공정하다면 향후 1년 사이에 테러로 그 건물이 $900만의 손해를 입을 확률이 10%라는 것인데, 터무니없이 높은 확률이다.❻

(2) 보험료가 원가 이하로 책정된 경우

경쟁시장인 보험시장에 출시된 보험상품 중에는 부가보험료율이 30% 이하인 경우가 종종 있다. 심지어 보험료가 기대손해액보다 낮은 경우도 있다. 경쟁시장에서는 이 같은 변칙은 지속가능성이 없다. 그러나 정부의 규제가 작용하면 이러한 현상이 발생할 수 있다. 즉, 고위험 소비자에게 원가 이하로 보험을 팔도록 정부가 보험사에게 강제하고, 거기서 발생된 손해를 저위험 소비자의 보험료를 인상하여 메우도록 하는 것이다. 1990년대 후반에 보험사들이 판매한 HMO 건강보험은 보험료가 보험계리적으로 공정한 보험료보다 낮게 책정되어 보험사들이 상당한 적자를 보았지만, 경쟁적인 보험시장에서 수년간 퇴출되지 않고 판매되었다(Pauly et al. 2002). 표면적으로는 보험사들이 실제로 가능한 정도보다 더 크게 의료비를 절감할 수 있다고 잘못 판단한 것이 그 이유라고들 말한다.❼ 결국 그 보험사들은 의료비를 보다 현실적으로 인식하게 되었고, 그 이후 몇 년 동안 매년 두 자릿수로 보험료를 인상하여, 결국 다시 흑자를 내게 되었다.

요약

'보험료가 너무 높거나 낮다' 혹은 '보험계약의 내용이 이례적이다' 등의 주제가 종종 대중 매체에서 논란의 초점이 되고 있다. 그러한 논란이 있다는 것은 많은 사람들이 보험 산업이 어떻게 작동하는지, 그리고 어떻게 보험 산업을 향상시킬지에 대하여 관심이 있다는 증거다. 대중매체의 보도 중에는 보험료가 과연 보험계약자에게 유리한 수준인지에 관한 것도 있지만, 간혹 변칙이 진정으로 무엇을 의미하는지에 대하여 명확한 이해나 설명을 제공하지 못하여 독자들을 오도誤導하는 경우도 있다.

대중매체들은 리스크가 있으면 보험에 가입하여야 한다고 성급하게 결론짓는 경향이 있다. 대중매체가 하는 조언은 종종 사고발생 확률과 사고로 인한 손해금액을 고려하지 않고 보험료의 적정성을 평가한다. 그래서 이 장에서 변칙적이지 않은 보험시장이 될 조건 두 가지를 제시했고, 아울러 보험소비자와 보험사가 변칙적인 행동을 하는 사례 몇 가지를 제시했다. 또한, 제2장에서 논의한 표준모형이 언제나 시장에서 실제로 행해지는 행위들을 판단하는 최선의 기준이 아닐 가능성이 있음을 제기했다. 이 책의 다음 부분에서는 앞서 제시한 변칙들이 왜 발생하며 그 의미가 무엇인지에 대하여 보다 상세히 검토할 것이다.

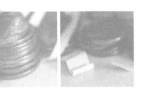

CHAPTER 4
표준모형에 부합하는 행동

지금까지 수요와 공급의 변칙을 표준모형과 대비하여 설명했고, 변칙으로 분류할 수 있는 행동의 실제 보험시장에서의 사례 몇 가지를 분석하였다. 변칙 여부를 결정하기 위한 핵심적인 두 개의 질문은 다음과 같다.

- 소비자들의 보험구입 의사결정이 기대효용 모형에 부합하는가?
- 보험시장이 경쟁적(가격규제 없음)일 때 보험사들이 기대 이윤을 극대화하도록 보험료를 설정하는가?

변칙 검증에 필요한 가정들

위의 두 질문에 대한 답변은 손해의 분포가 잘 정의되어 있고 잘 알려져 있으며, 보험시장이 다음과 같은 특성을 가지고 있을 때이다.

- 보험 가입 대상의 수가 충분히 크고, 그들이 보유한 리스크가 서로 독립적일 것
- 각 개인이 보유한 리스크로부터 발생가능한 손해의 크기는 그 개인의 부富에 비하면 크지만 보험사의 자산에 비하면 작을 것
- 각 개인이 자신이 보유한 리스크에 대한 정보를 얻는 비용이 작을 것
- 각 개인은 자유로이 보험 구입 여부와 구입 규모를 결정할 수 있을 것❶
- 보험사는 보험시장에 자유로이 진입할 수 있고, 보험료 또한 자유로이 결정할 수 있을 것

이 장에서는 앞서 조건들을 대체로 충족시키는 것으로 볼 수 있는 세 종류의 보험시장에 대하여 검토하려고 한다. 수요 측면에서는, 리스크를 보유한 개인들이 기대효용 모형에 부합하도록 행동하는지 여부를 검토한다. 공급 측면에서는, 보험료가 사업비, 적정 이윤 및 경쟁력을 확보할 수 있는 수준으로 결정되는지를 검토한다. 부가보험료율이 30~40%이면 보험 공급의 표준모형에 부합하는 것으로 간주한다. 그러한 보험료 수준 하에서 유자격 보험소비자의 70% 이상이 자발적으로 보험을 구입하면 보험 수요의 표준모형에 부합한다고 본다.

⦂ 자기차량손해보험

자기차량손해보험(자차보험)은 사고로 보험계약자의 차량이 파손되었을 때, 과실을 범한 상대방 운전자로부터 보상받는 부분을 제외한 나머지의 손해를 보상한다.[1] 만약 상대방 운전자의 과실로 사고가 발생했고, 그가 배상책임보험(대인배상 보험과 대물배상 보험)에 가입되어 있다면, 상대방 운전자의 보험사가 그 손해를 보상한다. 자기차량손해는 일반적으로 독립적으로 발생한다. 그러므로 대수의 법칙을 적용하여 보험료와 준비금을 결정한다. 수천 달러의 자기차량 손해는 일반 가정에게는 큰 부담이지만, 수백만 혹은 수십억 달러의 매출과 준비금을 보유한 보험사에게는 작은 금액이다.

보험사는 각종 차량과 각 운전자의 기대 자기차량손해 금액을 각각 추정할 수 있다. 어느 운전자가 자신은 사고를 내지 않을 것이라고 주관적으

---

1 (역주) 자동차보험은 여러 개별 보험계약의 집합인 종합보험으로서, 자동차 사고로부터 발생 가능한 여러 종류의 손해를 보장한다. 주로 보험계약자의 과실과 부주의로 발생한 손해를 보상하는데, 자기 차량의 파손을 보상하는 '자기차량손해' 보험, 자기 신체의 상해와 사망을 보상하는 '자기신체사고' 보험, 타인의 신체에 상해를 입히거나 사망케 한 손해를 보상하는 '대인배상' 보험, 타인의 차량과 재산에 입힌 손해를 보상하는 '대물배상' 보험 등으로 구성되어 있다. 또한, 타인의 과실로 계약자가 상해를 입었지만 가해자를 특정하지 못하거나 가해자로부터 보상받지 못할 경우에 계약자의 손해를 보상하는 '무보험차량에 의한 상해' 보험도 있다. 대인배상과 대물배상의 일정 수준은 가입이 법으로 강제되어 있고, 그 나머지는 보험계약자가 자유로이 가입 여부를 결정한다.

로 생각할 수 있지만, 객관적으로 보면 누구나 어느 정도의 사고 확률을 가지고 있다. 보험사와 보험계약자 각자가 판단하는 사고발생확률이 서로 일치하는지 여부에 대해서는 오늘날 자차보험(자기차량손해보험) 시장이 어떻게 작동하는지를 살펴본 후에 내리기로 하자.

자기차량손해에 대한 보상금액은 일반적으로 차량 수리비와 사고발생 이전 차량의 시장가치 중 작은 금액으로 결정된다. 신차의 소유자는 차가 전손全損, total loss을 입지 않는 한 수리비를 보상받는다. 낡은 중고차의 경우에는 수리비가 차량의 시장가격을 초과하는 경우가 종종 있다. 그 경우 차량의 소유자는 차량의 시장가격에 해당되는 금액을 보상받게 된다.❷

대부분의 경우, 계약자가 선택하는 자기부담금의 차이에 의한 보험료 차이를 제외하면, 보험사 간의 보험료 차이는 미미하다. 아울러, 사고 발생이 독립적이고, 개별 가계에게는 큰 손해이지만 보험사에게는 작은 손해이며, 손해분포가 잘 정의되어 있고 잘 알려져 있는 등의 특성을 가진 자차보험 시장은 '잘 작동하는 보험시장'의 대표 격이라고 할 수 있다.

2008년의 자차보험의 발생손해액은 $390억이다. 2006년~2008년의 자차보험의 보험금 청구율은 매년 5% 내외다. 그 기간 동안의 건당 평균 보험금 청구금액 또한 약 $3,000로 안정적이었다(Insurance Information Institute 2009a). 지난 3년간(2006~2008)의 데이터에서 보는 바와 같이 자차보험은 매년 사고 빈도와 심도가 안정적이기 때문에 보험사들은 보험금과 사업비를 감당하고 적정 이윤[2]을 남기기에 알맞은 수준으로 보험료를 책정할 수 있다.

보험사가 거두어들인 보험료 데이터와 고객에 대한 보험금 지급 데이터가 있으면 부가보험료율을 계산할 수 있다. '손해율loss ratio'은 발생손해액 incurred losses과 손해사정비loss adjustment expenses를 합한 금액을 경과보험료 premiums earned[3]로 나눈 비율이다. 부가보험료율은 (1 – 손해율)로 나타낼 수

---

2 (역주) 적정이윤이란 경제학 교과서의 정상이윤(normal profit)과 같은 개념으로서, 경쟁시장에서 정상적으로 발생하는 자기자본비용을 보상할 수 있는 정도의 이윤을 의미한다. 정상이윤은 회계학의 관점에서는 순이익(profit)이지만, 미시경제학의 관점에서는 비용(cost)이다.

3 (역주) 당 회계연도에 발생한 손해에 대응하는 보험료. 전기 미경과보험료 준비금＋당기 수

있다. 손해율이 낮을수록 부가보험료율이 높다.

전미보험감독원장협의회National Association of Insurance Commissioners, NAIC 는 보험종목별 수익성 보고서를 발표한다. 이 보고서는 자차보험의 경과보 험료 및 그에 대응되는 비용에 대하여 세목별로 상세한 통계를 제공하고 있 다. 관련비용의 세목에는 충돌, 화재, 도난 및 기타의 손인peril으로 인한 손 해 등 모든 자기차량손해가 포함된다. 2006년의 보고서에 의하면 발생손해 액이 경과보험료의 약 56%를 차지하고 있고, 손해사정비가 경과보험료의 약 10%를 차지하고 있다.❸ 나머지 약 34%의 경과보험료는 마케팅 비용과 임직원 급여 등을 포함하는 사업비, 세금, 그리고 보험사의 이익에 충당된 다. 경과보험료의 약 22%는 사업비에, 그리고 약 3%는 세금과 배당금에 충 당된다. 그러므로 보험사의 이익은 경과보험료의 약 9%에 해당되는 금액이 다(〈표 4.1〉 참조). 이상에서 살펴본 통계는 자차보험 시장이 보험 공급의 표 준모형에 부합함을 시사한다.

표 4.1 자기차량손해보험의 경과보험료 배분 상황

	경과보험료 대비 %
발생손해액	56
손해사정비	10
사업비 및 세금	25
이익	9

자료 출처: 2006 NAIC Profitability Report.

표 4.2 자기차량손해보험의 차량가격별 보험료(혼다 시빅 해치백)

연식	차량 가격	연간 보험료	기대 보험금
1999	$4,910	$330	$218
1997	$3,705	$292	$193
1995	$2,608	$242	$160
1993	$2,190	$222	$147
1991	$1,615	$202	$133

자료 출처: 2006 Esurance.com quotes and *Kelly Blue Book* values.

---

❸ 입보험료 - 당기 미경과보험료 준비금으로 계산된다.

자차보험 시장이 보험 공급의 표준모형에 얼마나 부합하는지를 보다 면밀히 검토하기 위하여 보험료가 차량의 연식과 가격에 따라 어떻게 결정되는지를 보았다. 〈표 4.2〉에는 켈리 블루 북에서 구한 혼다 시빅 해치백 차량의 연식별 차량가격과 온라인(Esurance.com 웹사이트)에서 구한 자기부담금이 $500인 자차보험 계약의 연간 보험료가 제시되어 있다. 기대보험금은 위에서 언급한 시장 전체의 손해율(1 − 부가보험료율 34% = 66%)에 〈표 4.2〉의 연간보험료를 곱하여 구하였다.

〈표 4.2〉는 차량 가격이 $4,910에서 $1,615로 67% 하락할 때 보험료와 기대 보험금은 39%밖에 하락하지 않았음을 보여준다. 얼핏 보기에 이 사실은 약간 당황스럽다. 그러나 그 차이는 보험시장의 실제 작동방식을 보여준다. 즉, 자기차량손해는 작은 손해에 집중적으로 분포되어 있다. 이는 작은 사고가 전손(全損, total loss) 사고보다 훨씬 더 자주 일어난다는 사실을 고려하면 당연한 사실이다. 다시 말하면, 신차와 중고차의 작은 사고에 대한 수리비는 별 차이가 없기 때문에 차량 가격이 낮아지더라도 보험료가 그에 비례하는 만큼 하락하지 않는다. 결론적으로, 자기차량손해보험 시장에서는 공급측면의 변칙이 발생하지 않는다고 할 수 있다.

다음은 자차보험 시장에 수요측면의 변칙이 존재하는지 여부를 검증하기 위한 두 개의 질문이다.

- 은행 대출 없이 신차를 구입한 사람의 몇 %가 자차보험을 구입하는가?
- 차량이 노후화되어가고, 차량구입을 위한 대출이 변제되어감에 따라 자차보험 구입에 어떤 변화가 있는가?

2007년, 자동차보험에 가입한 보험소비자 중 72%가, 책임보험(대인배상과 대물배상)과 더불어, 자차보험에 가입했다(Insurance Information Institute 2009a). 이 가입률은 보험 수요의 표준모형의 기준인 70%를 약간 상회하는 비율이다. 그러나 은행의 대출금으로 신차를 구입하거나 차량을 리스한 경우에는 자동차대출의 조건으로 자차보험에 가입할 것을 요구받는다. 이 사실이 자차보험의 가입률이 그처럼 높은 이유의 일부가 될 수 있다. 자차보험 시장이 보험 수요의 표준모형에 부합하는지 여부를 정확히 판정하려면 자발적으로 자차보험에 가입한 사람의 비율을 알아야 한다.

개인용 자동차보험 가입 의사결정에 관한 정보의 가장 유용한 출처는 미국 노동성 노동통계국의 소비자 지출 조사서Consumer Expenditure Survey, CES 다.❹ 이 조사서의 통계는 상당히 상세하지만, 자발적으로 보험을 구입한 소비자의 비율을 도출하기에는 부족함이 있다. 그 조사서에는 가계household 수준의 월별 자동차보험료 지출액과 차량구입을 위한 자금조달에 관한 데이터가 실려 있다. 그러나 아쉽게도 자동차보험료 지출액 데이터가 자동차보험의 세부 종목별로 구분되어 있지 않다. 그 조사서로는, 은행대출이나 리스 없이 차량을 구입한 가계에 있어서, 책임보험만 가입한 경우와 책임보험과 자차보험을 함께 가입한 경우를 직접적으로 구분할 수 없었다.

이러한 결점에도 불구하고, CES 자료를 이용하여 최신 연식의 차량을 구입한 가계의 몇%가 자발적으로 자차보험에 가입했는지를 간접적으로 추정할 수 있었다. 그 비율을 추정하기 위하여 몇 단계의 조정과정을 거쳤다. 조서서는 가계에서 지출한 자동차 보험료의 차량별 금액이 아니라 가계가 보유한 모든 차량의 자동차 보험료 총액을 보고하고 있다. 그러므로 저자들은 5년 이하의 차령car age을 가진 차량을 한 대만 보유한 가계로 표본을 만들었다. 그 표본을 가지고 대출을 받아 차를 구입한 가계, 즉 자차보험 가입을 의무적으로 해야 하는 가계의 보험료를 추정하는 회귀식regression model을 추정하였다. 그 회귀식은 은행 대출 없이 차량을 구입한 가계가 가입한 자동차보험의 보험료를 추정하는 데 사용되었다. 실제 보험료가 추정된 보험료의 70%를 상회하면 자차보험이 포함되었다고 할 수 있다.

이 방법을 이용하여 자차보험의 자발적 가입률을 추정할 수 있었다. 차령이 2년 미만인 차를 보유하고 있고 자발적으로 자동차보험에 가입한 가계 중 65%에서 실제 보험료가 추정된 보험료(자동차대출을 이용하여 차를 구입한, 즉 책임보험과 자차보험을 모두 구입한 가계의 보험료)의 70%를 상회하는 것으로 나타났다. 그들은 자차보험에 가입했다고 간주한다. 차령 5년 이하의 차량을 소유한 가계 중 자차보험에 가입한 비율은 58%로 추정되었다. 이처럼 자차보험

가입률이 낮아진 이유 중 하나는 차령이 2년을 초과하면 차량의 시장가격이 급격히 낮아져서 자차보험에 가입할 필요가 감소하기 때문이다.❺ (이 추정에 대하여 보다 상세한 정보를 원하면 본 장의 부록을 참고하시오.) 예측한 바와 같이, 이 연구를 통하여 차령이 높아져서 사고로 인한 차량의 기대손해액이 낮아질 수록 자발적으로 자차보험에 가입하는 비율이 낮아짐을 확인하였다.

또한, 보험산업 분석가들에게서 현금으로 신차를 구입한 사람들이 얼마나 자차보험에 가입하는지에 관한 그들의 경험을 들을 수 있었다. 분석가들은 신차를 구입한 사람들은 사실상 모두 자차보험에 가입한다고 하였다. 특히 신차 구입자의 거주지가 사고율이 낮은 지역이어서 자동차 보험료가 그의 소득과 자동차의 가격에 비하여 낮은 편이라면 예외 없이 자차보험을 구입한다고 하였다. 그러므로 저자들이 데이터를 이용하여 최신 연식 차량의 65%가 자차보험에 가입하고 있다고 추정한 것은 보험산업의 실무 전문가들의 경험에 어긋나지 않는다.

이상의 데이터로부터의 시사점을 요약하면, 자차보험 시장은 보험 수요와 공급의 표준모형에 부합한다. 부가보험료율 34%는 허용범위 안에 있고, 신차 소유자의 대부분이 경쟁적인 보험시장에서 적정한 보험료에 보험을 구입하여, 드물게 발생하지만 비싼 대가를 치를 수 있는 리스크를 보장받고 있다. 그러므로 자차보험 시장은 보험 수요와 공급의 표준모형으로 잘 설명되는 시장이라고 할 수 있다. 일부 소비자는 자차보험을 구입할 때 보험계리적으로 적정한 수준에 비하여 지나치게 낮은 자기부담금을 선택하고 있다. 그러나 전체적인 그림으로 판단하면 자차보험 시장의 소비자들은 대체로 적절하게 행동하고 있다고 할 수 있다.

⁞ 세입자보험

세입자보험renters' insurance 또는 tenants' insurance은 주택(아파트 포함)에서 발생할 수 있는 세입자의 리스크를 보장하기 위한 보험이다. 세입자보험의 부가보험료율은 자기차량손해보험과 비슷한 수준이고, 보험이 담보하는 자산의 가치는 대부분 신차의 가치보다 낮다. 주택 내에 있는 재산의 손해와 피해의 대부분을 보상한다. 물론, 자기부담금이 있다면 그 만큼을 제외하고 보상한다. 보상하지 않는 경우가 극히 제한적이어서, 지진, 산사태, 핵폭발, 홍수 등을 제외한 모든 손인損失, peril에 대하여 보상한다. 또한, 화재, 붕괴, 폭발, 침수 등으로 인한 주택 자체의 손해는 보상하지 않기 때문에 최대 손해 가능액이 주택종합보험에 비하여 크게 낮다.❻

주택종합보험은 모기지를 제공한 금융기관의 요구로 가입하는 경우가 있지만, 세입자보험은 순전히 자발적으로 가입한다. 건물의 하자로 발생한 세입자의 손해를 집주인(또는 임대 아파트 관리회사)에게서 보상받으려면 그 손해가 집주인의 과실 때문이라는 것을 세입자가 입증해야 한다. 그러므로 세입자는 주택 내 자신의 재산이 입을 수 있는 손해 및 주거와 관련하여 타인에게 손해를 끼쳤을 경우에 질 손해배상책임을 담보하는 보험에 가입할 필요가 있다.

세입자보험에는 '현금가치'와 '대체원가' 두 종류가 있다. 대체원가 보험은 세입자의 재산(가구, 가전제품 등)이 도둑맞거나 손상을 입으면 동급의 신품을 살 수 있는 금액을 보상받는다. 현금가치 보험은 구입원가에서 감가상각을 제외한 만큼의 금액을 보상받는다. 세입자보험은 대개 손해배상책임도 보장한다. 예를 들면, 타인이 내 집의 계단에서 미끄러지거나 개에게 물려 다치면 손해배상책임을 지게 되는데, 세입자보험에 가입되어 있으면 보험사가 손해배상 금액을 보상한다.

미국에는 세든 집이 3천 5백만호 이상이므로 잠재적 세입자보험 시장은 꽤 크다고 할 수 있다(U.S. Census Bureau 2008). 세입자보험 가입자들의 손해는 서로 상관관계가 없다고 할 수 있다. 그러므로 보험사는 기대손해액과 적정 수준의 부가보험료율을 적용하여 보험료를 책정할 수 있다. 보험정보연구소Insurance Information Institute에 의하면, 2006년의 경우(거대재해 발생이 보통 수준인 정상적인 연도), 주택종합보험(세입자보험 포함)의 손해율은 58%였다. 따라서 부가보험료율은, 표준 범위를 약간 상회하는 42%였다. 그 42%를 보다 세부적으로 살펴보면, 판매비가 22%, 일반관리비가 6%, 세금이 3% 등을 차지하고 있고, 그 나머지 11%는 보험사의 영업이익이었다(Insurance Information Institute 2008). 『2006 NAIC 수익성 보고서』의 주택종합보험에 관한 통계에서도 이와 거의 동일한 내용을 확인할 수 있다.

그러나 세입자보험은 보다 일반적인 주택종합보험의 작은 일부분에 불과하기 때문에 세입자보험의 비용 구성은 주택종합보험의 비용구성과 크게 다를 수 있다. 그러므로 주택종합보험 시장의 공급 측면을 올바르게 분석하려면 추가적인 데이터가 필요하다. 스테이트 팜The State Farm사[4]의 홈페이지에는 서필라델피아West Philadelphia 지역의 세입자보험의 보장범위와 보험료에 대한 정보가 실려 있다. 〈표 4.3〉은 서필라델피아 지역에서 판매된 세입자보험의 대표적 표본을 보여주고 있다.

세입자보험의 보험료 표본(2008)   표 4.3

자기부담금	보상한도	보험료
$500	$10,000	$108
	$20,000	$141
	$30,000	$175
	$40,000	$204
$1,000	$10,000	$100
	$20,000	$125
	$30,000	$156
	$40,000	$182
$2,000	$10,000	$100
	$20,000	$116
	$30,000	$143
	$40,000	$167

자료 출처: www.statefarm.com, 2008년 12월

〈표 4.3〉에 의하면, 보상한도 $10,000의 세입자보험을 구입할 때, 자기부담금을 $500에서 $1,000 또는 $2,000로 높이면 단지 $8의 보험료밖에 절

---

4 (역주) 미국 최대의 손해보험사.

약하지 못한다. 보험소비자가 1년에 $2,000 이상의 손해를 볼 확률이 1/185 이상이라고 생각한다면(즉, $2,000-$500=$1,500의 보험금을 더 받기 위하여 보험료를 $8만 더 내면 되므로, 사고발생 확률은 $8/$1,500=1/185이다), 가장 낮은 자기부담금을 선택하는 것이 소비자의 입장에서는 최선이다. 사실, 보상한도가 낮은 보험을 구입하면 부가보험료가 매우 높다. 보상한도가 높아질수록 자기부담금과 보험료의 관계가 보다 정상적으로 되어간다. 보상한도가 $20,000 또는 그 이상인 경우에는 자기부담금을 $500에서 $1,000로 높이면 적어도 $15의 보험료를 절약한다. 보상한도가 $20,000 이상인 경우에, 자기부담금을 $1,000에서 $2,000으로 인상하면 보험료가 적어도 $9만큼 인하된다.

보상 청구의 확률과 금액에 대한 추가적인 정보 없이는 부가보험료율을 계산하기 어렵다. 그러나 관련 데이터를 살펴보면 세입자보험의 기대손해액이 상당히 낮음을 알 수 있다. 그러므로 마케팅 비용이 고정비용으로 작용하여 보상한도가 낮은 보험상품의 경우 소비자에게 부과하는 보험료가 보험계리적으로 공정한 보험료보다 월등히 높게 책정되었다고 할 수 있다. 그것이 사실이라면 그 보험상품은 부가보험료율이 매우 높을 것이다.❼ 그러나 보상한도가 높은 경우에는 보험료, 자기부담금 및 보상한도의 관계가 보다 정상적일 것으로 예상할 수 있다.

이상의 논의를 종합하면, 세입자보험은 대체로 부가보험료율이 높고, 보험이 보호하는 자산의 가치가 비교적 낮으며, 보상한도가 낮을 경우 부가보험료가 매우 높다고 할 수 있다. 사람들이 표준모형에 따라 행동한다면 세입자보험을 구입하는 사람의 수가 그리 많지 않을 것이라고 예상할 수 있다. 그러나 이 시장의 행태가 표준모형의 예측과 부합한다고 확신하려면 기대손해액과 그 손해를 보상받는 데 대하여 소비자들이 부여한 가치 등에 관한 정보가 추가적으로 더 필요하다.

비록 필라델피아의 자료는 구하지 못했지만, 에픽 컨설팅Epic Consulting 의 연구에 의하면 미시간 주에서 판매된 세입자보험의 평균 보험금 청구액이 약 $2,500이고, 매년 약 4%의 보험가입자들이 보험금을 청구한다고 한다. 그러므로 보험계약 건당 기대손해액은 $100(= 0.04 × $2,500)이다(Miller and Southwood

2004). 이 보고서는 기대손해액이 상대적으로 낮음을 확인했고, 앞에서 내린 결론을 지지하고 있다. 미시간 주에서는 평균 보험료가 $184였다. 따라서 부가보험료율이 64%가 된다(1 - $100/$184). 스테이트 팜의 추정치를 구했던 펜실베이니아 주에서는 평균 보험료가 $145였다. 만약 펜실베이니아의 보상청구 빈도와 심도가 미시간의 그것과 비슷한 수준이라면 펜실베이니아주의 부가보험료율은 약 31%가 된다(1 - $100/$145). 이상의 분석은, 위에서 언급한 주택종합보험의 부가보험료율 42%와 더불어, 세입자보험의 부가보험료율은 표준모형의 부가보험료율 30~40%의 범위 내에 있거나, 혹은 상한을 약간 벗어나는 수준이라고 할 수 있다. 또한, 보상한도가 가장 낮은 경우를 제외하면, 보험료가 기대손해액과 자기부담금을 적절히 반영하고 있다고 할 수 있다.

다음으로, 세입자보험이 수요 측면에서 표준모형에 부합하는지를 살펴보자. 세입자보험의 부가보험료율이 다른 보험에 비하여 높은 편이지만, 보험료는 세입자들의 소득에 비하여 낮은 편이다. 세입자보험의 2006년 미국 전체 평균은 $189였다(Insurance Information Institute 2008). 소득수준이 가장 낮은 계층을 제외하면 모든 가구가 보험에 가입할 경제적 능력이 있다. 그러나 보험에 가입할 경제적 능력이 있다고 해서 모두 보험에 가입하는 것은 아니다. 그들이 생각하는 기대손해액에 비하여 보험료가 너무 높다고 생각하거나, 그러한 보험을 구입할 생각 자체를 하지 않거나, 그런 보험이 있다는 사실조차 모를 수 있다.

핵심은 보험소비자가 보유한 리스크와 그의 부wealth의 관계다. 기대효용이론에 따르면, 고가의 골동품이나 비싼 가전제품을 많이 가지고 있는 세입자일수록 세입자보험에 가입할 가능성이 높다. 또한, 표준모형에 대한 설명에서 언급한 바와 같이, 손해가능금액이 낮고 부가보험료율이 높으면 보험가입률이 낮다.

독립대리점협회The Independent Insurance Agents와 보험브로커협회Brokers of America는, 서베이를 통하여 세입자보험에 가입하지 않은 세입자가 65%나 된다는 사실을 확인한 후, 다음과 같은 성명을 발표했다.

그 그룹에 속하는 세입자들은 저렴한 비용으로 아파트와 셋집에 있
는 그들의 재산을 보험에 가입할 수 있다는 사실을 잘 인식하지 못
하고 있다. 화재, 도난, 반달리즘, 벼락, 폭풍, 태풍 및 기타 자연재
해 등으로 수만 달러에 달하는 손해를 입을 수 있음을 고려하면 그
들은 반드시 세입자보험에 가입해야 한다(Steele 2003, 1).

그러나 위의 성명은 보험가입 가능한 재산이 수만달러에 달하는 세입
자에 한하여 사실이다. 세입자가 $10,000 이상의 보석과 가전제품을 소유하
는 경우는 매우 드물고, 도둑이 가구를 훔쳐가는 경우도 드물다.

세입자보험을 구입하는 세입자의 비율은 조사 기관과 조사 시기에 따
라 다양하다. 보험조사회Insurance Research Council가 2006년에 실시한 조사에
의하면 세입자의 43%가 세입자보험에 가입했다고 응답했고, 정부가 2003년
에 미국 전역의 가구를 대상으로 임의 표본을 추출하여 실시한 미국 가계
조사Americal Housing Survey, AHS는 약 22%가 세입자보험에 가입했다고 보고
했다(U.S. Census Bureau 2004). AHS에 따르면, 연간 소득이 미국 가계 전체의
중앙값median $41,000 이상인 가계의 세입자보험 가입률은 미국 세입자 가
계 전체의 가입률보다는 높지만, 충분하다고 볼 수 없는 35%다. 또한, 예상
한 바와 같이, 세입자보험에 가입한 가계의 평균소득은 $50,000이고, 가입
하지 않은 가계의 평균소득은 $32,000로서, 뚜렷한 차이를 보이고 있다.

이상에서 살펴본 보험가입률은 손해금액이 크고, 사고 발생확률이 낮은
리스크에 대한 보험 수요의 표준모형에 대하여 설정된 70%의 가입률에 크게
못 미친다. 그러나 세입자보험의 대상이 되는 리스크의 기대손해액이 낮기
때문에 보험가입률이 낮은 것은 표준모형의 예측에 부합한다. 세입자들 중
소득수준이 높아서 재산손해 리스크가 큰 사람들이 세입자보험에 매력을 느
껴 가입한 것이다. 이것이 사실이라는 가정 하에, 보험소비자들의 기대손해
액이 대부분 그리 크지 않고, 부가보험료율이 상대적으로 높은 편이어서 보
험가입률이 그리 높지 않을 것이라는 기대효용이론의 예측을 고려하면, 세입
자보험 시장의 행태는 수요 측면의 표준모형에 부합한다고 할 수 있다.

● 정기생명보험

생명보험은 피보험자가 사망하면 수익자에게 보험금을 지급한다는 점은 동일하지만, 상당히 다양한 계약 형태를 가지고 있다. 가계의 소득을 벌어오는 가족 구성원이 사망하면 그 가계는 심각한 경제적 위기를 맞이한다. 정기생명보험term-life insurance(정기보험)은 계약기간 중에 피보험자가 사망하면 계약된 금액을 유가족에게 지급하여 그러한 리스크로부터 가계를 보호한다.[5] 가장의 사망은 가계의 경제적 위기 이상의 문제임이 명백하지만, 위에서 살펴본 다른 보험의 경우와 같이, 보험 수요와 공급의 표준모형을 이용하여 정기보험의 구입과 판매에 대하여 분석하고 평가할 것이다.

먼저 정기보험의 보험료 수준이 표준모형에 부합하는지 여부부터 살펴보자. 만기가 1년이고 계약 갱신 시에 보험료가 변동될 수 있는 자차보험이나 세입자보험과 달리, 정기보험은 일반적으로 계약기간 동안 보험료가 일정하고, 계약기간이 20년이나 30년으로 장기간일 수 있다. 예를 들어, 40세의 남성이 사망보험금이 $50만인 25년 만기의 정기보험을 연간 보험료 $825에 가입했다고 하자. 그러면, 그가 계약기간 동안 보험계약을 유지하면서 생존해 있으면 보험계약기간 25년 내내 보험료가 변동되지 않는다. 사망보험금 또한 계약기간 내내 고정되어 있다. 그리고 계약기간 중에 보험계약자가 보험료를 납부하지 못하면 보험사가 보험계약을 해지할 뿐이고, 보험계약자에게 보험료를 내라고 강요하지 않는다.

2007년의 경우, 생명보험사가 모든 종목의 보험계약에 대하여 지급한 보험금과 환급금의 총액은 그 해에 수납한 보험료 총액의 85%였다(American Council of Life Insurance 2008). 이것은 부가보험료율이 15%임을 의미한다. 생명보험의 부가보험료율이 자차보험이나 세입자보험보다 낮은 것은 당연하다. 생명보험 계약은 대부분 장기계약이어서 만기가 1년인 손해보험 계약보

---

5 (역주) 정기보험은 보험계약기간 중에 피보험자가 사망하지 않으면 아무런 보상도 없는 '소멸성 보험'이다. 저축 부분이 없으므로 해약환급금도 없다. 그래서 보험료가 저렴하다.

다 마케팅 비용이 낮기 때문이다.

생명보험 시장의 현황을 보다 구체적으로 알아보기 위하여 〈표 4.4〉를 제시하였다. 이 표는 term4sale.com이라는 웹사이트에서 구한 자료를 요약한 것으로서, 30세, 40세 및 50세인 남성과 여성의 보험금 $500,000 및 $250,000인 25년 만기 정기생명보험의 보험료와 '도출된 사망률' 및 '실제 사망률'이 제시되어 있다. 실제 사망률은 「2008 American Council of Life Insurers Fact Book」에 게재된 '2001년 판 표준 생명표'[6]에서 구하였다. 그리고 도출된 사망률은 보험료가 보험계리적으로 공정하게 되도록 하는 사망률로서, 보험료를 보험금으로 나눈 값이다. 〈표 4.3〉에 제시된 보험료는 모두 American General Life Insurance Company가 제시한 보험금 $50만($25만)인 표준체 정기보험의 보험료다. American General은 A.M. Best Company[7]의 보험사 평가에서 모든 연령과 성별에 대한 보험계약이 모두 '매우 우수' 등급을 받았다.

표 4.4 | 정기생명보험의 연령별 및 성별 보험료와 사망률

	보험료 $500,000 ($250,000)	도출된 사망률 (10만명당) $500,000 ($250,000)	실제 사망률 (10만명당)
남성			
30세	$530 ($290)	106 (116)	110
40세	$825 ($438)	165 (175)	170
50세	$1,985 ($1,080)	397 (407)	380
여성			
30세	$410 ($230)	82 (92)	70
40세	$685 ($368)	137 (147)	130
50세	$1,475 ($763)	295 (305)	310

자료 출처: Term4Sale.com, 2006.

6 (역주) 영어로는, '2001 Commissioners' Standard Ordinary Mortality Table'이다.
7 (역주) 미국 유일의 보험사 전문 평가 기관.

이 데이터의 가장 놀라운 점은 실제 사망률과 도출된 사망률이 대단히 가깝다는 것이다. 이 사실은 실제 보험료율이 보험계리적으로 공정한 보험료에 가깝다는 것이다. 또한, 이 사실은 정기보험 시장이 고도로 경쟁적이라는 사실 및 앞에서 살펴본 2007년의 총액 데이터의 낮은 부가보험료율과 일관성이 있다. 그리고 보험사가 언더라이팅(계약심사) 지침으로 고위험 청약자의 보험가입을 거절하기 때문에 보험가입자의 사망률이 미국 국민의 평균 사망률보다 낮다. 실제 사망률이 도출된 사망률보다 낮다는 것은 보험사가 부과하는 보험료가 보험계리적으로 공정한 보험료보다 높다는 것을 의미한다. 이것은 모든 연령의 남성의 보험금이 $250,000인 보험상품과 30세와 40세 여성의 보험금이 $250,000 및 $500,000인 보험상품의 경우에 해당된다. 그러나 어떤 경우에도 연령이 높아질수록 실제 사망률이 높아지므로, 만기에 가까워질수록 보험료(계약기간 내내 고정임을 상기할 것)가 점차 보험계리적으로 공정한 보험료에 접근하고, 때에 따라서 그 이하로 낮아질 수도 있다. 이상의 논의의 초점은 정기생명보험의 보험료는 리스크를 적절히 반영하고 있으며, 따라서 보험료가 보험 공급의 표준모형에 부합하는 수준이라는 것이다.

보험료의 구조를 보면 연령/성별 그룹 간 상호 보조가 약간 일어나고 있음을 알 수 있다. 예를 들면, 30세와 40세의 여성 피보험자 그룹이 낸 보험료가 그 연령층의 남성 피보험자 그룹에게 지급된 사망보험금의 일부에 충당된다. 또한, 보험사는 수입보험료를 투자하여 벌어들인 투자수익으로 보험계약으로부터 발생하는 적자를 메운다.

전체적으로 보면, 정기생명보험의 보험료 수준은 표준모형에서 벗어나지 않는다. 정기보험은 보험사 간의 경쟁이 보험료를 보험계리적으로 공정한 수준에 근접하도록 낮춘다는 사실을 보여주는 대표적 사례다. 또한, 최근에는 보험계약을 온라인으로 판매할 수 있게 되어 보험사들이 사업비를 크게 절약하게 되었고, 보험료 또한 낮출 수 있게 되었다. Jeffrey Brown and Austan Goolsbee(2002)는, 인터넷의 확산으로 정기생명보험의 보험료가 8~15% 하락했고, 소비자 잉여가 연간 $1억 1500만~$2억 1500만 또는 그 이상 증가했다고 추정했다.

이상에서 살펴본 바와 같이 정기생명보험 시장의 공급 측면은 잘 작동되고 있다고 할 수 있다. 다음은 소비자들이 표준모형에 부합하도록 행동하는지를 살펴볼 차례다.

사람들이 실제로 표준모형에 부합하도록 생명보험을 수요하고 있는지 여부를 판단하려면 먼저 리스크를 보유한 인구를 정의해야 한다. 가장 단순한 정의는 가족 구성원이 2명 또는 그 이상인 가구 내에서 의미 있는 소득[8]을 벌어들이는 성인의 수의 합계일 것이다. 생명보험 조사 기관인 LIMRA International에 의하면 성인이 2명 이상인 가구의 생명보험(정기보험을 포함한 모든 생명보험) 가입률은 90%에 근접한다.

가입한 가구의 비율로 보면 생명보험 시장은 표준모형에 부합한다. 더욱이, 생명보험에 가입한 가구의 특성도 표준모형에 부합한다. 가장의 나이가 35세~44세인 가구의 72%가 정기생명보험에 가입하고 있다. 이 비율은 가장의 나이가 많아질수록 점차 감소하는데, 그 이유는 자녀가 성인이 되어 경제적으로 독립하고, 자녀 양육에 시간을 투입하지 않아도 되어 부부가 모두 소득을 벌게 됨에 따라, 가장의 사망 시 보험으로 유가족을 부양해야 할 필요가 적어지기 때문이다(Retzloff 2005a). LIMRA 데이터에 의하면, 85%의 남편들과 72%의 아내들이 어떤 종류든 생명보험을 보유하고 있고, 소득이 증가함에 따라 예상한 바와 같이 그 비율 또한 증가한다(Retzloff 2005b). 이러한 사실은 생명보험을 필요로 하는 사람의 대부분이 생명보험에 가입되어 있음을 의미한다.

---

8 (역주) 의미 있는 소득이란, 가계에 실질적인 도움이 되는 수준의 소득을 의미한다. 그러므로 학생이 주말에 아르바이트로 몇 시간 일하여 용돈을 벌 정도의 소득은 의미 없는 소득이라고 할 수 있다.

요약

　본 장에서는 보험 수요와 공급 측면의 표준모형에 부합하는 보험시장의 사례 세 가지를 들어 분석하였다. 자기차량손해보험과 정기생명보험은 부가보험료율이 적정한 수준이고, 소비자들 또한 합리적인 구매 행동을 보이고 있었다. 세입자보험은 부가보험료율이 높은데다가, 세입자의 재산정도에 비하여 보험금이 낮아서 보험가입자의 리스크에 대한 보장이 낮다. 그래서 표준모형에 따르면 보험가입률이 낮을 것으로 예상되는데, 실제로도 보험가입률이 낮았다. 이상의 보험시장은 손해가 독립적으로 발생하고, 손해의 빈도가 높으며, 평균 보상청구금액이 꽤 높다. 이처럼 합리적으로 작동하는 보험시장이 있기 때문에 변칙이 존재하는 보험시장의 특성을 찾아내야 할 이유가 더욱 더 생긴다.

제4장의 부록

∷ 소비자 지출 조사 데이터를 이용한 자기차량손해보험의 자발적 가입 비율 추정

1단계: 보험료 방정식 추정 - 자동차대출을 통하여 차량을 구입한 집단을 이용하여

　보험료: 서베이 데이터에 보고된 보험료 자료에는 특정한 차에 대한 자차보험의 보험료 자료는 없고, 소비자 단위consumer unit, CU가 지출한 자차보험료 전액만 있었다. 따라서 차를 두 대 또는 그 이상 소유한 CU의 경우에는 개별 차량의 보험료를 알 수 없다. 조사 대상 CU의 약 80%가 자동차를 두 대 또는 그 이상 소유하고 있었다. 그러므로 차량을 한 대만 소유한 CU만 조사 대상 표본에 포함시켰다.

　조사기간 중에 보험료가 인상되는 경우가 있기 때문에, 보험료 납부 기간별(1년, 반년, 분기 등이 있음) 보험료를 그 기간의 개월 수로 나누어 월간 보험료를 구하고, 조사기간(1년)에 해당되는 달의 월간 보험료를 추출하여 합한 후 12로 나누어, 조사 대상 CU 각각의 월별 평균 보험료를 구하였다.

- 자동차대출을 통하여 구입한 차의 월별 평균 자차 보험료는 $93.
- 자동차대출 없이 구입한 차의 월별 평균 자차 보험료는 $80.

독립변수: 자동차대출을 통하여 구입한 차에 대한 자차 보험료를 추정하기 위한 독립변수는 CU의 거주지역,[9] 소득, 차량 가격 등이다. 차량가격은 차량의 구입가격과 연식을 가지고 추정할 수 있다. 자동차대출 없이 차를 구입한 경우에는 차량구입가격을 서베이 데이터에서 직접 구하였다. 또한, 차령이 5년 또는 그 이하의 차량만 표본에 포함시켰다. 여러 제조회사/모델별 차량 구입가격은 각 제조회사/모델별 실제 차량 구입가격의 중앙값을 사용하였다. 이러한 방법을 사용한 이유는 서베이 데이터에 차량구입 가격이 표시되지 않은 경우, 즉 결측치missing value가 많았기 때문이고, 또한, 중고차를 구입한 경우도 많았기 때문이다.[10]

- 모든 신차의 평균 구입가격은 $23,921.
- 자동차대출을 통하여 구입한 차의 평균 가격은 $24,165.
- 자동차대출 없이 구입한 차의 평균 가격은 $23,801.

이상과 같은 과정을 거쳐 보험료를 추정하는데 필요한 모든 정보를 가진 758개의 자동차대출을 통하여 구입한 차의 표본을 완성하였다.

---

9 (역주) 대한민국에서는 지역별 자동차보험료 차별화가 금지되어 있기 때문에 보험가입자의 거주지역이 보험료에 영향을 미치지 않지만, 미국에서는 보험가입자의 거주지역에 따라 자동차보험료가 크게 차이가 난다. 대도시의 경우 도심과 근교의 보험료가 흔히 2~3배 차이가 나고, 도심과 시골은 심한 경우 5~10배 차이가 나기도 한다.

10 (역주) 보험사는 보험가입자가 차량을 얼마에 구입했는지에 관계없이 차의 모델과 연식에 따라 보험료를 책정한다. 그러므로 중고차의 경우 보험가입자가 지불한 차량 가격을 사용하지 않고, 모델과 연식에 따라 추정한 차량 가격을 사용한 이 책의 방법이 옳다.

2단계: 자동차대출 없이 구입한 차의 보험료 추정

- 자동차대출을 통하여 구입한 차의 평균 월별 보험료의 추정치는 $93.
- 자동차대출 없이 구입한 차의 평균 월별 보험료의 추정치는 $90.

3단계: 실제 보험료와 추정된 보험료를 비교하여 자차보험 가입률을 추정함

만약 실제 보험료가 자동차대출 없이 구입한 차의 추정된 보험료의 70% 보다 크면 자차보험을 구입한 것으로 간주한다. 자동차대출 없이 구입했다고 간주된 차의 경우 자차보험 가입률의 추정치는, 차령이 1년 미만인 경우에는 73%였고, 차령이 2년 미만인 경우에는 65%였으며(85개 관찰치), 차령이 5년 미만인 경우에는 58%였다(427개 관찰치).

PART 2
소비자와 보험사의
행동 이해하기

nsurance and
Behavioral Economics

CHAPTER 5
현실세계의 복잡성

    지금까지 세 종류의 보험시장에서 소비자와 보험사들이 전통 경제학의 예측에 부합하는 방식으로 보험을 수요하고 공급하는 것을 살펴보았다. 보험 수요와 공급의 표준모형은 소비자들이 손해가 발생할 확률과 그 결과 입을 손해의 규모에 대한 정보를 가지고 있기 때문에 어느 정도의 보험을 구입하면 자신의 기대효용을 극대화할지를 안다고 가정한다. 또한, 보험사는 인수하는 모든 리스크가 서로 독립적이어서 대수의 법칙을 따르므로, 기대손해액에 적정 수준의 부가보험료를 추가하여 보험료를 책정하면 예상외의 큰 손해로 파산할 걱정 없이 안정적으로 보험사를 운영할 수 있다고 가정한다.

    이와 같은 가정이, 제4장에서 예로 든 세 가지의 시장에서처럼, 보험시장이 어떻게 작동되어야 하는지에 대한 대강의 그림을 제시하고 있고, 또한 현실의 근사치이기도 하다. 그러나 현실은 그처럼 단순하지 않아서 다른 종목의 보험시장에서는 그러한 가정에 위배되는 현상이 흔히 발생한다. 본 장에서는 정보가 불완전하거나, 보험소비자들이 기대효용을 극대화하지 않거나, 손해의 발생이 서로 독립적이지 않는 등의 이유로 발생하는 복잡성을 탐구한다. 이와 같이 보험 수요와 공급의 표준모형을 수정한다면 자연스럽게 다음과 같은 의문이 생긴다. 그러한 수정에도 불구하고 여전히 위에서 제시한 가정으로부터 도출된 전통적인 표준모형으로 현실 보험시장을 설명할 수 있는가? 혹은 변칙 현상을 고려한 새로운 모형을 구축해야 하는가?

    제2장에서 제시한 표준모형에 의하면 소비자들은 보험계약으로 얻을 수 있는 효용의 기댓값을 주관적으로 추정하고, 그것을 보험료와 비교하여 보험구입 의사결정을 내린다. 그리고 보험료는 손해발생 확률과 손해 금액

을 추정하여 보험사가 결정한다. 표준모형은 그러한 추정치를 안정된 경제환경과 큰 표본으로부터 도출하기 때문에 소비자와 보험사의 추정치가 크게 다르지 않다고 가정한다.

그러나 실제 소비자의 행동은 여러 가지 이유로 표준모형과 다를 수 있다. 먼저 소비자가 리스크에 대한 정확한 정보를 가지지 못한 상황부터 검토한다. 즉, 소비자가 어떤 리스크가 보험에 가입할 수 있고, 보장범위가 어디까지인지 및 보험료가 얼마인지 등에 대하여 명확하지 않거나 틀린 정보를 가지고 있는 경우에 대하여 분석한다. 다음으로 소비자는 자신의 리스크에 관련된 중요한 정보를 가지고 있지만 보험사는 그것을 모르는 상황을 검토한다. 그 다음의 두 절은 리스크 간에 상관관계가 있을 경우, 그것이 보험료와 보험의 공급에 미치는 영향에 관한 것이다. 마지막으로, 원수보험 시장과 재보험 시장이 서로 간에 상관관계가 있는 리스크를 담보함에도 불구하고 적절히 작동하려면 무엇이 어떠해야 하는지를 설명한다.

탐색비용

보험소비자는 자신의 리스크를 보장받기 위하여 보험을 구입할 때 여러 선택가능 사항들을 면밀히 검토해야 한다. 그러나 시작부터 난관에 부닥친다. 손해발생 확률과 보험료에 관한 정보를 얻는 데 드는 탐색비용search costs 때문이다. 만약 추가적인 정보를 얻는 데 드는 비용이 그 정보의 가치에 비하여 높다면 소비자들은 보험구입에 필요한 정보를 수집하려는 시도를 포기할 수 있다. 의사결정 모형에 탐색비용을 포함시키기 위하여 다음 두 상황을 비교 검토해보자.

- 상황 1: 리스크, 보험료 및 보장의 내용에 대한 정보를 수집하지 않는다. 즉, 보험에 가입하지 않는다.
- 상황 2: 탐색비용을 지불한다. 즉, 보험 판매원에게 대가를 지급하거나

보험소비자 자신이 시간과 노력을 들여 정보를 수집하고, 그것을 바탕으로 보험에 가입할지 여부와, 가입한다면 얼마나 가입할지를 결정한다.

만약 탐색비용이 충분히 높거나, 또는 정보를 탐색하고 보험에 가입할 경우와 정보를 탐색하지 않고 보험을 구입하지도 않을 경우의 기대효용의 차이가 작다면, 보험소비자는 정보를 수집하지 않고 보험에도 가입하지 않을 것이다(상황 1). 만약 보험가입을 고려하고 있는 리스크의 규모가 작아서 보험에 가입하건 안 하건, 그리고 많이 가입하건 적게 가입하건 자신의 기대효용에 큰 영향이 없다고 생각한다면, 설사 보험료가 보험계리적으로 공정한 수준에 가깝다 할지라도 시간과 노력을 들여 보험료와 사고확률에 대한 정보를 수집할 가치가 없다. 핵심 관건은 보험에 가입한 경우와 가입하지 않은 경우의 기대효용의 차이가 보험 가입에 필요한 정보를 탐색할 가치가 있을 만큼 충분히 큰지 여부다. 이 모형에 대한 보다 상세한 설명은 Howard Kunreuther and Mark Pauly(2006)를 참조하라.

이 모형은, 홍수 빈발 지역이 아닌 곳에서 발생하는 초대형 홍수의 피해를 담보하는 보험이나 보험금이 거액인 건강보험처럼, 발생 확률이 낮고 손해금액이 큰 리스크를 담보하는 보험에, 설사 보험료가 리스크를 적절히 반영하는 수준이라 할지라도, 사람들이 왜 별 관심을 보이지 않는지를 설명하는 데 도움이 된다. 인생은 너무 짧아서 잘못 될 수 있는 모든 것에 다 신경 쓸 수 없다.

그러한 경우에는 발생 빈도가 낮고 독립적인 여러 종류의 리스크를 한데 묶은 포괄보상보험umbrella policy 또는 all-perils policy을 제공하는 것이 좋다. 예를 들면, 홍수피해에 대한 담보는 주택종합보험 또는 그와 유사한 종류의 보험에 포함시키고, 거액의 의료비를 보상하는 담보는 종합건강보험에 포함시키는 것이다. 어떤 종류의 재난은 발생확률이 매우 낮아서 대부분의 사람들이 관심을 보이지 않지만, 실제로 발생한다. 사회 후생의 관점에서 보면 이런 경우에는 정부가 개입하는 것이 옳다. 그러한 리스크에 대한 담보를 기존의 보험에 편입시키는 것이 크게 주목을 끌어 소비자들이 자발적으로 보험에 가입하지 않는 이상, 발생빈도가 극히 낮지만 손해의 규모가 큰 리스크는 개인들로 하여금 의무적으로 보험에 가입하게 할 필요가 있다.

실수와 변칙 행동

　의사결정에 필요한 비용은 탐색비용 이외에 다른 것도 있다. 기대효용을 극대화하도록 의사결정을 하려면 확률이론을 꽤 높은 수준으로 이해해야 하고, 해당 의사결정 문제에 적합한 모수parameter를 추정해야 한다. 설사 그러한 지식이 있고 필요한 모수가 주어졌다 하더라도 기대효용을 극대화하는 의사결정을 함에 있어서 사람들은 흔히 실수를 범한다(Liebman and Zeckhauser 2008). 정보 수집에 드는 시간, 노력 및 비용, 그리고 의사결정을 하기 위하여 골머리를 썩어야 하는 점 등을 고려하면 차라리 약간 비합리적이 되는 것이 더 합리적일 것이다. Kunreuther and Pauly(2004)에 의하면 매우 큰 이익을 얻을 것이 예상될 때에만 탐색비용을 지불하는 것이 합리적이라고 한다. 만약 기대효용을 쉽게 계산할 수 있다면 사람들은 기대효용 모형에 따라 행동하려 할 것이다. 그러나 실제로 그 계산은 쉽지 않다.

　먼저, 사람들이 실수를 저지르는 데에는 몇 가지의 유형이 있다는 사실을 지적하고자 한다. 제3장의 '변칙에 관한 루머'에 대한 논의에서 언급한 바와 같이, 대중매체는 흔히 소비자들에게 보험료와 손해발생액에 유의하라고 조언하지만, 사고발생 확률이나 부가보험료에 대해서는 언급하지 않는다. Jason Abaluck and Jonathan Gruber(2011)는 메디케어의 처방약 보험을 구입하는 사람들이 보험상품을 선택할 때, 보험으로부터 얻을 수 있는 편익보다 보험료의 금액을 훨씬 더 중시하는 경향이 있다는 실증분석 결과를 제시했다.

　기대효용 극대화 논리를 따르는 표준모형의 예측에서 벗어난 선택(의사결정)을 하는 것을 '실수'라고 정의한다면, 새로운 정보를 얻었거나 조언을 들었을 때 선택을 바꾸는지를 관찰하는 것이 그 선택이 실수인지 여부를 판단하는 좋은 방법일 것이다. 사실 Robin Hogarth and Howard Kunreuther(1995)에 의하면, 사람들에게 품질보증을 구입하는 의사결정을 하게 한 요인이 무엇인지 물어보면, 질문자가 제품의 고장 확률에 대한 정보를 제공하지 않는한, 고장날 확률에 대하여 언급하는 사람이 매우 드물다고 한다. 즉, 대부분의 소비자가 제품의 고장 확률에 대한 정보를 제공받았을 때에만 고장 확률을 중요한 의사결정 요소라고 인식한다는 것이다.

새로운 정보가 의사결정에 미치는 영향에 대한 또 하나의 예는, 사람들의 자신의 과거 경험을 바탕으로 확률을 갱신하는지 여부이다. 소비자들은 작년에 일어난 사건이 사고 확률을 현저히 바꾸어야 할 이유가 되는지를 잘모를 수 있다. 사람들은 통계적 개념을 현실에 적용하기를 어려워한다. 사람들의 대부분은 나쁜 결과가 나온 후에 과거의 의사결정을 후회한다. 이처럼 최근 사건을 과도하게 중시하는 문제를 다루기 위하여 사례 기반 의사결정(Gilboa and Schmeidler 1995) 또는 다른 휴리스틱 기법[1]을 사용한다.

사람들은 과거의 기억이 희미해짐에 따라 확률이 낮은 사고를, 그것이 비록 심각한 결과를 낳았다 할지라도, 잘 잊어버린다. 또한, 사람들은 불확실성에 대하여, 발생 확률을 잘 알지 못할 때 더더욱, 거북함을 느낀다. 이러한 현상은 기대효용을 극대화하려다가 실패한 경험이 있는 사람들에게서 흔히 나타나고 또한 기대효용 극대화에 어긋나는 정보나 모형을 이용하라는 권고를 들었을 때에도 자주 나타난다.

마지막으로, 변덕inconsistency도 실수의 일종이다. 사람들의 재산을 위협하는 다양한 요소가 있고, 그 각각에 대비하는 다양한 보험 상품이 있다. 정보를 충분히 가지고 있고 기대효용을 극대화할 능력을 완벽히 갖추고 있는 사람이라면 각각의 위험 요소에 대하여 적절한(예컨대, 최적의 자기부담금을 가진) 보험 상품을 선택할 수 있다. 그러나 보험의 종류와 상품마다 부가보험료율이 다르고, 보험에 가입함으로써 주의수준이 낮아지는 정도(도덕적해이)도 다르기 때문에, 실제로 기대효용 극대화에 부합하는 보험 포트폴리오를 구성

---

1 (역주) 발견적 방법. 반복적인 시행착오를 통하여 정답을 찾아가는 방법. 일종의 주먹구구.

하는 것은 매우 어려운 일이다.

Levon Barseghyan, Jeffrey Prince, and Joshua Teitelbaum(2011)은 소비자들이 주택종합보험에 과도하게 가입하고 자차보험은 과소하게 가입하는 경향이 있음을 실증적으로 검증하여 사람들이 리스크에 대하여 일관성을 결여한 선호를 나타내고 있다는 증거를 제시했다.[2] 만약 보험 가입이 자동차 운전 시 작은 사고를 회피하기 위한 주의의 수준을 낮추는 정도가 주택의 작은 손상을 방지하기 위한 주의의 수준을 낮추는 정도보다 작다면 그러한 경향은 합리적이다. 즉, 사람들은 기꺼이 약간 더 큰 손해의 가능성을 감수하여 자차 보험료를 낮추고 보다 조심스럽게 운전하는 선택을 한다는 것이다. 만약 자차보험에 과소 가입한 사람들에게 그런 의도가 없었다면 그들의 의사결정에 오류가 있었다고 할 수 있다. 반면에, Liran Einav 등(2010)은 건강 관련 보험의 가입에 있어서 소비자들이 일관된 선택을 했다는 연구 결과를 제시했다.

정보의 불완전과 비대칭

소비자와 보험사가 성공적으로 보험에 가입하거나 보험을 제공했다는 것은 리스크를 평가하기 위한 정보를 충분히 수집하고 분석하여 적절한 수준의 보험료를 부담하고 부과했다는 것을 의미한다. 그러나 간혹 소비자와 보험사 중 어느 한 편 또는 양편 모두 다 충분한 정보를 가지지 못했거나 잘못된 정보를 가지고 있을 수 있다. 그러한 정보의 비대칭이나 불완전 정보는 소비자와 보험사가 잘못된 의사결정을 하도록 유도한다.

---

2 (역주) 높은 자기부담금을 선택할수록 보험을 적게 가입했다고 할 수 있다.

리스크에 대한 불완전 정보

손해 발생 확률을 모르는 어떤 리스크가 있다고 생각해보자. 예를 들어, 수소를 연료로 사용하는 자동차는 새롭고 유용할 수 있지만 잠재적 리스크도 가지고 있다. 소비자가 그러한 리스크가 있다는 사실을 안다면, 그 리스크가 실제로 발생했을 때 입을 손해를 보상받을 수 있는 보험에 가입하기를 원할 것이다. 수소연료차는 전에 없던 신제품이어서 사고발생확률이 얼마나 될지, 그리고 사고로 입을 손해의 크기가 얼마나 될지에 대하여 알지 못한다.❶ 그러므로, 사고의 확률이나 크기에 대하여 잘못 인식할 가능성이 크고, 그 결과 보험을 과소하게 구입하거나, 아예 보험을 구입하지 않을 수 있다.

사실, 그러한 사고의 확률을 추측하는 몇 가지 방법이 있다. 그 방법이란, 작은 규모의 실험을 해 보거나, 공학적 데이터를 가지고 계산해보거나, 또는, 비슷한 수준의 리스크를 가진 기존의 상황을 기준으로 추측해 보는 것 등이다. 그러한 방법을 적용했음에도 불구하고 여전히 사고발생 확률이 모호하거나 사고가 발생하는 상황을 잘 이해하지 못하면 보험소비자와 보험사는 어려움에 처한다. 최소한, 그들은 어떤 주관적 기준에 의해서라도 손해가 발생할 확률을 계산해야 한다.

다른 경우는, 보험사는 사고확률과 사고의 크기에 대하여 많은 정보를 가지고 있지만, 소비자는 분석가들이 과학적으로 추정한 것보다 사고확률과 사고의 크기를 훨씬 작게 인식하고 있는 경우이다. 이러한 경우에 소비자는 설사 보험료가 보험계리적으로 공정하더라도 보험을 구입할 경제적 인센티브가 없을 수 있다. 보험소비자가 고도로 위험회피적이지 않는 한, 그러한 보험은 보험료가 과도하게 비싸다고 생각하여 구입하지 않는 것이다. 만약 시장의 소비자들의 대부분이 그렇게 생각한다면 그 리스크에 대한 보험시장은 존재할 수 없다. 물론, 소비자는 어떤 리스크를 과학적 추정치보다 높게 인식할 수도 있다. 그러한 경우에는 기대효용을 극대화하려는 소비자에게 전부보험3이 매력적인 대안이 될 것이다.

사람들은 보험사가 보험료 책정에 이용하는 보험계리적 추정과 같은 과학적 정보를 보험소비자들에게 제공해주기를 바란다. 그러나 문제는, 이와 같은 설명과 설득을 더 많이 더 상세하게 할수록 보험사의 사업비 또한 많이 지출되어 보험료 인상의 요인이 된다는 것이다. 더욱이, 어떤 한 보험사가 소비자 교육 캠페인이나 정보 제공 세일을 하면 다른 보험사들은 비용 지출 없이 고객에게 정보를 제공하는 효과를 얻게 된다.[4] 그러면 그러한 캠페인이나 세일을 한 보험사는 영업이익이 감소하고 가격경쟁력이 낮아지며, 고객에게 정보를 제공하는 데 비용을 들이지 않은 다른 보험사들이 그 혜택을 본다. 이러한 사실을 아는 보험사들은 모두 다 그와 같은 비용을 지출하지 않으려 한다. 게다가, 자신의 사고발생 확률을 실제보다 낮게 인식하는 소비자는 보험료가 기대손해액에 가깝더라도 보험을 구입하지 않으려 하는데, 소비자들에게 정보를 제공하는 비용 때문에 보험료가 올라가면 그런 소비자에게 보험을 파는 것은 더욱 어려워진다. 보험사의 손해 분포 추정이 정확했고 보험료가 적절히 책정되었다고 소비자를 설득하려 하면 할수록 보험사의 손익분기점이 높아지고, 정확한 정보를 가진 소비자가 기꺼이 지불하고자 하는 수준보다 보험료가 더 높아지는 딜레마에 빠진다.

　개인 건강보험 시장이 이 같은 현상을 볼 수 있는 좋은 예다. 개인 건강보험의 부가보험료율은 단체 건강보험의 부가보험료율의 2배가량 된다. 개인 건강보험의 부가보험료율이 높은 이유는, 보험 설계사가 보험소비자들을 개별적으로 만나 일일이 설득해야 하기 때문에 판매 비용이 높아서다.[5] 그 결과, 단체 건강보험 가입 대상자는 65~95%가 보험에 가입했지만, 개인

---

3 (역주) Full insurance. 보험사가 손해의 전부를 부담하는 보험계약. 반면에, 자기부담금, 보상한도, 공동보험 등과 같이 보험소비자가 손해의 일부를 부담하는 보험계약은 부분보험(partial insurance)이라고 한다.

4 (역주) 일종의 무임승차자 문제(free rider problem)가 발생한 것이다. 가계성보험의 경우, 보험사들이 판매하는 보험 상품이 회사별 차이가 별로 없기 때문에, 한 보험사의 고객들로부터 얻은 정보가 다른 보험사의 그것과 별 다를 바 없다. 이러한 경향은 보험상품이 표준화된 가계성 보험에서 더 두드러진다. 기업성 보험은 개별 기업의 특성과 요구에 맞추어야 하기 때문에 덜 표준화되어 있다.

5 (역주) 단체 보험이 개인 보험보다 보험료가 낮은 또 한가지 이유는 역선택의 정도가 낮기 때문이다. 단, 단체 보험에 대하여 정부가 과도하게 규제하는 경우에는 단체 보험이 개인 보험보다 역선택이 더 심할 수 있다.

건강보험의 가입률은 25~35%에 불과하다(Pauly and Nichols 2002). 또한, 단체 보험은 기업의 비용으로 처리되어 비과세 혜택을 받지만, 개인 보험은 개인의 세후소득으로 구입할 수밖에 없다. 또한, 판매 후 관리비도 개인 보험이 단체 보험보다 더 많이 들어 보험료가 높아지고, 그 결과 가입률도 낮아진다.

정보 비대칭과 역선택

보험소비자들에게는 사고를 일으킬 확률이 다른 두 유형이 있는데, 그것은 리스크가 높은 유형(고위험자)과 리스크가 낮은 유형(저위험자)이라고 하자. 소비자들은 각자 자신이 어떤 유형인지 안다. 또한, 보험사는 시장에 고위험자와 저위험자가 있다는 사실을 알고 각각 얼마나 있는 줄도 알지만, 누가 누구인지 구분할 수 없다고 하자. 만약 보험사가 소비자 전체의 평균 손해율을 가지고 보험료를 책정한다면 고위험자만 보험에 가입하게 된다. 이러한 상황이 유명한 고전classic인 Michael Rothschild and Joseph Stiglitz(1976)가 설명하고 있는 '역선택' 현상이다. 이론적으로, 저위험자는 보험을 과소구입하거나 구입하지 않는다. 또한, 경쟁균형이 형성되지 않을 수도 있다.

역선택 현상이 발생하면, 고위험자와 저위험자가 모두 보험을 구입할 경우보다 기대손해액이 증가한다. 그러면 보험사가 적자를 보거나 또는 고위험자가 발생시키는 손해를 다 보상할 수 있을 정도로 보험료를 인상해야 한다. 물론, 그렇게 되면 저위험자는 보험 구입에 더욱 매력을 못 느끼게 되어 보험을 과소구입하거나 전혀 구입하지 않게 된다. 역선택 이론의 배경에는 보험소비자가 보험사보다 자신의 리스크 수준에 대하여 더 잘 안다는 전제가 있다. 즉, 남들보다 자기가 자신을 더 잘 안다는 것이다. 반면에, 보험사가 소비자의 위험 정도를 구별하기 위하여 불완전한 정보나마 수집하려면 상당한 비용을 투입해야 하고, 때로는 비용을 아무리 많이 투입해도 정보를 구할 수 없는 경우도 있다.

정보 비대칭 이외에도 표준적인 역선택 이론에는 두 개의 가정이 더 있는데, 그것은 약간 비현실적일 수 있다. 그 중 하나는 위험회피도의 분포가 리스크 정도와 독립적이라는 것이다. 즉, 고위험자가 평균적으로 저위험자보다, 상식과는 약간 다르게, 위험회피를 덜하지 않는다는 것이다. 다른 하나는, 보험소비자는 자신의 기대효용을 극대화하도록 보험을 선택한다는 것이다. 즉, 고위험자는 자신의 리스크 정도에 비하여 보험료가 낮기 때문에 전부보험을 선택하려 하고, 저위험자는 자신의 리스크 정도에 비하여 보험료가 높기 때문에 보장범위를 줄이거나 보험을 구입하지 않으려 한다. 보험시장에서 실제로 역선택 현상이 관찰된다면, 그것은 사실상 전통적인 기대효용이론을 지지하는 증거가 되는 셈이다. 만약 많은 고위험자들이 자신의 리스크가 높다는 사실을 알지 못하거나, 알더라도 그 사실을 보험 구입 의사결정에 활용하지 않으면, 이론적으로, 표준적 역선택 모형과 그 시사점이 적용되지 않는다(Sandroni and Squintani 2007). 그러나 역선택 현상이 발견되지 않았다는 실증분석 결과를 보험 수요의 변칙이라고 해석하기에는 애매한 점이 많다.

예를 들면, 어떤 주택 그룹은 폭풍피해를 입을 확률이 낮고(저위험 주택), 다른 주택 그룹은 그 확률이 높지만(고위험 주택), 보험사는 두 주택 그룹의 폭풍피해 확률을 알지 못한다고 하자. 보험사가 개별 주택에 대하여 시설안전 검사를 실시하지 않으면 그러한 상황이 발생된다. 또한, 저위험 주택이 손해를 입을 확률이 1년에 10%이고, 고위험 주택은 30%라고 하자. 그리고, 문제를 단순화하기 위하여, 손해금액은 고위험 주택과 저위험 주택 모두 $100로 같고, 시장에 존재하는 두 그룹의 주택의 수도 같다고 하자. 두 리스크 그룹에 속한 주택의 수가 같기 때문에 임의의 보험소비자의 기대손해액은 $20이다.

만약 보험사가 모든 주택에 대하여 보험계리적으로 공정한 보험료를 부과하면 고위험 주택은 기꺼이 보험에 가입할 것이다. 왜냐하면, 그들의 연간 기대손해액은 $30(= 0.3 × $100)인 데 비하여 그들에게 부과되는 보험료는 $20에 불과하기 때문이다. 그러나 저위험 주택은, 연간 기대손해액이 $10인 데 비하여 보험료를 $20이나 납부해야 하기 때문에, 극단적인 위험회피자가 아닌 한 보험가입을 꺼릴 것이다. 만약 고위험 주택만 보험에 가입한다면 보험사는 보험계약 건당 평균 $10(= $20 - $30)의 적자를 보게 된다. 보험사가 적자를 보는 이유는, 보험소비자는 자신의 리스크 정도를 알지만, 보험사는 고위험 주택과 저위험 주택을 구별하지 못하는 정보 비대칭 때문이다.

그러한 보험료 조건 하에서는 고위험 그룹만 보험에 가입한다는 것을 보험사가 알게 되면 보험사는 보험료를 $30로 인상할 것이다.[6] 이러한 새로운 균형은 비효율적이다. 왜냐하면, 저위험 주택의 소유자는 보험료가 자신의 리스크 정도를 적절히 반영하는 수준이라면 보험에 가입할 용의가 있지만, 시장의 보험료가 자신의 리스크 정도에 비하여 지나치게 높게 설정되어 보험에 가입이 좌절되고, 그 결과 저위험 주택을 보유한 보험소비자는 기대효용을 극대화하지 못했기 때문이다.

그러나, 이러한 시장을 변칙이라고 할 수 있는가? 그 시장은 정보가 완전하여 각 그룹의 리스크를 정확히 반영하는 수준으로 보험료가 책정되고, 그 결과 모든 보험소비자가 보험에 가입하여 기대효용을 극대화한 경우에 비하여 명백히 비효율적이다. 시장의 정보가 완전하다면 고위험자는 높은 보험료에 그가 원하는 만큼의 보험을 구입하고, 저위험자 역시 낮은 보험료에 그가 원하는 만큼의 보험을 구입하게 된다. 역선택으로 인한 비효율은 정보 비대칭이 존재하는 다른 많은 시장에서도, 예컨대 중고차 시장에서도,❷ 나타난다. 그러나 그러한 시장에서의 비효율은 구매자나 판매자의 비합리적인 행동 때문이 아니라 정보가 불완전하여 보험사가 개별 소비자의 리스크 정도를 알지 못하기 때문이다.

이 스토리는 아직 끝나지 않았다. 새로운 보험사가 나타나 보험료는 낮지만 보험금 또한 적어서 저위험자만이 선택할 수 있는 보험 상품과, 보험료가 높지만 보험금도 많은 전부보험이어서 고위험자가 선호하는 보험 상

---

6 (역주) 거래비용의 일종인 부가보험료가 0이라는 가정 하에서 그러하다. 경제학 모형은 얻고자 하는 시사점에 초점을 맞추기 위하여 흔히 이와 같은 단순화 가정을 도입한다.

품을 출시한다고 하자. Michael Rothschild and Joseph Stiglitz(1976)가 설명한 바와 같이, 이러한 균형7은 고위험자와 저위험자의 선호가 얼마나 크게 차이가 나는지, 그리고 고위험자의 수와 저위험자의 수의 상대적 비율의 크기에 따라 지속가능한 안정적 균형이 되기도 하고, 불안정하여 금방 사라지는 균형이 되기도 한다. 안정적 균형에서는 저위험자들이 보험을 적게 구입하므로,8 만약 보험시장이 그러한 균형 상태에 있다면, 강제로 보험구입 금액의 최저한도를 높이면 자원배분의 효율성을 향상시킬 수 있다.

요약하면, 만약 시장에 비효율이 존재한다면, 그리고 설사 그 이유가 변칙 행동 때문이 아니라 정보비대칭이라는 시장에서 주어진 조건 때문에 리스크 정도와 선호가 다른 여러 종류의 소비자 모두에게서 환영받을 수 있는 보험료와 보장범위를 가진 보험 상품을 보험사가 제공하지 못하기 때문이라 할지라도, 정부가 개입하여 시장의 효율성을 향상시킬 여지가 있다.

현실 시장에서 관찰되는 역선택

보험사의 이윤 극대화 동기와 보험소비자의 기대효용 극대화 동기가 상호작용한 결과 나타나는 현상인 역선택이 시장에서 실제로 일어나는가? 거래의 양 당사자 모두에게 필요하지만 소비자는 알고 보험사는 모르는 정보가 항상 시장에 존재한다. 당신은 당신의 새 "애마"가 얼마나 속도를 낼 수 있는지를 시험하기 위하여 가끔 가속 페달을 깊이 밟아보지 않았는가? 당신은 막내를 낳을 계획을 가지고 있는가?9 이들 질문에서 중요한 점은 그

---

7 (역주) 이 균형에서는 저위험자와 고위험자가 서로 다른 보험상품을 구입하므로 분리균형(separating equilibrium)이라고 한다. 저위험자와 고위험자가 같은 상품을 구입하는 균형은 결합균형(pooling equilibrium)이라고 한다.

8 (역주) 적게 구입한다는 뜻을 가진 영어 단어는 'underpurchase'이다. 이 말의 보험에서의 의미는, 자기부담금, 보상한도, 공동보험 등을 사고 발생 시 보험소비자 스스로가 손해를 부담하는 부분이 크도록 설정하여 보험사로부터 받는 보험의 혜택이 상대적으로 작은 보험상품을 구입했다는 뜻이다.

러한 차이가 보험료와 보험구매 의사결정에 영향을 미칠 정도로 큰 차이인지 여부이다.

그 질문에 대한 답은, 이론적으로 역선택이 발생하는 것이 마땅한 상황에 대한 실증분석 논문들을 보면, 실제로 역선택 현상이 존재함을 확인한 연구가 많이 있는 반면에, 역선택의 증거를 찾을 수 없었다는 연구 결과도 많이 있다는 것이다. 몇몇 국가의 자동차보험에 관한 논문들이 역선택 현상이 존재함을 보여주는 대표적인 실증연구이다. 그 중 가장 유명한 연구는 Alma Cohen(2005)의 이스라엘 자동차보험 시장에 대한 논문인데, 그 논문은 낮은 자기부담금을 선택한 보험가입자일수록 사고 확률이 높음을 확인하여 역선택 현상이 존재함을 실증적으로 보여주었다. 그러나 프랑스의 자동차보험 시장을 대상으로 실증 연구한 Pierre-Andre Chiappori and Bernard Salanie(2000)는 역선택의 증거를 찾지 못했고, 프랑스 보험사의 독일 소재 자회사의 데이터로 연구한 Martin Spindler(2011)의 최근 연구는 종합보험(도난, 충돌, 동물, 등에 의한 피해를 보상함)에서는 역선택이 발견되었지만, 놀랍게도 자기차량손해 보험에서는 역선택의 증거가 없다고 했다.

제4장에서 언급한 바와 같이, 미국에서는 자차보험의 가입률이 충분히 높아서 역선택이 문제가 안 된다고 할 수 있다. 일부 조심스럽게 운전하는 사람들은 자차보험을 적게 구입하겠지만, 누구도 그것이 문제가 있다고 주장하지 않는다.

역선택이 심각하게 문제가 되는 경우는 보험사들이 정보를 가지고 있지만 규제 때문에 사용하지 못할 때이다. 이와 같은 "인위적인" 또는 "불필요한" 역선택이 나타나고 있는 시장의 예는, 건강보험이나 일부 재산보험처럼 위험분류가 법으로 금지되어 있거나(개인 건강보험의 경우 몇몇 주에서, 그리고 단체

---

9 (역주) 새 차를 시험하기 위하여 속도를 내더라도 한두 번 정도 조금 과속하면 사고확률에 별 영향이 없지만, 자주 심하게 과속하면 사고 낼 확률이 높아진다. 또한, 새로 아기를 출산할 계획을 가진 부부는 그렇지 않은 부부보다 의료비가 많이 든다. 그런 보험가입자의 보험료가 인상되는 것이 사회후생 극대화를 위하여 옳지만, 보험사가 그러한 '개인적인 정보'를 알기 어렵다는 말이다.

건강보험의 경우 미국 전역에서 그러함), 규제 당국이 정치적 이유로 고위험자에 대한 보험료를 리스크 수준에 걸맞게 인상할 수 없도록 억제하고 있는 경우(예컨대, 플로리다 주의 태풍보험)다. 이들 사례는 나중에 더 자세히 논의하겠지만, 여기서는 미국의 단체건강보험 시장에 상당히 심각한 역선택이 있다는 점과 (Bundorf, Herring and Pauly 2010), 보험사들이 정부의 강한 규제가 있는 재산보험 시장에서 떠나고 싶어 한다는 점을 지적한다. 반면에, 위험분류가 허용된 미국의 개인건강보험 시장에는 역선택 현상이 없고, 보험 없이 지내는 고위험자들이 있을 뿐이다(Bundorf, Herring and Pauly 2010; Pauly and Herring 20007).

요율 규제가 심하여 역선택이 발생해야 마땅한 상황이라 할지라도 역선택의 발생을 저지하는 소비자들이 있다. 그러한 예 중에서 가장 많이 연구된 것은 메디갭Medigap이다.[10] 전통적인 메디케어에는 보상 대상에서 제외된 부분이 많은데, 메디갭은 그 허점을 메우기 위하여 소비자들이 자발적으로 구입하는 보험으로서, 감독당국으로부터 강한 규제를 받고 있다. David Cutler, Amy Finkelstein, and Kathleen McGarry(2008)는 고위험자가 아니라 저위험자가 주로 메디갭을 구입한다는 사실을 밝혀냈다. 그들은 이처럼 저위험자가 보험을 더 적극적으로 구입하는 현상을 "순선택preferred or advantageous selection"이라고 명명했다. 평소에 자신의 건강을 적극적으로 돌보아서 건강한 사람이 건강보험을 판매하는 보험사의 입장에서는 저위험자이다. 그들은 위험회피도가 높은 사람이기도 해서 자신의 건강을 돌보기 위하여 건강보험을 적극적으로 구입한다. 이러한 현상은 고위험자가 보험을 많이 구입하는 역선택과 정반대의 현상이다. 또한, Hanming Fang, Michael P. Keane, and Dan Silverman(2008)는 건강에 문제가 있을 가능성이 높은 고위험자는 건강에 자신이 있는 저위험자에 비하여 합리적인 보험구입 의사결정을 하기에 심리적으로 어려움이 크다는 사실을 지적했다. 그래서 역선택이 더욱 억제된다

---

10 (역주) 메디케어의 자기부담금 및 메디케어가 보상하지 않는 부분을 보상하는 민간보험이다. 보장범위가 넓은 메디갭은 처방약, 치과치료, 정기적인 안과 검사 등도 보상한다. 메디갭이 보험가입자들로 하여금 의료서비스를 더 많이 소비하도록(도덕적해이) 부추겨 메디케어의 적자 폭을 확대시킨다는 주장이 있다.

는 것이다.

　　Amy Finkelstein and Kathleen McGarry(2006)는 규제가 별로 없는 장기간병보험 시장에서도 순선택의 증거가 발견된다고 했다. Fang 등의 메디갭에 관한 논문에서 지적한 바와 같이, 역선택 현상의 증거를 찾지 못한 것은 일부 보험소비자들이 기대효용을 극대화하지 않는다는 가설과 일관성이 있을 뿐만 아니라, 심각한 정보비대칭이 존재하지 않는다는 가설과도 일관성이 있다. 널리 알려진 논문인 John Cawley and Thomas Philipson(1999)은 이러한 현상이 정기생명보험에도 존재한다고 결론을 내렸다. 그 논문은 기대수명이 짧은 사람들이 기대수명이 긴 사람들보다 정기생명보험을 더 구입한다는 증거를 찾을 수 없다고 보고했다. 보험사들이 계약심사underwriting를 위하여 수집한 정보(대개 가족력과 최근의 진료 기록)를 바탕으로 작성한 위험분류는 시장에 존재하는 리스크의 편차를 거의 모두 포착한다. Daifeng He(2009)는 동일한 위험분류 내의 소비자들 중 생명보험을 새로 구입한 노령층과 중년층이 조기 사망할 가능성이 높음을 발견했는데, 이는 순선택 이론의 예측과 반대되는 실증적 증거이다. 그러나 그 논문에서 사용된 표본이

그림 5.1

"상태가 안 좋아 보이는군요.
우리에게 밤새 맡겨두고 도둑맞기를 바라는 게 낫겠습니다."

특별하고(생명보험을 구입하는 소비자의 대부분은 젊은 층이다), 동일한 위험분류 내에서도 소비자들 사이에 상당한 편차가 존재한다.

요약하면, 역선택 현상이 실제로 발생하고 있고, 정부의 규제 때문에 보험사들이 가지고 있는 정보를 제대로 활용하지 못하는 경우에 그러한 현상이 더 심하지만, 역선택이 보험시장 전체에 만연하다고 볼 수는 없다. 현재의 상황은 역선택에 대하여 확실한 결론을 내리기는 어려운 것으로 보인다. 그러므로 정부가 역선택을 빌미로 시장에 개입하는 것을 옹호하기에는 조심스럽다.

정보의 불완전과 도덕적해이

사람들이 보험에 가입하면 가입하기 이전에 비하여 기대손해액을 높이는 행동을 하는 데 대하여 생각해보자(Pauly 1968; Zeckhauser 1970). 또한, 보험사는 보험가입자의 행동이 그렇게 변할지 알 수 없다고 가정하자.

이처럼 보험사에게 문제를 일으키는 행동을 도덕적해이라고 한다. 도덕적해이란 보험에 가입했다는 이유로 주의 수준을 낮추거나, 위험을 무릅쓰는 행동을 하여 보다 큰 사고를 일으키거나, 사고를 더 자주 일으키는 경향이다. 그 결과 높아진 리스크를 반영하여 보험료가 인상된다.

여러 종류의 보험에서 도덕적해이가 발생할 것이라고 예측하는 데에는 충분한 이유가 있다. 보험가입자는 사고가 발생하면 보험이 보호해준다는 것을 알기 때문에, 보험에 가입하기 전에 비하여 주의를 덜 기울인다. 부주의한 행동은 사고 확률을 높인다. 보험사가 보험가입자의 그러한 행동을 감시하고 통제하기에는 비용이 많이 들고, 어떤 경우에는 불가능에 가깝기 때문에, 보험사는 흔히 그러한 행동을 감지하지 못한다. 또한, 〈그림 5.1〉에 예시된 것처럼 보험금 청구자가 피해를 부풀리거나 수리비 견적을 올려 보험사의 지출을 증가시키더라도 보험사가 그것을 적발하기는 어렵다.❸

역선택을 설명하기 위하여 사용한 사례는 도덕적해이를 설명하는 데에도 유용하다. 보험에 가입하기 전에는 보험소비자들 모두가 연간 사고확률이 10%인 저위험자라고 하자. 그러나 보험에 가입하면 부주의하게 운전하여 연간 사고확률이 30%로 증가한다. 만약 보험사가 그처럼 도덕적해이가 발생한다는 사실을 모른다면 보험가입 이전의 사고확률의 추정치를 반영하여 $10의 보험료를 부과할 것이다. 그러나 보험가입자들이 부주의하게 운전하여 실제 기대 사고 금액은 $30이 될 것이다. 그러므로 보험사는 판매한 보험계약당 $20의 적자를 기록하게 된다. 결국 보험사는 보험계약자들이 부주의하게 운전한다는 사실을 알게 되고, 높아진 사고확률을 반영하여 보험료를 인상할 것이다. 그러면 어떤 보험가입자들은 보험 구입을 줄일 것이다.

건강보험은 또다른 종류의 도덕적해이를 일으키는 분야이다. 사람들은 감기에 걸릴 확률을 바꿀 수는 없지만, 건강보험을 구입한 사람은 구입하지 않은 사람보다 더 쉽게 의사를 찾아가고 더 비싼 처방을 받으려 한다. 보험사는 보험가입자들의 병이 얼마나 심각한지가 아니라 그들이 어떤 진료를 얼마나 받았는지에 따라 보험금을 지급하기 때문에 보험가입자들은 치료효과에 비하여 가격이 높은 진료를 받으려는 경제적 유인이 있다. 그 이유는 두 가지인데, 첫째, 보험사가 의료비를 보상해주기 때문이고, 둘째, 진료를 자주 받거나 비싼 진료를 받더라도 미래의 보험료가 인상되지 않기 때문이다.

도덕적해이와 관련하여 진정한 변칙이라고 볼 수 있는 하나의 현상은, 어떤 사람들은 도덕적해이를 억제하려는 목적을 가진 약관조항이 있는 보험상품을 구입하기를 꺼리는 것이다. 예를 들면, 건강보험의 경우, 보험가입자의 비용분담 비율을 약간 높이거나 (관리의료[managed care] 보험에서와 같이) 의료 이용에 제한을 가하면 도덕적해이를 통제할 수 있다. 그러나 많은 소비자들은(또한, 정부의 규제당국도) 이와 같은 보험을 바람직하지 않다고 생각한다. 즉, 비용분담 비율을 높이거나 관리의료를 받으면 도덕적해이가 억제되어 보험료를 낮출 수 있는데, 사람들은 대부분 이러한 옵션을 반기지 않는다.

예를 들면, 최근 질병을 진단하는 영상 스캔 시장이 크게 성장하고 있는데, 그 중 가장 주목할만한 것은 CT 스캔, MRI 스캔 및 골밀도 스캔이다. 이와 같은 고가의 검사의 일부는 환자들이 자신의 건강을 재확인하려는 요구에 따라 사용되는데, 환자들이 그 비용을 분담하지 않는다. 이처럼 과잉 이용된다고 알려진 진료는 환자의 비용분담 비율을 높이는 것이 환자(보험가입자)에게 이익이지만, 실제로는 많은 환자들(보험가입자들)이 그렇게 하기를 원치 않는다. 세금 감면 혹은 과잉 이용되는 진료 종목이 무엇인지 잘 모르는 경우 등 도덕적해이와 관련 없는 요인 또한 비용에 비하여 효용이 낮은 진료를 축소시키지 못하는 원인이 된다. 달리 말하면, 보험료가 감당할 수 없을 정도로 높지 않다면, 관대한 보장을 원하는 소비자들이 분명히 존재한다. 만약, 소비자들이 기대효용이론과 다른 의사결정 규칙을 사용한다면, 그것은 수요 측면의 변칙이라고 할 수 있다. 이와 관련된 주제는 제6장에서 다룬다.

일반적으로 도덕적해이는 비효율적인 행동을 낳지만, 그것이 기대효용 극대화의 원칙에서 벗어난 행동은 아니다. 변칙이라기보다는, 정보의 불완전 때문에 발생하는 문제다. 즉, 건강보험 가입자가 자신의 건강을 유지하기 위하여 최선을 다하는지, 그리고 적절한 진료를 받는지를 보험사가 알지 못하고, 주택종합보험 가입자가 화재를 비롯한 보험으로 보장되는 요인에 의하여 주택이 입을 수 있는 피해를 진실로 주의를 다하여 예방하는지를 보험사가 알 수 없기 때문에 발생하는 문제다.

상관관계가 있는 리스크가 보험 공급에 미치는 영향

이 절에서는 보험 공급 측면에 적용되는 보다 넓은 범위의 가정들을 살펴보고, 그것이 보험사의 보험 공급 동기에 어떤 영향을 미치는지를 검토하려고 한다. 대수의 법칙이 여러 종류의 리스크에 적용되지만, 그것을 적용할 수 없는 상황도 있다. 손해가 서로 독립적이지 않고 상관관계가 있는 경우에는 대수의 법칙이 적용되지 않는다. 만약, 리스크들이 서로 완전한 상관관계를 가지고 있다면, 즉 어떤 보험가입자가 손해를 입으면 다른 보험가입자들도 반드시 그와 똑같은 손해를 입는다면, 대수의 법칙을 이용하여 리스크를 결합하는 것은 전혀 불가능하다.

리스크들 사이의 상관관계가 완전하지 않더라도 양의 상관관계만 존재하면, 상관관계가 없이 서로 독립적인 경우에 비하여, 대규모의 손해가 발생할 확률이 높다. 이윤을 극대화하려는 보험사가 궁금해 하는 것은, 만약 보험사가 인수한 리스크들이 서로 상관관계가 있다면 대규모의 손해로 인하여 보험사가 파산할 수 있는데, 그것을 방지하려면 얼마의 준비금이 필요한지이다. 다음은 이에 관한 간단한 모형과 그로부터 도출한 결론이다.

제2장에서 지적한 바와 같이, 만약 보험사가 수입보험료와 보험사가 지불해야 할 보험금의 최대 금액의 차이만큼을 준비금으로 보유하고 있으면 보험사는 모든 보험가입자의 손해를 다 지불하더라도 파산하지 않는다고 확신할 수 있다. 즉, 어떤 보험사의 수입보험료가 $1,000,000이고, 그 보험 계약에 대한 보험금액의 합계가 $100,000,000이라면, $99,000,000의 준비금을 보유해야 보험금을 완벽히 지불할 수 있다고 확신할 수 있다. 사실, 준비금을 그만큼은커녕 그에 근접하는 만큼을 보유하는 보험사조차 없다. 왜냐하면, 보험사는 준비금을 늘리는 데 드는 비용과 그로부터 얻는 기대 편익을 비교하여 준비금의 규모를 결정하기 때문이다.

이러한 상황에서 준비금을 늘리는 데 드는 비용에는, 상관관계가 있는 리스크로부터 거대한 손해가 발생할 수 있다는 사실을 알고 있는 자금 공급 자들을 설득하려면 높은 기대 수익률을 보장해야 하기 때문에, 상당히 높은 거래비용을 반영해야 한다.❹ 준비금을 보유함으로써 얻는 이득은 상관관계가 있는 손해로 보험사가 파산할 확률을 낮추는 것이다.

이미 살펴본 바와 같이, 수많은 독립적인 리스크를 담보하는 대형 보험사의 경우에는 손해가 보험료보다 더 클 확률은 극히 미미하다. 그래서 준비금이 수입보험료에 비하여 그리 크지 않다. 그러나 리스크가 서로 상관관계가 있으면 파산 또는 지급불능이 될 확률이 급격히 높아진다. 그러므로 준비금 규모를 대폭 증가시켜야 한다. 그러나 준비금 규모를 늘리려면 자금 조달을 위한 높은 거래비용을 지불해야 하고, 그것은 보험료의 인상으로 연결된다. 그러나 자본시장이 완전하다면, 대형 손해를 입은 직후일지라도 보험사가 일상적인 금융비용으로 원하는 만큼의 자금을 조달할 수 있기 때문에, 이와 같은 일은 일어나지 않는다. 설사 자본시장에 약간의 불완전함이 있더라도, 글로벌 자본들이 특정 보험종목(혹은 보험시장 전체)에 대하여 더 이상 출자하지 않겠다고 작정하지 않은 이상, 추가적으로 필요한 준비금을 충분히 조달할 수 있을 것이다. 그러나 보험에 투자하는 자본의 풀pool이 작다면 자금조달에 드는 거래비용이 예상외로 높아질 수 있는데, 대규모 재난 발생 직후 줄어든 준비금을 복구하기 위하여 자금에 대한 수요가 급증한 경우가 그러한 경우이다.

요약하면, 보험에 가입한 리스크들이 서로 독립적이고, 사고 건당 최대 손해 가능액이 수입보험료나 준비금의 규모에 비하여 작을 때, 보험 공급이 가장 잘 작동한다. 그러므로 리스크들이 서로 독립적일 경우가 상관관계가 존재할 경우보다 보험시장이 존재할 가능성이 더 높을 것이다.

리스크에 상관관계가 존재할 경우 준비금의 역할

앞 절에서 이윤극대화를 추구하는 보험사가 대형 손해에 대비하기 위한 준비금의 규모를 결정하는 데 있어서의 트레이드오프와 준비금의 규모가 어떻게 보험 공급에 영향을 미치는지를 설명하였다. 이 절에서는 리스크들이 서로 상관관계가 있을 때 보험사와 자본시장이 어떻게 행동하는지에 대하여 보다 깊이 논의하고자 한다.

표준모형은 소비자들이 기꺼이 지불하려는 보험료에 과연 보험사들이 보험을 공급할지 여부를 어느 정도까지 예측할 수 있을까? 만약, 수입보험료와 준비금의 통상적인 규모에 비하여 큰 손해가 발생할 가능성이 있다면 보험사가 보험가입자들에게 보험금을 다 지불하지 못할 가능성이 있으므로 지급불능이 되거나 파산할 수 있다. 그런 상황이 실제로 일어나면 보험가입자들은 계약상 받도록 되어있는 금액보다 작은 금액을 받게 된다.

다음 예를 가지고 이 문제를 생각해보자. 투자자인 맥덕McDuck씨는 유동성이 풍부하며 정기적으로 이자를 받는 저위험 자산을 보유하고 있다고 하자. 어떤 보험사가 맥덕씨에게 접근하여, 그의 재산의 일부를 보험사에 투자하여 준비금으로 사용할 수 있게 해 주면 보험사의 주식 일부를 주겠다고 제의했다. 보험사의 준비금으로 사용되는 자금의 기대수익률은 맥덕씨가 그의 포트폴리오에서 벌어들이는 이자율보다 낮은데, 그 이유가 세 가지이다.

첫째, 그가 투자한 자금의 일부 또는 전부가 보험가입자의 손해를 보상하는데 사용된다면 맥덕씨의 기대수익률은 기대 보상금 지급액만큼 낮아진다. 둘째, 맥덕씨의 자금을 보험사로 옮기려면 거래비용이 필요하다. 그 비용에는 맥덕씨가 자신에게 적합한 보험사를 선택하고 투자 금액을 결정하는데 드는 시간과, 계약서를 작성하는데 드는 비용 등이 포함된다. 마지막으로, 맥덕씨 자신이 아니라 보험사의 임직원이 그 자금을 운용하기 때문에 발생하는 비용이 있을 수 있다.[11]

극단적인 사태가 발생하지 않은 때를 '좋은 시절'이라고 명명하자. 맥덕씨는 보유한 주식으로부터 좋은 시절에 얻는 수익으로 극단적인 사태가 발생했을 때 얻게 될 낮거나 마이너스의 수익을 메워야 한다. 좋은 시절의 수익률이 얼마나 되어야 할지는 새로 얻은 주식의 수익과 관련한 리스크에 대한 맥덕씨의 태도에 달렸다. 만약 맥덕씨가 위험회피형이고, 그 주식이 그의 전 재산에서 차지하는 비중이 크다면, 좋은 시절에 얻을 기대 수익이 극단적인 사태가 발생하여 입을 손해의 기댓값보다 커야 한다. 기대 이윤 극대화가 목표인 보험사가 이러한 목적을 달성하려면, 위험중립이라면 책정했을 수준의 보험료보다 더 높게 보험료를 책정해야 한다.

그러나 다른 가능성이 있기 때문에 너무 성급히 결론을 내리지 말아야 한다. 맥덕씨(또는 자금 공급자 일반)는 잘 분산된 포트폴리오를 보유하고 있어서 그가 가진 그 보험사의 주식은 그 포트폴리오의 작은 일부분에 불과할 수 있다. 이러한 경우에는, 비록 보험사가 거액의 보험금을 지급해야 하는

---

11 (역주) 그러한 비용을 '대리인 비용(agency cost)'이라고 한다. 대리인 비용에는 대리인이 고의나 부주의로 업무에 최선을 다하지 않는 데 따르는 손해와 그러한 대리인을 감시하는 비용이 포함된다.

극단적인 사태라 할지라도 보험사의 주식이 그가 보유한 포트폴리오의 작은 일부분에 불과한 투자자에게는 작은 손해를 가져오는 평범한 사건일 뿐이다.

더 일반적으로, 그 손해가 보험사나 보험산업에게는 매우 클지라도 자본시장 전체의 규모에 비해서는 작다면, 그리고 모든 투자자들이 다 잘 분산된 포트폴리오를 보유하고 있다면, 추가적인 준비금을 마련하는 데 드는 비용은 투자된 자본을 자기 자신이 직접 관리하지 않고 보험사가 관리하는 데 대하여 투자자가 요구하는 추가적인 자본수익률(거래비용 및 투자범위의 제한과 관련된) 밖에 없다.[12]

잘 분산된 포트폴리오 모형의 문제점은, 맥덕씨의 포트폴리오에서 보험산업 전체가 아니라 여러 보험사들 중 하나가 지급불능이 되는 것은 맥덕씨에게는 별 문제가 아니지만, 재무적 곤경에 빠진 보험사의 재무담당 임원에게는 큰 문제가 된다는 것이다. 그러므로 보험사의 재무담당 임원은 맥덕씨보다 더 위험회피적으로 행동할 것이다. 이러한 사실은 보험사의 투자자들의 구성이 보다 위험회피적인 쪽으로 기울게 하겠지만, 보험사의 재무담당 임원만큼 위험회피적이지는 않을 것이다. 즉, 보험사의 적정 파산위험 수준에 있어서, 주주들이 원하는 수준과 보험사의 재무담당 임원이 원하는 수준이 일치하지 않게 된다.

맥덕씨는 그가 투자한 보험사가 자신의 기대 수익을 극대화하도록 운영되기를 원하고, 보험사의 파산확률 또한 그 목적에 부합하도록 결정되기를 원한다. 그러나 보험사의 재무담당 임원은 맥덕씨와 다르게 느끼고, 자신의 선호를 반영하여 행동한다. David Mayers and Clifford Smith(1990)는 파산관련 거래비용이 존재하기 때문에 재무담당자들이 보다 위험회피적으로 행동하는 것이 합리적이고, 그것이 손해보험사들이 재보험에 가입하는 이유일 수 있다고 했다.

---

12 (역주) 재무학의 기초 이론인 '포트폴리오 이론'을 보험사의 자본조달 문제에 적용하여 얻은 결론이다.

Bruce Greenwald and Joseph Stiglitz(1990)는, 만약 자신의 회사가 지급불능이 되면 재무담당 임원은 자신의 경력에 심각한 타격을 입게 되고, 그러한 자신의 리스크를 주주들이 하는 것처럼 분산시킬 수 없다고 주장했다. 물론, 준비금을 증액시키는 데 드는 거래비용이 충분히 낮다면 주주들과 재무담당 임원은 완벽하게 지급불능 위험에 대비하는 데 의견일치를 볼 것이다. 그러나 거래비용이 일반적인 수준 또는 그 이상이라면 재무담당 임원은 주주들이 원하는 수준보다 높은 수준의 준비금을 보유하기를 원할 것이다. 단, 그러려면 보험료를 인상하여야 한다.

리스크들 사이에 상관관계가 존재한다면 보험사와 투자자의 상황이 더욱 복잡해진다. 대기업이라 할지라도 일부분의 실패가 전국에 또는 전 세계에 걸쳐있는 기업 전체를 파산으로 몰고 갈 수 있다. 예를 들면, 1984년 유니온 카바이드 사의 인도 보팔 소재 살충제 공장에서 치명적인 메틸 이소시안산이 누출된 사건 같은 것이다. 여러 개의 반≠ 독립적인 신디케이트를 관리하는 로이즈의 멤버 그룹은 어느 한 신디케이트가 입은 심각한 손해 때문에 파산할 수 있다. 1995년 2월, 싱가포르의 한 지점에 근무하는 한 명의 트레이더의 행위로 베어링스 은행이 파산하였고, 2002년에는 회계법인인 아더 앤더슨이 휴스턴 지점의 엔론사 관련 업무 때문에 파산했다. 최근까지 금융 서비스 관련 기관들에게 이와 비슷한 사건이 여러 건 발생되었다. 그 중 가장 주목할 만한 것은, 세계 최대의 보험사인 American International Group이 붕괴될 뻔한 사건인데, 377명의 임직원이 본사로부터 거의 완벽히 독립적으로 운영한 AIG Financial Product라는 런던의 한 부서가 원인이었다(Kunreuther 2009).

만약, 투자자가 추구하는 목적과 다른 목적을 추구하는 임직원이 있으면 '효율적 시장 모형'에 어긋나고, 그런 의미에서 변칙적이라고 할 수 있다. 그러나 앞에서 지적한 바와 같이, 그러한 어긋남은 불완전 정보와 거래비용 때문에 발생된 것으로서, 그러한 종류의 변칙이 반드시 사람들의 의사결정이 전통 경제학으로부터 도출된 모형을 따르지 않음을 의미한다고 할 수는 없다. 변칙이라고 확실하게 말하려면, 경제주체들 중 누군가가(예컨대,

재무담당 임원이) 준비금을 설정함에 있어서 기업의 이익을 극대화함으로써 자신의 효용을 극대화하지 않고, 불안이나 스트레스를 경감할 목적으로 또는 최악은 항상 실현된다는 비과학적인 믿음 하에서, 그보다 높은 수준으로 설정하는 것 정도는 되어야 한다.

보험사의 균형과 자본시장

보험사의 행동을 다룬 앞의 예는 개별 투자자의 목적 및 행동과 관련이 있다. 이제 전 세계 자본시장과 관련한 보험사들의 최적 및 균형이라는 보다 깊이 있는 주제를 살펴보자. 2008년 제2분기에 발생한 재무적 위기에서와 같이, 어떤 보험사가 보유한 포트폴리오에 큰 손해가 발생하여 다른 보험사에게도 영향을 미칠 가능성이 있다고 가정하자. 보험사는 여전히 기대이윤을 극대화하려고 하겠지만, 투자자들의 의지가 작용한다는 사실을 고려해야 한다. 투자자들이 자신의 기대효용을 극대화하려 한다고 가정하면, 재무적 위기와 같은 상황을 타개하기 위하여 그들은 어떤 조치를 취할 것이고, 그 결과는 무엇일까?

먼저 총 손해액이 기대치를 크게 벗어날 가능성에 대비하여 보험사와 투자자들이 선택할 수 있는 리스크 전가 수단에 대하여 설명해야 한다. 가장 흔히 사용되는 수단은 재보험이다. 보험계약의 포트폴리오를 보유하고 있는 보험사는 보험계약자의 보험금지급 요청에 응답할 의무의 전부 또는 일부를 재보험사라고 불리는 다른 보험사에게 이전할 수 있다. 재보험사는 보험사가 특정 리스크에 직면한 보험가입자를 보호하는 것과 같은 방식으로 다른 보험사를 보호한다. 원보험사는 보험가입자들에게서 거두어들인 보험료의 일정 부분을 재보험사에게 이전하는 대가로 특정 사고가 발생하면 재보험사로부터 그 손해에 대한 보상을 받는다. 재보험 산업의 과제는 재보험사들이 인수한 리스크를 분산하는 최선의 방법을 찾아내는 것이다.

위험회피형의 보험사와 재보험사로 구성된 재보험시장의 이론적 균형은 보험계리사이자 경제학자인 Karl Borch(1962)의 논문에서 이미 발표되었다. 먼저 Borch의 논문의 통찰을 소개하고, 다음으로 그 이론을 어떻게 현실세계에 적용할 수 있을지를 검토해 보자. Borch에 의하면, 거래비용이 없는 세계에서는, 모든 경제주체(투자자)는 보험에 가입함으로써 세상에 존재하는 각종 자산의 리스크의 작은 부분을 인수하는 데 동의하고, 그 결과 그들은 전 세계 자본시장에 내재된 리스크의 일부를 부담한다. 이 명제를 증명하는 것은 복잡하지만 통찰은 명료하다. 그러한 조치가 있음으로써 투자자들의 포트폴리오 분산이 극대화될 수 있다.

그러나 이 명백한 명제에는 명료하지 않은 시사점이 있다. 보험가입자가 사고로 손해를 입으면 전 세계의 총 손해에 대한 그의 지분만큼을 보험사가 보상해준다. 손해를 입지 않은 투자자들은 그들이 투자한 보험사로부터 그들이 보험사가 아닌 다른 곳에 투자했더라면 거둘 수 있었을 수익보다 낮은 수익을 거둠으로써 전 세계가 입은 손해의 일부를 분담한다. 또한, 보험가입자 개인도 손해로부터 완벽한 보호를 받지는 못하는데, 그 이유는, 비록 확률은 작지만, 전 세계가 큰 손해를 입음으로써 보험사 역시 큰 손해를 입을 가능성이 언제나 존재하기 때문이다.[13] 그러한 경우에 보험가입자는 그 손해의 일부를 부담해야 한다.

오늘날 자본시장의 규모는 어떤 극단적인 재해(태풍, 홍수, 테러 공격 등)에 비해서도 월등히 더 크다. 또한, 자본시장이 효율적이기 때문에 폭넓은 리스크 분산이 가능하다. 그러므로 위에서 논의한 이유로 보험금이 미지급될 가능성은 매우 낮다. 설사 높은 상관관계가 있는 리스크일지라도 가능한 총 손해의 규모가 전 세계 자본시장의 규모에 비하여 작다면 리스크에 대한 보상으로 순보험료에 약간의 부가보험료만 추가해주면 재보험에 가입할 수 있다.

그럼에도 불구하고 포트폴리오로 결합할 수 없는 리스크가 존재한다. 예를 들면, 세계 시장의 붕괴 또는 소행성의 충돌로 인한 인류의 멸종과 같

---

13 (역주) 그러한 경우의 예를 들면, 세계 대전이나 전 세계적 공황 등이 있다. 이것은 전 세계적 규모의 체계적 위험(systematic risk)이 발현된 경우로서, 보험이나 포트폴리오 분산으로는 해소할 수 없는 리스크다.

이 거대하고 모든 것을 다 포함하는 리스크다. 그러나 보험사들이 정상적으로 인수하는 리스크에는 투자자의 자본을 모두 삼켜버릴 수 있는 거대한 리스크는 포함되지 않는다. 그러므로 이들 모형에 따르면 거대하고 상관관계가 존재하는 리스크는 보험시장이 그리 잘 다루지 못한다. 실제로도, 리스크에 관한 정보의 불완전함을 비롯한 현실 세계의 제약조건들 때문에 보험시장이 거대 리스크를 인수하는 데 한계가 있다. 다음 절에서는 투자자들 또한 Borch의 모형이 상정한 것과 다른 목적을 가지고 있기 때문에 표준모형이 제시하는 기대효용 극대화에 어긋나는 행동을 할 것이라는 사실을 보여주려 한다.

상호보험과의 관계

보험 공급의 표준모형과 Borch의 이론에 부합하는 제도적 장치가 현실에 존재하는데, 상호보험이 그것이다. 상호보험사에는 주주와 투자자가 없고, 그 대신에 보험가입자들 사이에 손해를 분산한다. 각 회원(보험계약자)은 매 기간 보험계리적으로 공정한 보험료를 반영하는 보험료를 지불한다.

대수의 법칙을 적용할 수 있는 리스크이면, 그리고 보험가입자의 수가 충분히 많으면, 보험료는 손해의 기댓값에 사업비와 세금을 합한 금액에 가깝게 형성된다. 간혹, 어느 회계기간에 실제 발생손해액이 보험료의 합계보다 작은 경우가 있는데, 상호보험사는 그 차액을 보험가입자들에게 돌려준다. 반대로, 만약 발생손해액이 보험료의 합계보다 클 뿐만 아니라 준비금으로도 충분히 보상하지 못한다면, 상호보험사는 보험가입자들에게서 보험료를 추징할 수 있다.

이 스토리는 보험가입자들이 정해진 규칙을 따르기만 하면, 보험계약자의 수가 적거나, 손해가 크거나, 리스크들 사이에 상관관계가 존재하더라도 작동한다. 손해를 입지 않은 보험가입자는 보험료를 냈지만 아무것도 받지 못한다. 상호보험사의 모든 회원은, 보험주식회사의 고객이 손해로부터 자신을 보호하기 위하여 보험료를 내는 것과 마찬가지로, 보험료를 납부한다. Borch 모델의 특수한 경우인 상호보험은 기대손해액을 기초로 보험료 및 기타 보험가입자가 추가로 납부해야 할 금액을 결정한다. 예를 들면, 어떤 상호화재보험 가입자가 소유한 주택의 기대사고금액이 다른 가입자의 기대사고금액의 2배라면, 보험료를 2배로 내야 하고, 큰 사고가 발생했을 때 보험료와 준비금을 초과하는 손해의 2배를 부담해야 한다. 물론, 만약 기대손해액을 측정할 수 없어서 보험료를 정확히 책정할 수 없거나 또는 실제로 기대손해액이 다른 두 보험가입자에게 상호보험사가 동일한 보험료를 부과한다면, 낮은 기대손해액을 가진 회원들은 자신들이 스스로 상호보험사를 만들기 위하여 그 상호보험사를 탈퇴할 것이다.

Borch 모형과 그것에 충실한 상호보험 모형은 보험시장의 개념을 구축하는 데 핵심적인 역할을 수행하였다. 아직도 상호보험사가 시장에 존재하고 있고, 그 중 상당수는 오랜 역사를 가지고 있지만, 오늘날 대부분의 보험사는 주주와 보험가입자로 구성된 주식회사이다. 그렇게 된 데에는 명백한 이유가 있다. 주식회사는 여러 사람들 사이에 리스크를 분배함에 있어서 보다 융통성이 높다. 반면에, 상호회사는 보험가입자들끼리 리스크를 분담할 수밖에 없고, 리스크를 분담하는 사람은 보험에 가입해야만 하기 때문에 융통성이 낮다.

보험 공급을 위한 시사점

이제 앞에서 살펴본 보험사의 행동에 대한 아이디어를 시장에서의 보험 공급의 특성을 파악하는 데 활용하고, 그것으로부터 보험사가 보험 공급을 증가시키면 보험료에 어떤 영향을 미치는지를 알아보려 한다. 그러려면 기대손해액과 관련된 평균 보험료 수준과 구매자의 보험 수요와 관련된 보험 공급곡선의 형태를 알아야 한다.

보험시장이 경쟁적이어도 초단기적으로는 개별 보험사들이 주어진 가격

혹은 보험료 수준 하에서 서로 다른 소비자들에게 서로 다른 정도의 보장을 제공한다. 보험사가 시장에서 성공하기 위하여 보험을 얼마나 많이, 그리고 얼마의 가격에 공급해야 할지에 대한 의사결정은 보험상품을 만들어 출시하는 데 드는 비용, 기대손해액, 관리운영비 및 기대 이윤에 달려있다.

만약, 보험시장으로의 진입과 보험시장에서의 퇴출이 자유롭다면, 그리고, 보험산업에 특화된 인적자원의 부족으로 단기적으로 보험 공급을 증가시키려면 그들의 급여를 올려주어야 하는 문제도 없으며, 자본시장의 불완전성도 없다면, 보험의 공급곡선의 모습이 어떠할까? 그처럼 완전경쟁시장의 조건이 충족되는 시장에서라면, 보험의 수요가 얼마만큼인지에 관계없이 보험료가 일정할 것이다.

이 결론이 현실성이 있을까? 서로 상관관계가 있는 리스크이거나 손해가 매우 커질 수 있는 리스크를 보험사가 담보하려 한다면, 준비금에 관한 정부 규제를 충족하는 최소한의 자본을 조달하기에도 어려움을 겪을 것이다. 만약, 재보험, 대재해 채권catastrophe bonds 등과 같이 특수한 리스크를 전가하기 위한 재무적 수단 또는 보험산업에 대한 투자에 관하여 높은 수준의 이해력을 가진 자본 등과 같이 보험산업에 특화된 자본이 있다면, 보험사의 포트폴리오가 확장될수록 자기자본의 규모 또한 커질 필요가 있으며, 투자한 자본에 대한 요구수익률rate of return on capital 또한 높아질 것이다.

서로 상관관계가 있는 손해가 실제로 발생하여 보험시장이 완전히 붕괴된다면 보험사는 보험 공급을 중단하겠지만, 표준 모형에 따르면 그러한 보험사의 행동과 보험시장의 행태는 실제로는 나타나지 않는다. 이 점에 대해서는 제8장에서 보다 자세하게 논할 것이다. 그러므로 여기서는, 보험소비자, 보험사 및 투자자들이 모두 표준모형에 따라 행동한다는 가정 하에, 보험의 공급곡선이 안정적(갑작스런 공급부족이 발생하지 않는다는 뜻)이고, 약간 우상향하는 형태여서, 상관관계가 있는 리스크에 대한 보험 수요에 대단히 큰 변화가 있어야 보험료가 약간 인상되는 것을 인식할 수 있을 것이라고 결론내린다. 앞으로 논의하겠지만, 실제 보험사의 행동은 이와 같지 않다. 그 이유는, 정부의 규제와 표준모형의 가정에 어긋나는 보험사의 행동 때문이다.

요약

정보가 불완전하고 리스크가 서로 상관관계가 있을 때에는 보험시장이 예상대로 움직이지 않는다. 보험에 가입하려는 소비자는 리스크와 그것을 보장하는 보험에 대한 정보를 얻으려면 거래비용을 지불해야 한다. 만약 정보를 구하는 데 드는 비용이 정보로부터 얻을 수 있는 이득에 비하여 크다고 느껴지면 보험 구입을 포기하는 소비자가 있을 것이다.

소비자나 보험사가 상대방이 가지고 있는 리스크에 대한 정보를 가지고 있지 못하다면 정보비대칭이 존재하는 상태이다. 그러면 리스크에 대한 이해가 불충분해지고, 소비자가 잘못된 선택을 하거나 보험사가 보험을 제공할 소비자를 잘못 선택하게 된다. 역선택이란 평균적인 리스크에 맞추어 보험료가 책정되었을 때 고위험자만 보험에 가입하는 현상이다. 역선택 현상이 발생하면 고위험자와 저위험자가 모두 보험에 가입할 때보다 보험사의 실제 손해율이 높아진다. 그러면 보험사가 적자를 기록하거나, 고위험자의 손해를 보장할 수 있는 수준까지 보험료를 인상해야 한다. 그러면 저위험자는 더더욱 그 보험을 구입하지 않게 된다.

정보 비대칭 때문에 발생하는 또 하나의 현상은 도덕적해이다. 도덕적해이란 소비자가 보험을 구입하기 전에 비하여 보험을 구입한 후에 리스크가 높아지는 현상이다. 보험가입자는, 사고가 발생하면 보험이 손해의 전부혹은 대부분을 보상해 준다는 사실을 알기 때문에 사고 예방을 위한 주의를 덜 기울인다. 그래서 보험에 가입한 순간부터 사고 확률이 높아진다.

보험사는 보험가입자들의 그러한 행동변화를 알아낼 수 없다. 보험가입자의 행동을 감시하여 보험 가입 후에 주의 수준이 달라지는지 여부를 판정하기는 어렵고 비용이 많이 든다. 또한, 보험가입자들이 사기를 치거나 필요 이상으로 자동차를 수리하는 등 과도하게 보험금을 청구하는 것을 적발하기도 쉽지 않다.

대수의 법칙은 여러 종류의 리스크에 적용할 수 있지만, 그것을 적용할 수 없는 경우도 있다. 보험사가 인수한 보험계약의 포트폴리오에 포함된 리스크들이 서로 독립적이지 않고 상관관계가 있는 경우에 그러하다. 만약 상관관계가 완전하다면, 즉 어느 보험가입자가 사고를 당하면 다른 보험가입자들도 반드시 똑같은 사고를 당한다면, 대수의 법칙을 이용하여 리스크를 결합할 수 없다. 이처럼 리스크들이 서로 독립적이지 않다면, 서로 독립적인 리스크의 포트폴리오로부터 발생하는 손해에 비하여 월등히 큰 손해가 발생할 가능성이 높다. 리스크 사이에 상관관계가 있으면, 충분한 준비금을 확보하지 않은 이상, 보험사의 파산확률이 높아진다. 파산위험의 일부는 재보험과 같은 리스크 전가 수단을 통하여 감소시킬 수 있다.

만약, 준비금을 제공한 투자자들이 잘 분산된 포트폴리오well-diversified portfolio를 보유하고 있다면, 그들은 보험사가 인수하는 리스크에 대하여 크게 상관하지 않는다. 왜냐하면, 보험사가 어떤 리스크를 인수하더라도 자신이 보유한 포트폴리오에 별 영향을 주지 않기 때문이다. 그러나 자신의 경력이 보험사의 운명에 달려있는 보험사의 재무 담당 임원은, 투자자들에 비하여 훨씬 더 위험회피적일 수밖에 없다. 그래서 보험사의 자산을 투자자들이 원하는 것보다 더 위험회피적으로(수익성이 낮게) 운용하는 경향이 있다.

이상에서 보험시장이 원활히 작동하지 않는 사례를 들었지만, 이 사례의 보험가입자와 보험사들은 여전히 보험 수요와 공급의 표준모형 또는 수정된 표준모형에 합당한 행동을 하고 있다. 다음 장에서는 표준모형은 물론이고, 정보의 불완전성과 주주 통제의 불완전성을 감안한 수정된 표준모형일지라도, 보험 가입자와 보험사의 행동을 충분히 설명하지 못하는 경우가 있다는 실증적 증거를 제시한다.

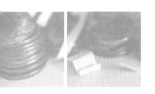

CHAPTER 6
보험에 가입하는 이유와
가입하지 않는 이유

제2장에서 설명한 보험 수요의 표준모형은 기대효용이론으로부터 도출된 것으로서, 소비자들은 비용 없이 관련 정보를 수집하고 처리할 수 있고, 리스크를 정확하게 알 수 있으며, 자신의 기대효용을 극대화하도록 보장범위[1]를 선택한다고 가정한다. 사람들이 리스크를 회피하는 한, 보험에 가입하는 리스크의 기대손해액보다 큰 보험료를 내고 보험에 가입할 용의가 있다. 보험소비자가 낼 용의가 있는 최대한의 보험료는 그의 위험회피 정도에 달려있다. 최적 보장범위는 보험의 보장범위를 조금 증가시키기 위하여 추가적으로 내야 할 보험료와 그로 인하여 사고가 발생했을 때 받을 보험금 증가분의 기댓값을 비교하여 결정할 수 있다.[2]

제5장에서 불완전 정보와 탐색비용을 도입하여 보험 수요의 표준모형을 확장하였다. 그러나 보험소비자들이 자신의 기대효용을 극대화하는 선택을 한다는 가정은 유지하였다. 본 장에서는 표준모형의 가정을 좀 더 완화하여 리스크가 존재하는 상황에서의 의사결정에 관한 다른 이론을 탐구한다. 보험소비자들은 종종 기대효용 극대화 모형으로는 설명할 수 없는 의사

---

1 (역주) 보장범위란 보험이 보상해주는 범위이다. 예를 들면, 자기부담금이 클수록 보장범위가 작아지고, 보상한도가 있으면 보장범위가 그만큼 작아진다. 또한, 특약으로 어떤 손인(損因, peril)을 보상대상에 추가하면 보장범위가 커지고, 보상대상에서 제외하면 보장범위가 작아진다. 보장범위는 보험사의 상품 설계에 따라 달라지며, 일정 정도까지는 소비자가 선택할 수 있다.

2 (역주) 한계비용(MC)과 한계편익(MB)이 같아지는 보장범위가 최적 보장범위라는 뜻이다. 어떤 보장범위에서의 한계비용은 보장범위 한 단위를 증가시키기 위한 보험료이고, 한계편익은 그로 인하여 증가된 보험금의 기댓값이다.

결정과 행동을 보여주는데, 그것은 표준모형과 다른 이론으로 설명할 수 있다. 물론, 그 이론이 지지를 받으려면 실험, 현장 연구, 소비자들의 보험 관련 실제 의사결정 등을 통하여 실증적으로 검증되어야 할 것이다.

본 장에서 검토하려는 첫 번째 이론은 Daniel Kahneman and Amos Tversky(1979)가 개발한 전망이론prospect theory이다. 전망이론은 서술적 의사결정 이론3의 일종으로서, 오늘날 사회과학자들이 종종 기대효용이론의 대안으로 사용한다. 본 장에서는 보험시장에 있어서 전망이론이 기대효용이론보다 나은 예측을 하는 상황을 설명한다. 또한, 전망이론이 사람들의 의사결정 결과를 설명하지 못하는 경우도 제시한다. 다음으로, 목적과 계획 이론theory of goals and plans의 개요를 설명한다. 목적과 계획 이론이란, 기대효용이론과 전망이론이 설명하지 못하는 의사결정 결과를 설명하는 이론으로서, 어떤 과정을 거쳐 그러한 의사결정에 도달했는지에 초점을 맞춘다. 또한 소비자들이 보험을 구입할 때 고려하는 요소에 대한 통찰을 제공하는 비공식적 모형에 대해서도 설명한다. 제7장에서는 비공식적 모형으로 설명할 수 있는 보험소비자들의 행동에 관하여 보다 상세히 논의할 것이다.

전망이론과 보험 수요

Kahneman and Tversky(1979)가 개발한 전망이론은 불확실성에 직면한 개인이 어떻게 의사결정을 하는지에 관한 이론이다. 이 이론의 핵심적 특징은 기준점reference point의 개념이다. 기준점이란 어떤 의사결정을 할 당

---

3 (역주) 서술적 의사결정 이론(descriptive decision theory)이란 사람들의 실제 의사결정 사례들을 관찰하고, 그것을 설명하기 위하여 도출한 이론으로서, 주로 비합리적인 의사결정을 설명하는 데 사용된다. 귀납적 의사결정 이론이라고도 한다. 행동경제학은 서술적 의사결정이론의 일종이다. 반면에, 규범적 의사결정 이론(prescriptive decision theory)이란 합리적인 인간이 주어진 상황 하에서 내리는 최선의 의사결정이 무엇인지를 탐구하는 이론이다. 연역적 의사결정 이론이라고도 한다. 미시경제학과 기대효용이론은 규범적 의사결정 이론의 일종이다. 관련 논의는 제1장의 '역주 3'을 참조하시오.

시에 개인이 처한 사정 또는 상태이다. 보험관련 의사결정은 대개 보험을 구입할 것이지 말 것인지를 고려할 때 이루어진다. 예를 들면, 캘리포니아에 있는 주택을 구입한 사람이 지진보험 구입을 고려하거나, 건강보험 계약이 만기가 되면 계약을 갱신할 것인지 여부를 결정해야 하는 것 등이다. 이 두 경우에 있어서 기준점은 의사결정을 내릴 시점에서의 그의 상태이다. 현재 보험에 가입되어 있지 않은 사람은 보험을 구입하거나 무보험으로 살아가거나 둘 중 하나를 선택해야 한다. 보험에 가입되어 있다면, 현재 보장범위 그대로 보험계약을 갱신하거나, 보장범위를 변경하여 재가입하거나 또는 더 이상 보험을 구입하지 않고 무보험으로 살아가거나 중 하나를 선택해야 한다. 두 경우 모두 소비자는 불확실하지만 발생 가능성이 있는 손해를 보장받기 위하여 특정 금액의 보험료를 지불할 것인지 여부를 결정해야 한다. 보험료의 크기는 소비자가 얼마만큼의 보장범위를 선택하는지에 달려있다.

가치 함수

보험구입 의사결정을 분석할 때, 표준모형(기대효용이론)은 보험을 구입함으로써 형성되는 최종적인 부富, wealth의 수준을 기준으로 하는 데 비하여, 전망이론은 보험을 구입함으로써 기준점으로부터 부富가 얼마나 달라지는지에 초점을 맞춘다. 또한 전망이론은, 〈그림 6.1〉의 가치 함수value function에서 보는 바와 같이, 잃는 가치와 얻는 가치를 다르게 평가한다.

x축은 이득과 손해의 크기를 나타내고, v(x)와 v(−x)는 이득(x)과 손해(−x)의 가치를 나타낸다. 〈그림 6.1〉에서 눈여겨 볼 것은, 이득 영역에서보다 손해 영역에서 가치함수가 더 가파르다는 것이다. 실증 연구에 의하면 사람들은 손해의 고통을 같은 크기의 이득의 기쁨보다 약 두 배 크게 느낀다고 한다 (Tversky and Kahneman 1991). 즉, $20을 잃었을 때 느끼는 고통이 $20을 얻었을 때 느끼는 기쁨보다 훨씬 더 크다는 것이다. 간단히 말하면, 사람들은 자신의 기준점에서 손해를 회피하는 경향이 있다는 것이다. 그리고 그러한 경향은 기

그림 6.1

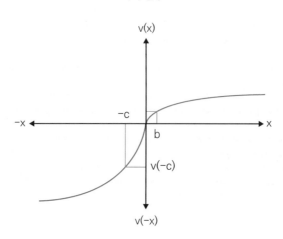

가치 함수

대효용이론의 기반인 현재의 부의 크기와는 관계없이 존재한다는 것이다.[4]

Zur Shapira and Itzhak Venezia(2008)는 통제된 실험을 이용하여, 자기부담금이 있거나 없는 여러 보험상품의 가격을 평가할 때, 학생과 실무자 모두 추가적인 보장으로부터의 기대 편익을 계산하기보다, 자기부담금이 가장 낮은 상품을 기준으로 다른 상품을 평가한다는 것을 발견하였다. 예를 들면, 자기부담금이 $100인 보험상품을 자기부담금이 $500인 상품과 비교할 때 단순히 $400의 추가적인 보장이 있다고 생각하지, 손해가 발생할 확률을 감안하여 $400의 추가적 보장이 얼마만큼 가치가 있는지를 계산해보고 의사결정을 하지 않는다는 것이다. 그래서 사람들은 자기부담금이 낮은 보험상품을 원래의 가치보다 더 매력적으로 평가한다.

---

4 (역주) $100을 따고 잃을 확률이 각각 50%인 도박이 있다고 하자. 전망이론에 의하면, 억만장자와 극빈자가 그 도박을 대하는 태도가 같다는 것이다. 즉, $100을 따고 잃을 때 두 사람이 느끼는 즐거움과 괴로움의 크기가 같고, 따라서 그 도박을 하기 위하여 걸려는 금액도 같다는 것인데, 수긍하기 어렵다. 또한, '그 두 사람이 느끼는 즐거움과 괴로움의 절대적인 크기는 달라도 상대적인 크기는 같다'라는 뜻이라 할지라도 완전히 수긍하기는 어렵다. 그러므로 가치함수로 효용함수를 완전히 대체하기보다, 가치함수가 효용함수보다 현실을 더 잘 설명하는 상황이 있다고 보는 것이 타당할 것이다.

반면에, 기대효용이론은 보험관련 의사결정이 소비자의 부의 수준에 달려있고, 개인들은 위험회피적이라고 가정한다. 그리고 어느 개인이 얼마나 위험회피적인지는 그의 부의 수준에 따라 다르다고 본다. 개인의 부가 증가할수록 덜 위험회피적이 된다. 100만 달러의 재산을 가진 A씨가 1만 달러를 잃는 것은 10만 달러의 재산을 가진 B씨가 1만 달러를 잃는 것보다 훨씬 덜 고통스럽다. 그러므로 A씨는 B씨에 비하여 리스크에 부담을 덜 느끼고 보험이 없어도 덜 불안하다.

기대효용이론에 의하면, 보험료가 기대손해액보다 약간 커도 사람들은 보험을 구입할 것이라고 한다. 그러나 전망이론에 의하면, 가치함수의 형태로부터 유래하는 손실회피 경향 때문에 소비자들은 손해를 볼 리스크와 이득을 얻을 기회를 다르게 평가해야 한다. 즉, 가치함수의 형태가 시사하는 바는, 이득 영역에서는 이득을 얻을 수 있는 도박을 회피하고, 손실 영역에서는 손실을 볼 불확실성에 직면했을 때 리스크를 부담하기를 원하여 보험을 구입하지 않는다는 것이다.

그러므로 전망이론은 $20을 확실히 얻을 기회와 20%의 확률로 $100을 얻을 기회 중에서 확실한 대안을 선택하고 1/5의 확률로 5배를 얻을 수 있는 대안을 버린다는 것이다. 그러나 20%의 확률로 $100을 잃는 대안과 $20을 확실히 잃는 대안 중에서는 $20을 확실히 잃는 대안을 버리고 20%의 확률로 $100을 잃는 대안을 선택한다. 이 사례의 시사점은, 만약 사람들이 사고발생 확률을 정확히 측정할 수 있다면 설사 보험료가 보험계리적으로 공정할지라도 보험을 구입하지 않는다는 것이다.

⦂ 가중함수

전망이론을 가지고 소비자들이 보험을 구입하는 이유를 설명하려면 가치함수뿐만 아니라, 소비자들이 어떻게 확률을 인식하는지를 설명하는 가중함수加重函數, weighting function도 이용해야 한다. 여러 실증연구에 의하면 사람들은 확률이 30~40%보다 낮은 확률로 발생하는 사고는 과대평가하고,

그보다 높은 확률로 발생하는 사고는 과소평가한다고 한다(Camerer and Ho 1994; Wu and Gonzales 1996). 보험은 대부분 발생 확률이 낮은 사고의 피해를 보장한다. 또한 전망이론에 따르면, 발생확률이 매우 낮은 사고는 무시될 수도 있고 과대평가될 수도 있다고 한다.5

발생확률이 낮은 사고들 중 무시되지 않은 것은, 손실 영역에서는 리스크를 선호하는 소비자일지라도, 가중함수에 의하여 손해가 발생할 확률을 과대평가하기 때문에 보험을 구입하려 한다는 것이다. 다시 말하면, 손해 발생 확률을 충분히 과대평가하여 인식하는 소비자라면, 설사 보험료에 30~40%의 부가보험료가 포함되어 있다 할지라도, 보험에 매력을 느낄 수 있다. 이 설명은 심리학적으로 그럴 듯한 통찰을 담고 있다. 즉, 사람들은 확률이 낮지만 큰 손해를 일으킬 수 있는 사고를 (때로는 지나치게) 염려하기 때문에 그런 사고에 대하여 높은 가중치를 부여한다.

의사결정에 가중치를 사용하는 전망이론이, 기대효용이론도 마찬가지인데, 보험 구입 의사결정에 적용되는지를 실증적으로 검증하는 것은 근본적으로 어려움이 있다. 몇몇 실증분석 결과에 의하면, 때로는 손해발생 확률이 사람들의 의사결정 과정에서 아무런 역할을 하지 않는다고 한다(Camerer and Kunreuther 1989; Hogarth and Kunreuther 1995; Huber, Wider, and Huber 1997). 손해 발생 확률을 실제로 고려하는 경우는, 확률을 과학적으로 측정했기 때문이 아니라 과거에 사고를 당한 경험이 있기 때문이다. Ralph Hertwig과 그의 동료들은 실증연구를 통하여, 통계학적 방법이 아니라 과거의 경험을 바탕으로 확률을 추정할 때, 최근에 사고를 경험하지 않은 사람들은 저확률 사고일수록 발생확률을 더 낮게 평가하는 경향이 있다는 사실을 발견하였다(Hertwig, et al. 2004). 그러므로 저확률 사고의 확률을 과대평가한다는 전망이론의 가설은 보험구입 의사결정에 적용되지 않는다고 할 수 있다.

그럼에도 불구하고, 전망이론이 보험 수요의 표준모형보다 실제 보험구

---

5 (역주) 이 주장은 어떤 경우에 과대평가되고 어떤 경우에 과소평가되는지에 대한 확실한 논리가 없는 한 과학적인 주장이 될 수 없다. '귀에 걸면 귀걸이, 코에 걸면 코걸이'라는 것을 과학적인 주장이라고 인정할 수는 없다.

PART 2 소비자와 보험사의 행동 이해하기

입 행동을 더 잘 설명하는 대표적인 사례는, 자기부담금이 낮은 보험상품을 선택하는 경향과 리베이트를 제공하는 보험상품을 선택하는 경향이다. 리베이트를 제공하는 상품이 리베이트가 없는 상품보다 일반적으로 재무적 가치가 낮은데도 사람들은 흔히 리베이트를 제공하는 상품을 선택한다. 소비자들은 보험계약 체결 시에 지불해야 하는 보험료와 사고발생 시 주머니에서 나갈 자기부담금 사이에서 갈등을 느낀다. 〈그림 6.2〉에서 보는 바와 같이,❶ 자기부담금을 없앰으로써 추가적으로 부담해야 할 보험료의 마이너스 가치는 자기부담금을 0으로 낮춤으로써 얻어지는 마이너스 가치의 감소에 비하여 상대적으로 매우 작다.[6]

사람들은 이득보다 손해에 더 민감하기 때문에 보험사가 소비자들을 보험에 가입하도록 유도하려면 자기부담금을 높이기보다 리베이트를 제공하는 것이 낫다. 〈그림 6.2〉는 리베이트를 제공하는 보험상품이, 보험사에게 재무적으로 동등한 가치가 있지만 자기부담금이 높아서 보험료가 싼 보험상품보다, 소비자에게 더 매력적이라는 사실을 보여준다. 그 이유는 소비

---

6 (역주) 이 논리를 예금에 적용해보자. 어떤 사람이 1억원을 4%의 이자율로 1년간 은행에 예금하려 한다. 그가 만약 지금 1천만원을 더 예금하면 1년 후에 40만원을 더 받는다. 〈그림 6.2〉에 의하면, 지금 추가로 포기하는 1천만원은 가치가 작고, 1년 후에 추가로 받는 40만원은 가치가 크다. 그러므로 그는 1억 1천만원을 예금해야 한다. 그렇다면 그는 예금액을 1천만원씩 계속 증가시켜 그의 전 재산을 예금해야 한다. 더 이상 예금할 돈이 없으면 대출받아 예금해야 할까? 당신은 과연 이 논리가 얼마나 타당하다고 생각하는가? 보유한 부(富)의 절대액을 무시하고 부의 증감분만을 고려하는 전망이론의 방법론이 이런 문제점을 낳는다. 사실, 전망이론의 핵심 메시지는, 사람들이 종종 이처럼 비논리적으로(또는, 불합리하게) 행동한다는 것이다. 전망이론 자체에 위에서 설명한 바와 같은 모순점이 있는 이유는 불합리한 행동을 수미일관하는 합리적 논리로 설명할 수 없기 때문이다. 보다 큰 그림을 그리면, 전망이론의 '진정한' 시사점이 '비논리적 본성을 극복하면 남들보다 나은 성과를 얻을 기회가 생긴다'는 것이라고 할 수 있지 않을까? 그렇다면, 전통 경제학을 부정하던 행동경제학이 다시 전통 경제학의 넓은 품으로 되돌아오게 된다.
전망이론에서 보는 바와 같은 자체 모순은 서술적 이론(귀납적 이론)의 숙명이라고 할 수 있다. 시스템적이고 장기적인 맥락에서 어떤 현상을 파악하기보다 눈앞의 현상을 단기적으로 설명하려 하기 때문이다. 그래서 이론 구축에 서술적(귀납적) 접근법을 사용하는 심리학과 사회학에는 서로 용납할 수 없는 주장을 하며 다투는 학파들이 많다. 반면에, 규범적(연역적) 접근법을 사용하는 고전 물리학, 진화생물학, 미시경제학 등에는 학파가 없다. 단지, 실험과 관찰을 하는 구체적인 방법 및 애매한 실험과 관찰 결과를 두고 해석을 달리하는 정도의 논란만 있을 뿐이다.

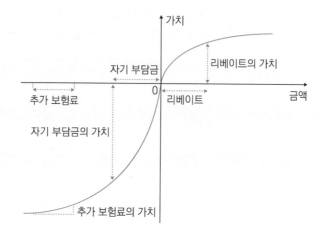

그림 6.2

자기부담금과 리베이트

가치

리베이트의 가치

자기 부담금

0

금액

추가 보험료

리베이트

자기 부담금의 가치

추가 보험료의 가치

자들이 자기부담금의 마이너스 가치가 리베이트의 플러스 가치보다 훨씬 더 크다고 인식하기 때문이다. 리베이트가 있는 보험상품은 소비자가 사고로 손해를 입지 않더라도 보험계약으로부터 뭔가 얻기를 원하는 소비자의 욕구를 충족시켜준다고 할 수 있다.

፡ 보험 변칙과 근시안적 손실회피

사람들의 의사결정은 대개 현재의 부富의 수준이 아니라 그 의사결정이 자신의 부에 어떤 변화를 가져오는지에 초점을 맞추고 한 번에 하나씩 의사결정을 한다. Sholmo Benartzi and Richard Thaler(1995)는 리스크를 독자적으로 평가하고 손해로부터의 고통을 이득으로부터의 즐거움보다 더 크게 평가하는 경향을 '근시안적 손실회피myopic loss aversion'라고 명명하였다. 이 이론으로 설명할 수 있는 현상은, 사람들이 생애의 부를 고려하지 않기 때문에 자기부담금이 큰 보험을 구입하기를 꺼리는 경향이다.[7] Matthew Rabin

---

7 (역주) 사람들이 소비활동을 함에 있어서 생애의 부를 고려하지 않는다는 주장은 밀튼 프리

and Richard Thaler(2001)는 이와 같은 행동 특성 때문에 사람들이 여러 종류의 리스크를 한데 묶은 패키지 보험상품을 잘 구입하지 않는다고 했다.

사람들이 일반적으로 근시안적이고 손실회피적이라는 주장에 동의하지만, 보험구입 의사결정 과정에는 그러한 행동 특성 이외에도 몇몇 다른 요소들이 반영되어 있는 것으로 생각된다. 주택종합보험과 같이 여러 종류의 리스크에 대한 보장을 제공하는 "묶음" 보험(종합보험)은 탐색비용과 거래비용을 줄여주기 때문에 매력적이다. 더욱이, 종합보험은 소비자가 미처 생각지 못했던 리스크에 무방비로 노출되지 않도록 방비해준다.

손해보험의 역사는 이 점에서 흥미롭다. 최초의 종합보험은 토네이도, 폭발, 폭동, 우박 등 전통적인 화재보험이 보상하지 않던 손인損因, peril에 대한 보상을 제공하는 보험상품이었다. 확대보상보험extended coverage policy, EC은 1930년대에 개발된 종합보험인데, 위에 열거한 손인을 포함한 기타 여러 손인에 의한 손해를 보상했다. 종합보험이 처음 출시되었을 때에는 구입하는 사람이 소수였고, 사치품이라는 인식이 있었다. 그러나 1세기 만에 미국 북동부 뉴잉글랜드 지방을 강타한 1938년 태풍 이후 많은 사람들이 EC특약을 구매하기 시작했다. 그 후 결국 보험시장에서는 이와 같은 종합보험이 대세가 되었다. 또한, 은행들이 모기지 계약의 조건으로 화재보험에 EC특약을 추가하기를 요구한 것이 그러한 변화를 촉진한 계기가 되었다. 은행이 그러한 요구를 하지 않은 경우에도 많은 주택 소유자들이 30% 또는 그 이상의 부가보험료를 기꺼이 지불하고 화재, 도난, 폭풍 등의 피해를 보상하는 주택종합보험homeowners' insurance에 가입했다(Kunreuther and Pauly 2004). 그러나 아직도 이론과 실제가 완벽하게 일치하지는 않는다. 홍수 피해와 지진 피해를 보상하는 보험은 여전히 주택종합보험과 별개이고, 많은 은행들이 그러한 보험을 요구하지 않으며, 많은 주택 소유자들이 여전히 그 보험을 구입하지 않는다. 그러나 앞으로 살펴보겠지만, 그 이유가 공급 측면에도 있을 수 있다.

드만의 '항상소득가설'을 정면으로 부정한다. 밀튼 프리드만은 평생토록 전통 경제학을 신봉한 경제학자다.

목적기반선택 모형

David Krantz and Howard Kunreuther(2007)가 개발한 목적기반선택 모형goal-based model of choice은 또다른 의사결정 모형으로서, 선호가 의사결정 맥락의 바탕 위에 구축되고, 의사결정자는 효용이나 가치를 극대화하는 것이 아니라 미리 정해진 목적에 초점을 맞춘다.❷ 이 절에서는 이 접근법이 사람들이 어떻게 의사결정을 하는지에 대한 새로운 설명을 제공하고, 서술적 의사결정이론에 대한 새로운 의문점을 제기하며, 의사결정자에게 도움을 주고 그들의 의사결정을 향상시키는 규범적 지침을 제시한다.

⁚ 목적과 계획의 역할

기대효용이론과 전망이론은 모두 금전적 고려가 보험구입에 관한 선택을 결정한다고 가정한다. 그러나 사람들은 종종 보험을 구입할 때 다중多重목적을 동시에 달성하려고 하는데, 그 목적이 모두 순전히 금전적이지는 않다.

목적과 맥락이 의사결정에 큰 영향을 미친다는 개념은 아리스토텔레스의 『윤리학』(기원전 약 350년)에까지 거슬러 올라갈 수 있다. 아리스토텔레스의 윤리학은 의사결정에 있어서 다중목적의 중요성을 강조했고, 상황에 따라 목적들의 중요성이 달라진다고 했다. 이 개념은 Paul Slovic(1995)의 의사결정이론과 일치한다. 그 논문에 의하면, 선호는 맥락을 바탕으로 구축되고, 의사결정자는 행복이나 효용을 극대화하는 것이 아니라 목적에 초점을 맞춘다고 한다.

주택이나 임대 아파트의 화재보험이나 도난보험을 구입하려는 '계획'은 다음 6가지(더 있을 수 있음)의 '목적'을 동시에 달성하려 한다.

- 목적 1: 대형 금전 손실의 발생확률을 낮춘다.
- 목적 2: 은행이 요구하는 모기지 조건 혹은 집주인이 요구하는 주택 임대 조건을 충족시키기 위하여.

- 목적 3: 손해 볼 리스크를 줄여 걱정을 더는 것.
- 목적 4: 손해가 발생했을 때 후회하지 않고 위로받기 위하여.
- 목적 5: 남들에게 신중한 인상을 주고, 그들에게 보험구입에 대하여 가르치기 위하여.
- 목적 6: 보험 판매원과의 관계를 유지하기 위하여.

이상과 같은 긍정적인 목적은 "매우 부담스러운 보험료 납부를 피하기 위하여", "그러한 재난이 내게 발생할 리 없으므로 보험은 좋은 투자가 아니다" 등의 부정적인 목적과 갈등을 일으킨다.

이러한 목적들의 상대적인 중요성은 의사결정자가 어떤 이념을 가지고 있고 무엇에 관심을 가지고 있는지, 그리고 그가 어떤 맥락에서 그러한 의사결정을 하는지에 따라 달라진다. 예를 들면, 보험 구매자의 주 목적이 모기지를 제공하는 은행의 요구를 충족시키는 것일 수 있다(목적 2). 그러나 그의 목적이 고가의 미술품을 보호하는 것이라면 걱정을 덜고(목적 3), 후회하지 않기 위하여(목적 4) 보험을 구입한다.

계획·목적 방식이 어떻게 보험관련 의사결정과정에 접근하는지를 예시하기 위하여 다음과 같이 흔히 볼 수 있는 행동을 생각해보자. 사람들은 홍수 피해를 입은 다음에 흔히 홍수보험을 구입하지만, 몇 년간 연속적으로 홍수 피해를 입지 않으면 보험계약을 취소하곤 한다.❸ 이에 대한 하나의 설명은 걱정을 더는 것과 정당하다고 느끼는 것 둘 다 중요한 목적이라는 것이다. 홍수 피해를 당한 직후에는 불안감이 높으므로 걱정을 줄이는 것이 시급한 목적이다. 홍수 피해를 입은 직후에는 그 경험이 소비자의 최근 기억에 깊이 각인되어 있기 때문에 홍수보험 구입이 쉽게 정당화된다. 그러나 홍수 피해 없이 수년이 지난 후에는 사람들은 더 이상 홍수가 자신들의 마음의 평화를 깰 것이라고 생각하지 않게 되고, 걱정 회피(목적 3)의 중요성이 낮아진다.

홍수로 황폐해진 부지에 새로 건물을 짓는 경향도 이와 유사한 현상이다. 2005년에 태풍 카트리나Hurricane Katrina 때문에 침수되었던 미시시피 주의 패스 크리스찬Pass Christian이라는 도시가 그러한 예다. 태풍이 해변의 모든 구조물을 쓸어버렸다. 아이러니하게도, 이 지역의 아파트가 재난으로 파괴된 후 다시 지어진 게 그때가 처음이 아니었다. 1969년에도 태풍 카밀 Hurricane Camille이 패스 크리스찬의 해변에 있는 건물들을 파괴했다. 그러나 사람들은 재난으로부터 배운 것이 없었다. 바로 그 취약한 곳에 2007년에 다시 아파트 단지가 들어섰다(〈그림 6.3〉 참조). 〈그림 6.3〉의 두 사진의 수영 장은 정확히 같은 지점에 있다.

| 그림 6.3 | 1515 East Beach Blvd., Pass Christian, MS.
태풍 카트리나 직후(왼쪽)와 현재(오른쪽)의 모습 |

이와 유사한 사고방식으로, 보험가입자들은 계속 보험료만 내고 보험금을 받지 못하면 부당하다고 생각한다. 홍수 피해를 입었을 때의 목적들에 대한 가중치가 재난피해 없이 몇 년이 경과하면 달라져서 홍수보험 계약을 중단하려 한다. 그들은 지난 몇 년 동안 홍수 피해 없이 지낸 것을 감사하게 생각하기보다 보험가입이 잘못된 투자였다고 생각한다.

의사결정 전문가들은 사람들이 보험에 가입하는 이유가 대형 금전 손실을 피하고 보험에 가입하지 않은 것을 후회하지 않기 위해서라고 한다. 계획·목적 이론은 이러한 두 가지 목적에 가중치를 크게 두는 의사결정자는, 보험료가 과도하지 않다면, 매년 거르지 않고 홍수보험에 가입할 것이라고 예측한다. 만약 보험료가 현저히 인상되면(예를 들면, 홍수지도가 개정되어 홍수위험이 높은 지역으로 분류될 경우), 홍수지도가 개정되었다는 사실을 전해 듣고 홍수 피해에 대한 걱정의 수위가 높아지지 않는 한, 그 소비자는 보험계약을 갱신하지 않을 것이다. 반면에, 만약 홍수지도가 리스크가 낮아지는 방향으로 개정되었고 보험료 또한 그에 걸맞게 인하되었다면, 그 소비자는 보험계약을 유지할 것이다(Sulzberger 2011).

⁚ 보험관련 목적의 분류

계획·목적 모형을 이용하여 보험구입에 영향을 미치는 요소들을 네 개의 주요 범주로 분류해 보았다. 그것은 투자 목적, 법적 및 기타 공적 요구사항 충족 목적, 근심 걱정을 줄일 목적 및 사회적·심리적 규범 충족 목적 등이다. 그 밖의 목적을 두 가지만 더 들면, 신뢰하는 대리점·설계사와의 관계 유지와 납득할 만한 수준의 보험료가 있는데, 이들도 역할을 할 경우가 있다. 이러한 목적의 범주들이 그 자체로 완벽한 보험 수요 이론이 될 수는 없다. 그러나 기대효용이론으로 설명하기 어려운 점을 어느 정도 설명하는 경우가 있다.

투자 목적: 많은 주택소유자들이 보험을 보호의 수단이 아니라 투자의 관점에서 본다. 그들은 보험 계약에 대한 지출로부터 충분한 대가를 얻을 수 있다고 생각하여 보험을 구입한다. 그들에게 "보험이 주는 가장 좋은 보상은 보상받지 않는 것"이라는 격언을 납득시키기는 어렵다. 일반적으로, 손해를 입는 것보다 안 입는 것이 낫다는 데 대하여 누구나 다 동의한다. 그러나 보험을 투자로 여기는 사람들은 보험으로부터 매년 보상받지 못하면 보험에 가입한 것을 후회한다.

요구사항 충족: 보험가입은 간혹 강제적이다. 자동차보험은 대부분의 주에서 강제가입 사항이다. 주택종합보험은 모기지를 얻기 위한 필수 조건이다. 홍수 빈발 지역에서 연방정부가 보증하는 모기지를 얻으려면 홍수보험 가입이 필수 조건이다. 몇몇 전문 직종 종사자들은 직업적 과오를 보상

하는 보험malpractice insurance을 반드시 구입한다.[8] 이러한 경우에 있어서 보험구입은 자동차나 주택을 소유하고 전문직을 수행하는 등의 궁극적 목적을 달성하기 위한 중간 목적으로 보인다. 보상한도와 자기부담금은 대개 계약자들이 임의로 선택할 수 있는데, 목적들의 상대적 중요도가 그 선택을 결정하는 요인이 된다.

　　감성 관련 목적(걱정과 후회): 정서적·감성적 목적이 어떻게 리스크에 직면한 개인의 의사결정에 영향을 미치는지를 연구한 논문이 증가하고 있다(Finucane et al. 2000; Lowenstein et al. 2001). 이 범주에 드는 보험관련 목적은, 걱정을 더는 것(즉, 마음의 평화), 예상되는 후회를 회피하는 것, 그리고 위로 등 세 가지다. 걱정이나 후회를 두려워하는 것과 같은 감성은 의사결정에 직접적이고 강력한 영향을 미친다. 예를 들면, 사람들은 흔히 다른 필수품을 살 돈이 부족하더라도 감성적 목적을 달성하기 위하여 부가보험료가 높은 보험상품을 구입한다. 장기간병보험(요양보험)이 이에 해당되는 좋은 예다. 중산층의 노령자 가계들이 종종, 메디케이드로부터 요양 서비스를 보상받을 수 있음에도 불구하고, 보험료가 매우 높은 민간 보험사의 장기간병보험을 구입하여 보험료를 지불하느라 재정적 곤란을 겪는다. 그러나 아직도 요양소 매출의 8%는 민간 보험사들이 지급하고 있는데, 그것은 일부 노인들이 저렴한 메이케이드를 놔두고 값비싼 민영보험사의 장기간병보험을 구입하고 있다는 것을 의미한다.

　　확률이 낮고 피해가 큰 사고의 경우, 사람들은 큰 금전적 손해를 볼 걱정을 덜기 위하여 보험에 가입한다. 여기서, 손해를 금전적으로 보상받는 것과 손해를 볼 걱정을 더는 것을 구분하는 것이 중요하다. 상황에 따라 금전적 손실이 생기는 정도와 걱정을 유발하거나 완화하는 정도가 달라진다. 그러므로 목적들의 상대적 중요성은 시간의 경과에 따라 달라진다.

---

8 (역주) 미국에서는 의사, 변호사, 회계사, 경영자 등 전문직 종사자들은 거의 예외 없이 과오보험(malpractice insurance)에 가입한다. 보험 없이 전문직을 수행하다가 과오를 묻는 소송에서 패하면 막대한 손해배상금을 감당할 수 없어서 파산할 수 있다.

사람들은 걱정스러운 일이 예상될 때 그것을 회피하는 조치를 스스로 취할 수 있다. 예를 들면, 어떤 사람은 비행기를 타지 않는데 그 이유가, 비행기의 추락이 두려운 것이 아니라, 비행기에 타고 있는 동안 비행기의 추락을 상상하며 불안에 떨기 싫어서다. 그러나 손해를 당할 걱정을 피할 수 없다면 감성적 불편함을 누그러뜨릴 조치를 취해야 하는데, 적절한 보험에 가입하는 것이 한 가지 방법이다. 이것이 소수의 사람들이 비행기탑승자 보험을 구입하는 이유의 일부를 설명하는 논리다. 이와 유사한 현상은, 어떤 사고(자동차나 그림이 도난당하는 것, 지진으로 집이 파괴되는 것 등)가 발생할 것을 염려하는 사람은 보험료가 비싸더라도 적극적으로 보험을 구입하고, 그런 사고에 대하여 신경 쓰지 않는 사람은, 설사 그의 기대손해액이 사고를 염려하는 사람의 그것과 같더라도, 보험구입에 소극적인 경향이 있다.

후회(Bell 1982; Braun and Muremann 2004; Loomes and Sugden 1982)와 실망(Bell 1985)은 걱정과 많이 다르다.9 걱정은 사고가 발생하기 전에 하는 것이고, 후회와 실망은 사고가 발생된 후에 하는 것이다. $50의 가치가 있는 소포를 부치는 경우를 생각해보자. 만약 보험을 구입하지 않았는데 소포가 분실되거나 심하게 파손된다면, 그에 대하여 실망하고 보험을 구입하지 않은 것을 후회할 것이다. 실망과 후회의 감정을 느끼는 것은 상당히 불편하다. 만약 소비자가 보험을 구입하지 않으면 후회와 실망을 느끼는 불편함을 감수해야 한다는 것을 소포를 부칠 당시에 예상한다면, 그는 그러한 감정을 느낄 가능성을 없애기 위하여 보험을 구입할 것이다.

사람들은 손해를 당한 후에 위로받기 위하여 보험을 구입하기도 한다. 특히, 예술품과 같이 특별한 감정이 얽혀있는 물건의 경우, 그 물건이 도난당했거나 파손되었을 때 그에 대한 보상을 청구할 수 있다면 상당한 위로가 된다. Christopher Hsee and Howard Kunreuther(2000)는 '위로' 받을 필요성의 차이가, 똑같은 가치를 지닌 물건일지라도, 특별한 감정이 없는 물건보다 사랑하는 물건에 대하여 더 높은 보험료를 지불할 용의를 보여주는 이

---

9 (역주) 후회는 regret, 실망은 disappointment, 걱정은 anxiety의 번역어이다.

유라고 했다. 이러한 행동은 아담 스미스가 1759년에 출판한 그의 저서 『도덕감정론』에서 인간의 본성에 관한 그의 관찰을 설명한 것과 같은 맥락이다. 스미스는 다음과 같이 썼다.

> 사람들은 점점 코담배 상자, 펜나이프, 오래 사용해온 지팡이 등을 좋아하게 되고, 사랑과 애착의 감정을 품게 된다. 만약 그것을 잃어버리거나 파손이 되면 그로 인한 피해의 가치에 비하여 지나치게 많이 괴로워한다. 오래 산 집과 오랫동안 푸르름과 그늘로 즐거움을 주었던 나무는 그것이 제공하는 이로움 때문에 둘 다 존경과 우러름을 받는다. 그런 집과 나무가 퇴락하거나 사라지면, 재산상의 손실을 입지 않는다 할지라도, 사람들은 우울해진다(1759/1966, 136-7).

어떤 물건에 대하여 적극적인 애착을 가지더라도 손상과 분실의 확률에 영향이 없을 수 있지만, 애착으로 인하여 특별한 관리를 하게 되면 손상과 분실의 확률을 줄여주기도 한다. 사실, 품질보증을 구입할 의도에 관한 어떤 연구 논문에 의하면(Piao and Kunreuther 2006), 그 제품을 사랑하는 피험자는 그 제품에 대하여 중립적이거나 실망하는 피험자에 비하여 내구연한 중에 그 제품을 수리해야 할 확률을 낮게 평가했다. 이것은 수리repair 빈도에 관한 통계 자료가 있건 없건 사실이다. 또한, 그 연구에 의하면, 제품에 대한 사랑이 평균적으로 예상 수리비에 현저한 차이를 가져오지는 못함을 보여주었다. 설사 차이가 있더라도 제품에 대한 사랑 자체 때문이 아니라 더 신경 써서 관리했기 때문이다. 그러므로 사랑하는 제품에 대한 품질보증은 특별한 감정적 애착이 없는 제품에 대한 품질보증보다 덜 필요하다. 그러나 실제로는 사랑하는 제품에 대한 품질보증을 더 자주 구입한다.

어떤 상황에 대한 부정적 감정에 관하여, Yuval Rottenstreich and Christopher Hsee(2001)와 Cass Sunstein(2003)은 강한 감정적 유대를 느끼는 사건에 대하여 사람들은 그러한 사건이 발생할 확률보다 그 사건의 결과가 얼마나 심각한지에 대하여 초점을 맞춘다고 했다. Christian Schade와 그의 동료들(2011)의 논문은, 부정적 결과가 나올 것을 염려하는 소비자일수록 보험을 더 원한다는 연구결과를 제시했다. 그러한 염려는, 홍수보험과 지진보험이 재난 발생 직후에 잘 팔린다는 실증연구 결과(Kunreuther et al. 1978; Palm 1995)에서 보는 바와 같이, 과거의 경험으로부터 생겨났을 수 있다. 테러의 경우에는, 2001년에 실시된 전국적인 설문조사 결과에 의하면, 미국인들 중 세계무역센터World Trade Center 주변 100마일 이내에 거주하는 사람들이 그보다 멀리 사는 사람들에 비하여 테러에 대하여 개인적으로 더 큰 위협을 느꼈다고 한다(Fischhoff et al. 2003). 이 논리가 아마도 9.11 테러 직후 보험료가 급등했음에도 불구하고 뉴욕 지역에서 테러보험의 수요가 크게 증가한 이유를 설명할 수 있을 것이다(U.S. Government Accountability Office 2002; Wharton Risk Management and Decision Process Center 2005).

사회적·심리적 규범 충족: 보험관련 의사결정의 이유들 중에는 남들이 대부분 그렇게 하기 때문에 또는 자신이 존경하는 사람이 그렇게 하는 것이 옳다고 믿기 때문인 것도 있다. 예를 들면, 새로 부모가 된 사람들이 흔히 생명보험을 구입하는데, 그 이유는 그의 부모, 배우자 또는 재무상담사가 생명보험을 구입하여 배우자와 아기를 재무적으로 보호하는 것이 중요하다고 생각하기 때문이다. 구입하는 생명보험의 보험가액은, 부가보험료 수준이나 소비자의 위험회피도와 관계없이, 흔히 어떤 표준적 기준(예컨대, 3년치 연봉)을 따른다. 여기서 다시 한번 다중목적이 역할을 한다. 새로 부모가 된 사람은 보험을 구입함으로써 확률이 낮지만 손해가 큰 사고로부터 가족을 재정적으로 보호하려는 목적을 달성함과 동시에, 남들이 자신에게 기대하는 바를 충족시키려는 목적도 달성했다.

보험구입은 신상품 구입처럼, 친구들과 이웃들이 어떻게 하는지를 보고 결정한다는 실증연구도 있다. 여기서, '경제적으로 유관한 사회적 영향'과 '경제적으로 무관한 사회적 영향'을 구분할 필요가 있다. 경제적으로 유관한 사회적 영향이란, 거대 재난이 발생할 확률, 그 재난으로 빚어지는 결과 및 보험 계약의 성격 등 의사결정자에게 금전적으로 유용한 정보를 제공하는 남들의 행동과 의견이다. 반면에, 경제적으로 무관한 사회적 영향이란, 남들이 보험을 구입했는지 또는 얼마만큼의 보장범위를 선택했는지 등, 의사결정자에게 금전적으로 유용한 정보를 제공하지 못하는 남들의 행동이나 의견이다.

경제적으로 무관한 사회적 영향의 확실한 예는, 손해 발생 확률과 손해 규모에 대한 주관적 견해에 변화가 없는 데도 불구하고 보험을 포함한 어떤 계획을 선택할 가능성에 변화가 생기는 경우다. 그러한 행동의 예는 캘리포니아 주의 샌프란시스코에서 실시한 설문조사로부터 얻을 수 있다. 어떤 주택소유자가 그의 이웃이 지진보험을 구입했다는 소식을 듣고, 자신이 생각하는 지진 발생 확률을 변경하지도 않았고 보험료가 얼마인지 알지도 못하면서, 보험을 구입할 의사를 나타냈다(Kunreuther et al. 1978).

그밖에도 수많은 사례가 있다. 재난으로 손해를 입은 직후에 보험을 구입하는 이유가, 적어도 부분적으로는, 방금 일어난 사건을 상기하면 보험료 지출이 쉽게 정당화되기 때문이다. 또한, 몇 년간 가입해 왔던 보험계약을 취소하는 이유는 여러 해 동안 사고가 없어서 보험금을 받지 못한 보험계약을 정당화하기 어렵기 때문이다. 의사결정 과정의 일부분으로서 정당성이 중요한 것은 의사결정 요소로서 사회적 규범이 중요함을 보여주는 실험을 통하여 밝혀졌다(Shafir, Simonson, and Tversky 1993). 의사결정 과정에서 사람들은 간혹 보험과 품질보증의 경제학적 분석의 기초가 되는 보험료와 기대손해액 사이의 균형과는 별 관계없는 기준을 사용한다(Hogarth and Kunreuther 1995).

그 밖의 행동경제학적 설명

행동을 특징짓는 요소들 이외에도 표준 모형이 가정하는 방식대로 정보를 처리하지 않을 이유가 있다. 그와 같은 이유로 정보를 잘못 처리하는 경우는, 새로운 대안을 고려하기를 꺼리는 현상유지 편향status quo bias, 최근에 일어난 사건에 과도한 가중치를 두는 유효성 편향availability bias 및 예산제약budget constraints 등을 들 수 있다.

현상유지 편향: 현 상태를 벗어나는 것이 자신에게 유리함에도 불구하고 현 상태를 유지하려는 경향에 대한 실증적 증거는 상당히 많다(Samuelson and Zeckhauser 1988). 이와 같은 행동은 〈그림 6.1〉의 가치함수로부터 유도된 손실회피 경향으로 일부 설명할 수 있다. 가치함수에 의하면 현 상태에서 벗어날 때 발생할 수 있는 손해가 이득보다 크다(Tversky and Kahneman 1991).

또 다른 실증적 증거에 의하면, 사람들은 손해 볼 확률이 감소하는 것보다 증가하는 데 대하여 더 민감하게 반응한다. 이 효과를 가장 극적으로 보여주는 것은 W. Kip Viscusi, Wesley A. Magat, and Joel Huber(1987)가 수행한 현장연구다. 어느 쇼핑몰에서 피험자들에게 가짜 살충제 한 병($10의 가격표가 부착됨)을 보여주고, 10,000병당 15명이 상해를 입었다고 알려준다. 만약 독성을 제거하여 상해 입을 리스크를 없앤다면 병당 얼마씩 더 지불할 용의가 있느냐는 질문에 대하여, 그들은 평균 $3.75씩 가격을 더 지불할 용의가 있다고 말했다. 그리고, 만약 상해 리스크가 1/10,000이 증가하여 16/10,000이 된다면 제품가격을 얼마나 인하하는 것이 적절할지를 물어본 결과, 75% 이상의 응답자들이 어떤 가격에도 그 제품을 사기를 거부한다고 답했다.

이러한 반응이 의미하는 바는, 투자를 통하여 리스크를 낮추는 것보다 현재 수준에서 리스크가 증가하지 않도록 하는 것에 훨씬 더 큰 가치를 둔다는 것이다. 이러한 현상은 재난빈발 지역의 주택 소유자들에게 예방적 조치를 취하라고 설득하는 데 이용할 수 있다. 예를 들면, 만약 홍수빈발 지역 거주자들에게 지구 온난화로 인하여 해수면이 상승하고 있으므로 주민들이 현 상태를 유지한다면 과거보다 훨씬 더 큰 피해를 당할 수 있다고 알려준다면, 그들은 집에 홍수피해를 줄일 조치를 취하거나 대지(垈地)를 높이는 등의 조치를 취할 것이다.

유효성 편향: 사람들은 어떤 사고가 발생할 가능성을 평가할 때 간혹 마음속에 사고의 그림을 얼마나 쉽게 그릴 수 있는지를 기준으로 삼는다. 예를 들면, 미래에 홍수가 날 가능성을 평가할 때 최근에 발생한 홍수 장면

을 마음속에 떠올린다. 그러므로 재난빈발 지역의 주민들이 미래의 홍수 확률을 평가할 때, 작년에 홍수 피해를 겪었을 때가 4~5년 전에 홍수를 겪고 그 후로는 홍수피해를 입지 않았을 때보다 그 확률을 훨씬 더 높게 평가한다. 이와 같은 판단 휴리스틱[10]을 유효성 편향(availability bias)이라고 하는데, 어떤 사건의 발생 확률을 추정하는 데 있어서 유효한(입수가능한) 정보의 중요성을 강조하기 위한 용어이다(Kahneman and Tversky 1973).

단기적 예산 제약: 사람들이 보험을 구입하지 않는 또다른 이유는 현재의 소득수준 또는 이용 가능한 유동성의 제약 때문에 발생 확률이 낮은 사고로부터 자신을 보호할 보험에 자금을 투입할 여력이 없다고 생각하기 때문이다. 홍수보험이나 지진보험의 구입 여부에 영향을 미치는 요인을 알아보기 위한 표적집단 인터뷰에서, 보험을 구입하지 않은 어느 근로자가 "사람들은 보험료로 얼마를 내야 할지를 어떻게 결정하는가?"라는 질문에 대하여 다음과 같이 답변했다.

> 블루칼라 근로자는 보험료로 $200씩이나 내고 보험을 구입하지 않습니다. 우리의 90%가 월급날부터 다음 월급날까지 겨우 살아간다는 것을 온 세상이 다 압니다. 우리가 그만한 현금을 갑자기 써버리면 다른 꼭 필요한 것들을 못 사게 됩니다(Kunreuther et al. 1978, p. 113).

물론, 만약 손해(또는 리스크에 처한 자산)가 금전적 손실에 그친다면, 재산손실로부터 자기 자신을 보호하는 보험을 구입할 여유가 없다고 말하는 것은 불합리하다. 만약, 보험을 구입할 여유가 없다면 현재 수준과 현재 형태의 그 자산을 소유할 능력이 안 되는 것이다. 즉, 그는 보험에 가입하여 그 자산을 잃을 리스크로부터 보호하기보다 그 자산을 잃을 리스크를 감수하는 것이 낫다고 판단한 것이다. 그리고 자산의 소유자는, 사고로 갑자기 자산을 모두 잃기보다는, 미리 계획을 세워 보험료를 낼 돈을 마련해야 한다. 그러나 집과 같이 유동성이 낮은 자산이라면, 보험료를 마련하기 위하여 집

---

10 (역주) Heuristic. 발견적 방법. 반복적인 시행착오를 통하여 정답을 찾아가는 방법.

을 담보로 돈을 빌려 거래비용을 발생시키기를 원치 않을 것이다. 보다 일반적으로는, 그 자산이 단순히 금전으로 환산되는 재산 이상이라면 보험료를 마련하기 어려운 경우가 발생된다. 게다가, 사람들은 항상 곁에 있었고 앞으로도 오랫동안 존재할 리스크에 대비한 보험가입 의사결정을 당장 할 필요가 없고 미루어도 된다고 생각할 수 있다.

사람들은 그들의 수입을 마음속으로 세운 지출 계획에 따라 할당하기 때문에 계획 이외의 곳에 지출할 수 없어서 보험을 구입하지 않을 수 있다 (Thaler 1985). 만약 어떤 가정이 "보호 활동에 대한 지출"이라는 가계부 항목을 가지고 있고, 이미 상당한 금액을 각종의 필요한 보험(주택종합보험, 자동차보험, 건강보험, 생명보험 등)을 구입하는 데 사용하기로 마음먹었다면, 보험관련 예산을 이미 다 소진했기 때문에 지진이나 홍수에 대비하기 위한 보험을 구입하기를 원치 않을 수 있다. 또는, 사고확률이 높아져서 보험료가 인상된 데 대한 반응으로 보험료 지출을 자신의 심적계산mental account의 범위 내로 한정하기 위하여 보장범위를 줄일 수 있다.

보험이란 내일의 큰 손해를 회피하기 위하여 오늘 작은 금액을 지불하는 것인데, 어떤 소비자들의 심적계산 과정에는 보험료를 마련하기 위하여 오늘 작은 금액을 빌린다는 아이디어가 들어있지 않다. 예를 들면, 건강보험에 가입하지 않은 많은 사람들 중에는 보험을 구입하기에 충분한 소득과 재산이 있고, 추가적인 비용을 지출할 금전적 여유도 있다(Bundorf and Pauly 2006). 그들은 아마도 이와 같은 예산 휴리스틱에 바탕을 두고 보험을 구입하지 않기로 했을 것이다.

요약

본 장에서는 보험 수요에 있어서 기대효용 모형과 부합하지 않는 행동을 설명하기 위하여 만들어진 몇몇 이론을 검토하였다. 전망이론은 가장 널리 사용되는 서술적 모형으로서, 자기부담금이 낮은 보험을 구입하는 이유

등과 같은 변칙 행동을 설명할 수 있다. 또한, 이 이론은 왜 사람들이 보험을 구입하지 않는지에 대한 설명도 제시할 수 있다. 소비자들은 보험금을 받을 가능성이 없다고 생각되는 보험을 구입하느라 확실한 손실인 보험료를 내는 고통을 감수할 생각이 없는 것이다. 사람들이 왜 보험을 구입하는지를 설명하기 위하여 전망이론은 낮은 확률을 과대평가하는 가중함수를 사용하지만, 사람들이 보험 구입을 고려할 때 사고발생 확률을 명시적으로 고려하지는 않는다는 실증적 증거가 있다.

대안 이론 중 하나에 의하면, 사람들은 여러 목적을 만족시키기 위하여 보험을 구입하는데, 그 목적에는 재무적 고려, 심적 평화와 같은 감정적 필요 및 사회적 규범 등이 있다. 이러한 목적의 가중치는 의사결정을 하는 맥락에 달려 있다. 예를 들면, 재난 발생 직후에 보험을 구입했다가 더 이상 재난을 당하지 않으면 몇 년 후에 해약하는 예에서 보는 바와 같이 시간의 흐름에 따라 달라진다. 보험 구입 의사결정을 설명하기 위하여 고려할 필요가 있는 다른 요소에는 현상유지 편향, 유효성 편향 및 예산 제약 등이 있다.

CHAPTER 7
보험 수요 측면의 변칙

　본 장에서는 보험 수요의 표준모형을 기준점으로 삼아 보험 수요 측면의 중요한 변칙에 대하여 논의한다. 그리고 그러한 변칙의 상당수를(전부는 아님) 제6장에서 살펴본 선택과 행동에 관한 이론을 이용하여 설명한다. 본 장에서 설명하지 못한 변칙은 독자들이 생각해 봐야 할 숙제로 남겨둔다. 본 장은 일반적인 수요 측면의 변칙 몇 가지에 대하여 논의하고, 그 다음으로 변칙의 영향을 받기 쉬운 몇 가지의 특별한 보험시장에 대하여 보다 상세히 분석한다. 수요 변칙을 다음 세 가지로 넓게 분류할 수 있다는 것은 제3장에서 이미 설명했지만, 여기서 다시 한번 언급한다.

- 보험료가 적절하지만 수요가 적음(과소구매)
- 보험료가 과도하지만 수요가 많음(과다구매)
- 잘못된 보장범위와 종목의 보험을 구입함

7종의 변칙

　다음 사례들은 여러 종류의 보험 시장에서 발생할 수 있는 변칙들이다.

저확률 고손해 리스크의 보험 미가입

　많은 사람들이 발생 가능성이 낮지만 발생하면 큰 손해를 입는 리스크에 대하여, 주택종합보험 가입이 모기지를 제공받기 위한 계약상의 의무인 것처럼 반드시 가입하도록 강제되지 않는다면, 보험에 가입하지 않는다. 비록 소비자 개인이 사고를 당할 확률은 낮지만, 그러한 리스크를 보유하고 있는 사람은 많다. 만약 사고를 당한다면 보험을 가지고 있는 것과 없는 것은 큰 차이가 있다. 즉, 조기에 정상적인 소비생활로 복귀하는 것과 장기간 심각한 어려움을 겪는 것의 차이다.

특정 손해를 입을 가능성을 가진 사람의 수가 많으면 리스크가 넓게 분산될 수 있다. 사고발생 확률이 낮다면 각 개인이 부담하는 보험료는 발생하는 손해의 규모에 비하여 상대적으로 낮다고 할 수 있다. 이러한 상황에 처한 사람들 중 상당수가 보험을 구입하지 않는 것이 보험 수요 변칙의 첫 번째 유형이다.

이에 대한 하나의 가능한 설명은, 재해의 규모가 일정 수준 이상으로 크면 누군가가 손해를 보상해 줄 것이라고 생각한다는 것이다. 규모가 큰 자연재해가 발생하여 주 정부state government가 비상사태를 선포하면, 연방정부는 대개 공적 재난구제를 실시한다. 미국 연방정부의 중소기업청Small Business Administration은 자연재해를 당한 주택 소유자와 중소기업의 복구를 돕기 위하여 저금리 대출을 제공한다. 예를 들면, 2010년 4월에 테네시 주에서 큰 홍수가 발생했을 때, 금융기관으로부터 대출을 받지 못한 주택소유자들은 파괴되거나 파손된 집과 재산을 복구하기 위한 자금을 중소기업청으로부터 최고 $200,000까지 2.75%의 금리로 대출받을 수 있었다. 그들이 만약 다른 금융기관으로부터 대출 받았더라면 이자율이 4%였다.❶

연방정부의 재난피해구제 사업은 일종의 '사마리아 사람의 딜레마'를 초래한다. 즉, 사람들이 연방정부의 구제사업을 믿고 리스크관리와 보험가입에 소홀해진다. 그러나 정부의 구제사업이 항상 보장된 것은 아니고, 구제를 받더라도 개인이 입은 피해의 작은 부분에 그칠 수 있다. 그러면 피해자들 스스로가 상당한 정도의 리스크를 감당해야 한다. 그러나 보험으로부터 보상받은 부분은 구제사업이 보상해주지 않기 때문에 많은 사람들이 정부의 구제사업이 자신이 낸 보험료로 보장받는 것을 대체한다고 생각한다.

즉, 보험가입이 헛돈 쓰는 행위라고 생각하는 것이다. 사실, 이것은 변칙에 기초한 설명이 아니라, (사회적으로는 비효율적일지라도) 개인들이 경제적 인센티브에 합리적으로 반응한다는 가정에 입각한 설명이다.

보험 미가입이 변칙으로 인정받으려면 대규모 재해가 자신에게 끼치는 손해를 소비자가 어떻게 인식하고 있는지에 대한 실증적 증거가 필요하다. 재해 피해의 가능성이 있는 소비자들을 대상으로 보험구입 의사결정 요인이 무엇이라고 생각하는지에 대하여 조사한 자료에는 미래에 정부로부터 보조받기를 기대하지 않고 있다는 강력한 증거가 있다. 지진과 태풍 빈발 지역에 사는 소비자의 대부분은 재난 발생 후 정부로부터 보조금을 받을 것을 기대하지 않을 뿐만 아니라, 보험에 가입하지 않을 수 있다면 가입하지 않는다(Kunreuther et al. 1978). 저자들이 아는 범위 내에서는 아직 이러한 경향이 수정되었다는 실증 연구가 없다. 미국 연방정부가 2008~9의 금융위기 시에 기업을 지원한 것처럼, 재난 빈발지역의 거주자들을 구제할 것이라는 예상이 오늘날 더 높아졌는지는 불분명하다. 재무적 곤경에 빠진 월스트리트(미국의 금융회사들)를 긴급 구제했다는 사실이 자연재해 피해지역에 대해서도 같은 종류의 조치를 취할 것을 암시할까, 혹은 다른 종류의 재난에 대해서는 정부가 허리끈을 더 졸라맬 것이라는 신호일까?

앞에서 논의했던 여러 아이디어들 중에도 보험 미가입의 이유를 설명할 수 있는 것이 있다. 탐색비용 또는 리스크에 대한 잘못된 이해도 보험가입을 방해할 수 있다. 사람들은 보험료를 지급하여 확실한 손해를 보기보다 리스크를 감수하려 한다는 가치함수 이론은 보험계리적으로 공정한 보험마저 매력 없게 만들 수 있다. 나아가서, 과도하게 부담스러운 보험료를 회피하려는 목적 및 그와 관련된 예산 제약 개념, 그리고 심적회계mental accounting 등이 이러한 변칙 행동을 설명할 수 있을 것이다.

⦙ 재난 발생 후의 보험 가입

사람들은 흔히 재난이 발생하기 전보다 후에 보험 가입에 대하여 더 관심을 나타낸다. 대형 재난 이후에는 대개 보험료가 오르는데도 불구하고 그러하다. 이러한 행동의 대표적 사례는 큰 지진이 일어난 후 지진보험 가입자의 수가 갑자기 증가하는 것이다. 1989년에 발생한 로마 프리타Loma Prieta 지진이 캘리포니아의 마을을 강타한 후 그 지역의 주택 소유자들이 지진보험에 대거 가입했다는 조사가 있다. 지진 이전에는 주택 소유자들의 22.4%만 지진보험에 가입했으나, 4년 후에는 36.6%가 가입하여 보험가입률이 72% 상승했다(Palm 1995).

이와 같은 두 번째 유형의 수요 측면의 변칙에는 적어도 두 가지의 설명이 있다. 유효성 편향availability bias 때문에 사람들은 최근에 일어난 사건으로부터 크게 영향을 받는다. 그래서 지진빈발 지역의 주민들은, 지진이 발생하면 단층斷層의 스트레스가 해소되기 때문에 지진 직후에 다시 심한 지진이 발생할 가능성이 현저히 감소한다는 지진학자들의 지적에도 불구하고, 지진발생 이전보다 이후에 지진발생 가능성을 더 높게 인식한다. 또한, 사람들은 감성 관련 목적에 집착하여 미래에 발생할 재난을 걱정한다. 그래서 마음의 평화를 얻으려고 보험에 가입한다. 두 번째 유형의 행동은 1989년 지진 후 캘리포니아에서 진행된 연구의 결과와 일치한다. 그 연구의 결론은 "지진이 미래에 내 집을 파괴하거나 크게 손상 입힐 걱정"이 주택 소유자들이 지진보험에 가입하는 가장 중요한 이유라는 것이다(Palm 1995).

⁞ 손해가 발생하지 않으면 보험을 해약하는 현상

보험계약을 수년간 유지했지만 손해가 발생하지 않아서 보상을 받지 못했다면 사람들은 흔히 보험계약을 해약하려 한다. 이러한 현상의 전형적인 예는 홍수보험 시장이다. 홍수보험에 가입한 주택 소유자들이 수년간 홍수 피해를 입지 않아서 보상을 받지 못하면 대부분 보험을 갱신하지 않는다. 이러한 현상이 특별히 놀라운 것은, 국민홍수보험공단National Flood Insurance Program, NFIP이 홍수위험 특별구역special flood hazard area, SFHA 주민들에게 연방정부가 보증하는 모기지를 제공받으려면 홍수보험에 가입해야 하고 가입

상태를 유지할 것을 요구하는데도 그러하다는 점이다. 홍수보험 가입상태를 유지하지 않는 현상은 저가입under purchase 형태의 수요 측면의 변칙으로 분류할 수 있다. 즉, 보험료가 적절함에도 불구하고 보험 수요가 저조한 형태의 변칙인 것이다.

NFIP가 제공하는 보험의 해약에 대하여 보다 심도 있게 분석하기 위하여 연구자들은 2001년부터 2009년 사이의 기간 동안, SFHA 거주민과 다른 지역 주민으로 나누어 신규 계약 체결 건수 및 그 계약이 얼마나 오래 유지되는지에 대하여 조사했다(Michel-Kerjan, Lemoyne de Forges, and Kunreuther 2011). 연구 결과는 〈표 7.1〉에 제시되어 있고, 다음과 같이 해석할 수 있다. 2001년의 신규 보험계약 841,000건 중 73%가 1년 후에도 계약을 유지했다. 2년 후에는 2001년의 신규계약 중 49%만이 계약을 유지했다. 8년 후인 2009년에는 단지 20%만이 계약을 유지했다. 2002년부터 2008년 사이에 체결된 신규 계약들에 있어서도 비슷한 양상이 반복되었다.

비록 홍수보험 계약자들 중 일부는 집을 팔고 이사했기 때문에 보험을 해약했지만, 이사는 보험계약 유지율이 매년 크게 감소하는 이유의 극히 일부분에 불과했다. 매년 발표되는 미국공동체조사American Community Survey의 자료에 의하면, 홍수보험을 구입한 적이 있는 가정이 그 지역에 거주한 기간의 중앙값median은 약 5~6년이다. 그러나 홍수보험 계약 유지기간의 중앙값은 2~4년 사이에 있다. 즉, 홍수보험 없이 홍수 지역에 거주하는 사람이 많다는 것이다. SFHA 지역에 집을 구입한 주택소유자들이 연방정부가 보증하는 모기지를 제공받으려면 홍수보험을 구입해야 한다. 그러나 모기지를 제공한 금융기관이 요구하지 않으면 홍수보험이 만기가 되어도 갱신하지 않는 주택소유자들이 많다.

이상의 예와 같이 보험계약을 유지하지 않는 현상은 소비자들이 보험을 일종의 단기 투자처럼 취급하고 있다는 가설과 부합한다(Kunreuther et al. 1978). 이 경우, 사람들은 홍수보험이 금전적 손해에 대한 대비책이 아니라 쓸모없는 곳에 자금을 낭비하는 것이라고 생각한다. 특히, 여러 해 동안 계속해서 보험금을 받지 못했다면 보험료가 낭비되었다고 생각하는 경향이

표 7.1 보유기간 분석 결과: 연도별 NFIP 보험 신규 가입 및 유지 현황(2001-2009)

홍수보험 신규 가입자 수('000s)	2001	2002	2003	2004	2005	2006	2007	2008	2009
전체	841	876	1,186	986	849	1,299	974	894	1,051
SFHA/Non-SFHA	542 / 299	613 / 264	880 / 306	696 / 291	529 / 320	635 / 664	542 / 432	487 / 407	595 / 456
계약 유지율:									
1년	73%	67%	77%	78%	76%	73%	74%	73%	
SFHA/Non-SFHA	74% / 71%	67% / 67%	78% / 76%	77% / 80%	75% / 78%	74% / 72%	74% / 74%	75% / 70%	
2년	49%	52%	65%	65%	63%	59%	58%		
SFHA/Non-SFHA	48% / 52%	52% / 50%	66% / 64%	64% / 67%	62% / 64%	59% / 60%	58% / 59%		
3년	39%	44%	57%	55%	53%	48%			
SFHA/Non-SFHA	37% / 41%	44% / 43%	57% / 56%	54% / 57%	53% / 54%	47% / 49%			
4년	33%	38%	50%	48%	44%				
SFHA/Non-SFHA	32% / 36%	39% / 38%	50% / 48%	47% / 49%	43% / 44%				
5년	29%	33%	44%	38%					
SFHA/Non-SFHA	28% / 31%	34% / 33%	44% / 42%	38% / 38%					
6년	25%	30%	33%						
SFHA/Non-SFHA	24% / 28%	30% / 29%	34% / 32%						
7년	22%	26%							
SFHA/Non-SFHA	21% / 25%	26% / 25%							
8년	20%								
SFHA/Non-SFHA	18% / 22%								

자료 출처: Michel-Kerjan, Lemoyne de Forges, and Kunreuther 2011(원 자료 출처는 NFIP)

높다. 그러나 어떤 사람은 여전히 보험계약을 유지하여 걱정을 덜고, 보험을 구입한 자신의 행동을 자신과 주변 사람들에게 합리화시킨다. 그러나 미래에 발생할 수 있는 홍수피해에 둔감해져서 보험료 납부를 중단하는 사람도 있다.

마지막으로 어떤 사람은, 여러 해 동안 연속하여 홍수가 발생하지 않았으면 홍수발생 직후보다 그 지역의 홍수발생 가능성이 낮아졌다고 판단한다. 그러나 그런 판단은 오류다. 왜냐하면, 현실적으로, 환경에 변화가 없다면 홍수 피해를 입을 가능성은 홍수발생 이전과 동일하다. 또한, 만약 부근 지역이 개발되어 녹지가 콘크리트로 덮이면 강, 호수, 개천 등으로 흘러들어가는 빗물의 양이 많아져 홍수 피해가 더 커질 수 있다.

⋮ 리베이트를 제공하는 보험계약을 선호하는 현상

제6장에서 논의한 바와 같이, 통제된 실험에 의하면 사람들은 설사 리베이트(현금 환급)가 있는 보험계약이 리베이트가 없는 보험계약보다 가치가 낮더라도 리베이트가 있는 보험계약을 선호한다. 다음 해에 발생할 사고를 보상해주는 다음 두 자동차종합보험과 자기차량손해보험을 비교해보자.

- 보험계약 1: 보험료 $1,000, 자기부담금 $600. 보험계약기간 1년 동안 발생한 사고에 대한 총 보상비용 중 $600을 보험가입자 본인이 부담해야 함.
- 보험계약 2: 보험료 $1,600, 자기부담금 없음. 보험사는 $600에서 보험계약기간 중에 보험가입자에게 지급한 보상금액을 제외한 금액을 보험가입자에게 리베이트로 지급한다. 단, 보험사가 지급한 보상금액이 $600 이상이면 리베이트가 없다.

보험 수요의 표준 모형에 따르면 '보험계약 1'이, 화폐의 시간가치 때문에, 어느 경우에나 보험계약 2보다 보험가입자에게 유리하다. '보험계약 2'는 사실상, 보험가입자가 보험계약 시점始點에 '보험계약 1'을 구입하는 것에 더하여, 보험사에게 $600을 대출해주고 보험계약기간 말에 보험금 지급 상황에 따라 대출금을 리베이트로 지급받는 계약을 한 것과 같다. 그 차입금은 보험계약기간 말에 이자 없이 상환된다. 그나마도 보상을 받지 못했을 경우에만 전액을 상환받는다. 만약 보험금이 $600 이상이면 계약기간 초에 보험사에게 제공한 대출금을 탕감해야 한다. 그러나 펜실베이니아 대학교에서 실시한 실험의 피험자 187명에게 '보험계약 1'을 구입하겠느냐고 질문했더니 44%만이 "예"라고 대답했다. '보험계약 2'를 구입하겠느냐는 질문에는 같은 피험자들의 68%가 "예"라고 대답했다(Johnson et al. 1993).

리베이트가 있는 '보험계약 2'는 자기부담금이 있는 '보험계약 1'에 비하여 보험가입자의 입장에서 금전적 가치가 낮다. 왜냐하면 보험가입자가 보험사에게 $600의 무이자 대출을 해 준 셈이기 때문이다. 이자율이 0보다 크다면 보험계약자가 '보험계약 2'를 선택하는 것이 '보험계약 1'을 선택하는 것보다 금전적으로 손해다. 그러나 펜실베이니아 대학교에서 실시한 실험에서는 자기부담금이 있는 보험계약을 선호하는 사람의 수보다 리베이트가 있는 보험계약을 선호하는 사람의 수가 많았고, 그것의 통계적 유의성은 $p < 0.001$ 수준이었다. 이 사례는 사람들이 기대효용이론의 예측과 다르게 행동한다는 수요 측면의 변칙 중 세 번째 유형에 해당된다. 이 현상은 제6장의 〈그림 6.2〉를 가지고 설명한 전망이론의 가치함수로 설명할 수 있다. 즉, 사람들은 $600을 리베이트로 받는 혜택을 자기부담금을 없애기 위하여 보험료를 $600 더 낸 비용보다 크다고 인식한 것이다.

⦂ 낮은 자기부담금을 선호하는 현상

높은 자기부담금을 선택하면 보험료를 할인해주는 보험계약이 많이 있다. 자기부담금을 선택하면, 전부보험이라면 보험사로부터 보상받았을 상대적으로 작은 손해를 보상받지 못한다. 자동차보험의 자차보험은 여러 단계의 자기부담금이 있고, 그에 따라 보험료가 다르다. 자기부담금 제도에도 몇 가지의 종류가 있다. 계약기간 동안 여러 번 보상을 청구하게 되는 메디케어의 경우는 자기부담금이 계약기간 단위로 정의된다. 이 경우 보험가입자는 계약기간 동안 진료를 몇 번 받았는지에 관계없이 계약상의 자기부담금 범위 내에서 책임을 진다. 반면에, 자동차보험의 자차보험은 자기차량에 손상을 입히는 사고가 발생할 때마다 매번 자기부담금이 적용되어, 계약기간 단위로 적용되는 메디케어의 자기부담금보다 보험가입자의 부담이 더 크다.

자기부담금을 선택할 때 적용되는 보험료 할인 금액은 보험사가 절약하는 보상금액과 보상처리 비용을 반영한다. 예를 들어, 어떤 사람이 10%의 확률로 $100의 자기부담금을 부담한다고 하자. 만약, 부가보험료율이 50%라면, 자기부담금을 없애려면 보험료가 $20 인상된다. 이 경우에 자기부담금을 선택하지 않는 것은, 그가 극단적으로 위험회피적이지 않는 한 기대효용이론의 관점에서 보면 현명하지 못한 선택이다.

자기부담금이 낮은 보험계약을 구입하는 사람은 자기 자신의 비용으로 처리해도 큰 부담이 되지 않는 작은 손해에 대하여 과도하게 높은 보험료를 지불한 셈이다. 이것은 보장범위를 잘못 선택한 경우로서, 세 번째 유형의 수요측면의 변칙의 또 다른 사례다. 그럼에도 불구하고 낮은 자기부담금을 선택하는 가입자가 많다. 보험사가 제시하는 보험계약 중에서 가장 낮은 자기부담금을 가진 것을 선택하는 것이 보험가입자들이 일반적으로 사용하는 전략이다. 보스톤과 마이애미의 자동차보험 가입자들과 필라델피아와 올란도의 주택종합보험 가입자들을 대상으로 실시한 연구에서, 각 도시의 보험가입자들의 60~90%가 자기부담금 $500을 선택했는데, 만약 $500보다 큰 자기부담금을 선택했더라면 보험료를 상당히 많이 절약할 수 있었다(Cutler and Zeckhauser 2004). 수십만 달러짜리 집을 소유한 사람이 $500의 자기부담금을 추가로 더 부담하는 것을 크게 두려워한다는 것은 믿기 어렵다. 모기지를 제공한 금융기관이 낮은 자기부담금을 가진 보험계약을 구입할 것을 요구하지 않는 이상, 그러한 행동은 기대효용이론에 부합하지 않는다.[1]

---

1 (역주) 이러한 현상에 대한 한 가지의 설명은, 보험 판매원들이 자기부담금이 낮은 보험계약을 권유하거나, 자기부담금이 높은 보험계약이 있다는 사실을 알려주지 않기 때문이라는 것이다. 그들이 그렇게 하는 이유는, 자기부담금이 낮을수록 보험료가 높아지고, 보험료가 높

Justin Sydnor는 보험사가 제공한 주택소유자 5만 명의 데이터를 이용한 연구논문을 2010년에 발표했는데, 그 논문에 의하면 83%의 보험가입자가 선택 가능한 최대의 자기부담금보다 작은 금액의 자기부담금을 선택했다고 한다(Sydnor 2010). 그런데, 비용-편익 분석의 관점에서 보면, 보장범위를 조금 확대하기 위하여 그들이 추가로 지불한 보험료는 정당화되기 어렵다. Sydnor의 사례에서, 평균적인 주택소유자들은 자기부담금을 $1,000에서 $500로 낮추기 위하여 $100의 보험료를 더 지불했다. 주택종합보험의 보상 청구율이 5% 미만인 점을 감안하면, 추가적인 보장범위의 기대 편익은 $25 이하다 (즉, 0.05 × $500). 그러므로 이 부분의 부가보험료율은 무려 75%나 된다.❷ 이것은 또한, 보험사의 입장에서 자기부담금이 낮은 보험계약의 수익률이 매우 높다는 것을 의미하며, 자기부담금이 낮은 보험계약에 있어서 보험사가 보험계약자에 대하여 상당한 정도의 독점력을 행사한다고 할 수 있다. 만약 보험시장이 완전경쟁적이라면 보험사들이 낮은 자기부담금을 가진 보험계약의 보험료를 낮출 수밖에 없어서 수익률이 그처럼 비정상적으로 높을 수가 없다.

이와 유사한 예로, 다른 연구에 의하면, 2005년도의 홍수보험 가입자 수가 100만이 넘는데, 그 중 98.3%가 자기부담금을 $5,000 이하로 선택했다. 더욱이, 약 80%가 가장 낮은 자기부담금인 $500을 선택했고, 약 18%는 두 번째로 낮은 $1,000을 선택했다(Michel-Kerjan and Kousky 2010). 또 다른 연구에 의하면, 사람들이 자기부담금을 선택함에 있어서 주택종합보험의 경우와 자동차보험의 경우에 일관되지 않은 행동을 보였다고 한다(Barseghyan, Prince, and Teitelbaum 2011). 즉, 주택종합보험의 경우가 자동차보험의 경우보다 훨씬 더 위험회피적인 태도를 나타냈다는 것이다. 논문에는 사람들이 왜

을수록 보험 판매원에게 주어지는 수수료가 높기 때문이다. 이 경우는, 소비자가 완전한 정보를 가지고 있음에도 불구하고 기대효용이론에 어긋나게 행동하는 '수요 측면의 변칙'이 아니라, 소비자가 완전한 정보를 가지지 못하여, 즉 보험시장이 완전경쟁적이지 못하여, 발생하는 '비효율'이다. 또는, 소비자가 자기부담금이 높은 보험계약이 있다는 사실을 알지만, 보험판매원의 끈질긴 권유를 뿌리치는 귀찮음(일종의 거래비용)을 회피하기 위하여 자기부담금이 낮은 보험계약을 선택하는 경우도 있는데, 이것 역시 '변칙'이 아니라 시장이 완전경쟁적이지 못하여 발생하는 '합리적 무시(rational ignorance)' 현상이다.

그와 같이 일관성이 결여된 행동을 하는지에 대한 설명이 없다.❸

Neil Doherty and Harris Schlesinger(1983)는 자기부담금이 낮거나 없는 보험계약을 선택하는 이유를 기대효용이론의 관점에서 설명하고 있다. 그 논문에 의하면, 대부분의 사고에는 보험으로 보상받지 못하는 부분이 있는데, 낮은 자기부담금을 선택한 보험가입자들은 그것 때문에 생기는 효용의 감소를 올바르게 인식하고 있다고 한다. 예를 들면, 자동차 충돌 사고의 경우 실제 손해는 차량 가치의 감소나 수리비용보다 크다. 운수 나쁜 날에 받은 심리적 타격은 물론이고, 자동차 수리를 위한 견적을 내야하고, 차 없이 며칠을 견뎌야 하며, 차를 맡기고 찾으러 가야 하고, 보험사 직원 및 차량정비소 사람들과 옥신각신 해야 하는 등, 시간적, 정신적 비용이 발생한다. 그러나 보험은 그러한 비용을 보상하지 않는다. 그러한 비용은 일종의 '보험가입 불가 자기부담금'이다. 그와 같은 거래비용에서 발생하는 고통을 겪어본 보험가입자들은, 보험가입 불가한 손해에 큰 금액의 자기부담금을 선택하여 고통을 더하고 싶지 않다는 합리적인 판단을 내린다는 것이다. 사실, 자기부담금이 없는 자차보험 계약이 있다면 그것을 선택하는 것이 합리적일 수도 있다.

이 논리는 사람들이 왜 자동차보험의 경우보다 주택종합보험의 경우에 더 낮은 자기부담금을 선택하는지에 대한 하나의 설명을 제공할 수 있다. 교통사고로 자동차를 사용할 수 없게 되면 차를 수리하는 기간 동안 렌터카를 이용할 수 있지만, 부엌에서 불이 나 며칠 동안 집수리 공사를 해야 한다면 불편을 감수할 수밖에는 별다른 대안이 없기 때문이다.

⦂ 자기부담금 이상의 작은 손해에 대하여 보상 청구를 꺼리는 현상

보험에 가입한 사람들이 자기부담금을 약간 초과하는 수준의 사고를 당하면 보험사에 보상을 청구하지 않는 경우가 꽤 있다. 이 같은 '의사疑似 자기부담금pseudo-deductible'에 대한 하나의 설명은, 만약 보상을 청구하면, 사실이든 아니든, 보험료가 인상된다고 믿기 때문이라는 것이다. 그러한 현상은 자동차보험의 경우에 가장 흔히 일어나지만, 주택종합보험의 경우에도 어느 정도 사실이다.

David Krantz and Howad Kunreuther(2007)가 개발한 '목적과 계획 모형'이 사람들이 왜 그렇게 행동하는지에 대한 통찰을 제공할 수 있다. 사람들이 보험을 구입하는 시점에는 보험의 목적을 '투자investment'로 보고 가장 낮은 자기부담금을 선택한다. 그러나 사고가 발생한 후에는 보험의 목적을 '금전적 보호financial protection'에 둔다. 그래서 보험사로부터 작은 금액의 보상을 받는 것이 자신의 소득과 재산의 규모에 비하여 별 것 아니라고 생각하고, 오히려 미래에 보험료가 인상될 것을 우려한다. 이러한 행동은 사람들이 보험 관련 의사결정을 내릴 때 시간의 차원을 적절히 고려하지 못한다는 점을 시사한다. 즉, 오늘의 행동이 내일의 지출에 미치는 영향을 제대로 판단하지 못하는 것이다. 물론, 작은 금액의 보상을 청구하더라도 미래에 보험료가 많이 오른다면 그들의 판단이 경제적으로 옳다. 그러나 보험사들이 보험료를 올린다는 것을 미리 알고 있었다면, 그들은 낮은 자기부담금을 선택하고 그것을 이용하지 않고 내버려두기 보다는, 애초에 높은 자기부담금을 선택했어야 한다.

가계성 보험을 주로 취급하는 대형 보험사의 데이터를 가지고 실시한 한 연구가 이 가설을 지지한다(Braun et al. 2006). 그 논문은, 적어도 한번은 보상을 청구한 경험이 있는 보험가입자(전체 보험가입자의 80%)의 경우 보상 청

그림 7.1

© Visual Humour

"고객께서 15년 동안 무사고였다는 것을 잘 알고 있습니다.
그래서 보험료를 올려야 합니다. 이제 사고가 날 때가 되었기 때문입니다."

구 의사결정을 바꾸지 않더라도, 실제로 선택한 자기부담금보다 높은 자기부담금을 선택했더라면 비용을 절약할 수 있었던 보험가입자의 비율이 52%라고 추정했다. 예를 들면, 어떤 보험가입자가 자기부담금 $500을 선택했는데, $3,000 미만의 손해에 대해서는 보상을 청구하지 않는다고 하자. 그렇다면, $1,000이나 $2,000의 자기부담금을 선택하면 보험사로부터 받는 보험금을 줄이지 않고 보험료를 절약할 수 있다.❹ 물론, 어떤 사람은 보상을 몇 번 청구했는지에 따라 보험료가 어떻게 달라지는지에 대하여 자세히 문의한다. 〈그림 7.1〉의 만화와 달리, 자동차보험은 할인할증제를 도입하고 있기 때문에 과거의 보상 청구가 미래의 보험료에 영향을 미친다. 그러나 주택종합보험의 경우는 일반적으로 그러하지 않다.

　　이러한 행동에 대해서는 합리적인 설명이 있다. 어떤 보험가입자가 그의 보험사는 지급한 보험금의 규모에 관계없이 보상 청구 횟수만 가지고 보험료 인상 정도를 결정하고, 보험금 지급액이 작더라도 보상 청구 횟수가 많다면 보험계약을 취소한다고 생각하고 있다고 하자. 그렇다면, 자기부담금을 $500로 선택했는데 사고 금액이 $600이라면, 보상을 청구하면 미래의 보험료가 $100 이상 인상될 것이므로, 보상을 청구하지 않을 것이다. 또한, 차를 전손全損처리하고 그에 대한 보상을 청구하려 한다면 자기부담금이 $1,000인 것보다 $500인 것이 낫다.

　　물론, 보상을 청구했다고 해서 고객을 벌주는(보험료를 인상하는) 보험사로부터 왜 보험을 구입하는지 의아해 하는 사람이 있을 것이다. 어떤 보험사는 계약기간 중 발생한 첫 번째 사고에 대해서는 보험료를 인상하지 않는다고 보증하는 보험계약을 다른 보험계약보다 약간 높은 보험료를 받고 팔기도 한다.❺ 그러한 보험을 구입하는 것이 변칙일까? 그에 대한 대답의 대부분은 보험료 증가분의 크기에 달려있다. 그러한 보증에 대하여 얼마를 지불해야 하며, 그것이 보험료를 상승시키는 다른 요인과 비교하여2 얼마나 차

---

2 (역주) 그런 요인에는, 예컨대, 운행 중 연료가 동났거나, 겨울에 배터리 방전으로 시동이 걸리지 않을 때 등의 비상 시에 보험사가 '긴급출동'하여 문제를 해결해주는 서비스가 있다. 첫 번째 사고 시 보험료를 인상하지 않는다는 보증의 가격과 가치를, 그러한 서비스의 가격

이가 나는지가 관건이다. 사실, 그러한 보험료의 작은 등락을 회피하건 말건, 생애 전체의 관점에서 본 개인의 부富에 그리 큰 영향을 미치지는 않을 것이다. 그러나 보험료가 장기간 안정적인 수준을 유지하는 것은 주어진 소득으로 생활해야 하는 사람의 관점에서는 바람직한 일이다. 또 다른 일리 있는 설명은, 자신의 과실negligence 때문에 보험료가 인상되어 기분이 상하지 않도록 하기 위해서 보상을 청구하지 않는다는 것이다. 즉, 부주의한 실수로 대가를 치러서 가족 내에 불화를 일으키고 스스로를 질책하는 상황을 야기하지 않으려 한다는 것이다.

⦂ 현상유지 편향: 자연적 보험 실험

1988년과 1990년에 각각 뉴저지와 펜실베이니아의 자동차보험 관련법이 개정되었는데, 그것은 보험계약 선택에 대한 현상유지 편향의 영향을 검증해 볼 기회를 제공했다. 두 주state는 자동차 보험료를 인하하기 위하여 자동차사고 관련 불법행위법tort law을 개정했다. 가해자인 상대방 운전자를 대상으로 소송할 권리를 제한하는 대신 자동차 보험료를 인하하는 것이 그 취지였는데,[3] 그러한 취지를 반영하기 위하여 두 주가 도입한 보험계약 개정안案이 서로 달랐다. 뉴저지에서는 소송할 권리를 전부 보유하는 대신 비싼 보험료를 지불하는 옵션을 선택하려면 보험가입자가 그러한 의사를 적극적으로 밝혀야 했다. 그러나 펜실베이니아에서는 소송할 권리를 전부 보유하

및 가치와 비교하여 판단하라는 뜻이다.

3 (역주) 자동차 사고 시의 손해배상책임 문제와 관련한 이러한 법을 무과실법(no-fault law)이라고 한다. 사고를 관장하는 법은 민법의 불법행위법(tort law)인데, 불법행위법의 기본 원칙은 과실책임제도(negligence rule)로서, 피해자가 가해자에게 민사소송을 제기하여 손해배상을 받아 내거나, 소송의 결과가 뻔하면 소송 전 합의(화해)로 문제를 해결한다. 이 제도의 가장 큰 문제점은 소송에 시간과 비용이 많이 든다는 것이다. 무과실법은 소송할 권리를 제한하여 사고 당사자들의 잘잘못(과실)을 가리지 않고 보험으로 금전적 손해만 해결하게 하는 제도로서, 소송에 드는 시간과 비용을 줄이고 보험료를 낮출 목적으로 도입했으나, 운전자들의 도덕적해이를 심화시켜 교통사고 발생률과 보험료를 높이는 결과를 초래했다. 2000년 이후 현재까지 미국의 여러 주가 무과실법을 폐기하거나 대폭 축소하였다.

는 옵션이 기본이었고, 소송할 권리를 일부 포기하는 대신 보험료를 할인받는 옵션을 선택하려면 보험가입자가 자신의 의사를 표시해야 했다.

이와 같은 상황 하에서, 뉴저지 주에서는 운전자들의 20%만이 적극적으로 의사를 표명하여 소송할 권리를 전부 보유하는 옵션을 선택했고, 나머지 80%는 아무 의사도 표명하지 않아서, 즉 현상유지를 하여, 소송할 권리를 일부 포기하는 보험계약을 자동적으로 구입했다. 반면에, 펜실베이니아 주에서는 운전자들의 75%가 소송할 권리를 전부 보유하는 기본 옵션의 보험계약을 구입했다. 대학교 직원 136명을 대상으로 이와 동일한 내용을 가지고 실시한 가상 실험에서도 비슷한 결과가 나왔다.[4] 통제된 실험에서는 현실에서보다 현상유지 편향이 더 컸다(Johnson et al. 1993).

보험 수요의 표준모형에 어긋나는 보험시장

이 절에서는 표준모형에서의 수요와 다른 양상을 보이는 몇몇 보험시장에 대하여 논의한다. 그러한 시장에서 나타나는 변칙을 살펴보고 그러한 행동에 대한 대안적인 설명을 제시한다.

⁞ 비행기탑승자 보험: 사고발생 확률이 극히 낮은 리스크에 대한 보험

과거에는 많은 탑승객들이 비행기탑승자 보험flight insurance을 구입했기 때문에 비록 보험료가 기대 보상금액에 비하여 높았지만, 대부분의 공항에서 비행기탑승자 보험을 구입할 수 있었다. 비행기탑승자 보험은 보험을 구입한 승객이 비행기 사고로 사망하거나 사지를 잃거나 실명하는 등 중상을 입을 경우에만 보상한다.[5] 보험료가 저렴하지만(보상한도가 $500,000인 비행기탑

---

4 (역주) 이 자연적 실험과 가상실험은 '프레이밍(framing)'의 사례라고 할 수 있다.

5 (역주) 오늘날에는 비행기탑승자 보험이 거의 다 여행자보험(travel insurance)으로 대체되었

승자 보험을 $50에 구입할 수 있다) 보상을 청구할 확률 또한 매우 낮다.**❻**

비행기탑승자 보험을 구입하는 행위가 변칙이라고 할 수 있지만, 오늘날에는 비행기탑승자 보험 시장이 매우 제한적이어서 중요한 문제는 아니다. 이 절에서의 논의의 초점은 비행기탑승자 보험이 왜 과거에는 크게 유행했으나 오늘날에는 극히 소수의 사람들만 구입하게 되었는지를 설명하는 것이다. MIT Massachusettes Institute of Technology의 Arnold Barnett 교수가 뉴욕 타임즈의 기사에서 항공 안전에 관하여 언급한 바에 의하면, 2만 6천년 동안 매일 민간항공기로 여행해도 무사할 정도로 비행기 추락사고가 드물다(Kolata 1994).**❼** 즉, 1990년대의 여객기사고 확률은 950만 분의 1 이하였고, 현재는 그보다 더 낮을 것이다. 이와 같이 극단적으로 사고 확률이 낮기 때문에 비행기탑승자 보험의 보험료를 아무리 낮추더라도 터무니없이 높은 보험료가 되고 만다.[6]

사고사事故死를 보장하는 보험은 일반적으로 어떤 종류의 사고에 의하여 사망하든 $250,000을 보상하고(비행기 사고 포함), 아울러 상해injury 리스크에 대해서도 보장하는데, 1인을 1개월 동안 보장하는 데 대한 보험료가 약 $10이다(Insure.com 2010). 그러므로 한 사람이 비행기에 한번 탑승할 때의 리스크를 보장하고 보상한도가 $500,000인 비행기탑승자 보험은, 1개월 동안 비행기 사고를 포함한 모든 손인peril으로 인한 사망과 상해를 보장하는 일반 보험에 비하여, 월등히 비싸다. 이와 같이 부가보험료율이 매우 높은 보험의 수요가 많다면 수요측면의 변칙이라고 할 수 있다. 또한, 자기부담금이 낮은 보험의 경우처럼, 기대 보험금에 비하여 보험료가 과도하게 비싼 것은 경쟁시장 이론과도 부합하지 않는다.

다. 여행자보험은 비행기 사고로 인한 사망과 부상뿐만 아니라, 여객기의 결항에 따른 손해, 불가피한 사정에 의한 여행 취소에 따른 탑승권 환불, 여행 중에 발생하는 의료비, 지갑을 도난당했을 때 필요한 비상 여행경비 등을 보장한다.

6 (역주) 보험사가 소비자에게 부과하는 보험료는, 앞 장에서 설명한 바와 같이, 순보험료와 부가보험료로 구성되어 있다. 비행기탑승자 보험의 경우에는 사고발생 확률이 극도로 낮기 때문에 순보험료가 매우 낮다. 그러나 보험사의 판매비용과 손해사정 비용 등 사업비에 충당되는 부가보험료를 낮추는 데에는 한계가 있다. 그러므로 보험사가 보험료를 아무리 낮추더라도 부가보험료가 차지하는 비중이 높아서 '터무니없이 높은' 보험료가 된다.

기대효용이론이 이러한 현상을 설명할 수는 없지만, 사람들이 비행기탑승자 보험을 구입하는 이유를 설명하는 다른 논리가 여럿 있다. 비행기탑승자 보험 판매대counter가 공항에서 흔히 볼 수 있어서 보험을 구입하는 데 필요한 거래비용이 낮다. 공항에서 비행기탑승자 보험을 구입함으로써 마음의 평화를 얻는 사람도 있다. 걱정을 더는 것이 목적이라면 기내에서 술을 주문하여 마시는 것보다 비행기탑승자 보험을 구입하는 것이 더 나을 수 있다. 또한, 비행기를 탈 때에는 사랑하는 사람에게 금전적 보장을 제공하는 것에 대하여 관심이 더욱 높아질 수도 있다. 비행기탑승자 보험은 이처럼 비행기 탑승 시에 발생하는 독특한 걱정을 완화시킬 기회를 제공한다. 이와 같은 비금전적 목적이 비행기탑승자 보험의 비싼 보험료를 정당화시킬 수 있다. 그러나 공항 내에서만 비행기탑승자 보험이 팔린다는 사실에 주목하자. 즉, 공항이라는 특수한 환경 하에서만 비행기탑승자 보험의 비금전적 목적이 중요시 된다는 것이다. 만약, 편의점이나 슈퍼마켓에서 비행기탑승자 보험을 판매한다면 인기가 별로 없을 것이다.❽

사람들은 비행기 추락 사고가 발생했을 때 받을 보상금액에 주목하고 사고가 발생할 확률에는 별로 관심을 보이지 않는다. 보험료($500,000 × 0.0001 = $50) 대비 보상한도가 높은 것은, 설사 보험료가 보험계리적으로 공정하려면 비행기 추락 확률이 1/10,000이 되어야 할지라도, 보험 상품을 매력적으로 보이게 한다. 국내선과 국제선에 취항하는 미국 항공기의 운항 횟수가 하루에 약 28,000회이므로, 만약 비행기 추락 확률이 1/10,000이라면 매일 약 2.8대의 비행기가 추락한다는 것인데, 사실과는 너무나 거리가 멀다.

오늘날 비행기탑승자 보험을 구입하는 승객은 매우 드물다. 비행기탑승자 보험의 수요가 급감한 이유는 아마도 미국 시민들이 비행기 여행 경험이 많아졌기 때문일 것이다. 또는, 사람들이 비행기탑승자 보험의 구입이 합리적이지 않다는 사실을 갑자기 깨달았을 수도 있다. 또한, Andrew Tobias의 저서 『보이지 않는 은행가(1982)』에는 비행기탑승자 보험에 관한 장chapter이 별도로 있는데, 그곳에 소개된 Robert Eisner와 Robert Strotz의 논리[7]가 널리 알려졌기 때문일 수도 있다.

⦂ 렌터카 보험

자동차를 렌트하려고 렌터카 판매대counter에서 수많은 보험계약 조항들을 읽고 머리글자로 서명해야 하는 것은 여행할 때 겪는 번거로움 중 하나다. 대부분의 경우, 렌터카 계약은 각 주의 법이 정한 최소한의 대인배상과 대물배상 보험을 기본으로 포함하고 있고, 그에 대해서는 별도의 요금을 부과하지 않는다. 그러나 렌터카 회사들은 법정 최소한의 보험을 보충하는 다양한 보험상품을 구비하고 있다. 추가적인 배상책임보험, 자기부담금을 없앤 보험, 자기신체사고 보험, 소지품 도난 보험, 차량파손 면제collision-damage waiver 등이 대표적인 상품이다. 차량파손 면제 보험은 렌터카 운행 중에 차량에 손상이 발생하거나 차량이 도난당했을 때 소비자를 보호하기 위한 보험이다.

만약 소비자가 이러한 보험을 추가로 구입하지 않았다면 렌터카 회사는 그에 대한 손해 금액 전액을 소비자에게 책임 지운다. 렌터카 보험을 일부 대체할 수 있는 것은 개인용 자동차보험과 신용카드 회사가 제공하는 보험이다. 렌터카 보험 구입에 대하여 여행 칼럼니스트들이 쓴 글들을 보더라도 렌터카 보험은 소비자들의 골칫거리임이 분명하다(Insurance Information Institute 2009b). 그러한 내용을 담은 전형적인 예문例文을 Insurance Information Network of California(2008)에서 발견하였다.

> 만약 당신의 개인용 자동차보험이나 신용카드가 보상하지 않는다면 '차량파손 면제' 특약을 구입할 것을 고려하시오. 렌터카를 파손시켜 $15,000~$20,000을 지불하기보다 하루에 $8~$10을 쓰는 것이 낫습니다.

---

7 (역주) 그들의 논리가 실린 논문은, R. Eisner and R. H. Strotz, 1961, Flight Insurance and the Theory of Choice. *Journal of Political Economy* 69: 355-68.

그러나 이것이 과연 기대효용이론의 관점에서 볼 때 합당한 조언일까? 관련 통계에 의하면 그렇지 않다. 하루에 $8씩을 렌터카 보험료로 지불하면 일년에 약 $3,000이 된다. 이 금액은, 차량의 가격이 $30,000이고, 보험료가 보험계리적으로 공정하다면, 일년에 10%의 확률로 전손全損, total loss 사고가 발생할 때의 보험료에 해당된다. 그러나 국민고속도로교통안전공단National Highway Traffic Safety Administration, NHTSA의 보고서에 의하면 연간 충돌사고가 발생할 확률이 1/20이므로, 전손 사고가 발생할 확률은 그보다 훨씬 낮다. 소비자가 매우 위험회피적이지 않는 한, 그 정도로 높은 보험료를 내기 보다는 보험 없이 리스크를 감수하는 편이 낫다.

보다 중요한 리스크는 아마도 차량에 다소간 손상을 입히는 것일 것이다. 최근 모델 차량의 차기차량손해 데이터에 의하면, 자차보험에 대한 연간 보상청구 확률은 1/14이다(Insurance Information Institute 2009a). 1주 동안 보상을 청구할 확률은 1/14을 52로 나눈 값인데, 1/700보다 작다. 그리고 평균 보상금액은 약 $4,000이다. 그러므로 보험계리적으로 공정한 1주간의 보험료는 $5.71이다. 전형적인 렌터카 보험의 1주간 보험료인 $56은 이 금액의 10배에 약간 못 미친다. 그러므로 렌터카 보험의 부가보험료율은 90%에 육박한다. 부가보험료율이 이 정도로 높은 보험은 어떤 경우에라도 기대효용 모형에 부합하지 않는다. 그러므로 만약 렌터카를 이용하는 사람들 중 상당수가 렌터카 보험을 구입한다면 '과도한 보험 구입'이라는 형태의 수요 측면의 변칙이라고 할 수 있다.❾

제6장에서 소개한 '목적'에 초점을 맞추면 가격이 과도하게 높은 옵션을 선택하는 행동에 대한 설명을 구할 수 있다. 낯선 곳에서 낯선 차를 운전하는 데 따르는 걱정이 하나의 요인이 될 수 있다. 즉, 보험을 구입하지 않은 채로 사고가 발생하면 꿈꾸어왔던 휴가를 망쳐 후회할 것을 걱정하는 것이다. 또한, 많은 경우에 예산의 제약이 중요한 요인이 된다. 만약 소비자가 자신의 개인용 자동차보험이나 신용카드로 렌터카의 파손을 보상할 수 있다면 렌터카 회사는 대개 '차량파손 면제'를 구입하지 않도록 안내하고 있다. 그러나 그러한 보장 수단이 없으면 소비자 개인이 차량손상으로 인한

손해를 전적으로 책임져야 한다. 신용카드 미소지자가 차량파손 면제 보험을 구입하지 않으면 차를 렌트해주지 않는 것이 렌터카 업계의 일반적인 관행이다. 그러한 사람들에게는 보험 수요의 변칙이라고 생각되는 것(매우 높은 부가보험료)이 자동차 렌트 비용에 단순히 추가되는 비용 이상의 값어치를 한다.❿

⠿ 암보험

암보험은 건강보험을 보완하는 것으로서, 미국에서는 과거에 주로 개인에게 판매했으나 최근에는 흔히 근로자가 보험료를 100% 부담하는 단체보험으로 직장인들에게 제공된다. 이 경우 보험료가 비용으로 처리되어 소득세를 절감할 수 있다. 이 보험은, 모든 국민이 가입하는 국민건강보험이 있는데도 불구하고, 인구의 4분의 1이 가입할 정도로 일본에서는 매우 흔하다. 일본의 암보험은 암 진단을 받았을 때, 치료할 때 및 사망 시에 보험금을 지급한다(Bennett, Weinberg, and Lieberman 1998).

애플랙 오리8는 2000년에 TV 시청자들에게 선보였지만, 그 회사는 오래 전부터 암보험을 팔아왔다. 애플랙과 다른 보험사들이 제공하는 암보험은 종합적인 건강보험에 추가되어 보다 융통성 있는 보장을 제공하도록 디자인되어 있다. 전통적인 건강보험이 실제 발생된 의료비를 보장하는 데 비하여, 애플랙은 실제 발생된 의료비 보장에 추가하여 현금을 지급한다.

여기서, 애플랙의 '오직 암 보험cancer-only coverage'에 초점을 맞추어보자. 이 보험은 암이 발병한 보험가입자가 특정 의료서비스 받을 때마다 미리 정해진 금액을 지급한다. 이 보험계약은, 암 진단을 받으면 선불로 현금을 지급하고(과세 소득으로 인정됨), 입원일수, 화학요법, 방사능요법 및 교통비와 육아비 등 몇몇 비의료 비용을 미리 정해둔 규정에 따라 추가로 지급한다. 암보험의 보험금은 전통적인 건강보험으로부터 의료비를 환급받은 것과는

---

8 (역주) 애플랙(Aflac)은 American Family Life Assurance Company의 약자이다. 애플랙 오리 (Aflac duck)는 애플랙이 1999년부터 사용한 마스코트로서, 미국인들에게 널리 사랑받고 있다.

별도로 지급된다. 명시적인 자기부담금은 없지만, 병원에 입원한 지 며칠 후에야 보험금이 지급되는 경우가 종종 있다.[9]

암보험을 파는 설계사들은, 개인이 일생 동안 암 진단을 받을 확률이 꽤 높고(10명 중 3명 비율로 일생 중 언젠가는 암 진단을 받는다) 직간접적으로 높은 비용이 발생된다는 점(NAIC 2006)을 강조한다.[11] 이러한 주장에도 불구하고, 암보험은 흔히 보험료가 과도하게 높다고 비난받고, 소비자 단체들은 암보험 구입을 만류한다(Silverman 2005). 그리고 사실상 대부분의 사람들은, 보험사의 영리한 마케팅에도 불구하고, 이러한 종류의 보험을 구입하지 않는다. 이 절의 나머지 부분에서는 기대효용이론의 관점에서 암보험의 가치를 평가해보고, 소비자들의 행동이 변칙인지 아닌지에 대하여 설명한다.

플로리다 주정부는 직원들에게 암으로 입원하면 하루에 $300을 지급하는 애플랙의 암보험을 제공했는데, 보험계약당 연간 평균 지급액이 $408이었다(Capital Insurance Agency 2008). 이 보험금은 보험가입자가 어떤 목적으로든 사용할 수 있고, 정규 건강보험으로부터 얼마를 보상받든 관계없이 지급된다. 보험료는 근로자들이 각자 직접 납부하지 않고 주정부가 매 2주마다 근로자의 급여에서 차감하여 납부하므로 별로 고통스럽게 느껴지지 않는다.[10] 일생 동안 암에 걸릴 확률은 높지만, 어느 1년 동안 개인이 암에 걸릴 확률은 1/250에 불과하다(NAIC 2006).

암보험의 부가보험료율에 대한 정확한 추정치를 제공하는 데이터는 없지만, 표준모형의 수준을 훨씬 상회하는 것으로 보인다(제7장의 부록 참조). 그러므로 암보험의 부가보험료가 합리적인 수준일지라도 그것을 구입하는 것은 변칙이라고 할 수 있다. 보험의 목적은 여러 가지 사유로 예상치 못한 재산상의 손해를 겪는 사람들을 보호하는 것이다. 일반적인 건강보험이 이

---

9 (역주) 미국의 건강보험이 보장하는 입원비(병실사용료)의 경우, 자기부담금이 특정 금액으로 설정되어 있지 않고 '최초 x일간의 입원비'와 같이 기간으로 설정되어 있는 경우가 흔히 있다. 그래서 저자들이 이와 같은 설명을 덧붙인 것이다.

10 (역주) $408 ÷ (52/2) = $19.43. 여기에 약간의 부가보험료를 추가한 금액을 매 2주마다 급여에서 차감해도 근로자들이 크게 고통을 느끼지 않을 것이다.

미 모든 질병에 대하여 그러한 역할을 수행하고 있다. 암보험은 건강보험이 지급하는 보험금에 더하여 추가적인 보험금을 지급한다. 그래서 암 진단을 받고 암을 치료하기 위하여 입원하면 재산이 증가할 확률이 높다. 사실상 이 보험은 보험가입자들로 하여금 자신이 암에 걸리면 돈을 버는 도박을 하도록 하고 있다. 애플랙은 암에 걸리면 건강보험이 지급하는 보험금만으로는 다 지불할 수 없는 다른 비용이 발생한다고 주장한다. 그러나 설사 그러한 비용이 존재하고 그 금액이 꽤 크다 할지라도 그것은 암뿐만 아니라 다른 심각한 병의 경우에도 마찬가지다.

전문가들은 (또한, 기대효용이론도) 종합건강보험과 신체장애보험이 건강과 관련하여 발생하는 비용과 상실소득 리스크에 대한 가장 합리적인 대책이라고 하지만, 일부 사람들은 여전히 암보험에 매력을 느낀다. 애플랙은 미국에서 4백만 명 이상의 종업원 명부를 보유하고 있지만, 그 중 암보험 가입 비율이 얼마나 되는지, 그리고 직장에서 제공하는 단체보험이 아니라 개인적으로 가입한 사람이 얼마나 되는지는 불분명하다(Aflac 2008).[12]

그러한 보험을 구입하는 사람들이 흔히 하는 주장은 불안을 감소시킨다는 것이다. 대표적인 표현을 몇 가지 들면, "나는 암보험 때문에 약간 더 안전해졌다고 느낀다", "암에 걸렸을 때 여윳돈이 생기는 마음의 평화를 얻고 싶다" 등이다(Luhby 2004). 아마도 그들이 말하지 않은 정서는 "나는 암이 제일 무섭다"일 것이다. 질병의 종류에 따라 "상대적 공포"가 다르고, 그러한 기준에 따라 암보험을 구입하는 행태는 기대효용이론으로 설명할 수 없다.

⁞ 확장된 품질보증

토스터기부터 람보르기니까지 각종 공산품을 구입하려면 제조회사가 기본으로 제공하는 품질보증warranty[11]에 추가하여 옵션으로 제공되는 확장

---

11 (역주) 품질보증(warranty)은 보험사가 판매하지도 않고 보험이라는 명칭을 사용하지도 않지만, 그 목적과 기능이 보험과 흡사하다. 공산품의 사용 중 발생하는 고장이나 파손을 보장하는 계약으로서, 수리비 할인, 무상수리, 신품으로 교환, 환불 등 여러 종류가 있다. 품질보증

된 품질보증extended warranty이나 애프터서비스 계약을 사야할지 여부에 대한 의사결정을 해야 한다. 그러나 대부분의 경우, 소비자가 그러한 계약에 지불하는 가격이 품질보증을 이행하는 데 드는 비용보다 월등히 높아서 판매자에게 막대한 이익을 가져다준다고 알려져 있다. 좀 극단적인 예를 들면, 어느 가전제품 유통점이 $39.99짜리 DVD 플레이어에 대한 품질보증을 $49.99에 팔았다. 물론, 수리비를 여러 차례 지불해주기도 하고 그 수리비가 제품 구입가보다 높을 수 있다면 그 품질보증이 합리적이라고 할 수 있다. 그러나 대부분의 경우 판매자는 수리하지 않고 다른 것으로 교환해줄 권리를 보유하고 있다. 품질보증을 구입하면 품질보증 기간 내내 구입한 제품의 수리와 교체를 보장받는다면, 그리고 위험회피도가 매우 높은 소비자이고, 품질보증을 여러 번 이용할 것이라고 예상한다면, 품질보증을 구입하는 것이 합리적일 수 있다.

그러나, 현실은 그와 같지 않다. 영국의 공정거래국Office of Fair Trading은 세탁기와 다른 가전제품에 대한 확장된 품질보증에 관하여 상세한 조사보고서를 발표한 바 있다(Office of Fair Trading 2002). 그 보고서에 의하면, 그러한 가전제품에 대한 품질보증의 가격은 미국 달러로 환산하면 $200~$300이었고, 평균 수리비는 $80이었다. 수리비의 추정치는 독립적 수리점들을 대상으로 한 설문조사에서 구하였다.

『컨슈머 리포트』[12]에 의하면 세탁기가 구입 후 3년 이내에 수리를 받을 확률이 22%라고 한다. 미국과 영국의 세탁기 수리율repair rate이 대체로 같다고 가정하면, 수리율 22%는 3년간 품질보증의 보험계리적으로 공정한 보험료가 $17.60임을 의미한다. 설사 실제 수리비가 설문조사에 응답한 수리

은 제조회사가 제공하고, 확장된 품질보증은 판매점이 제공한다.

12 (역주) 컨슈머 리포트(Consumer Reports)는 뉴욕에 본부를 둔 비영리단체인 소비자협회(Consumer Union)에서 발간하는 월간지로, 매월 자동차·TV·가전제품 등 특정 품목을 선정. 업체별 성능·가격 등을 비교 평가한다. 이 평가 자료는 소비자가 제품을 구매할 때 필요한 제품정보를 제공하고 있어 소비자들 사이에서 상당한 권위를 인정받고 있다. 컨슈머 리포트의 연 구독료는 26달러로, 유료 구독자만 720만 명이다. 외부 광고는 싣지 않고, 테스트용 제품도 직접 돈을 주고 구입한다(시사상식사전, 박문각).

비의 두 배 또는 세 배가 되더라도 기대 편익과 비용을 따져보면 전혀 매력적이지 않은 보험상품이다. 게다가, 3년의 품질보증 기간 중 첫 1년은 제조회사가 이미 품질보증을 제공했다. 위에서 언급한 영국의 세탁기 품질보증 기간은 5년이었지만, 그것 때문에 달라질 것은 별로 없다. 수리점들에 의하면, 수리한 세탁기의 45%가 구입 후 5년 이상 된 것이라고 한다.

이처럼 확장된 품질보증을 구입하는 것이 타당하지 못하다는 증거가 많은데도 불구하고 영국에서는 세탁기를 구입하는 사람의 32%가 그것을 구입했다(Office of Fair Trading 2002). 왜 그럴까? 어느 연구는 판매자가 고장 확률에 대한 정보를 독점하고 있어서 고장 확률과 수리비를 과대평가하는 소비자가 많기 때문이라고 설명한다(Cutler and Zeckhauser 2004). 또 다른 설명은, 세탁기의 가치를 낮게 평가하는 소비자를 위하여 판매자가 세탁기의 가격을 낮게 매기고, 그 때문에 발생하는 적자를 세탁기의 가치를 높게 평가하는 소비자들에게 확장된 품질보증을 높은 가격으로 판매하여 메운다는 것이다.[13]

품질보증이 존재하는 또 다른 이유는 소비자들에게 제품의 품질에 관한 신호를 보내기 위한 것이다. 즉, 품질보증을 제공하는 판매자는 그 제품의 내구성에 대한 확신이 있기 때문이다.[14] 이 논리에 대한 의문점은, 품질보증의 가격이 높다는 것은 수리율 또한 높다는 것을 의미하므로, 오히려 소비자들의 구매의욕을 낮추지 않을까 하는 점이다. (아마도 그 때문에 소비자가 구매를 결심한 후에야 판매원이 품질보증 얘기를 꺼내는 것 같다.) 그러나 만약 품질보증이 없다면 소비자는 고장률이 실제보다 높다고 생각할 수 있다. 그러므로 품질보증은 그 제품이 고장이 잦은 하급품이 아니라는 증거가 된다.[15] 사람들이 왜 품질보증을 구입하는지를 설명하는 데 있어서, 기대효용이론에 기

---

13 (역주) 이것은 독점이론의 한 부분인 '가격차별이론(price discrimination theory)'의 논리다.

14 (역주) 이것은 정보경제학의 주요 이론 중 하나인 '신호이론(signaling theory)'의 논리다.

15 (역주) 신호이론의 논리로 부연설명하면 다음과 같다. 생산자와 판매자는 그 제품의 품질을 잘 알고, 소비자는 잘 알지 못한다. 고장률이 높은 제품에 품질보증을 제공하면 품질보증을 이행하는 데 많은 비용이 들기 때문에 생산자와 판매자는 고장률이 낮은 제품에 대해서만 품질보증을 제공한다. 이러한 사실을 아는 소비자는 높은 수준의 품질보증이 있는 제품은 고장률이 낮을 것이라고 추측한다.

초한 "수리율 과대평가 이론"과 몇몇 대안 이론에 기초한 주장들을 구별하기는 쉽지 않다. 즉, 정보를 독점한 판매자의 전략적 행동의 결과 소비자가 제품에 대하여 완전한 정보를 가지지 못하는 현상인데, 그것은 변칙 행동이 아니라 시장의 불완전성이라고 해석할 수도 있다.

비록 품질보증을 구입하지 않는 소비자가 대다수이지만, 구입하는 소비자의 비율도 무시할 수 없다. 최근의 연구에 의하면, 그 제품을 매우 좋아하는 소비자와 싸게 구입했다고 생각하는 소비자가 품질보증을 구입할 가능성이 높다고 한다(Chen, Kalra, and Sun 2009). 품질보증의 높은 가격이 고장률을 잘 모르는 소비자에게 불량품을 사지 않도록 주의하라는 신호로 작용할 수 있을지라도, 고장률에 대한 소비자의 무지가 이 현상의 많은 부분을 설명한다고 생각된다. 품질보증을 구입하는 행위는 전망이론의 가치함수로도 설명할 수 있다. 품질보증을 구입하는 것은 제품 구입비용에 약간의 비용을 추가하는 것이다. 결론적으로, 많은 소비자들이 확장된 품질보증을 구입하고 있는 현상은 기대효용이론에 부합하지 않으므로 '과도한 구입'이라는 형태의 수요측면의 변칙이라고 할 수 있다.

⦂ 생명보험

제4장에서, 구입할 자격이 되는 사람의 대부분이 구입한다는 점에서 생명보험을 구입하는 행위가 상당히 합리적이라고 결론을 내렸다. 생명보험을 자발적으로 구입하는 비율이 보험 수요의 표준모형을 충족시킬 만큼 충분히 높지만, 구입하는 정도와 보험상품의 유형은 아닐 수 있다. 많은 사람들이 종신보험whole-life insurance을 구입한다. 종신보험은 일반적으로, 납부된 보험료와 보험사가 그 보험료를 운용한 실적에 따라 피보험자의 사망 시에 사망보험금death benefit을 지급하고, 특정 연령(예컨대, 65세)까지 생존하면 생존급부금을 지급한다. 여기서 변칙이라고 할 수 있는 것은, 재무적으로 더 매력이 있는 정기보험term-life insurance보다 종신보험을 선호하는 사람이 많다는 것이다.

보다 일반적으로, 종신보험을 분석함에 있어서 소비자들은 종신보험의 저축 부분savings portion의 수익률과 그 부분을 이자를 지급하는 상대적으로 안전한 증권에 투자했을 때 얻을 수 있는 수익률을 비교하려 애쓴다. 보험사가 특별한 투자 기술을 가지고 있지 않은 한, 보험료에 부가보험료가 포함되어 있기 때문에 보험사가 거두는 수익률은 시장 수익률market rate of return[16]보다 낮다. 그러므로 전문가들은 일반적으로 종신보험이 바람직하지 않은 투자대안이므로 "정기보험을 구입하고 그 차액을 다른 곳에 투자"하여 종신보험에서보다 높은 수익률을 올리라고 조언한다(SmartMoney 2005).

아직 종신보험이 계속 팔리고는 있지만 보다 효율적인 정기보험에게 시장 점유율을 빼앗기고 있다. 종신보험을 보유한 성인의 비율이 1998년에는 48%였지만, 2004년에는 44%로 낮아졌다(Retzloff 2005b). 종신보험만 보유하고 있는 사람은 아마도 그것이 자신이 특정 연령(예컨대, 65세)까지 생존하면 일종의 리베이트를 받을 수 있는 투자대안이라는 믿음을 가지고 있을 것이다. 물론, 종신보험은 피보험자가 100세까지 생존하면 사망보험금 전액을 지급하지만, 그 나이까지 생존하는 행운을 누리는 동안 매년 빠짐없이 보험료를 납부해야 한다.[17] 생명보험을 투자라고 생각하는 보험가입자라면, 자신의 돈을 "투자"하여 아무것도 돌려받지 못할 가능성이 높은 정기보험[18]에는 가입하려 하지 않을 것이다.

정기보험에 가입하는 대부분의 사람들이 예상치 못한 금전적 필요의 등락에 대비할 수 있는 수준이라고 전문가들이 권장하는 것보다 낮은 수준의 보장을 선택한다(Retzloff 2005a). 이러한 현상은 보험산업이 제시하는 주먹구구

---

16 (역주) 자본시장에 존재하는 모든 증권 또는 자산의 평균 수익률.

17 (역주) 우리나라의 종신보험은 대부분 일정 연령(대개 은퇴 연령)까지 보험료를 납부하고, 그 이후 사망 시까지 보험료를 납부하지 않는 한정납종신보험(limited pay whole life insurance)이지만, 미국에는 사망 시까지 보험료를 납부하는 통상종신보험(ordinary life insurance)이 상당히 많다. 종신보험 가입자들 중 많은 사람이 일정 연령(예컨대, 65세)에 도달하여 가족을 부양할 책임에서 해방되면 적절한 시점에 종신보험을 해약하여 해약환급금을 수령하거나 개인연금으로 전환한다.

18 (역주) 정기보험은 자동차보험처럼 저축 부분이 없는 순수보장성 보험이다. 보험료가 저렴한 대신 보험가입 기간 동안 사망하지 않으면 보험사로부터 받는 것이 없다.

식 조언뿐만 아니라, 경제학자들이 개발한 보다 공식적인 최적 소비를 위한 최적 보험구입 모형에 비추어보더라도 변칙 행동의 증거라고 할 수 있다 (Kotlikoff and Gokhale 2002). 전형적인 경제학적 모형은, 가장이 조기 사망했을 때 유가족들이 가장 대신 벌어들일 예상 소득에서 예상 소비 지출액을 차감한 금액을 추산하고, 그에 합당한 만큼 종신보험에 가입하라고 한다.

생명보험 컨설턴트들이 제시하는 이러한 모형의 문제점은 보험금을 수령할 확률과 부가보험료율을 감안하지 않았다는 것이다. 유가족이 대체하고자 하는 상실소득액은 그들이 지불해야 하는 부가보험료율에 따라 달라진다. 부가보험료율이 낮다면 유가족들이 높은 생활수준을 유지할 만큼 종신보험에 가입하는 것이 좋다. 그러나 부가보험료율이 높다면 그러하지 않다. 보험설계사들은 흔히 보험료율이 낮아졌다고 자랑스레 말하지만, 그것이 사망률이 낮아졌기 때문이라고 알려주지는 않는다. 즉, 보험료가 낮아진 이유가 유가족들이 보험금을 지급받을 확률이 낮아졌기 때문이다. 그러므로 보험가입자들의 평균 수명이 길어진 점을 감안하면, 부가보험료율이 과거보다 더 높아졌을 수 있다. 부가보험료율을 고려하더라도 보험가입금액이 낮은 현상에 대해서는 행동경제학이 설명할 수 있을 것이다. 즉, 많은 사람들이 소득수준이 낮은 젊은 시절에 정기보험에 가입한 후 세월이 흘렀지만, 나이에 걸맞은 보험(종신보험)으로 교체하지 않은 것이다. 이것은 또 하나의 현상유지 편향의 사례라고 할 수 있다.

개인연금⑬

⁝ 왜 개인연금에 가입하는가?

은퇴 후 얼마나 오래 생존하는지는 사람에 따라 다르다. 만약 국민연금 Social Security과 개인적으로 모은 비상금밖에 없는 사람이라면, 생존하는 동안 견딜 수 있는 수준의 소비(또는 소득)를 보장할 수 있는 보험을 구해야 한다. 만약 100살까지 높은 소비수준을 유지할 수 있을 정도로 부자라면 그런 보험이 필요 없다. 반면에, 중상中上 정도의 재산을 가진 사람이라도 매우 오래 산다면 원하는 수준의 소비생활을 평생 보장할 만큼 충분한 소득을 확보하기는 쉽지 않다. 그렇다면 어떤 방법이 있을까?

은퇴 후에도 그 이전의 소비수준을 유지하려면 자신이 보유한 재산을 어디에 어떻게 투자해야 할지를 잘 결정해야 하는데, 그런 문제는 투자 자문가를 찾아가 의논하는 것이 좋다. 투자 자문가는 자신의 고객이 사망할 연령의 분포를 알고 있고, 각 사망연령에 대하여 사망 시까지 얼마나 소비할지를 합리적으로 예측하는 모형을 가지고 있어야 한다.[14] 그러면 원금과 투자수익 중 얼마까지를 소비해도 안전한지를 계산할 수 있다. 그러나 조기 사망할 경우에는 소비하지 못한 자산을 남길 것이고, 대단히 오래 살 경우에는 말년에 소비수준이 매우 낮을 수밖에 없는 리스크를 감수해야 한다.

이상과 같이 복잡한 계획보다 나은 대안은 자신이 가진 재산의 일부로 즉시연금immediate annuity을 구입하는 것이다. 즉시연금이란 개인연금의 한 종류로서, 보험회사에게 일시불로 보험료를 지불하고 생존해 있는 기간 동안 매년(또는 매월) 일정 금액을 받는 보험계약이다. 그와 같은 연금은 예상보다 오래 살아서 가진 재산을 다 써버리고 생활비가 모자라게 되는 리스크에 대비하는 보험이다. 연금에 가입한 사람은 은퇴 후 곧 사망하여 재산상 손해를 볼 가능성이 있지만, 그 대신에 생존해 있는 동안에는 언제나 소비에 충당할 소득을 확보할 수 있다. 이자와 배당을 받는 투자와 비교하면 소비자는 매년 더 높은 소비수준을 유지할 수 있다. 물론, 무슨 일을 하건 리스크는 있다. 예를 들면, 연금 자문가가 추천한 포트폴리오가 실패할 수 있고 연금 회사가 파산할 수도 있다. 보다 안전한 자산이나 연금 회사를 선택하고, 그 대신 약간 낮은 기대수익률을 감수하면 이러한 리스크를 줄일 수 있다.[15] 사실, 많은 연금 회사들이 제공하는 개인연금 상품은 재무 증권으로서 가장 안전한 등급으로 평가받고 있다. 그러므로 개인연금이 지급불능이 될 확률은 매우 낮다.

그럼에도 불구하고 즉시연금에 가입하는 사람은 매우 적다. 모든 은퇴자들 중 단 1%만 즉시연금에 가입했다(Lieber 2010). 500개의 중견기업 및 대기업 출신들 중 확정기여형 퇴직연금인 401(k)를 보유한 은퇴자들을 대상으로 조사한 연구에 의하면, 고작 2~6%만이 즉시연금에 가입했다고 한다(Schaus 2005). 개인연금에 가입한 소비자들은 자신들이 원하는 소비수준에 비하여 작은 규모의 연금을 선택하는 경향이 있다. 설사 후손에게 유산을 남길 의도가 있고, 비상 시에 대비하여 재산의 일부를 유동성이 높은 자산으로 보유한다는 점을 감안하더라도, 합리적인 수준이라고 여겨지는 수준보다 훨씬 낮다.

이론적으로는 사람들이 은퇴하면 후손에게 유산으로 남길 부분과 보험에 가입되지 않은 리스크에 대비하여 적정한 수준의 유동자산으로 자신의 재산을 나누어야 한다. 보험에 가입되지 않은 리스크란, 예를 들면 주택의 지붕을 수리하거나, 요양원과 같이 메디케어가 보장하지 않는 건강 관련 지출 등이다. 그 나머지는 연금에 가입해야 한다(Yaari 1965). 또는, 안전하다고 생각되는 매년의 최소한의 소비 수준을 설정하고, 그것을 확보하기에 충분한 수준으로 연금에 가입할 수도 있다. 어느 방법이든지 은퇴 연령에 가까워진 사람은 상당한 수준의 연금에 가입되어 있어야 하지만, 실제로 그런 사람은 드물다. 국민연금이 유일한 은퇴 대책이고 수수한 규모의 집을 가지고 있는 사람들은 금전적 여유가 없어서 연금에 가입하지 못하는 경우가 많다. 그러나 중상 수준의 소득계층에 속하고 상당한 정도의 유동성 자산을 보유한 중노년층일지라도 연금에 가입하는 경우는 드물다. 이러한 현상을 변칙이라고 할 수 있을까?

얻는 것이 있으면 잃는 것도 있다

이 질문에 대한 답을 구하기 위하여 은퇴가 가까워진 사람이 직면하는 선택의 예를 생각해보자. 이 예에서는 각 대안의 얻는 것과 잃는 것이 무엇인지를 명확히 보여주기 위하여 가상적 숫자를 사용하였다. 65세된 사람이 국민연금과 확정급여형 퇴직연금으로부터 일정 수준의 소득을 얻고 있다고 하자. 또한, 그가 그 두 연금으로부터 일 년에 얻는 소득이 $40,000이라고 하자. 그리고, 그는 $500,000의 금융 자산을 보유하고 있다(집의 가치는 불포함). 다음 두 대안을 생각해보자.

'대안 1'은, 그의 금융자산을 안전한 포트폴리오에 투자하여 향후 35년 동안 매년 $30,000씩 받고,[19] 100세가 되면 포트폴리오가 소진되어 0이 되도록 하는 것이다. 만약 그가 100세까지 산다면 그는 매년 그만큼의 금액을 소비할 수 있다. 만약 그가 100세 이전에 사망하면, 그 포트폴리오의 나머지 부분은 유가족에게 상속된다. 만약 100세 이상 살면, 다른 형태의 도움이 필요한데, 아마도 가족이 될 것이다.

'대안 2'는, $500,000로 즉시연금을 구입하여 생존해 있는 동안 매년 $50,000씩의 소득을 얻는 것이다. 물론, 높은 소득에는 함정이 있다. 만약 그가 사망하면 연금 지급이 중단되고, 유가족에게는 아무것도 주어지지 않는다. 만약 어떤 사람이 연금에 가입한 직후에 사고로 사망하면 상속자들은 아무것도 받을 것이 없다.[20] 그들은 $500,000 전부를 잃는 것이다. 기대효용모형이라면 위험회피자에게 어떻게 하라고 하겠는가?

먼저 상속자들을 전혀 고려하지 않는 경우부터 생각해보자. 생존하는 동안 $50,000을 받는 대안 2가 100세까지 생존 시 매년 $30,000을 받고 그 이전에 사망하면 유산을 남기는 대안 1보다 나은 것처럼 보인다. 개인연금은 생존 시에 필요한 확실한 소득을 더 많이 지급한다. 개인연금을 관리하는 금융회사는 대부분의 경우 금융시장의 등락에 대비하여 포트폴리오를 안전하게 운용한다. 그러므로 개인연금에 가입하는 것이 개인적으로 주식이나 채권 포트폴리오에 투자하는 것보다 더 안전하다. 연금 회사도 재무적

---

19 (역주) $500,000을 안전한 포트폴리오에 투자하여 매년 $30,000씩 투자수익을 올린다면 연이율이 6%라는 것인데, 요즘과 같은 저금리 시대에 그런 투자대안을 구하기는 어렵다. 그렇게 하려면 이자와 배당을 받을 뿐만 아니라 원금도 조금씩 상환받아야 한다.

20 (역주) 우리나라의 개인연금은 대개 최소연금지급을 보장하고 있다. 개인연금 가입자가 연금지급 개시 이후 단기간 내에 사망하더라도 미리 지정된 사람에게 최소연금지급 기간 동안 연금을 지급한다. 그 기간은 10년이 가장 보편적이고, 20년이나 30년도 가능하다. 물론, 최소연금지급 기간이 길어질수록 1회분 연금 지급액이 줄어든다.

곤경을 겪을 수 있으므로 매년 $50,000의 소득이 절대적으로 보장되지는 않지만, 연금 회사들이 자금을 최대한 안전한 증권에 투자하기 때문에, 개인연금은 합리적으로 기대할 수 있는 가장 안전한 투자대안이다. 이러한 이유로 기대효용이론에 따르면, 위험회피적인 사람이 상속자들을 고려하지 않는다면 즉시연금을 구입하는 것이 최선이다.

다음으로, 상속자들의 소득을 자기 자신의 소득 못지않게 중시하는 경우를 생각해보자. 이 경우에는, 즉시연금을 구입하여 자신이 사망하면 상속자들의 몫이 없어질 리스크를 감수하는 것(대안 2)보다 자기 자신의 포트폴리오에 투자하는 것(대안 1)이 낫다. 만약 상속자들을 매우 중시한다면, 개인연금이 아니라 정기생명보험에 가입하여 매년 계약을 갱신하고, 그 나머지 돈은 상속자들을 위하여 안전하게 관리하는 것이 좋다. 그러나 은퇴자 중에 가족을 위한 이타주의자가 그리 많지 않은 현실에 비추어볼 때, 대부분의 사람들이 자신의 재산의 일부를 개인연금을 구입하는 데 사용할 것이라고 예상할 수 있다. 그러나 사람들이 실제로 구입하는 개인연금이 과연 기대효용이론이 예측하는 바에 부합할까?

사람들이 실제로 보유하고 있는 연금(개인연금 또는 퇴직연금)을 살펴보면 그 질문에 대한 대답은, 많은 사람들이 표준모형인 기대효용이론이 추천하는 것과는 상당히 다른 형태의 연금을 가지고 있는 것으로 보인다고 할 수 있다. 즉시연금에 가입한 사람은 은퇴자의 2%에 불과하다. 그러나 즉시연금 이외에 다른 방법으로도 퇴직 후 소득을 확보할 수 있기 때문에 이 수치에는 오해의 소지가 있다. 가장 명백하고 보편적인 방법은 사실상 모든 미국인이 가입하고 있는 국민연금이다. 만약 국민연금만으로 은퇴 후에 필요한 소득을 전부 충당할 수 있다면 개인연금에 가입할 필요가 없다. 또한, 종신보험은 일반적으로 해약하여 해약환급금을 받을 수 있고 또한 연금으로 전환할 수도 있다.

뿐만 아니라, 약 5천만 명의 근로자들이 퇴직연금을 보유하고 있는데, 그것은 대개 확정급여형DB이거나 확정기여형DC이다. 확정기여형 퇴직연금은 대부분 401(k) 계정의 형태를 가지고 있다. 확정급여형 퇴직연금은 확정

적인 연금소득을 지급한다(근로자의 생존 시까지).⓰ 확정기여형 퇴직연금은 총
지급액을 보장하지만, 매월 지급받는 연금소득은 시장의 상황에 따라 달라
진다. 확정급여형 퇴직연금은 퇴직 시에 즉시연금으로 전환할 수 있는 옵션
이 있지만, 그 옵션을 행사하는 사람은 드물다(2010년 7월, James Poterba와의 개
인적 대화에서).

⠿ 개인연금 시장에 변칙이 존재하는가?

상당히 큰 재산을 가지고 은퇴한 사람들 중에는 그들의 재산을 일부분
이나마 개인연금으로 전환해 둔 사람이 그리 많지 않다. 만약 은퇴 후의 소
비에 충당할 목적으로 재산을 축적했다면, 표준모형의 관점에서 보면 은퇴
자들의 대부분은 개인연금을 원래의 목적에 부합하도록 이용하지 않고 있
다. 포브스Forbes 지의 한 기사는 "더 많은 사람들이 즉시연금을 구입해야
한다"라고 결론을 내리고 있다(Barret 2010). 그것은 사실일까? 그렇다면, 왜?
가능성 있는 하나의 설명은, 사람들이 기대효용이론에 입각하여 행동하
고 있는데 개인연금의 부가보험료율이 너무 높아서 매력 있는 대안이 되지
못한다는 것이다. 그러나 이 설명은 사실이 아닌 것으로 보인다. 사실, 평균
적인 기대여명을 가진 사람의 경우, 개인연금의 부가보험료율은 개인연금의
보험료를 투자했을 때 벌 수 있는 수익을 감안하여 계산해보면 약 20% 정
도다(Mitchell et al. 1999). 개인연금을 구입한 사람들의 수명은 전 국민의 평균
수명보다 길기 때문에 개인연금의 부가보험료율은 10%대가 될 가능성이 높
다. 설사 평균수명보다 일찍 사망하더라도 개인연금을 구입한 후 몇 년 안
에 사망하지만 않는다면 개인연금의 부가보험료율은 표준모형의 부가보험
료율보다 낮다. 이러한 장점이 있기 때문에 위험회피형의 사람에게는 개인
연금이 매우 매력적이어야 한다.⓱
사실, 합리적 수준의 위험회피도를 가진 사람에게는, 최선의 다른 금융
투자에서 얻는 효용증가와 비교하면, 개인연금을 구입하여 얻는 효용증가가
부가보험료율을 상쇄하고도 남음이 있다(Mitchell et al. 1999). 물론, 개인연금

을 선택하면 보험사의 사업비를 부담해야 하고, 연금회사들이 저위험·저수익 증권에 투자하기 때문에 기대 수익률이 약간 낮은 편이다.**⓲**

가능성 있는 또다른 설명은, 저위험자가 시장에서 구축驅逐되는 역선택21 현상이 발생했다는 것이다. 연금시장에 역선택 현상이 존재한다는 실증적 증거가 있다. Amy Finkelstein and James Poterba(2004)의 영국의 의무가입 및 임의가입 연금시장에 관한 일련의 연구에 의하면, 기대 여명이 짧은 사람들은 자발적으로 연금을 구입할 확률이 낮고, 설사 그들이 연금을 구입했다 할지라도, 은퇴 후 이른 시기에 큰 금액을 받는 옵션을 선택했다고 한다. 그럼에도 불구하고, Mitchell 등의 1999년 연구에 의하면 역선택 현상을 감안하고 기대여명이 긴 사람들을 대상으로 조사하더라도 개인연금 가입률이 합리적인 수준보다 훨씬 낮다. 역선택 현상이 발생되면 시장규모가 축소되는데, 현실의 개인연금 시장은 그 정도가 지나치게 심하다.

⁞ 변칙 발생의 원인

개인연금 가입률이 낮은 것은, 사람들이 고령이 되었을 때 높은 소비수준을 유지하려고 준비하지 않고, 은퇴 시에 보유한 자산으로는 모자랄 정도로 오래 살 경우에 대비하지도 않는다는 것을 의미한다고 할 수 있다. 그렇다면 그들은 무슨 생각을 하는가? 사람들이 개인연금에 잘 가입하지 않는 이유에 대한 비공식적인 대안 모형들도 별로 그럴듯해 보이지 않는다. 어느 누구도 자신이 90살 넘어서 까지 살지 않을 것이라고 확신할 수 없다. 사실, 사람들은 대부분 자신이 드문 확률을 깨고 매우 오래 살기를 원한다. 만약, 어느 사람이 20대 때 그랬던 것처럼, 영원히 살 것이라고 느낀다면 개인연금에 가입하는 것이 무엇보다 더 합리적이다. 개인연금 구입 의사결정은 대개 퇴직연금이나 국민연금의 적절성을 따져보는 시기인 은퇴 즈음에 이루어지기 때문에, 미래의 소득 및 지출을 계획하는 문제와 관련하여 대단

---

21 (역주) 역선택은 정보비대칭 때문에 악화(惡貨)가 양화(良貨)를 구축(驅逐)하는 현상이다.

히 중요한 사항이다.

만약 사람들이 생애의 소비를 평탄화smoothing하는 것 이외에 다른 목적이 있거나, 다른 재산을 보유하고 있거나 또는 개인연금을 구입하는 데 제약이 있다면 개인연금 가입률이 낮은 것이 기대효용이론과 일관성이 있을 수 있다. 상당한 재산을 보유하고 있고, 아울러 확정된 금액의 국민연금과 퇴직연금을 받는 사람이라면 개인연금 가입으로부터 큰 효용을 추가로 얻지는 못할 것이다. 또한, 부가보험료에 고정비용의 요소가 있다면 작은 금액의 개인연금은 비용 면에서 효율적이지 못하다. 다른 극단으로, 만약 어떤 사람이 큰 금액의 확정급여형 퇴직연금을 수령하거나 큰 재산을 보유하고 있다면, 그리고 위험회피도가 그리 높지 않다면, 개인연금에 가입하여 합리적 소비 수준을 확보할 필요성이 적을 것이다.

국민연금과 마찬가지로 메디케이드Medicaid도 개인연금의 필요성을 부분적으로 상쇄시킨다. 물론, 재산이 많은 사람은 메디케이드의 대상이 아니다. 그러나 개인연금을 구입하지 않은 상태에서 인생의 말년에 보유한 재산을 다 써버리고 없다면, 그 시점에 메디케이드가 제공하는 보호로는 개인연금에 가입할 수 없고 장기요양보험에 가입할 수도 없다. 역설적이게도, 메디케이드가 제공하는 의료복지의 수준이 낮은 것이 퇴직 후 이른 시기에 "공적 보호"의 대상이 되는 것을 방지하기 위한 재산 축적을 촉진하고(Ameriks et al. 2001), 나중에 재산이 소진될 무렵에는 장기요양보험 가입의 필요성을 줄여준다(Brown and Finkelstein 2007, 2008).22

앞에서 언급한 바와 같이, 유산을 남기기를 원하는 사람에게 조기 사망은 개인연금의 가치의 일부를 잃게 하는 결과를 초래한다. 그러므로 유산을 남길 의지가 강한 것이 개인연금 가입률이 저조한 이유의 하나가 된다. 또한, 개인연금은 노령자를 돌보는 문제에 관한 가족 간 협상을 방해할 수 있

---

22 (역주) 개인연금에 가입하지 못한 사람이 인생의 말년에 가진 재산을 거의 다 소진했을 때, 아픈 몸을 의탁하기 위하여 장기요양보험을 구입해야 한다면 그나마 남은 약간의 재산을 다 써야 하거나, 아예 구입할 수도 없어서 생활보호 대상이 되어 열악한 인생 말년을 맞이해야 할 딱한 처지가 된다. 이때, 메디케이드가 그의 딱한 사정을 조금이나마 해소해 준다는 의미다.

다. 즉, 은퇴시기를 앞둔 노인은 자식들에게 다음과 같이 제안할 수 있다. "만약 내가 혼자 살다가 90살이 되면 내가 가진 재산을 다 소진할 텐데, 너희들 중에 그 이후에도 나를 돌봐주겠다고 약속하는 사람을 상속자로 지명하겠다."[23] 그렇게 하지 않고 Menahem E. Yaari(1965)가 제시한 모형에 따라 생명보험(종신보험)을 구입하거나 이른 시기에 자식들에게 재산을 증여하면, 자식들의 도움이 가장 필요한 인생의 말년에 자식들에 대한 통제력을 상실하게 된다.

다른 설명들

개인연금 회사보다 자신이 투자를 더 잘 할 수 있다고 믿는 사람은 개인연금에 가입하지 않을 수 있다. 스스로 자신의 투자 포트폴리오를 관리하는 사람은 흔히 자신의 투자능력을 과신하여 개인연금을 구입하지 않는다. 더욱이, 백만장자가 재산의 대부분을 개인연금에 가입한다면, 재산과 현금흐름이 동등하다는 이론이 있음에도 불구하고, 유동자산의 대부분을 상실하는 것을 수용하기 힘들어 할 수 있다.

소비자 인식 조사로부터 도출된 유사한 설명이 있는데(Brown et al. 2008), 그것은 개인연금에 가입한 후 일찍 사망하면 재산을 잃는 결과가 된다는 염려가 개인연금을 구입하는 데 있어서 가장 큰 걸림돌이라는 것이다. 이러한 의견을 가진 사람에게는 개인연금에 가입하는 것이 일종의 도박이 된다. 즉, 개인연금에 가입한 후 오래 살면 돈을 따는 셈이고, 일찍 사망하면 돈을 잃는 셈이다.

이러한 행동을 보다 면밀히 조사해보려는 시도가 있었다. 한편으로, 개인연금 가입의 행태가 합리적이라는 사실을 보여주는 연구가 있다. 즉, 조기 사망할 가능성이 낮거나(Schultz and Post 2010), 재산관리에 보다 능숙하거

---

23 (역주) 그가 은퇴 후 일정 시기부터 자식들과 함께 살면 생활비가 절약되어 90살이 되어도 그의 재산을 다 소진하지 않을 것이라는 뜻이다.

나, 퇴직연금을 많이 받는 사람이(Inkmann, Lopes, and Michaelides 2011) 보다 적극적으로 개인연금에 가입한다는 것이다. 그러나 개인연금 가입은 무작위적이 아니라, 적어도 미국에서는 평균 가입률이 여전히 불합리하게 낮은 것으로 보인다.

다른 한편으로, 개인연금 가입에 관한 소비자의 의향은 프레이밍framing과 현상유지 편향의 영향을 받는다는 연구가 있다(Benarzi, Previtero, and Thaler 2011; Brown et al. 2008). 그러나 이 주장이 옳다면, 중산층을 위한 재무설계 시장이 충분히 경쟁적인데도 불구하고 왜 개인연금을 판매하는 금융회사들이 개인연금을 구입했을 때의 소비 평탄화 효과를 강조하지 않고 투자 대안 선택 문제라는 프레임으로 몰고 가는지가 의문이다.

여기서 가장 안전한 결론은 개인연금 수요자들의 행동이 자연재해로부터의 손해를 줄이기 위한 수단에 투자하기를 꺼리는 성향과 유사한 행태의 변칙이라고 하는 것이다. 사람들은 손해를 막아주는 수단에 대한 투자 의사결정에서 매우 근시안적인 태도를 보여준다. 즉, 당장의 투자비용을 크게 인식하고, 몇 년 후에 입을 가능성이 있는 손해의 기댓값을 작게 인식한다는 것이다. 예를 들면, 사람들이 65세에 은퇴할 때 은퇴 후 단지 몇 년 간의 기간만 고려하기 때문에, 재산의 큰 몫을 따로 떼어 은퇴 후의 긴 시간의 삶에 대비하는 사람이 드물다. 그들은 자신이 70대, 80대, 90대의 삶을 살 수 있다는 사실을 고려하지 않고, 그 나이의 삶에 대비하는 투자의 비용·편익 비율을 1 이하로 생각한다. 이와 같은 유형의 근시안적 행동은 표준모형인 기대효용이론에 어긋난다. 시간적 시야가 짧은 사람들은 평균적 시야를 가진 사람들에 비하여 개인연금에 가입할 확률이 낮다는 실증적 증거가 있다(Brown 2001).

⁝ 개인연금 구입에서의 변칙 극복하기

대부분의 사람은 개인연금에 가입하지 않는다. 그러한 행동은 시장의 다음 두 가지 특징을 반영하는 것으로 생각된다.

- 은퇴시기에 가까워진 사람들은 재무 계획에 대한 토크쇼, 웹사이트 및 설명회가 많음에도 불구하고, 개인연금 상품의 장점을 잘 알지 못하고, 상세한 정보를 스스로 찾아보려 하지도 않으며, 별 관심도 없다.
- 사람들은 종종 근시안적이고 손실회피적이며 자신의 투자 능력을 과신하는 경향이 있다. 그래서 은퇴 후에도 자신의 재산을 스스로 관리하려는 경향이 있다. 자신이 내일 죽을 수 있고, 그 결과 개인연금에 가입하여 납부한 보험료가 무위로 돌아갈 가능성은 염두에 두지만, 자신이 매우 장수할 수 있고, 그 긴 기간 동안의 소비에 충당할 재원이 필요하다는 점은 고려하지 않는다.

만약 이상과 같은 시장 상황이 사람들이 개인연금에 가입하지 않는 주요 이유라면, 장수할 경우에 매우 높은 수익률을 얻을 수 있는 개인연금의 장점과 매력에 대하여 보다 정확하고 상세한 정보를 제공하는 것이 가장 좋은 해결책이다. 재무상담사가 은퇴자들로 하여금 개인연금을 구입하도록 하려면 먼저 그들이 현재 가지고 있는 것보다 더 설득력 있는 시나리오를 만들어야 한다. 특히, 그 시나리오는 개인연금에 가입하지 않은 채로 예상보다 오래 살게 되면 재무적 보호가 없어서 소비수준을 상당히 낮출 수밖에 없다는 사실을 강조해야 한다.

요약

수요측면의 변칙은 다음 세 범주로 나눌 수 있다.

- 범주 1: 과소가입. 보험료는 적절하지만 가입률이 낮거나, 가입하더라도 가입금액이 낮음. 예를 들면, 주택 소유자들은 재난을 당하기 전에는 자발적으로 재난에 대비한 보험에 가입하지 않는 경향이 있다. 또한, 재난을 당한 후 재난보험에 가입한 사람들은 그 후 수년간

재난 피해를 입지 않으면 보험을 해약하거나 중단하는 경향이 있다. 정부로부터 보험료를 보조받거나, 예상 피해금액이 자신이 보유한 재산으로 감당하기 어려울 정도로 클 경우에도 여전히 그러한 경향이 있다.

- 범주 2: 과잉가입. 보험료가 비싸지만 가입률이 높음. 이 경우에 해당되는 대표적 사례는 렌터카 보험과 가전제품과 내구재에 대한 품질보증이 있다. 또한, 극단적으로 위험회피적이지 않다면 자기부담금을 높이는 것이 경제적으로 낫지만, 많은 소비자들이 낮은 자기부담금을 선택하는 것도 이 범주에 해당된다.
- 범주 3: 보장범위를 잘못 선택함. 매우 낮은 확률로 발생하는 질병이나 사고(암, 비행기 추락 등)를 보장하는 보험에 가입함으로써 보험을 도박으로 만들어버리는 사람들이 있다. 또다른 예로는, 생명보험의 경우 부가보험료가 적절한 수준임에도 불구하고 가계의 소득수준에 비하여 가입금액이 지나치게 낮은 경우가 많다.

본 장에서는 이상의 세 가지 범주에 해당되는 현실의 사례를 소개했다. 많은 사람들이 표준 모형에 어긋나는 행동을 하고 있다는 것이 사실이므로, 소비자들이 어떻게 의사결정을 하는지에 대한 이해를 높일 필요가 있고 또한 이와 같이 흔히 발생하는 오류를 바로잡기 위하여 정부가 어떻게 시장에 개입하여야 할지에 대하여 생각해 볼 필요가 있다.

제7장의 부록

⋮ 단체 암보험 계약의 부가보험료율 계산

애플랙의 단체 암보험의 평균 지급보험금 규모를 추산하려면 다양한 자료를 참고해야 한다. 질병통제예방본부Center for Disease Control and Prevention에 따르면, 암 진료를 위하여 입원하는 기간은 평균 7일이다(CDC 2006). 1일 입원 의료비를 $300이라고 가정하면, 애플랙의 암보험이 지급하는 암 1회 진료 당 보험금은 $2,100이다. 그 밖의 다른 비용에 대한 추산은 2004년 *Journal of Clinical Oncology*(JCO)에 실린 논문에서 인용했다(Chang et al. 2004). 애플랙의 암보험은 화학요법과 방사선 요법에 대하여 1일 $300의 보험금을 월간 $2,400을 한도로 지급한다. JCO의 논문에 의하면, 그러한 의료비가 연간 약 $7,200이다. 월간 한도와 연간 평균 의료비를 비교해보면, 만약 암 진료 기간이 평균 3개월 미만이라면 연간 의료비가 과대 추정되었다고 할 수 있으나, 이 추정치를 인용한다. 또한, 애플랙의 암보험은 수술에 대하여 최고 $5,000을 보상하지만, JCO의 논문에 의하면 월간 평균 수술비가 $844이고, 연간 수술비는 $10,000이 넘는다. 그러므로 수술에 대한 보상 한도를 $5,000로 가정한다. 마지막으로, 애플랙의 암보험은 보험가입자가 암에 걸렸다는 판정을 받으면 검진 비용이 얼마인지에 관계없이 $5,000을 지급한다.

비록 이것이 애플랙의 암보험이 1년간 보상하는 금액에 대한 정확한 추정은 아닐지라도, 그 보험계약의 가치를 평가해보는 시도로서는 의미가 있다. 이상의 비용을 모두 합하면 애플랙의 암보험은 계약당 연평균 $19,300을 보험금으로 지급한다.[19] 연간 평균 암 진단을 받을 확률이 0.4%(또는 1/250)라고 하면, 계약당 연간 평균 지급 보험금은 $77이다. 연간 일인당 보험료가 $408이므로, 보험료의 19%만이 보험금으로 지급된다. 즉, 부가보험료가 매우 높다. 그러므로 그 보험에 가입할 정당한 이유를 찾기 어렵다.

CHAPTER 8
보험 공급의 서술적 모형[1]

　　보험 공급의 표준모형은, 경쟁적인 보험사들은 그들이 담보하는 리스크의 발생 확률과 손해금액을 알고 있으며, 그 정보를 기초로 보험료를 산정한다고 가정한다. 또한, 손해확률과 손해금액에 대한 정보가 수정되면 별 노력과 비용을 들이지 않고 보험료를 변경할 수 있다고 가정한다. 보험사가 만약 자금이 필요하다면 설사 대형 손해를 본 직후라도 자본시장에서 경쟁적인 이자율로 자금을 조달할 수 있다고 가정한다. 또한, 보험사에 자금을 공급하는 투자자들은 잘 분산된 포트폴리오를 소유하고 있다고 가정한다. 손해가 서로 독립적으로 발생하기 때문에 대수의 법칙이 잘 작동하여 예상치 못한 큰 손해가 발생할 가능성이 별로 없고, 보험사가 지급불능이 될 가능성도 매우 낮다.

　　이와 같은 이상적인 세계에서는, 보험사는 고객에 대한 정확한 정보를 가지고 있고 기대 이윤을 극대화하도록 행동한다. 이러한 모형 하에서는 소비자들이 구입할 의사가 있는 사실상 모든 보험을 보험사들이 자발적으로 제공하게 된다. 보험사가 부과하는 보험료는 보험금 지급액의 기댓값과 부가보험료를 합한 금액이 되고, 그 결과 보험사의 주인(주주)은 다른 사업에 투자했을 때 얻을 수 있는 만큼의 이익(정상이윤)을 얻게 된다. 보험산업이

---

1 (역주) 제8장의 제목은, 전통 경제학에 기반을 둔 표준모형이 규범적 모형(prescriptive model)임에 비하여, 행동경제학에 기반을 둔 모형은 서술적 모형(descriptive model)이라는 의미를 담고 있다. 규범적 모형은 공리(axiom)에서 연역적으로 도출된 정리(theorem)이고, 서술적 모형은 현실에서 발생하는 여러 현상들을 관찰하여 공통점을 찾아 귀납적으로 도출한 모형이다.

사용하는 자본은 세계 금융시장이 보유한 총 자본의 매우 작은 부분에 불과하므로, 보험사가 직면하는 자본의 공급곡선은 수평선이다. 즉, 보험 상품의 수요가 변화하거나 보험사가 추가적인 자본을 필요로 하더라도 보험의 공급가격(보험료)에는 별 영향이 없다는 것이다.

보험사가 표준모형과 다르게 행동하는 이유

그러나 현실은 그렇지 않다. 보험사의 행동은 여러 가지의 이유로 표준모형과 다르다. 그것이 이 장에서 상세하게 살펴볼 주제다.

제5장에서 자동차보험과 건강보험의 예를 들어 설명한 바와 같이 정보의 불완전성은 역선택과 도덕적해이를 불러일으킨다. 역선택이란, 저위험자는 자신의 기대손해액에 비하여 보험료가 너무 높아서 보험가입에 소극적으로 되는 현상으로서, 그 결과 고위험자들이 주로 보험에 가입하게 된다. 도덕적해이란, 보험에 가입한 사람은 가입하지 않은 사람보다 사고 발생을 억제하려는 노력을 적게 하여 사고를 일으킬 확률이 높아지는 현상으로서, 그 결과 보험가입자 전체의 평균 보험료가 인상된다. 비록 이러한 현상이 바람직하지 않고, 이상적인 경쟁시장 모형의 예측에 어긋나는 현상이지만, 보험의 수요자와 공급자 사이에 정보비대칭이 존재한다는 사실을 반영하여 수정한 표준모형의 예측과 일치한다.

반면에, 흔히 관찰되는 보험사의 또다른 행동 중에는 보험 공급의 표준모형의 예측과 불일치하는 것도 있다. 그것은 보험사들이 종종 위험회피자인 것처럼 행동하는 것이다. 또한, 자기자본을 추가로 조달하려 하면 자기자본 비용이 상승한다.[2] 준비금을 고갈시킬 정도로 보험사가 큰 손해를 입

---

2 (역주) 보험 공급의 표준모형에 따르면, 보험사들은 다수·동질의 상호 독립적인 리스크를 인수하기 때문에, 즉 보험사가 보험계약 포트폴리오를 대수의 법칙에 위배되지 않도록 관리하기 때문에 위험 중립적이어야 하고, 자본시장이 효율적이기 때문에 자기자본을 추가로 조달하더라도 자기자본 비용이 달라지지 않아야 한다.

은 직후에 이런 현상이 흔히 발생한다. 다음 장에서 구체적인 예를 가지고 이 같은 현상에 대하여 보다 상세히 논할 것이다. 본 장에서는 보험사들이 보험 공급의 표준모형에서 벗어나는 행동을 하게 되는 보험사의 특성과 제도적 구조를 살펴본다.

∶ 주주의 역할

보험사의 경영자들과 보험사에 자본을 제공하여 기업에 대한 공식적인 통제권을 가지고 있는 투자자들 사이의 관계는 많은 사람들이 관심을 나타내는 주제다. 경영자는 기업이 직면하고 있는 상황에 대하여 외부의 투자자들보다 더 정확한 정보를 가지고 있다. 제5장에서 논한 바와 같이, Bruce Greenwald와 Joseph Stiglitz는, 기업의 이익이 증가하면 경영자가 보상을 받고, 기업이 지급불능 상태가 되면 경영자가 퇴출되거나 명성에 손상을 입기 때문에, 경영자는 마치 위험회피자인 것처럼 행동한다고 했다(Greenwald and Stiglitz 1990). 본 장에서는 이와 같은 경영자의 행동이 보험사의 의사결정에 미치는 영향이 무엇인지를 파악하고자 한다. 만약 경영자의 이 같은 행동을 주주들이 통제하지 못하면 기업은 위험회피자인 것처럼 행동하게 된다. 그러면 경영자는 주주들이 원하는 수준보다 높은 수준의 준비금을 보유할 것이고, 보험사의 이윤은 극대화되지 못한다.

보험사의 포트폴리오가 서로 독립적인 리스크들로 구성되었을 때보다 상관관계가 높은 리스크들로 구성되어 있을 경우에 주인과 경영자의 목적 불일치가 더 심각하게 문제가 된다. 보험사의 포트폴리오가 상관관계가 높은 리스크들로 구성되어 있다면 보험사가 큰 손해를 입어 지급불능이 될 확률이 높아진다. 이 같은 상황이 발생하면 보험사의 경영자는 지급불능이 될 위험을 낮추려고 준비금과 자기자본을 확충하려 할 것이다. 그러한 행동은 소비자에게 제공하는 보험의 원가를 상승시키고 보험사의 이윤을 낮춘다. 투자자들은 흔히 그러한 사실에 대한 정보를 가지고 있지 못하고, 따라서 경영자에게 그에 대하여 책임을 물을 수도 없다.

일반적으로 큰 사고와 재난은 발생할 확률이 낮다고 알려져 있다. 그러나 소비자들과 달리 주state나 국가 전체를 대상으로 사업하는 보험사의 관점에서 보면 그러한 사건이 짧은 기간 내에 집중적으로 발생하는 경우가 많다. 예를 들어, 내년에 플로리다 주에 대형 태풍이 발생하여 손해보험 산업에 100억 달러 이상의 손해를 끼칠 확률이 1/6이라는 연구조사가 있으면, 보험사들은 그것을 진지하게 받아들여야 한다. 이것은 주사위를 던져 3이 나올 확률과 같다. 낮은 확률이 아니다. 만약, 플로리다 주의 인구가 일정하다고 가정하고 관찰 시간을 1년에서 10년으로 늘리면, 그와 같거나 그보다 큰 규모의 재난이 한 번 이상 발생할 확률은 5/6 이상이 된다.❶ 해변 지역의 부동산 개발이 활발하게 진행되고 있고 지구 온난화로 태풍이 더 자주 발생하는 추세를 감안하면, 향후 10년 사이에 100억 달러 이상의 피해를 주는 태풍이 적어도 한 번 이상 발생한다고 거의 확신할 수 있다(Kunreuther and Michel-Kerjan 2009).

만약 재난의 종류를 모든 자연재해로 확대하고 표본 지역을 전 세계로 확대한다면 '낮은 확률의 재난'에 대한 정의를 수정해야 한다. 즉, 내년에도 기후 관련 재난을 경험할 가능성이 매우 높다. 보험사의 보험계약 포트폴리오가 특정 지역에 집중되어 있다면 한정된 지역에 대형 피해를 입히는 재난은 보험사에게 재앙이 될 수 있다. 보험사가 보험계약 포트폴리오를 보다 넓은 지역으로 분산하면 위험단위exposure unit당 평균 보상액의 예측 범위를 좁힐 수 있다.

이와 같이 위험분산diversification은 보험산업을 보다 효율적으로 작동하게 한다. 즉, 잘 분산된 보험계약 포트폴리오를 보유한 보험사는 대형 재난이 발생하더라도 당황하지 않는다. 그러나 대형 재난의 발생 확률이 높아지면 그에 대비한 준비금의 규모 또한 커져야 한다. 기업평가 회사들 또한 보험사가 현재의 평가 등급을 유지하는 데 필요한 준비금의 기준을 높여 보다 많은 준비금을 보유하라고 요구할 것이다.

⦂ 소유와 경영의 분리의 원인

자신의 개인적 목적을 추구하는 경영자가 운영하는 기업은 주주들이 원하는 바를 경영에 반영하는 기업과 다른 행태를 나타낸다. 그렇다면 왜 소유와 경영이 분리된 기업이 존재하는가?[3] 왜 주주를 대표하는 주식회사의 이사회가 보험사의 파산확률을 높이는 방향으로 보험료를 결정하려는 사람들로 경영진을 구성하는가? 만약 경영자가 투자자의 이익을 극대화하도록 기업을 경영하지 않는다면, 주가가 하락하고 기업이 인수·합병될 위기에 처하며 경영진이 퇴출되어야 하지 않을까?

이 질문에 대한 하나의 답변은, 경영자와 투자자(주주) 사이에 정보비대칭이 존재하기 때문에 사업 현장에서의 경영 의사결정이 경영자의 의도에 따라 이루어진다는 것이다. 또다른 답변은, 경영자로 하여금 모험을 하게 하려면 높은 급여를 주어야 하는데, 그 결과 고위험-고수익 투자대안으로부터 얻은 수익의 상당 부분이 불확실한 급여수준과 불확실한 미래의 경력이라는 리스크를 감내한 위험회피형의 경영자에게 보상으로 주어지기 때문이라는 것이다. 물론, 잘 분산된 포트폴리오를 보유하지 않고 특정 기업에 집중 투자하고 있는 투자자라면 경영자에게 위험중립적으로 행동할 것을 요구하지 않을 것이다.

이제 소유와 경영의 분리 및 경영자의 목적이(그리고, 다음 절에서는 현행 주정부의 보험산업 규제가) 변칙적으로 보이는 보험사의 행동을 설명할 수 있는지를 검토해보자. 보험사의 경영자는 특정한 리스크에 대한 보장을 제공하기 위한 보험료 수준과, 그 보험료 수준에 대응하는 보장 범위라는 두 가지의 의사결정을 내려야 한다. 그리고 보험사는 보험 공급 측면에서 순수한 경쟁

---

3 (역주) '소유와 경영의 분리(separation of ownership and control)'는 포트폴리오 이론의 정리 (定理) 중 하나로서, 기업의 위험분산(risk diversification)은 주주들이 잘 분산된 포트폴리오(well diversified portfolio)를 보유함으로써 충분히 달성할 수 있으므로, 경영자는 위험분산에 신경 쓰지 말고 위험 중립적으로 행동하여 기업가치의 극대화(또는, 기업이윤의 장기적 극대화)를 추구해야 한다는 것이다. 이는 포트폴리오 이론의 가장 중요한 시사점 중 하나이다. 포트폴리오 이론은 미시경제학 및 보험의 표준모형과 일관성이 있고, 행동경제학과는 불일치하는 점이 있다.

적 환경 하에 있다고 가정한다. 그러나 경영자가 위험회피적으로 행동하는 Greenwald-Stiglitz의 세계에서는, 만약 정보를 충분히 보유하지 못한 주주와 투자자들이 보험사를 소유하고 있다면, 경영자가 보험사의 지급불능 가능성 및 다른 요인에 신경을 쓰기 때문에 보험사는 이윤을 극대화하지 못하게 된다. 보험사의 경영자는 일반적으로 어떻게 행동하고, 그것이 보험 공급에 미치는 영향은 무엇일까?

⦂ 경영자의 위험 회피 및 모호성 회피

보험사의 경영자는 자신의 급여의 변동에 대하여 위험회피적이고, 기업의 지급불능에 따른 법적 소송 또는 합의settlement에 비용이 발생하지 않는다고 가정하자. 보험사가 준비금보다 많은 보상금을 지급하게 되어 지급불능 상태에 빠진다 하더라도 주주들은 자신의 포트폴리오의 작은 부분을 잃을 뿐이다. 그러나 경영자는 회계기간 말에 받을 보너스의 큰 부분을 잃게 된다.

기업이 치러야 할 비용을 줄이기 위하여, 즉 기업의 지급불능 가능성을 낮추기 위하여, 보험사의 경영자는 기업가치를 극대화하는 수준보다 높은 보험료를 부과하려 할 것이다. 보다 직설적으로 표현하면, 보험사의 경영자는 직위를 잃거나 보너스와 월급이 낮아질 가능성을 줄이기 위하여 보험료를 기업가치를 극대화하는 수준보다 높게 설정할 것이다. 그 결과 준비금이 적정수준보다 높아진다. 또한, 보험사의 경영자는 기업 가치를 높이지만 기업의 지급불능 확률도 높이는 보험계약을 거절할 것이다.❷

문제는 대부분의 경우 보험사의 주인(이사회가 대표하는 주주)이 경영자에 비하여 보험사가 직면한 리스크에 대한 정보가 부족하다는 것이다. 그러므로 그들은 경영자가 보험료, 준비금 수준 및 보장범위에 대하여 내리는 의사결정을 제대로 평가할 수 없다. 즉, 주주와 주식시장은 일반적으로 기업이 낮은 성과를 낸 원인이 부실한 경영 때문인지 또는 불운 때문인지를 구분할 수 없다. 그러므로 주주들은 그 원인이 무엇인지를 불문不問하고 기업의 성과가 낮으면 경영자를 문책한다. 그에 대한 경영자의 대응전략은 높은 비용을 감수하고서라도 기업이 지급불능에 빠지지 않도록 준비금 보유 수준을 높이는 것이다.

얼마의 보험료를 부과하고 어느 범위의 보장을 제공할지를 결정함에 있어서 보험사는 잠재적 고객의 반응도 고려해야 한다. 예를 들면, 보험료를 인상하면 보험료가 너무 비싸다고 생각하여 보험을 해약하고 무보험으로 견디려 하거나, 보다 나은 조건을 제시하는 다른 보험사를 찾아가는 고객들이 생겨난다.

만약 보험시장이 경쟁적인 경우, 보험사의 경영자가 준비금을 고객들이 원하는 수준보다 높게 보유하고, 그에 따른 거래비용을 보험료에 전가하여 보험료가 높아진다면, 증가된 보험료로 인하여 보험사의 총 수익이 감소할 것이고, 기대 이윤 또한 감소할 것이다.❸ 경영자가 준비금을 얼마나 많이 보유하여 기대 이윤을 얼마나 감소시킬지는 의사결정을 하는 경영자의 위험회피 정도에 달려있다.

또한, 보험사의 경영자는 모호성을 회피하려 한다. 즉, 그들은 손해발생 확률의 불확실성을 싫어한다. 이러한 경향을 보여주는 역사적 사례가 있다. 90여 년 전, 당시를 대표하는 두 명의 경제학자인 John Maynard Keynes와 Frank Knight는 확률분포를 정확히 측정할 수 있는 경우와 발생 확률을 잘 알지 못하는 경우를 구분하였다(Keynes 1921; Knight 1921). 사람들은 결과에 대한 불확실성이 클수록 더 많이 염려한다는 사실을 두 경제학자 모두 지적했다.

Daniel Ellsberg(1961)는 40년 후에 그와 관련된 유명한 실험을 했는데, 그 실험은 확률이 알려지지 않은 도박보다 알려진 도박에 돈을 걸기를 선호한다는 사실을 보여주었다. 이 발견은, 기대효용이론의 공리 중 하나인 '관련 없는 대안의 독립성independence of irrelevant alternatives'을 위배한 것으로서, 기대효용이론의 옹호자들로 하여금 자신이 옹호하는 이론에 위배되는 선택을 하도록 유도함으로써 이 분야의 연구에 큰 영향을 끼쳤다.

보험의 예를 들면, 보험계리사와 언더라이터는 과거의 데이터로는 손해 확률을 정확히 알 수 없을 때 자신의 주관적 견해를 반영하는 주먹구구를 사용한다. 태풍 때문에 뉴올리언즈의 주택이 입는 피해를 보장하는 보험의 보험료를 계산하는 문제를 생각해보자.

보험계리사들은 태풍으로 인한 연간 기대손해액을 계산하기 위하여 여러 가지 강도의 태풍의 발생 확률에 대한 최선의 추정치를 사용한다. 언더라이터가 부과할 보험료를 추천할 때 보험계리사들은 태풍의 발생 확률에 대한 모호성과 그 결과 발생할 손해에 대한 불확실성을 반영하여 앞서 추정한 기대손해액을 인상하는 방향으로 조정한다. 보다 구체적으로 말하면, 모호성이 없는 리스크의 보험료가 z라면, 보험계리사가 추천하는 보험료는 $z' = z(1+a)$가 된다. 여기서, a는 리스크에 대한 모호성을 반영하는 지표다(Kunreuther 1989).

언더라이터들은 적절한 보험료를 계산하기 위하여 먼저 보험계리사가 추천한 보험료를 기준점으로 하고, 주요 재난의 영향으로 보험사가 지급불능이 되거나 특정 수준 이상의 당기순손실을 기록할 확률을 감안한다. 자신을 고용한 보험사가 거대 손해를 당하면 언더라이터 자신이 직장을 잃을 가능성이 있음을 염두에 두고 있기 때문에, 보험사가 지급불능이 될 확률을 일정 수준 이하로 유지하도록 보장 범위를 제한한다. 1973년에 매사추세츠 주의 보험감독원장인 제임스 스톤은 보험사의 언더라이터가 특정한 리스크를 인수할 조건을 갖추려면[4] 보험사의 기대 이윤을 극대화하려 하지 말고 보험사의 예상 파산확률을 특정 수준(p^*) 이하로 유지하는 데 초점을 맞추어야 한다고 했다(Stone 1973). 보험사의 언더라이터들에게 문의해본 바에 의하면, 그들은 아직도 이러한 '안전제일' 모형을 그들의 업무지침으로 삼고 있다고 한다.❹

손해발생 확률이 모호할 때 보험소비자들은 보다 높은 보험료를 낼 의향이 있을까? 만약 그렇다면 그들은 보험료가 높더라도 보험을 구입할 것이다. 그렇지 않다면, 사고발생 확률이 모호하다는 이유로 보험계리사가 보험료를 높게 설정한 보험상품의 구입을 줄일 것이다. 물론, 만약 보험계리사가 추천한 보험료가 보험사의 기대 이윤을 극대화하는 보험료 수준보다 높

---

4 (역주) 즉, "보험감독원으로부터 리스크를 부적절하게 인수했다는 지적을 받지 않으려면"이라는 의미이다.

다면, 보험사의 이익은 보험사가 얻을 수 있는 최대의 이익보다 낮을 것이다. 그러나 그러한 거대 손해를 보상하기 위한 보험계약자 1인당 준비금이 높으므로 손해발생 확률이 모호한 보험의 계약자 수가 적을수록 보험사는 더 안전해진다.

스톤 보험감독원장이 제시한 안전제일 모형은 특정한 리스크에 대하여 보험을 제공할지 여부와 제공한다면 얼마의 보험료에 얼마만큼의 보장을 제공할지를 결정할 때 보험사의 지급불능 가능성을 명시적으로 고려한다. 보다 구체적으로, 어느 보험사가 수용할 수 있는 연간 지급불능 확률이 p^* 라고 하자. p^*의 값은 보험사가 거대재난을 보상하는 데 필요한 준비금의 적정성에 대한 기업평가 기관의 기준을 반영하고 있을 것이다. 어느 보험사가 $p^* = 1/250$로 설정했다고 하자. 즉, 그 보험사는 거대 손해로 지급불능에 빠질 확률이 1/250보다 커지지 않도록 하는 수준으로 보험료를 부과하겠다는 것이다.

보험사의 지급불능 확률이 p^* 이하로 유지되는 사고에 대해서는 보험사가 신경 쓸 필요가 없다는 것 또한 안전제일 모형의 시사점이다. 제9장에서 보여줄 예정이지만, 이 논리가 9.11 테러가 발생하기 이전에는 보험사들이 왜 테러 위험에 주목하지 않았는지, 그리고 허리케인 앤드류가 발생하기 이전에는 왜 보험사들이 심각한 자연재해에 별 관심을 기울이지 않았는지를 설명할 수 있다.

보험사의 가격결정과 보장범위 결정에 대한 실증분석 자료

실제 보험사의 행동은 종종 기대이윤 극대화 모형이 아니라 안전제일 모형을 따르는 것처럼 보인다. 보다 구체적으로 보험계리사들을 대상으로 한 설문조사에 의하면, 사고발생 확률이 불확실하거나, 사고발생확률을 알더라도 손해발생 금액이 불확실할 경우에 보험사는 더 높은 보험료를 부과한다는 것이다.

다음과 같은 네 가지의 경우에 있어서, 어느 공장의 심각한 지진 피해를 보상하는 보험을 각각 얼마의 보험료에 제공할 것인지에 대하여 주요 원보험사와 재보험사의 언더라이터들을 대상으로 설문조사를 실시했다.❺

- 상황 1: 사고발생확률(p)과 손해금액(L)이 모두 잘 정의된 경우
- 상황 2: 사고발생확률이 모호하고(Ap), 손해금액(L)은 잘 정의된 경우
- 상황 3: 사고발생확률은 잘 알려져 있고(p), 손해금액이 불확실한 경우(UL)
- 상황 4: 사고발생확률이 모호하고(Ap), 손해금액 또한 불확실한 경우(UL)

모호성이 없는 경우, 지진 발생확률(p)은 1% 또는 0.1%로 설정했고, 지진이 발생했을 때의 손해액(L)은 $1백만 또는 $1천만으로 설정하였다(Kunreuther, Hogarth, and Meszaros 1993). 〈표 8.1〉은 주요 보험사의 언더라이터들을 대상으로 실시한 설문조사 결과를 요약한 것으로서, 모호성이 없는 경우(p, L)의 보험료 대비 다른 세 경우의 보험료의 비율을 보여주고 있다. 가장 모호성이 높은 경우(Ap, UL)는 모호성이 없는 경우에 비하여 보험료가 1.43배에서 1.77배 높았다. 다른 두 경우는 그 비율이 항상 1.0보다는 컸지만(Ap, UL)의 경우보다는 작았다.

잘 정의된 지진 리스크 대비 모호하거나 불확실한 지진 리스크에 대하여 언더라이터들이 제시한 보험료 비율 표 8.1

시나리오	상황				
	1	2	3	4	
	잘 정의된 p 확실한 L	모호한 p 확실한 L	잘 정의된 p 불확실한 L	모호한 p 불확실한 L	N
$p = 0.005$ $L = $1백만	1	1.28	1.19	1.77	17
$p = 0.005$ $L = $1천만	1	1.31	1.29	1.59	8
$p = 0.01$ $L = $1백만	1	1.19	1.21	1.50	23
$p = 0.01$ $L = $1천만	1	1.38	1.15	1.43	6

주: 비율은 각 시나리오에 대하여 응답자들이 제시한 보험료의 평균을 가지고 구했음.
  N = 응답자 수.

단, 주의할 점은, 〈표 8.1〉의 보험료는 언더라이터들이 부과하기 원하는 보험료라는 것이다. 실제로는 보험료 규제 때문에 그러한 보험료를 부과하지 못할 수 있다. 또한, 보험가입자들이 보험사의 신용 리스크에 관심을 두지 않고 보험료 수준에만 민감하게 반응한다면 보험사는 보험료를 인상하는 전략에 매력을 느끼지 못할 것이다. 마지막으로, 매출액에 따라 보상을 받는 보험사의 마케팅 부서는 시장점유율을 높이기 위하여 보험료를 낮게 책정하려 한다는 점 또한 감안해야 한다.

최근의 연구에 의하면, 보험사들은 구체적인 재난 예측과 그에 따른 보험료 추천에 대한 전문가들의 의견이 일치하는지 여부에 민감하다고 한다 (Cabantous et al. 2011). 예를 들면, 두 전문가 A_1과 A_2에게 향후 5년 이내에 강도 3의 태풍이 뉴올리언즈를 강타할 확률을 자문했다고 하자. 만약, 두 전문가가 모두 태풍의 발생확률이 50%라고 예측했다면 그 확률은 잘 정의되었다고 할 수 있다. 반면에, 두 전문가가 동일한 범위의 확률예측을 제시했다면, 그 상황은 "부정확한 모호성"이라고 할 수 있다. 예를 들면, 두 전문가 모두 태풍의 발생확률을 25%와 75% 사이라고 예측한 경우이다. 그리고 두 전문가가 각각 확률의 점 추정치를 제시했지만 그 확률이 서로 다르다면 "불일치한 모호성"이 존재한다고 할 수 있다. 예를 들면, A_1은 태풍이 발생할 확률이 25%라고 예측하고, A_2는 그 확률이 75%라고 예측하는 경우이다.

인터넷을 통하여 이와 같은 내용의 실험이 이루어졌는데, 그것은 몇몇 주요 보험사의 보험계리사와 언더라이터들에게 여러 전문가 그룹의 재난발생확률 예측치를 제공하고, 그에 기초한 적정 보험료에 대한 의견을 묻는 것이었다. 그 실험의 결과 보험계리사와 언더라이터들은 손해발생 확률이 잘 정의되었을 때보다 모호할 때 더 높은 보험료를 부과했다. 보다 구체적으로, 세 종류의 재난(홍수, 태풍, 주택화재) 모두에 대하여, 그들은 확률이 잘 정의된 경우에 비하여 확률이 모호할 경우에 보험료를 21~30% 높게 책정했다. 또한, 홍수와 태풍의 경우에는 부정확한 모호성이 존재하는 경우에 비하여 불일치한 모호성이 존재하는 경우에 보험료를 높게 책정했으나(각각 연간 보험료를 8%와 15% 높게 책정함), 주택화재의 경우에는 보험료를 낮게 책정했다(연간 보험료를 9% 낮게 책정함).

보험사가 안전제일 방침을 구현하기 위하여 보충적으로 채택할 수 있는 전략은 보험가입자의 수를 제한하는 것이다.[5] 보험료를 인상하여 보험가입자 수를 줄이거나, 어떤 특성을 가진 소비자의 보험가입을 거절하는 등의 방법으로 그러한 전략을 실행할 수 있다.

상호보험사와 비영리 보험사의 보험 공급 행동

상호보험사와 비영리 보험사는 주주들이 소유한 보험사와 매우 다르게 행동을 할 수 있다. 이 절에서는 먼저 왜 그러한 보험사가 존재하는지를 살펴보고, 그들이 변칙과 비효율성을 완화시킬 수 있는지를 검토해본다.

앞에서 논의한 바와 같이, 상호보험사는 보험가입자들이 회사를 소유하고 있는 소비협동조합 형태의 보험사다. 동일한 리스크를 보유하는 사람들끼리 서로의 리스크를 결합하는 방법으로는 가장 이상적인 형태에 가깝다. 현대의 상호보험사는 준비금을 보유하고 있고 적정 규모의 준비금을 유지할 수 있는 수준으로 보험료를 징수하지만, 상호보험의 기본원칙은 징수한 보험료에 비하여 지급한 보험금이 적으면 그 차액을 보험가입자들에게 돌려주는 것이다. 기대손해액보다 실제 손해액이 더 크면 우선 회사의 준비금으로 메운다. 그래도 부족하면, 그 부족분을 메우기 위하여 보험가입자들에게 보험료를 추징追徵, assess할 수 있다.[6]

---

5 (역주) 보험가입자의 수가 적어지면 보험계약 건당 평균 보험금 지급액의 표준편차가 커지지만, 보험금 지급 총액이 감소하여 보험사의 지급불능 리스크가 감소한다.

6 (역주) 주식회사형 보험사는 보험가입자들에게 보험료를 추징하는 것이 법으로 금지되어 있다. 보험사가 실수 또는 부실 경영으로 보험료를 지나치게 적게 부과하거나 준비금이 고갈되어 보험금을 지급하지 못하게 되면, 보험가입자가 법적 주인인 상호회사에게는 보험료를 추징할 수 있도록 허용하여 회사의 주인들로 하여금 그 책임을 지도록 하지만, 주식회사형 보험사에게는 주주와 경영자에게 그에 대한 책임을 전적으로 지우고, 법적 지위가 채권자인 보험가입자에게는 보험료 추징을 금지하여 책임을 지우지 않게 했다.

상호보험사가 사업 경험이 쌓여 리스크에 적절히 대응할 수 있는 수준의 보험료를 책정할 수 있게 되고 준비금도 적립하게 되면, 보험가입자들에게 보험료를 추징할 수 있는 권한을 포기하는 경우가 종종 있다. 그런 상호보험사의 경우, 보험사가 지급불능 상태가 되거나 재무적 곤경에 빠지면 주정부의 보험감독 당국이 다른 보험사에게 그 보험사를 인수하도록 명령할 수 있는데, 그러면 보험가입자는 큰 리스크에 직면하게 된다. 만약 경영진이 소유주 겸 가입자들의 요구에 민감하게 반응한다면 상호보험사는 가입자들에게 변칙을 회피하는 혜택을 제공할 수 있다. 가장 분명한 것은, 주식회사형 보험사는 주주들의 이익을 높이기 위하여 보험료를 지나치게 높게 부과할 가능성이 있는 데 비하여, 상호보험사의 가입자는 지나치게 높은 보험료를 부과 받을 것을 염려하지 않아도 된다. 그래도 간혹 보험료가 높을 수 있지만, 이익을 배당받아 가는 주주가 없기 때문에 상호보험사의 이익은 원칙적으로 보험가입자들의 재산으로 남아있고, 추후에 보험가입자들에게 배분될 수 있다.

상호보험사의 가입자들은 모두 동일한 종류의 리스크에 노출된 사람들이지만, 그들이 직면한 리스크에 대하여 모두 동일한 생각을 가지고 있지는 않다. 예를 들면, 태풍 빈발 지역의 주택 소유자들은 다음 태풍이 언제 불어 닥칠지에 대하여 각자 서로 다른 의견을 가지고 있다. 이처럼 서로 의견이 다른 사람들을 상호보험에 가입하게 하려면 의견 일치를 이끌어낼 어떤 것이 필요하다. 만약 모든 가입자가 자신의 집이 피해 입을 확률이 다른 집이 피해 입을 확률과 별 차이가 없다는 데에 동의한다면, 설사 가입자들이 일정 기간 내에 태풍 피해를 입을 확률이 얼마나 될지에 대해서는 의견이 불일치하더라도, 상호보험사의 보험계약을 구입할 것이다.

상호보험은 가입자들이 직면한 리스크가 어떤 측면에서(보험에 가입하려는 자산의 가치, 태풍 피해를 줄일 수 있는 주택의 개별적 특성 등) 좀 다르더라도 기대손해액의 상대적 차이에 동의할 수 있으면, 즉 보험 용어로 소위 '상대 요율 rate relativities'을 적용할 수 있다면, 상호보험이 성립될 수 있다. 예를 들면, 해변에 가까이 있는 집이 다른 집들에 비하여 2배 많은 태풍 피해를 입는다는 데에 상호보험의 가입자 모두가 동의한다면 해변에 가까이 있는 주택의 소유자와 멀리 있는 주택의 소유자 모두 상호보험을 통하여 이득을 얻을 수 있다. 해변 가까이에 사는 사람이 멀리 사는 사람보다 2배 높은 보험료를 부담하면 된다.

개인들은 원치 않는 사건이 발생할 확률과 그 피해액을 추정함에 있어서 각각 서로 다른 다양한 정보를 사용하기 때문에 개인들이 주관적으로 추정하는 리스크의 정도는 최선의 과학적 추정과는 차이가 있을 수 있다. 뿐만 아니라 리스크에 대하여 서로 다른 인식을 가진 두 사람이 서로 다른 이유로 동일한 상호보험에 가입할 수 있다. 예를 들면, "오랫동안 그런 일이 일어나지 않았기 때문에 앞으로도 일어나지 않을 거야"라고 생각하는 사람과, "오랫동안 그런 일이 일어나지 않았기 때문에 이제 일어날 때가 됐어"라고 생각하는 사람은 둘 다 변칙적으로 주관적 확률을 결정하는데, 두 사람 모두 상호보험에 매력을 느낄 수 있다. 첫 번째 사람은 내는 보험료에 비하여 받을 보험료의 기댓값이 작다고 생각하지만, 과도하게 지불한 보험료를 나중에 돌려받을 수 있다고 생각하여 보험에 가입한다. 두 번째 사람은 받을 보험금의 기댓값이 보험료에 비하여 크므로 보험에 가입할만한 가치가 있다고 생각한다. 이러한 논리에 따르면, 지구 온난화 지지자와 반대자는 모두 지구 온난화에 따른 홍수나 태풍 피해를 담보하는 상호보험에 가입할 것이다.

반면에 비영리보험자는, 놀랍게도 투자자와 소비자에 대하여 아무런 책임을 지지 않는다. 그들의 초기 자기자본은 자선재단과 같은 박애주의적 기부자들이 제공한다. 비영리보험자는 세제혜택 등 법적으로 특별한 대우를 받는다. (최근에 여러 비영리보험자들이 영리 기관으로 전환하여 세제혜택이 삭감되었다.) 또한, 흔히 모종의 사회적 임무를 표방하고 있고, 그 임무와 관련된 규제가 존재한다. 예를 들면, 블루 크로스Blue Cross 건강보험은 비영리보험자이고, 중산층 주민들의 병원비를 보장하기 위한 합리적 가격의 보험을 제공한다는 이유로 주정부가 세제 혜택을 비롯한 몇몇 특혜를 제공한다. 그 대신 주정부로부터 요율 인상, 준비금, 약관의 내용 및 보험가입자의 수 등에 대하여 감독을 받는다.❻

기업평가 기관의 역할

기업평가 기관은 보험의 구매자와 판매자 사이의 정보 공유를 촉진함으로써 현실의 보험 공급 행위를 완전정보 하의 경쟁 과정이라는 가정에서 도출된 표준모형에 가까워지도록 한다. 그러나 보험사의 재무 건전성을 평가하는 수단 중 어떤 것은 보험사로 하여금 인위적 제약이 없는 경쟁 시장에서 해야 할 행동에서 벗어나도록 유도한다. 예를 들면, 기업평가기관이 어떤 보험사에게 높은 등급을 부여하면, 소비자들은 그 보험사가 약속한 보험금을 반드시 지급할 것이라는 믿음을 과도하게 가지게 된다. 또한, 보험사의 평가 등급이 갑자기 하락하면, 소비자들은 지급불능 확률을 과대평가하여 보험계약을 해지하려 하고, 투자자들은 보험사의 신용도를 실제보다 더 낮게 평가하여 그들이 제공한 자본에 대하여 과도하게 높은 수익률을 요구한다.

A.M. Best, Standard & Poor's, Moody's, Fitch 등의 기업평가 기관은 보험사와 재보험사의 재무적 안정성과 보험계약자에 대한 의무 이행 능력을 독립적으로 평가한다. 평가 등급은 보험료에도 영향을 미치는데, 그 이유는 보험사의 평가등급이 낮을수록 자금을 조달하기 어려워지고, 그래도 자금을 조달하려면 높은 이자를 지불해야 하기 때문이다. 평가등급이 낮아지면 상장 보험사의 주가가 낮아지고, 준비금을 더 적립해야 한다는 신호가 되는 등 보험사에게 부정적인 영향을 미친다. 그러한 사례가 실제로 2008년 가을 Americal International Group(AIG)에게 일어났다. 영국의 런던에 소재하고 있는 AIG의 자회사인 AIG Financial Products는 본사로부터 거의 완전한 독립성을 보장받았으며, 377명의 임직원이 재직하고 있었는데, 투자에 실패하여 거대한 손해를 입은 결과 본사인 AIG에게 큰 타격을 입혔다.

과거 몇 년 동안 기업평가 기관들은 거대 재난 리스크가 보험사와 재보험사의 재무적 안정에 미치는 영향에 관심을 높여왔다. 평가등급이 어떻게 결정되는지를 예시하기 위하여 A.M. Best가 어떻게 보험사를 평가하는지를 간략히 살펴보자. A.M. Best는 보험사의 대차대조표, 손익계산서 및 경영 현황을 계량적으로 분석한다. 거대 재해는 보험사의 지급능력을 위협할 수 있기 때문에, 보험사가 거대 재해에 얼마나 노출되어 있는지는 평가등급 결정에 중대한 영향을 미친다. 일정 기간 내에 재난으로 입을 손해(100년간의 폭풍/태풍 또는 250년간의 지진)의 예상치 및 그 손해를 보상할 재보험 프로그램은 기업평가기관이 보험사에게 물어보는 설문 중 가장 중요한 두 개의 항목이다.

A.M. Best는 여러 해 동안 자연재해에 관한 정보를 보험사들에게 요청했다. 최근까지 평가기관들은 최대가능손해액probable maximum loss, PML에, 각 보험사의 포트폴리오에 포함된 리스크의 성격에 따라, 규모가 큰 재해들(100년에 한번 발생하는 규모의 폭풍/태풍 또는 250년에 한번 발생하는 규모의 지진) 중 단 하나에 대한 정보만을 포함시켰다. 그러나 2006년에 A.M. Best는 두 번째 재난도 보험사의 스트레스 테스트에 포함시키는 것으로 규정을 개정했다. 태풍으로 인한 피해의 경우(100년에 한번 발생하는 재난; 하나의 태풍의 발생은 다른 태풍의 발생과 독립적이라고 가정함), 두 번째 재난에 대하여 적용되는 PML은 첫 번째 재난에 적용되는 것과 같은 기준이 적용된다. 보험사가 직면하는 주요 리스크가 지진이라면, 두 번째 재난에 대한 자본 요구량은 250년에 한 번꼴로 발생하는 재난에서 100년에 한번 발생하는 재난으로 축소된다(A.M. Best 2006).

이러한 새로운 요구사항은 보험사들로 하여금 준비금 규모를 늘리도록 하여 자본 규모 또한 증가하게 되었고, 보험사의 자본 비용이 증가했다. 그 결과 보험사들은, 적절한 비용으로 재보험을 구입할 수 있거나 추가적인 자본비용을 감당할 수 있을 만큼 충분히 높은 보험료를 받지 않는 한, 거대 재난에 대한 보험을 제공하기를 꺼리게 되었다.

또다른 기업평가 기관인 Standard & Poor's 역시 거대 재난 위험을 측정하는 기준을 바꾸어 보험사의 준비금이 250년에 한 번꼴로 발생하는 모든 재난으로부터의 연간 총 재산손해를 감당할 수 있도록 했다. 과거에는 이 기준이 재보험사에게만 적용되었다. Moody's는 최근의 태풍 경험을 반영하여 보험산업이 심각한 태풍 피해를 입을 확률을 상향조정했다(Finkelstein 2009).

이와 같은 기업평가 과정과 규정의 개정이 보험 공급에 어떤 영향을 미칠까? 예를 들면, 평가기관이 준비금을 증액하라고 요구하면, 추가적인 준비금을 확보하려면 자본 비용이 발생하고, 그 자본의 유동성을 유지하기 위한 비용도 발생하며, 그 결과 투자수익이 감소한다. 그러므로 보험사의 평가등급이 하락하지 않게 하려면 보험료를 인상하여 그러한 비용을 보전해야 한다. 이러한 추가적인 비용은 평소에는 그리 크지 않지만, 손해율이 높거나 투자에 실패하여 개별 보험사 혹은 보험산업 전체가 위기에 처했을 때에는 그 비용이 대단히 클 수 있다. 기업평가 기관의 존재 때문에 거대 손해가 발생할 가능성이 있는 보험의 보험료가 더욱 높아지는 것이 아닌지 의심스럽다.

규제기관의 역할

미국에서는 주州 정부가 보험감독원을 통하여 보험 산업을 규제하고 있다.❼ 보험사는 주의 보험감독원으로부터 재무건전성과 요율 및 약관에 대한 규제를 받는다. 재무건전성 규제란, 보험사와 재보험사가 큰 손해를 입더라도 보험계약자들에게 보험금을 충분히 지급할 수 있을 만큼 준비금과 자기자본을 보유하도록 하는 것이다. 요율 및 약관 규제는 보험의 가격과 보험계약의 내용에 관한 것이다.

보험감독원장들은 흔히 재무건전성이 규제의 가장 중요한 목적이라고 말한다. 즉, 재무건전성을 위해서라면 보험료가 약간 높아지거나, 거대 재난에 대한 노출을 줄이거나, 자기자본을 좀 더 보유하게 할 수 있다는 것이다. 반면에, 보험 규제 기관은 보험료를 감당할 수 있는 수준으로 유지하고 언제나 원하는 보험상품을 구입할 수 있도록 하라는 정치적 압력을 받는다. 재무건전성과 소비자보호 사이의 균형을 맞추기 위하여 주법州法, state law은 보험감독 당국에게 보험료가 보험금을 지급하기에 충분하고, 과도하지 않으며, 차별적이지 않도록 규제하라고 요구한다. 보험사의 요율 및 기타 실무에 대한 규제는 가격을 제한하여 보험의 공급을 축소시키거나 시장을 왜곡시키는 문제를 일으킬 수 있다. "모수 불확실성"과 리스크의 정도에 대한 서로 다른 의견 때문에 보험사와 규제당국 간에 적절한 보험료 수준과 언더라이팅 실무에 관한 의견 불일치가 생길 수 있다.

요약

보험사가 기대이윤을 극대화한다는 이상적인 세계는 보험사가 실제로 활동하는 현실 세계와는 거리가 멀다. 현실 세계에서는 보험사가 보험가입자들에 비하여 정보가 부족할 수 있다. 그 결과 역선택과 도덕적해이가 발생하는데, 둘 다 보험사의 이익을 낮추고, 심하면 보험사를 붕괴시킬 수 있다. 보험사와 소비자 간의 정보비대칭이 존재한다는 사실을 감안하면, 정보비대칭하의 보험사의 행동은 표준 보험 공급 모형의 범위에서 벗어나지 않는다.[7]

보험사들은 모호성과 리스크에 민감하여, 거대 재해를 입을 확률이 보험사가 수용할 수 있는 확률 p^* 보다 큰 리스크에 대하여 기대손해액보다 높게 보험료를 책정하려 하고, 큰 손해를 입을 리스크에 직면한 보험소비자에게는 보장범위를 좁게 제한하려 한다. 반면에, 보험사들은 발생확률이 p^* 보다 낮은 리스크는 거대 손해가 발생하기 이전까지는 모두 인수한다.

이와 같은 변칙 행동의 뿌리에는 보험사의 소유와 경영의 분리가 있다. 이사회로 대표되는 보험사의 주인은 경영자에 비하여 보험사 자체와 보험사가 직면한 리스크에 대한 정보를 적게 가지고 있다. 용납할 수 없을 정도로 큰 손해를 입거나 기업이 붕괴하면 경영자는 자신의 직장을 잃게 되고 명성이 하락한다는 사실을 알고 있다. 그러므로 그들은 보험사보다 자신의 이익을 위하여 행동해 자신의 현재와 미래의 소득에 대하여 위험회피적이 된다. 그 결과 보험사의 경영자는 모호성을 회피하는 의사결정을 하게 된다. 즉, 미래에 손해를 입을 확률과 금액이 매우 불확실하다면 경영자는 본능적으로 전문가들이 제시하는 최선의 예측보다 더 리스크가 크다고 판단

---

7 (역주) 정보비대칭은 도덕적해이와 역선택을 유발하여 자원배분의 비효율을 낳지만, 경제주체들이 각자 주어진 조건 하에서 합리적으로 행동한 결과이므로 변칙이 아니다. 사람들이 불합리하게 행동한 결과가 변칙이다.

하여 자신의 직장을 유지하는 방향으로 의사결정을 하게 된다. 그 결과 보험 공급의 표준모형이 제시하는 바에 비하여 보험료가 높아지고, 보험이 덜 팔리며, 보험사의 이익이 낮아진다.

비영리 보험사는, 특히 상호보험사는, 이사회와 경영자 모두 보험사의 지급불능과 실패에 매우 민감한 주식회사형 보험사와는 다르게 행동한다. 보다 구체적으로 말하면, 상호보험사와 비영리 보험사가 대차대조표에 보다 관심이 있다면, 주식회사형 보험사는 수익성에 보다 관심이 있다.❽

상호보험사는 서로 비슷한 리스크를 안고 있는 일군의 보험소비자들의 리스크를 결합하는 이상적인 방법이다. 만약 상호보험사가 주인이자 고객의 욕구를 잘 충족시키도록 운영된다면 변칙을 회피하는 데 도움이 될 수 있다. 가장 분명한 것은, 보험가입자는 보험료가 지나치게 높게 부과되는 것을 걱정하지 않아도 된다는 것이다. 왜냐하면, 보험가입자는 고객이자 주인이므로, 보험료가 높게 부과되어 보험사의 이익이 커지면 나중에 그것을 계약자배당의 형식으로 되돌려 받기 때문이다. 또한, 비영리 보험사는 세제혜택 등 법적으로 특별대우를 받는다.

기업평가 기관과 보험규제 당국은 보험사로 하여금 거대 재난 보험에 대비한 준비금을 과도하게 보유하도록 하여 보험사의 경영에 추가적인 부담을 안겨준다. 또한, 보험감독원장은 보험료가 보험소비자들이 "감당할 수 있는" 수준이 되도록 규제한다.

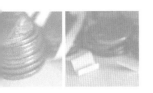

CHAPTER 9
보험 공급 측면의 변칙

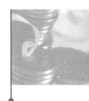

이 장에서는 보험사와 보험사에게 자본을 공급하는 투자자가 야기하는 변칙의 실제 사례를 살펴본다. 그러한 변칙의 원인의 일부는, 앞 장에서 논의한 바와 같이, 보험사 경영자가 자신의 미래의 경력에 나쁜 영향을 줄 것을 염려하여 보험사가 지급불능에 빠지는 것을 과도하게 두려워하기 때문이다. 또한, 기업평가 기관과 보험규제 당국이 보험사의 보험료와 준비금에 미치는 영향이 변칙의 원인이 되기도 한다. 표준 보험 공급 행동에서 어긋나게 하는 또 다른 원인은 보험사의 경영자들의 의사결정 과정과 휴리스틱일 수 있다.

먼저, 보험사와 경영자의 행동이 보험 공급의 표준모형에서 벗어나는 사례를 살펴보고, 그것이 변칙으로 분류될 수 있는지를 검토한다. 그리고 나서 보험 공급에 문제를 일으킬 소지가 있는 투자자와 다른 자금 공급자들의 변칙 행동을 살펴본다.

테러보험 공급의 의사결정

다른 모든 사람들도 그러하지만, 보험사는 테러와 관련된 불확실성을 다루는 데 어려움을 겪고 있다.❶ 테러공격 가능성에 대한 확률분포는 모호성이 크고, 테러범의 행동은 테러 피해자의 방어수단에 따라 달라진다. 이것이 테러가 태풍을 비롯한 자연재해와 구별되는 특성이다. 태풍을 비롯한 자연재해는 발생확률이 낮고 피해규모가 크다는 점에서는 테러와 비슷하지만, 테러처럼 방어수단의 허를 찌르는 공격을 하지는 않는다. 따라서 태풍과 자연재해에 대해서는 과학적이고 기술적인 방법으로 데이터를 분석하는 재해모형이 보험료를 결정하는데 도움이 되지만, 테러에 대해서는 그러하지 않다.

테러 발생 확률의 예측에 대한 신뢰가 부족하기 때문에 보험사들은 리스크관리에 통상적인 확률 기반 접근법이 아니라 확정적 접근법을 사용한다. 즉, 보험사들은 특정 대상에 대한 테러가 발생할 확률을 고려하지 않고 테러범들의 행동 특성을 반영하는 시나리오를 구성하는 방법을 선호한다. 그렇다 할지라도 보험사가 부과하는 보험료를 보면 그 보험사가 상정하는 테러 공격의 확률을 계산할 수 있다.

예를 들어, 테러 공격에 따른 어느 기업의 재산피해를 보상하는 보험의 보상한도가 \$100만이고, 보험료가 \$50,000이라고 하자. 만약 보험료가 보험계리적으로 공정하다면, 보험사는 \$100만의 피해를 발생시키는 테러 공격이 발생할 확률이 1/20(즉, \$50,000/\$1,000,000)을 넘지 않는다고 본 것이다. 만약 그 확률이 1/20보다 낮거나, 피해규모가 \$100만 미만이라면, 사업비가 없다는 가정 하에서, 보험사는 장기적으로 순이익을 얻게 된다. 만약 그 확률이 1/20 이상이면 보험료가 기대손해액보다 낮아서 보험사는 손해를 보게 된다.

2001년 9월 11일의 테러 공격 이후 테러 공격의 발생확률과 피해규모에 대한 모호성이 대폭 증가하여 보험사들이 적정한 가격에 테러보험을 공급하기를 거부하게 되었다는 것은 보험업계에서 널리 인정되는 사실이다. David Cummins and Christopher Lewis(2002)는 9.11 테러 이후 보험사들이 미국 내 테러 리스크의 빈도와 심도 추정치를 대폭 인상하여 테러 리스크를 담보하는 보험시장과 재보험시장이 붕괴하기에 이르렀다는 가설을 제시했다. 그 논문은, 9.11 테러로 인하여 보험사들과 자본시장이 또다른 테러 발생의 확률과 불확실성이 크게 높아졌다고 인식했고 또한 자본시장의 불완전성으로 인하여 내부자본보다 외부자본의 비용이 더 높아졌음을 지적했다. 예를 들면, 9.11 이전에는 시카고의 오헤어 공항이 연간 보험료 \$125,000에 보험가액 \$7억 5천만의 보험을 구입했으나, 테러 공격 이후에는 그 보험사가 보험료 $690만에 보험가액 $1억 5천만의 보험을 제공하겠다고 제안했다 (Jaffee and Russell 2003). 만약 새 보험료가 보험계리적으로 공정하다면, 내년에 오헤어 공항이 테러 공격을 당할 확률이 약 1/22($690만/$1억5천만)로서 극단적으로 높은 확률일 뿐만 아니라, 9.11 이전에 했던 보험사들의 확률 예측과는 일관성이 없다. 이와 같은 미국 보험사들의 변덕스러운 보험료 책정과 보험 공급 행태 때문에 미국 의회는 2002년 말에 테러 리스크 보험법 Terrorism Risk Insurance Act, TRIA을 제정했다. 이 법은 테러와 관련하여 민간 보험사들이 지급해야 할 보험금을 지급하지 못하면 연방정부가 $1천억 한도 내에서 대신 지급하도록 규정하고 있다.

Kent Smetter(2004)는, 만약 보험시장과 자본시장이 정부규제의 족쇄에서 풀려난다면 $350억의 손해를 발생시킨 9.11 테러보다 10배 큰 규모의 테러 리스크에 대해서도 보험을 제공할 수 있다는 도발적인 주장을 하였다. 이 주장의 진위 여부를 검증하는 데 필요한 것은 민간 보험 및 자본시장의 이론적 잠재력이 아니라 그것이 구체적으로 어떻게 작동하는지다. 9.11 직후 미국의 보험사들은 테러 리스크가 더 이상 인수 가능한 리스크가 아니라고 인식하게 되었다(Wharton Risk Management Decision Process Center 2005). 미국의 보험사들이 9.11 직후 테러 리스크 보험의 인수를 거절하게 된 주요 이유는 미국의 보험료 규제와 세금제도의 적용을 받지 않는 글로벌 재보험사들이 더 이상 보험사들이 입은 테러 관련 손해를 담보하기를 거부했기 때문이다.

오늘날 대부분의 국가는 민영보험 부문에 보험료와 보험 공급의 문제점을 안고 있다. 보험사가 테러보험을 제공한다면, 독일의 테러보험 풀pool인 엑스트레무스Extremus와 프랑스의 테러보험 풀인 가레아Gareat처럼, 대개 민관 합동으로 한다. 독일에서는 첫 단계layer인 20억 유로를 국내외 15개 원보험사와 재보험사의 보험금으로 조달한다. 프랑스에서는 첫 단계인 4억 유로의 손해를 프랑스에서 사업하고 있는 모든 손해보험사가 나누어 부담한다. 4억 유로와 20억 유로 사이의 손해는 여러 단계로 나뉘어져 있고, 크고 작은 185개의 원보험사와 재보험사가 부담한다. 양국 정부는 보험사들의 보험금 지급에 대한 보증을 제공하는 재보험자의 역할을 하고 있다.

반면에, 미국의 연방정부는 보험사가 담보한 테러 리스크에 대한 재보험을 무상으로 제공하고, 테러 발생으로 정부가 재보험금을 지급하면, 지급한 재보험금의 일부를 보험사로부터 환수한다. 이 보험계약은 막대한 손해를 입은 직후에 발생하는 보험사들의 유동성 부족 문제를 해소하는 데 도움이 된다(Michel-Kerjan and Pedell 2005 2006).

보험사들은 단독으로 테러보험을 제공하지 않는다. 만약 보험사가 정부의 보조 없이 테러보험을 제공하려면 테러 리스크를 담보하는 재보험을 구입하거나 혹은 충분히 큰 규모의 준비금을 적립해야 한다. 그러나 9.11 이후 한동안 투자자들은 테러보험에 자금을 공급하기를 꺼려했고, 재보험사들 역시 9.11 이후 상당 기간 동안 공격에 대한 재보험 제공을 거절했다. 2001년 가을 즈음에는 투자자들이 테러보험에 대한 자금을 공급할 시 20%의 수익률을 요구하는 경우가 드물지 않았다(Kunreuther 2002). 20%의 수익률은, 정상 수익률이 8%라면, 위험중립인 투자자가 그의 투자금액 전부를 잃을 확률이 1/10이라고 생각하는 것처럼 행동한다는 것을 의미한다.❷ 만약, 보험사가 자본시장으로부터 테러 리스크를 담보할 자금을 조달한다면, 보험사는 준비금 조달 비용을 만회하기 위하여 보험료를 매우 높게 설정해야 할 것이다.

9.11 테러 발생 이후에 테러보험 시장이 위축된 또 다른 이유는 테러보험의 구매자와 판매자들이 상황을 잘못 인식했기 때문이다. 9.11 이전에는 보험사와 자산 보유자들이 테러 위험에 별 관심이 없었고, 그 결과 테러보험의 공급에 아무런 문제가 없었다. 9.11 이전에 테러 위험을 담보하는 데 대하여 별도로 보험료가 부과되지 않은 이유는 보험사들이 테러 위험으로부터 큰 손해를 입은 경험이 없었기 때문이다. 그러나 9.11 테러가 발생하자, 보험사들은 보험 역사상 가장 파괴적인 피해를 겪었고, 보험사들은 지급불능 상태에 처할 확률을 수용 가능한 수준 이하로 낮추기를 원했다. 한편, 자신이 가입한 보험이 테러 위험을 담보하는지 여부에 관심조차 없었던 보험가입자들이 테러 위험을 보장받는 데 대한 보험료를 추가로 지불할 용의가 있음을 적극적으로 나타내게 되었다. 이 현상에서 주목할 만한 사실은

중소기업, 대형 부동산 회사, 거대 보험사, 더 거대한 재보험사 등은 물론이고, 매우 효율적이어야 할 글로벌 자본시장마저 포함된 모든 사람과 집단이 이 같은 변칙적 인식에 공통적으로 감염되어 있었다는 것이다.❸

재산보험 시장의 변화

보험료율 규제는 다른 어떤 보험종목보다 재산보험에 더 많은 영향을 미쳐 왔다. 특히, 자연재해로 거대 손해를 입을 가능성이 높은 주에서 이러한 현상이 더 흔히 나타난다. 보험료율 규제가 보험사의 리스크에 대한 부적절한 인식과 결합되면 보험사의 변칙 행동을 낳을 가능성이 높다.

플로리다의 사례를 생각해보자. 1992년 8월에 발생한 허리케인 앤드루가 지나간 후, 9개 보험사가 거대 재해로 인하여 지급불능 상태에 빠졌다. 그런 일을 겪고 나서야 보험사와 재보험사들은 자연재해 리스크를 제대로 관리해야 한다는 사실을 깨닫고, 자연재해 리스크를 계량적으로 추정하는 '대재해 모형catastrophe models'을 활용하기 시작했다. 이 모형은 보험사들이 특정한 장소에 위치한 특정한 종류의 자산에 대하여 보험을 제공해도 괜찮은지, 보장범위를 어디까지로 할지, 보험료를 얼마로 할지 등을 결정하는 데 크게 도움이 되었다. 또한, 대재해 모형은 보험감독원에게 보험료 인상의 당위성을 설명하는 데에도 사용된다.

⁞ 대재해 모형의 역할

대재해 모형은 특정 지역에서 거대 재해가 발생될 확률과 손해의 크기를 계량적으로 예측하는 모형이다. 대재해 모형의 4대 기본 요소는 〈그림 9.1〉에 예시된 바와 같이, 위태hazard,[1] 재고inventory, 취약성vulnerability 및 손해loss다.

---

1 (역주) 危殆가 아니라 危態다. 위태(危態, hazard)란 손해의 규모와 발생확률을 높이는 각종

그림 9.1

대재해 모형의 구조

우선, 이 모형은 재난 발생 확률을 추정한다. 태풍의 경우, 관심 해역에서 발생한 태풍의 경로를 추적하는 과학적 시뮬레이션 모형을 개발한다. 과거에 발생한 태풍의 경로를 집적한 데이터를 이용하여 "만약 특정 지역에서의 태풍의 방향이 현재 a 라면, 향후 태풍의 진로가 a, b, c, d가 될 확률이 각각 얼마인가?"라는 질문에 답을 줄 확률 매트릭스를 작성한다.❹

다음으로, 이 모형은 리스크에 처한 재고在庫, inventory 또는 자산 포트폴리오를 가능한 한 정확히 추정한다. 주소와 우편번호 및 기타 위치 표시를 이용하여 각 자산에 위도와 경도 등 지리적 좌표를 부여한다. 그 밖에 건축 재료(목조, 석조, 벽돌조, 콘크리트조 등), 건축물의 용도와 높이, 건축 년도 등도 각 자산의 성격을 파악하는 요인으로 사용된다.

위태와 재고 요소는 리스크에 처한 구조물의 취약성, 즉 얼마나 손해를 입기 쉬운지를 계산하는 데 사용할 자료를 제공한다. 대재해 모형은 이 단계에서 자연재해가 리스크에 처한 자산에 끼치는 물리적 충격을 계산한다. 마지막으로, 취약성에 대한 추정을 바탕으로 재해가 재고에 입히는 손해를 평가한다.

이러한 데이터를 이용하여 대재해 모형은 초과확률 곡선exceedance probability curve을 산출한다. 초과확률EP이란 특정 기간 내에 발생하는 손해가 특정 규모를 초과할 확률이다. 예를 들어, 어떤 보험사가 플로리다 주 해변의 마을과 도시에 발생하는 태풍 피해를 담보하는 보험상품을 개발하기 위하여 EP

조건들을 일컫는다. 전통적인 보험 교과서들은 위태를 물질적 위태(physical hazard), 정신적 위태(morale hazard) 및 도덕적 위태(moral hazard)로 분류한다.

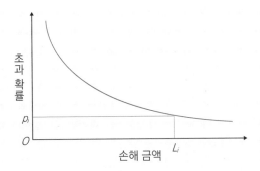

초과 확률(EP) 곡선 예시

그림 9.2

곡선을 포함한 대재해 모형을 구축하려 한다고 하자. 먼저, 보험사가 담보하는 재산이 입을 손해의 금액과 손해발생 확률을 추정하는 데 필요한 데이터를 수집해야 한다. 다음으로, 그 데이터를 바탕으로 보험사는 〈그림 9.2〉에 예시된 것과 유사한 EP 곡선을 구축한다. x축은 보험사의 손해금액이고, y축은 손해가 특정 금액을 초과할 확률이다. 〈그림 9.2〉에 의하면, 어떤 보험사가 자연재해에 대한 보상에 따른 손해 금액이 L_i를 초과할 확률은 p_i이다.

보험사는 EP 곡선을 이용하여, 미래의 손해가 특정 규모를 초과하지 않을 확률(목표 확률)의 조건을 충족시키도록 하는 보장범위를 설정할 수 있다. 보다 구체적으로, 만약 보험사가 p_i^*의 확률로 손해금액을 L_i^* 수준 이하로 제한하기를 원한다면, 보유한 보험계약 건수를 얼마나 줄여야 하고, 준비금을 증가시키기 위하여 보험료를 얼마나 올려야 할지 또는 아예 이러한 종류의 보험을 제공하지 말아야 할지 등을 결정할 수 있다. EP 곡선의 핵심적 특징은, 미래의 손해의 확률을 과거 손해와 리스크에 대한 과학적 정보의 함수로 나타낸다는 것이다(Grossi and Kunreuther 2005).

：최근의 태풍 피해 이후에 나타난 보험사의 변칙 행동

보험사들은 대재해 모형을 이용하여 플로리다 주 규제당국에게 보험료 인상의 타당성을 설명하기보다 허리케인 앤드루 때문에 발생한 대규모의 손해를 가지고 보험료 인상의 타당성을 호소했다. 그러나 보험사들은 미래에 이 같은 대규모의 재해가 또다시 발생할 확률에 대해서는 언급하지 않았다. 이러한 행동은 9.11 이후 테러보험과 관련하여 그들이 보여준 것과 유사한 행동으로서, 보험사의 유효성 편향availability bias을 보여주는 사례다. 더욱이, 보험사들은 규제당국 또한 그들처럼 유효성 편향을 가지고 있기 때문에 보험료 인상에 동의할 것이라고 생각한다. 그러나 사실은 그렇지 않다.

플로리다의 보험규제 당국은 보험료율 인상을 거부하고 십여 년에 걸쳐 점진적으로 보험료를 인상하라고 지시했으며, 이미 가입된 주택종합보험 계약을 보험사들이 임의로 취소하지 못하도록 규제하였다. 보다 구체적으로, 1993년 5월 플로리다 주 정부는, 플로리다 주에서 보험 사업을 계속하려면 향후 6개월간 주택종합보험 계약을 취소하거나 갱신해 주지 않는 일이 없어야 한다고 선언하여, 주민들로 하여금 다가오는 태풍의 계절에 대비할 수 있도록 하였다. 1993년 11월 플로리다 주 정부는 보험사가 향후 1년 이내에 주내州內 어느 카운티에서든 주택종합보험을 10% 이상 취소하지 못하도록 하고, 향후 3년 이내에는 주내의 재산보험 계약을 매년 5% 이상 취소하지 못하도록 하는 법을 통과시켰다. 1996년 플로리다 의회는 이 일몰 규정을 1999년 6월 1일까지로 연장했다(Lecomte and Gahagan 1998). 보험사들은 신규 주택종합보험 계약의 공급을 감소시켰고, 계약심사(언더라이팅)에 건축 재료와 용도 등과 같은 건축물의 특성을 반영하지 않고 최근의 손해 기록만을 반영하는 방식으로 대응했다. 보험사들은 정부가 요율을 너무 낮게 규제했다고 결론내렸다(Grace, Klein, and Kleindorfer 2004).

보험사와 보험소비자가 의사결정을 내림에 있어서 최근의 사고에만 초점을 맞추는 경향이 있음을 감안하면 보험료가 지나치게 낮았다는 것이 옳은 판단인지는 불분명하다. 만약 보험사들이 적절한 대재해 모형으로 예상

보험료를 계산하여 요율인상을 요구했더라면 그들의 요구가 보다 확실한 근거를 가지게 되었을 것이다. 그러나 그들은 허리케인 앤드루 때문에 발생된 손해를 근거로 보험료를 산정했고, 그들의 관점은 보험감독 당국의 관점과 크게 달랐으며, 보험 공급이 크게 감소했다.

시간이 경과하자 보험사들은 점차 보험료 인상을 허락받았고, 보험료를 인상할 수 있게 되고 대재해 발생 확률 예측치가 낮아짐에 따라 보험사들의 걱정이 잦아들었다. 2004년 초가 되자 대부분의 보험사들이 플로리다 주의 보험료율이 약간의 최고 리스크 영역을 제외하면 대체로 적절하다고 생각하게 되었고, 2004년에 네 개의 태풍이 플로리다를 강타하기 전까지는 더 이상의 보험료 인상 요구가 없었다. 이러한 변화는 보험사들의 변칙행동으로서 표준모형에 어긋난다. 시간이 경과하자 보험사들이 과거에 부적절하다고 판단했던 요율을 수용한 것은 그 기간 중에 사고발생 확률을 낮출 어떤 일이 일어나지 않는 한 표준모형으로는 설명할 수 없는 변칙적 행동이다.

2004년과 2005년을 경험한 뒤 보험사들은 플로리다 주에서 처음으로 경험한 보험료 인상 움직임에 대하여 보고하기 시작했다. 보험료율 인상의 정도는 플로리다 주 내에서도 지역에 따라 차이가 많았는데, 정부의 규제에 따른 기존의 요율체계가 얼마나 부적절했는지에 대한 보험사들의 평가가 서로 달랐기 때문이다. 규제당국은 처음 몇몇 보험사들의 요율인상 요청은 수용했으나, 그 후 2006년 후반기의 올스테이트, 네이션와이드, USAA 등의 요율인상 요청은 거절했다. 보다 구체적으로, 올스테이트 그룹은 Allstate Floridian이라는 상품의 가격을 21.4% 인상하고, Allstate Floridian Indemnity라는 상품의 가격을 31.6% 인상해 주기를 원했다. 그러나 결국 Allstate Floridian의 가격은 8.2% 인상하고, Allstate Floridian Indemnity의 가격은 8.8% 인상하는 선에서 타결되었다. 네이션와이드가 신청한 71.5% 인상 요구는 거절당했다. 네이션와이드는 플로리다 주의 중재소에 제소하여 보험료를 54% 인상하라는 결정을 얻어냈다. USAA는 40% 인상을 요청했지만 16.3% 인상만을 허락받았다. 허리케인 앤드루 직후와 달리, 보험감독 당국은 보험사가 주택 소유자들에게 얼마만큼의 보장을 제공해야 할지에 대해서는 언급하지 않았다.❺

2007년 초, 플로리다 주는 새로운 법을 제정하여 플로리다 태풍 대재해 펀드FHCF를 설립하고, 그것을 바탕으로 보험료율 규제를 강화하여 요율을 과거 수준으로 되돌려놓았다. 주정부는 보험사들에게 FHCF로부터 지원받는 만큼 보험료를 인하하도록 요구하여, 요율이 시장에서 형성되는 균형가격보다 낮아졌다. 이 규제는 모든 인가된 보험사에게 적용되므로, FHCF로부터 재보험을 구입하지 않은 보험사에게도 적용된다.

⁞ 시민재산보험회사(CPIC)의 설립

시민재산보험회사Citizens Property Insurance Corporation, CPIC는 플로리다 주의 재산보험 잔여시장residual market²으로서, 2007년에 플로리다 주의 관련법이 개정된 것을 계기로 재산보험 시장에서의 시장점유율이 급격히 확대되었다. 정규 보험시장에서 자신의 보험료가 CPIC의 보험료보다 25% 이상 높은 소비자는 CPIC에서 보험을 구입할 수 있다. 2008년에 새로운 법이 통과되어 그 비율이 15%로 낮아졌다. CPIC 방식은 재산보험 시장에서 시작되었으나, 그 후 산재보험, 의료사고보험, 건강·상해보험, 홍수보험National Flood Insurance Program 및 농작물보험Federal Crop Insurance Program을 제외한 모든 손해보험에 적용되었다. 그 결과 플로리다 주에서 영업하는 보험사들 중에 순이익을 남기는 보험사가 드물게 되었다.

미국에서 가장 큰 민영 보험사인 스테이트 팜State Farm은 플로리다 주에서 영업을 중단할 계획을 가지고 있었는데, 플로리다 주의 보험감독원장이 2009년 12월에 스테이트 팜이 보유하고 있는 810,000건의 재산보험 계약 중 최대 125,000건까지 계약을 갱신하지 않을 수 있도록 허락하는 명령을

---

2 (역주) 보험 산업에 있어서 잔여시장(residual market)이란, 민간 보험사들이 인수하기를 원치 않는 리스크를 주정부가 강제로 인수하게 한 시장이다. 주정부의 명령을 따르지 않으려면 그 주에서의 모든 사업을 철수해야 한다. 두 가지의 방식이 있는데, 보험사들이 보험계약을 공동으로 인수하거나(joint underwriting association 방식), 단독으로 인수하되 인수할 보험사를 추첨으로 결정한다(assigned risk class 방식). 잔여시장에 참여하는 보험사에게 주 정부가 보조금을 지급하는 경우도 있다.

시달하자 그 계획을 철회했다. 그 명령은 또한 스테이트 팜의 플로리다 지사支社가 모든 주택종합보험 및 콘도미니엄(아파트) 소유자 보험의 보험료를 14.8%까지 인상할 수 있도록 허락하고 있다.❻ 이러한 명령을 내리게 된 이유 중 하나는, 만약 스테이트 팜이 플로리다에서 철수하면 수많은 주택소유자들이 새로운 보험 계약을 구입해야 하는 혼란이 발생될 것을 염려했기 때문이다.

표준보험공급 모형이 묘사하는 이상적인 세계에서는 잔여시장은 최후의 수단이어야 한다. 2004년과 2005년의 심각한 태풍 피해 직후에 겪은 플로리다 주 보험시장의 개편은 민영보험시장이 '잘 정의된 리스크'에 대한 대처에 실패한 사례로 볼 수 있다. 보험사들은 미래에 발생할 수 있는 거대 손해에 과도하게 반응했고, 규제당국은 보험사의 보험료 인상을 억제했다. 민간 보험사들이 보험 공급을 꺼려하자 주 정부가 자금 투입하여 CPIC를 설립했고, 그것을 통하여 상대적으로 덜 비싼 보험을 제공함으로써 문제를 해결했다(Kunreuther and Michel-Kerjan 2009).

요약하면, 허리케인 앤드루가 초래한 거대한 보험금 청구에 대응하여 보험사들이 과도하게 보험료를 인상하려 했고, 규제당국이 보험료 인상을 허락하지 않자 보험 공급을 감소시키는 변칙적인 행태를 나타냈다. 보험사들이 보인 변칙적인 반응은 주정부가 설립한 보험사인 CPIC의 시장점유율을 높이는 결과를 초래했다. 보험사가 어떤 형태의 변칙적인 반응을 보이더라도 그들이 예상하지 못한 요인이 나타나 보험의 공급이 제한되는 결과가되었다. 상습 태풍 피해 지역의 주민들은 주택종합보험의 보험료 인상을 규제해달라고 주 정부에게 정치적 압력을 가했고, 그 결과 주정부가 CPIC를설립하는 법을 제정하여 주민들에게 정부가 보조하는 낮은 요율로 보험을제공하게 되었으며, 민간 보험시장은 축소되었다.

⦂ 캘리포니아지진공사(CEA)의 설립

캘리포니아 주의 지진보험은 보험사가 거대 손해를 경험한 직후에 동종의 리스크에 대한 보험을 제공하기를 꺼린다는 것을 보여주는 또 다른 사례다.❼ 1985년, 캘리포니아 의회는 1~4가구가 입주한 주택이 가입하는 주택종합보험에 대하여 다음과 같은 구조를 가진 지진피해 보장을 보험사들이 제공하도록 하는 법을 제정했다. 보험사들은 보험료를 자유롭게 책정할 수 있지만, 보험료는 대개 그리 높지 않았다. 예를 들면, 시가 $200,000의 주택의 지진 피해를 보장하고, 자기부담금이 자산가치의 5% 수준인 $10,000인 경우, 연간 보험료가 $400정도였다. 또한, 주정부는 주택소유자에게는 보험 구입을 강제하지 않았고, 보험사에게 그러한 보험을 제공할 것만을 요구했다. 주택 임대인은 일반적인 리스크를 보장하는 주택종합보험이나 사업자를 위한 보험을 의무적으로 구입해야 하지만, 지진보험을 구입할 의무는 없었다.

1989년 10월에 발생한 진도 7.1의 로마 프리타Loma Prieta 지진은 $60억의 재산 피해를 초래했다. 1989년, 1990년 및 1993년의 주택소유자 조사에서 상세히 밝혀진 바와 같이, 1992년 캘리포니아 주에서 발생한 그보다 작은 규모의 2개의 지진 때문에 주택소유자들이 지진보험에 가입하는 비율이 크게 증가했다(Palm 1995). 그러나 보험사에게 가장 큰 타격을 입힌 것은 1994년의 노스리지Northridge 지진으로서, 보험사들이 보상한 금액이 $196억(2007년도 물가 기준)에 달하였고, 지진보험 가입률이 더욱 높아졌다. 예를 들면, 쿠퍼티노 카운티Cupertino County에서는 1995년에 2/3 이상의 주택소유자가 지진보험에 가입한 것으로 조사되었다(Palm 1995).

같은 해에 캘리포니아 주의 민영보험사들은 자신들이 담보한 지진 위험을 재평가한 후, 주택의 지진 리스크를 담보하는 보험상품을 더 이상 팔지 말아야 한다는 결론을 내렸다. 테러보험과 태풍보험의 경우처럼 차후에 대재해가 또다시 발생하면 보험사의 재무상태가 큰 타격을 받을 것만 고려했고, 대재해의 발생 확률은 거의 고려하지 않았다. 예상되는 최악의 결과에 집착하여 보험을 공급하지 않기로 한 것이다. 특정 손해의 발생 확률과 그 결과 발생하는 손해 금액을 함께 고려해야 하는 보험 공급의 표준모형에 비추어보면 이러한 행동은 변칙에 해당된다.

지진위험에 공포심을 품고 있는 보험사들이 주택종합보험에 지진피해에 대한 담보를 포함시키라는 정부의 요구에 대한 유일한 합법적 대응은 주택종합보험을 더 이상 판매하지 않는 것이다. 캘리포니아 주 보험감독원의 조사에 의하면, 보험사의 90%가 신규 주택종합보험의 판매를 중단했거나 신규 가입을 억제했다. 1996년에 캘리포니아 주 보험감독원과 대형 보험사들이 신중한 논의를 거친 끝에 주정부가 운영하는 지진보험회사를 설립하라는 자문위원들과 보험계리사들의 권고를 채택했다. 그 결과 캘리포니아지진공사California Earthquake Authority, CEA가 설립되었다(Roth 1998).

주내의 여러 지역에서 CEA가 설정한 보험료는 1994년의 노스리지 지진 이전에 보험사들이 설정했던 보험료보다 높았다. 물론, CEA는 캘리포니아 주 보험감독원의 인가를 받아 보험료를 설정했다. 또한, CEA는 지진보험의 최소 자기부담금을 보험가액(보상한도)의 10%에서 15%로 인상했다. 이와 같은 보험료와 보장의 조합은 주택소유자들에게 매력적이지 못했다. 보험가액의 15%인 자기부담금은 통상적으로 발생하는 지진피해 금액에 비하여 지나치게 높았다. 예를 들면, 보험가액이 $200,000이고 자기부담금이 15%라면, 보험가입자가 보험사로부터 단 한 푼이라도 보상을 받으려면 피해금액이 $30,000을 초과해야 한다. 캘리포니아 주의 주택은 대부분 목조건물로서, 지진 발생 시 전파全破 되거나 심각한 피해를 입는 경우가 드물고, 대개 그 피해가 상대적으로 크지 않다.

CEA의 규정에 따라 보험사가 부과하는 보험료는 대재해 모형의 손해 추정에 따른 것으로서, 안정적인 지역에 위치한 목조건물의 경우 보험가액 $1,000당 $3.00이고, 리스크가 큰 지역이거나 건물에 하자가 있는 경우에는 보험가액 $1,000당 보험료가 $6.00~$7.00이다. 고위험 지역에 위치한 고가의 주택은 지진위험 담보에 대하여 추가로 부담해야 할 연간 보험료가 수천 달러에 달한다. 이와 같은 구조의 지진보험을 공급하는 보험사 및 보험사에게 자기자본을 제공한 투자자들은 거두어들인 보험료에 비하여 매우 작은 보험금을 지급하게 되고, 그 결과 지진보험은 매우 수익성이 높은 보험 상품이 된다. 그러나 대재해 모형이 옳다면 그들의 기대수익률은 정상이윤[3] 수준이어야 한다.

보험료가 높고 (높은 자기부담금 때문에) 보험금을 받을 확률이 낮기 때문에 최근에 발생한 지진에 대한 기억이 희미해지기 시작하자 많은 주택소유자들이 지진보험을 갱신하지 않았다. 2010년 말에는 캘리포니아 주의 주택소유자들 중 12%만이 지진보험에 가입했다. 이는 1994년 말의 가입률 30%와 비교하면 매우 낮은 비율이다. 이처럼 지진보험 가입을 포기한 주택소유자가 많은 이유는 자기부담금 이상의 지진 피해가 발생하여 받을 보험금의 기댓값에 비하여 보험료가 과도하게 높다고 생각한 사람이 많았기 때문일 것이다. 만약 향후 캘리포니아에서 대규모의 지진이 발생한다면 무보험자들의 피해 규모가 대단히 클 것이다.

캘리포니아 주의 지진보험을 보험사들의 변칙 행동 사례라고 분류할 수 있는 이유는 다음 두 가지이다. 첫째, 노스리지 지진에 대하여 보험사들이 과도하게 반응했다. 즉, 보험사들은 자신들이 보유한 보험 포트폴리오 전체를 고려하여 지진 위험을 담보할 것인지 여부를 신중하게 판단하지 않고 더 이상 지진 리스크를 담보하지 않겠다는 성급한 결정을 내렸다. 둘째, CEA가 리스크에 비하여 과도하게 높은 보험료를 부과할 때, 보험사들은 그것을 금지하는 규제가 없는데도 불구하고 그에 맞서 보험료가 낮은 상품을 제공하는 데 전혀 관심이 없었다. 사실 오늘날 민영보험사들은 지진위험이 높은 지역의 주택에 대하여 캘리포니아 주 보험감독원에 보험료를 신고하고 지진보험을 판매하지만, 소비자들이 그 보험상품을 구입하지 않기를 바란다. 그 이유는 캘리포니아에서 주택종합보험을 판매할 때 반드시 소비자에게 지진보험을 함께 제시하고 구입 의사를 물어봐야 하는데, 보험사들은 매우 높은 보험료를 받을 경우에만 지진보험을 제공하기를 원하기 때문이다.

---

3 (역주) 정상이윤(normal profit)이란 투자자가 초과이윤을 얻지도 않고 손해를 보지도 않는 수준의 이윤으로서, 리스크를 감안한 시장평균 수익률이라고 할 수 있다. 포트폴리오 이론의 CAPM은 리스크를 감안한 투자대안의 정상이윤을 구하는 모형이다.

보험사의 변칙 행동: 대재해가 발생할 때와 발생하지 않을 때

테러 리스크와 자연재해 리스크를 담보하는 보험에 관하여 앞에서 설명한 바와 같이, 재난 발생에 대하여 최근에 보험사들이 보여준 공통적인 대응은 보험료를 지나치게 인상하거나 아예 보험을 제공하지 않는 등의 과도한 반응이다.

⁞ 재난 발생 후 보험료 인상

앞에서 설명한 바와 같이, 플로리다의 보험규제 당국은 허리케인 앤드루 발생 후 보험사들의 과도한 요율인상 시도를 불허했다. 그 대신 약 10년에 걸친 점진적인 요율인상을 허용했다. 플로리다 주의 보험규제당국은 허리케인 앤드루로 인한 피해가 과학자들이 예측한 것보다 더 심각했다는 증거가 없고, 가까운 장래에 그와 유사한 규모의 피해가 또다시 발생한다는 증거도 없다고 결론지었다.

공급 측면의 변칙은 보험사의 휴리스틱[4]이나 편향으로 설명할 수 있다. 이러한 설명은 기업은 장기적 기대이윤을 극대화하려 한다는 전통적인 설명과 다르다. 보다 구체적으로, 유효성 편향availability bias이란 보험사가 재해 발생 확률을 추정할 때 과학적 모형에 의하여 추정된 표준 확률에 비하여 최근에 발생한 재해에 더 큰 비중을 두는 것이다. 보험감독당국도 역시 재해발생 확률을 추정할 때 유효성 편향의 영향을 받을 수 있다. 그래서 태풍이나 테러 등의 대형 재난이 발생한 직후 보험사들이 흔히 요구하는 과도한 보험료 인상을 허용하는 경향이 있다. 대형 재난이 발생한 직후에는 또 다른 재난이 곧 닥칠 것이라며 공포에 휩싸여 있다가, 재난이 발생하지 않은 채로 시간이 좀 경과되면 재난 발생에 무관심해지는 것과 같은 감성적 태도가 보험사 경영자들의 행동에 큰 영향을 미치고, 그 결과 보험사의 경영은

---

4 (역주) 발견적 방법. 반복적인 시행착오를 통하여 정답을 찾아가는 방법. 일종의 주먹구구.

기대 이윤 극대화에서 멀어지게 된다.

⁝ 재난 발생 후 보험 제공 거부

최근 자연적·인적 대형 재난이 발생한 후에 나타난 보험공급자들의 공통적인 행태는 지켜보기가 민망할 정도로 문제가 많다. 보험료는 급등하고, 높은 보험료에도 불구하고 대부분의 보험사들이 보험을 제공하기를 거부하며, 어떤 보험사는 아예 시장에서 철수한다. 이러한 행동의 가장 눈에 띄는 사례는 9.11 이후 많은 보험사들이 테러 손해에 대한 보장을 거부한 것이다. 그 이유는 아마도 재보험을 구득하지 못했거나 또는 대단히 높은 보험료를 부과했어야 하기 때문일 것이다. 보험사들의 이러한 행동은 9.11 이전에는 테러 리스크 보장을 포함하는 대가로 단 1센트의 보험료도 추가로 부과하지 않았던 사실에 비추어보면 매우 변칙적인 행동이라고 할 수 있다.❽ 1927년에 미시시피 강에서 심각한 홍수가 발생한 직후에도 모든 보험사가 홍수 손해에 대한 보장을 제공하지 않으려 하여 9.11 이후와 유사한 행태를 보였다. 보험사들의 이러한 행태는 결국 1968년에 국민홍수보험공단National Flood Insurance Program을 발족시키는 결과를 낳았다(Dacy and Kunreuther 1968).

보험료 급등 현상에 대한 한 가지 설명은, 단기간에 보험사의 준비금을 크게 증가시켜야 하는 부담을 떠안은 보험사의 자본제공자들이 그 대가로 높은 수익률을 요구한다는 것이다.5 Ann Gron(1994)과 Ralph Winter(1994)가 이러한 주장을 학술적인 모형을 통하여 제시했다. 그래도 풀리지 않은 의문이 남아있는데, 보험사들이 재해보험 시장에서 철수하는 현상이 그것이다. 보험사들이 제시하는 높은 보험료에도 보험을 구입하고자 하는 소비자가

---

5 (역주) 보험사의 자본 제공자들이란 주주들인데, 개인과 기업 및 펀드 등이 있다. 대재해 발생 후에는 보험금 지급이 급등하여 보험사의 자기자본이 크게 감소한다. 보험사의 자기자본은 예상 외의 손해에 대비하는 완충자금(buffer fund)의 역할을 하여 보험사의 재무적 안정에 매우 중요하다. 그러므로 보험사는 감소된 자기자본을 단시일 내에 회복해야 하는데, 그러려면 주주들이 추가로 자기자본을 출연해야 한다. 이 문장의 의미는, 주주들이 자기자본을 추가로 제공하는 부담을 지는 대신, 경영자들에게 보험료를 인상하라고 요구한다는 것이다.

있는데, 그것이 비록 소수일지라도, 여전히 수요가 존재하는 시장에서 왜 철수하려 하는가?

대형 재난 발생 후에 보험사들이 그러한 행태를 보이는 이유에 대하여, 특히 언론 기자들이 여러 차례 논의를 했었는데, 그들은 보험사와 재보험사들이 소심하고 공포에 질려있기 때문이라는 결론을 내 놓았다. 리스크 분석가들은 종종 재난 발생 후에 미래의 재난발생 확률을 높게 조정한다. 또한 보다 더 중요한 것은, 미래의 또 다른 재난이 발생할 확률을 예측함에 있어서 불확실성이 높아졌다고 생각한다는 것이다. 제8장에서 지적한 바와 같이, 확률의 모호성에 대한 보험사의 정상적인 대응은 보험료 인상에 국한되고(단, 보험료 인상이 허용된다면), 시장으로부터 철수하지는 않는다. 그러나 만약 보험사가 보험료를 자유롭게 책정할 수 있고, 책정한 보험료로는 시장의 수요가 0에 가깝다고 예상된다면, 착취적인 보험료를 부과했다는 언론의 비난을 받아 곤경에 빠지기보다는 시장에서 깨끗이 철수하는 대안을 선택할 것이다.

소비자들이 보험료 인상에 저항할 것이라는 주장은 실증적 증거의 지지를 받지 못한다. 재난발생 직후에는 개인과 기업들은 대부분, 그들에게 보험을 제공하려는 보험사가 있다면, 보험계리적으로 적정한 수준보다 훨씬 높은 보험료를 지불할 용의가 있다. 제3장에서 지적한 바와 같이, 9.11 발생 6개월 후에, 보험가액이 $900만인 1년 만기의 테러보험이 $90만에 거래된 사례가 있다. 그 보험료가 보험계리적으로 공정하다면 향후 1년간 그 회사가 테러공격을 받을 확률이 10%에 근접하다는 것인데, 그 보험을 구입한 경영자가 자신의 회사가 향후 1년 내에 테러 공격을 받을 확률이 10%나 된다고 판단했으리라고 보기는 어렵다. 테러보험의 공급이 극도로 제한되어 있기 때문에, 그리고 그들에게 모기지를 제공한 금융기관 또는 회사의 이사회가 테러보험 가입을 강력히 원하는 등의 이유로 테러보험을 반드시 구입해야 할 상황이었기 때문에, 그토록 비싼 보험료를 내고 테러보험을 구입했을 것이다.

어떤 종류의 보험상품을 제공하려면 큰 고정비용이 발생하는데, 수요가 고정비용을 보상할 정도에도 미치지 못한다면 매우 높은 보험료에도 불구하고 보험을 제공하기를 거부하는 것이 민영 보험사의 입장에서는 경제적으로 합리적이다. 예를 들면, 환경훼손을 담보하는 보험이 그러한 경우이다(Freeman and Kunreuther 1997). 보험사나 재보험사의 경영자가 불확실성이 매우 큰 시장에서 보험을 판매했을 때, 실제로 재난이 발생한다면 그 경영자는 직장을 잃을 뿐만 아니라 인간적인 모욕을 당할 수도 있다. 오르지 말아야 할 산을 오르다 낭패하는 격이다.

⋮ 보험 리스크의 증권화: 재무적 수단의 제한적인 효과

보험사와 재보험사가 보유한 대재해 리스크를 금융시장의 투자자들에게 전가하는 새로운 수단이 1990년대에 개발되었다. 대재해 채권catastrophe bonds이란 채권의 상환 여부가 대재해의 발생과 연계되어 있는 채권인데, 최악의 경우 지급불능에 빠질 수 있는 리스크를 헷지hdege할 수 있는 기회를 보험사와 기업에게 제공한다. 대재해 채권의 만기는 대개 몇 년인데, 다른 일반적인 채권과 달리 투자자들에게 독특한 기회를 제공한다. 즉, 리스크가 자연재해와 연계되어 증권시장과 독립적인 리스크를 가지고 있으면서[6] 투자자들에게 꽤 높은 기대수익률을 제공한다(Litzenberger, Baeglehole, and Reynolds 1996). 이러한 투자가 꽤 매력적임에도 불구하고, 투자은행들의 예측보다 상당히 적은 규모의 채권이 발행되는 데 그쳤다.❾

대재해 채권은 다른 부채 발행 채권에 비하여 스프레드(투자수익)가 훨씬 높음에도 불구하고 채권시장에서 큰 인기를 얻지 못했다. 이는 단지 투자자들이 새로운 투자대안에 익숙하지 못했기 때문만이 아니라, 풀어야 할 보다 심각한 문제점이 있음을 나타내는 신호다. 모호성 회피, 근시안적 손실 회

---

6 (역주) 베타(β) 계수가 0이라는 뜻이다. 자연재해는 인간의 활동이 반영되는 증권시장과는 관계없이 발생하기 때문에 대재해 채권의 리스크는 주식이나 채권 등 다른 증권의 리스크와는 상관관계가 없다. 이러한 특성을 가진 채권을 포트폴리오에 포함시키면 포트폴리오 전체의 베타계수를 낮출 수 있다.

피, 고정비 성격의 학습비용 등이 투자자들로 하여금 대재해 채권 시장에 뛰어들기를 망설이게 하는 요소들이다. 대재해 손해가 채권의 성과에 미치는 영향에 대한 우려가 또 다른 이유다(Bantwal and Kunreuther 2000). 이상의 여러 사례들로 미루어볼 때, 보험의 공급 측면에는 표준모형으로부터 진정으로 벗어나는 행동이 존재하는 것으로 보인다.

● 수년간 재해 발생 없으면 재보험 가격 인하

재보험시장 또한 주주들과 보험계리사들이 재무적으로 세련되었음에도 불구하고 변칙 행동의 피해자가 되고 있는 것으로 보인다. 재보험의 가격은 추정 손해금액에 대한 재보험사의 인식이 아니라 재보험사의 사용 가능한 자본의 규모에 달려있다. 재보험사들이 근래에 대재해 손해를 겪지 않아서 여유자금이 있으면 재보험사들은 경쟁적으로 재보험 가격을 낮추려할 것이다. 이 현상은 행동경제학적으로 설명이 가능한데, 예를 들면 확률을 추정할 때 가장 최근의 경험에 높은 가중치를 둔다는 것이다. 또는, 보다 합리적인 설명도 가능한데, 재보험사가 최근 수년간 손해를 보지 않았다면 이익이 누적되어 자기자본이 증가했을 것이고, 대재해 리스크에 대한 재보험을 제공하는 데 있어서 재무제표가 부과하는 제약조건이 약화될 것이다.

재보험사의 경영자가 별 부담 없이 낮은 재보험료를 부과할 수 있는 상황일지라도 그 가격이 합리적이라는 것을 자본의 공급자(투자자, 주주)들이 납득하도록 설명할 수 있어야 한다. 그러나, 만약 보험사의 경영자나 투자자들이 유효성 편향을 드러내어 재해 발생 확률이나 위험도를 재해의 특성이나 발생시점에 따라 달리 판단한다면 기대 이윤 극대화 모형에서 벗어난 행동을 할 수 있다.

과도하게 높은 보험료

앞에서 논의한 공급 측면의 변칙은 드물게 발생하는 대재해 관련 보험의 보험료가 기대손해액에 비하여 지나치게 높게 책정되었거나 아예 공급이 되지 않는 경우였다. 그러나 보험 공급 측면의 변칙에는 그와 다른 유형도 있다. 보다 온건한 규모의 예측가능한 리스크에 대한 보험의 보험료가 과도하게 책정된 경우를 다수 발견했다. 예를 들면, 암보험, 렌터카 보험, 품질보증 및 수익성이 높을 것으로 보이는 자기부담금이 낮은 보험계약 등이 그것이다.

앞에서 언급한 바 있다시피, 자기부담금이 낮은 보험계약에 비효율적으로 과도하게 수요가 집중되고 있다는 것은 자기부담금을 낮추기 위하여 추가적으로 부담하는 보험료가 그렇게 함으로써 얻는 추가적인 기대 편익에 비하여 지나치게 높다는 것을 의미한다. 소비자들이 변칙적으로 행동한다고 주장할 수는 있지만, 편익에 비하여 그처럼 보험료가 높은 보험이 존재한다는 사실은 아무래도 당혹스럽다. 이제 그와 같은 공급 측면의 의문점들을 이론과 실증적 증거를 통하여 검토해보자.

만약, 누구나 보험 사업을 자유롭게 시작할 수 있고, 그 진입비용이 저렴하다면, 소비자들이 받는 보험금의 기댓값보다 보험료가 훨씬 높은 보험상품 혹은 보험과 유사한 상품이 지속적으로 시장에 존재한다는 사실은 납득하기 어렵다. 만약 보험소비자들이 동일한 보험상품에 대하여 보험료를 낮게 책정한 보험사로 쉽게 전환할 수 있다면, 설사 그들이 손해발생 확률을 알지 못할지라도 소비자들이 약간의 탐색비용을 들이면 보험사들 사이의 경쟁으로 인하여 보험료가 겨우 정상이윤을 얻을 수 있는 수준으로 낮아질 것이다.❿ 간단히 말해서, 리스크가 높다거나(렌터카 사고처럼), 보장범위가 서로 다르다거나 (자기부담금이 높은 보험상품 vs 자기부담금이 낮은 보험상품) 하는 이유로 보험료를 지나치게 높게 부과하는 보험상품이 시장에 존재하지 말아야 한다. 이러한 이론적 결론은 다음 두 가지의 실증적 의문으로 연결된다.

- 보험료가 기대편익에 비하여 과도하게 높은 이유가 보험사의 이익이 높기 때문인가 혹은 사업비가 높기 때문인가?
- 보험시장은 보험료가 과도하게 높은 보험상품을 제거하거나 또는 감소시키는 방향으로 변화해왔는가?

첫 번째 질문에 대해서는 이미 어느 정도 논의했다. 미국에서는, 보험사들의 장기적 이익률은 다른 산업과 비슷하거나 약간 낮지만, 대형 자연재해나 기타 대재해의 발생 여부에 따라 연도별로는 이익률의 등락이 꽤 높은 편이다. 예를 들면, 포춘 500 기업 데이터를 보면, 2009년 생명보험주식회사의 평균 자기자본이익률ROE이 약 5%였고, 손해보험사들의 평균 수익률은 6~7%였다(AIG가 표본에 포함되는지 여부에 따라 달라짐). (데이터 출처: http://money.cnn.com/magazine/fortune/frtune500/2009/industries/182/index.html)

손해보험산업의 ROE는 시간의 경과에 따라 꽤 등락이 심한데, 12~15%의 범위 내에 있는 포춘 500의 대기업들의 평균보다 거의 언제나 낮았다. 보험산업에 투자하여 부자가 된 사람이 있다는 것은 틀림없는 사실이다. 그러나 총수입에 대한 비율 혹은 자기자본에 대한 비율로서의 보험산업의 이익률은 높지 않다. 그 이유는 아마도 보험업은 제조업처럼 공장이나 설비에 대한 대규모의 투자가 필요 없어서 사업을 하기 위한 준비에 큰 비용을 들이지 않아도 되기 때문일 것이다. 적어도 미국에서는 카르텔이나 그밖의 진입장벽도 없다(유럽에서는 역사적으로 카르텔이 존재해왔다).

혜택에 비하여 과도하게 높은 보험료를 초래하는 또다른 요소는 높은 사업비다. 여기에는 진퇴양난의 가능성이 있다. 만약 보험을 팔기 위한 마케팅 비용이 높다면 그것을 반영한 보험료가 높을 수밖에 없다. 보험료가 높아질수록 보험사는 소비자들을 설득하여 보험을 사게 하기 위하여 더 많은 마케팅비를 지출해야 한다. 이 상황에서 관건이 되는 질문은, 다른 보험사가 같은 보험상품을 좀 더 낮은 보험료에 제시한다면, 과연 소비자들이 그 사실을 알 수 있는지 여부다. 즉, 보험소비자들이 자발적으로 보험료가 낮은 보험상품을 찾아내려고 노력하는가 혹은 보험사들이 제시하는 가격으로 보험을 구입하는가?

이 질문에 대한 답은 보험이 왜 필요한지에 대한 소비자들의 인식과, 보험 구입이 대출(예컨대, 주택종합보험)이나 규제(예컨대, 자동차보험)에 의하여 강제되어 있는지 여부에 달려있다. 어떤 보험 상품은 다른 보험 상품에 비하여 가격을 더 강조한다. 예를 들면, 자동차보험은 보험료가 저렴하다고 광고하지만, 주택종합보험은 그렇게 하지 않는다. 혜택에 비하여 높은 사업비를 오랜 기간 유지하는 보험 상품이 존재하는 이유를 가장 잘 설명하는 이론은 광고에 관한 경제학 이론일 것이다. 그 이론은 너무나 상식적인데, 소비자들이 판매원의 행동에 영향을 많이 받는 상품은 판매비가 높고, 낮은 가격에 반응하는 상품은 판매비가 낮다는 것이다(Dorfman and Steiner 1954). 품질보증과 렌터카 보험이 판매원의 영향을 많이 받는 경향이 있는데, 그렇다면 이들 종목이 다른 보험 종목에 비하여 팔기 수월하고 수익성도 높다는 것일까?

만약 보험소비자들의 보험구입 목적이 '기대효용극대화'가 아니라 마음의 평화, 후회하지 않기, 수익성 높은 투자 등 보다 정의하기 어려운 "다른 무엇"이라면, 그러한 욕구를 충족시켜주려는 보험사의 판매 노력의 표적이 되었을 것이다. 만약 소비자들의 보험구입 의사결정이 그러한 목적을 달성하는 것이라면 보험소비자들이 왜 자기부담금이 낮은 보험상품처럼 기대손해액에 비하여 보험료가 높은 보험계약을 구입하는지를 이해할 수 있다. 또한, 객관적인 자료에서 구한 확률분포에 비하여 작은 손해가 발생할 확률을 높게 인식하는 사람은 자기부담금이 낮은 보험상품을 높은 보험료에 구입한 것을 합리화하기 쉬울 것이다. 만약 사람들이 감성적 충동으로 보험료가 지나치게 높은 보험을 구입한다면, 비싼 보험료 자체가 감성적 충동구매의 원인이 아닌 한, 다른 보험사가 시장에 진입하여 보험료를 끌어내릴 것이다.

또다른 설명은, 보험사의 높은 사업비가 보험소비자들에게 재무적 보호를 제공하는 것 이외에 다른 기능도 있다는 것이다. 예를 들면, 보험소비자들은 보험 대리점이나 설계사로부터 조언을 얻고 자신의 의사결정에 대하여 확신하게 된다는 것이다. 그러한 조언들 중 어떤 것은 소비자의 돈과 시간을 절약하게 해 준다. 예를 들면, 품질보증은 제품이 고장 났을 때 누구에게서 애프터서비스를 받아야 할지를 알게 해주고, 제조사가 애프터서비스를 잘 해 줄 의사가 있는지 여부를 알 수 있게 해주어 거래비용을 줄여준다.

두 번째 질문과 관련하여 장기적으로 보면, 보험상품의 가격이 지나치게 높아지면 스스로 가격을 조정하는 기능이 보험산업에게 있는 것으로 보인다. 앞에서 언급한 바와 같이, 오늘날 대부분의 항공 여행자들은 비행기 탑승자 보험의 기대 편익이 보험료를 정당화할 정도로 크지 않다는 사실을 올바르게 인식하고 그 보험을 구입하지 않는다. 또한, 오늘날 대부분의 사람들은 렌터카 보험을 구입하지 않는데, 그 이유는 자신의 자동차보험이나 크레딧카드가 렌터카의 파손을 보상해주기 때문이다. 자동차와 주택에 관한 보험에 있어서 소비자들은 유별나게 자기부담금이 낮은 보험상품을 선호하는데, 이 두 종류의 보험은 보험시장이 경쟁적임에도 불구하고 오랫동안 과도한 보험료 수준을 유지하고 있는 특별한 경우이다.

<u>요약</u>

9.11 테러 공격 이전에는 보험 산업이 테러 리스크를 손인에 명시적으로 포함시키거나 제외하지 않았다. 그러나 테러 공격 이후에는 향후에 발생하는 테러 리스크에 대한 보험을 제공하기를 거부하거나, 테러 공격의 확률과 손해액을 높게 평가하여 보험료를 지나치게 높게 설정했다. 다른 한편으로, 소비자들은 테러보험을 구입하려고 아우성이었다. 테러는 보험사들에게 (다른 사람들에게도 마찬가지로) 성가신 경제학 문제를 던져주었다. 테러는 국제 관계 문제이고, 자연 현상이 아니며, 테러범들은 테러 피해자의 방어수단을 피해가는 공격법을 선택한다. 더욱이 역사적 사례나 과학적 데이터가 거의 없다. 그럼에도 불구하고, 9.11 이전에는 보험료를 전혀 부과하지 않거나 미미하게 부과하여 무관심했던 테러 리스크인데, 9.11 이후에 갑자기 그것 때문에 보험 제공을 거부하는 보험 산업의 행태는 변칙이라고 여겨진다.

보험사들이 의사결정의 근거로 활용할 수 있는 역사적 사례나 과학적 정보를 확보한 보험에 있어서, 무슨 이유에서인지 보험사들의 그러한 정보를 무시해온 경우가 있다. 보험사들은 보험소비자들이 흔히 보여준 것과 같은 반응을 나타낸 것으로 생각된다. 즉, 1992년의 허리케인 앤드루와 2004년의 플로리다에 불어 닥친 몇 개의 태풍의 경우에서 본 바와 같이, 최근에 발생한 재해에 대하여 과도하게 반응한 것이다. 그러다가 재해 피해 없이 몇 해를 보내면 그들은 다시 예전처럼 안심하고 산다. 플로리다 해변에 집중된 건물과 시설물에 대한 태풍 피해 발생확률과 그로 인한 예상 손해액에 관한 과학적 분석에 보험사들이 별 관심을 두지 않는 것은 변칙이라고 판단된다.

플로리다 주는 규제 당국이 얼마나 보험시장을 왜곡할 수 있는지를 보여주는 사례이기도 하다. 2004년에 태풍 피해가 특히 심하여 보험사들이 보험료를 인상하려고 하자, 플로리다 주 정부는 시민재산보험회사Citizens Property Insurance Corporation, CPIC를 설립하여 주 정부의 자금으로 보조금을 지급하여 주민들에게 주택종합보험을 저렴한 보험료에 제공하기 시작했다. CPIC는 대재해 모형이 도출한 시장가격보다 낮은 보험료를 제시했고, 그것은 주정부가 민간 보험회사에게 허용한 고위험 지역에 대한 보험료 수준보다 월등히 낮았다. 그 결과, CPIC는 주택종합보험 시장에서 상당한 점유율을 차지하게 되었다.

정부의 규제는 캘리포니아 주의 지진보험 시장도 왜곡시켰다. 규제 당국이 주택종합보험에 지진보험을 강제로 포함시키자, 여러 보험사들이 시장을 포기하게 되었다. 그 결과, 1996년에 주 정부가 운영하는 보험사인 캘리포니아 지진 공사California Earthquake Authority, CEA가 설립되었다. CEA는 과거 민영 보험사들에 비하여 보험료를 높게 책정했고, 최소 자기부담금을 보험가액의 15%로 하도록 강제했다. 그 결과 보험가액이 $200,000인 주택을 소유한 보험가입자가 CEA로부터 단 한 푼이라도 보상을 받으려면 피해액이 $30,000을 초과하여야 했다. 그래서 많은 주택소유자들이 그 보험이 구입할 가치가 없다고 판단하여 보험을 해약했다. 다음에 다시 대규모의 지진 피해가 발생한다면 과연 다시 지진보험에 대한 수요가 부활할지 여부가 궁금하다.

　이상의 사례들은 변칙으로 분류할 수 있는 보험사의 행동의 여러 특성을 보여주고 있다. 재해가 발생하면 보험사들은 큰 손해에 초점을 맞추어 미래에 유사한 재해가 발생할 확률을 지나치게 높게 평가한다. 그래서 보험사들은 특정 리스크에 대한 보험료를 과도하게 올리거나 보험을 제공하기를 거부한다. 반대쪽으로 극단적인 행동도 하는데, 보험사와 재보험사들은 최근 수년간 심각한 손해를 입지 않았다면 보험료를 지나치게 낮게 책정하곤 한다. 앞에서 예로 든 사례들은 규제 당국이 보험료를 규제하고 주정부가 보험사를 설립하여 운영하며 보험료를 보조하는 것이 어떻게 보험시장의 문제를 더 복잡하게 만드는지를 보여주는 사례이기도 하다.

PART 3
보험의 미래

nsurance and
Behavioral Economics

insurance

CHAPTER 10
보험의 설계 원칙

　몇몇 보험시장에서 보험의 구매자와 판매자들이 두 종류의 표준모형(기대효용 극대화와 기대이윤 극대화)을 기준으로 판단할 때 변칙이라고 할 수 있는 행동을 종종 한다는 것을 살펴보았다. 보험의 구매자와 판매자들이 부_富에 심각한 위협이 될 수 있는 다양한 리스크에 대하여 충분한 보장을 제공할 수 있도록 보험시장을 발전시키려고 노력해왔지만, 지진보험을 비롯하여 큰 손해를 발생시키는 몇몇 리스크에 대해서는 보험 공급이 제한적인 경우가 있었다.

　어떤 보험의 시장가격은, 렌터카 보험이나 세입자보험처럼 기대손해액에 비하여 보험료가 지나치게 높은 경우가 있다. 다른 쪽 극단에는 보험소비자들이 금전적으로 부담이 적은 사고에 대비하여 보험을 구입하는 경우가 종종 있다. 예를 들면, 가전제품 고장에 대비하는 품질보증이 그러한 경우인데, 기대손해액이 보험의 가격에 비하여 상당히 낮다. 또한, 보험료가 저렴한데도 불구하고 대재해 리스크에 대비한 보험을 구입하지 않는 경우도 있다. 이와 같은 변칙 행동이 발생하면 어떻게 바로잡을 것인가? 그리고, 바로잡을 방법이 있기는 한가? 보험사는 이 과정에서 어떤 역할을 해야 할까?

　먼저, 과도한 보험료 문제는 대재해 수준의 손해를 발생시킬 수 있는 리스크에 대비하는 보험을 구입하지 못하거나 제공하지 않는 문제에 비하면 대개 재무적으로나 공공정책적으로나 심각성이 덜 하다는 것을 밝혀둔다. 보험 구입 시에 약간 높은 보험료를 지급했거나 보장범위가 조금 과도한 것은 일반적인 중산층 가계에 재무적 주름살을 지우지는 않는다. 손해가 실제로 발생했을 때에는 오히려 전화위복이 될 수 있다. 반면에, 보험을 구입하지 않았거나 구입하지 못한 채 대재해 손해를 당하면 가계가 파산할 수 있다.

이와 같이 불균형한 이득과 손해를 개선하려면 어떤 조치를 취해야 할까? 보험을 과소구입하거나 과다구입하는 문제를 해소하기 위하여 사회와 시장의 제도를 변경하는 것이 가능한 조치 중 하나일 것이다. 또한, 대형 재난 발생 후 보험사들이 갑자기 보험료를 크게 인상하거나 보험 공급을 거부하는 것을 금지할 수도 있다. 정부가 보조금과 규제를 이용하여 보험의 수요와 공급의 변칙 현상에 대응할 수 있다. 그러나 이러한 조치들은 시장이 이상적인 표준모형으로부터 더욱 멀리 벗어나게 하는 결과를 초래할 수 있다. 왜냐하면 현실 세계의 규제 당국이 종종 사회후생 극대화가 아니라 다른 목표를 추구하기 때문이다. 그러한 목표의 예로는 '어떤' 형평성의 기준을 따르는 재분배 정책이 있다.[1] 또한, 규제 당국이 시장에서의 자원배분의 과정과 결과를 불신하면서, 자신들이 발생시키는 의도하지 않은 부정적인 결과에 대해서는 무시하거나 인정하지 않으려 할 수 있다. 종종 '건강한 보험 산업'이라는 정치적 구호가 소비자들의 후생을 왜곡시킨다. 결론적으로, 정부의 보험 산업 개입이 어떤 결과를 나타낼지는 보험 시장과 정치권이 어떤 상황인지에 달려있다.[2]

본 장에서는 저자들이 믿고 있는 일반 원칙들이 이상의 질문에 일관된

---

1 (역주) 저자들이 "'어떤' 형평성의 기준(some equity criterion)"이라고 표현한 것은, 형평성(또는 평등)에는 여러 가지의 서로 상충하는 기준(또는 개념)이 있음을 고려했기 때문일 것이다. 예를 들면, 결과적 평등 vs 기회균등, 모든 사회구성원들 사이의 평등 vs 지배계층을 제외한 나머지 사회구성원들 사이의 평등, 평등을 유일·최선의 가치로 여김 vs 다른 가치(예컨대 자유)와 조화되는 평등 등이 있다. 이들 중 어느 것이 최선의 평등인지를 판단하는 객관적인 방법은 없다. 반면에 경제학의 '효율성'은 '사회후생 극대화'라는 객관적인 개념으로 일관되게 평가할 수 있어서 논란의 여지가 별로 없다.

2 (역주) 저자들의 견해에 동의하면서, 한 가지 요인을 추가해야 현실을 더 잘 분석할 수 있다고 생각한다. 그것은 '국민'이다. 세계 각국의 보험 정책과 경제 정책을 살펴보면, 국민들이 정치권을 압박하여 사회후생극대화에 어긋나는 정책을 실시하게 하는 경우를 자주 목격한다.

답을 내놓는지에 대하여 논의할 것이다. 정부도 시장처럼 완전하지 않기 때문에 정부가 하는 일이 보험시장에 영향을 미쳐 변칙적인 현상을 낳을 수 있다. 그래서 정치적 목적으로 제정된 불완전한 제도가 시장을 규율하기보다 시장의 자율에 맡겨두는 것이 변칙을 치유하는 더 나은 방법인 경우를 찾아보려고 시도하게 되었다.

그 다음에, 재난이 초래하는 손해와 비용을 누가 부담하는 것이 효율적이고 형평성이 있는지를 판단하는 기준을 제시하고자 한다. 그러한 기준을 제시하려면, 정보를 제공하고, 보험 계약을 설계하며, 무엇을 어떻게 규제해야 할지 등에 대한 원칙을 마련해야 한다. 본 장은 규제 당국이 구축해야 할 조직구조 설계와 목표에 대하여 네 가지의 제안을 하는 것으로 결론을 맺는다.

리스크관리 전략의 수립과 평가

보험은 리스크관리 전략을 수립하려는 정부와 민간 부문의 의사결정자들이 답해야 할 다음 두 가지의 폭넓은 질문과 관련하여 핵심적인 역할을 수행한다.

- 재난으로 인한 손해의 리스크를 누가 부담해야 하는가? (예를 들면, 자동차 사고, 건강관련 각종 지출, 자연재해 피해, 테러 공격으로 인한 피해 등등)
- 그러한 손해를 줄이기 위하여 개인, 기업 및 기타 민간 조직과 사회가 각각 얼마만큼의 자원을 제공해야 하는가?

위의 리스크 분산 및 리스크 완화와 관련된 두 질문에 대한 답을 구하는 데 사용해야 할 기준은 '효율성efficiency'과 '형평성equity'이다. (다른 모든 경제 정책도 이 두 기준을 사용한다는 점에서는 마찬가지다.)

효율성이란 순편익(편익에서 비용을 뺀 것)이 극대화되도록 자원을 배분하는 것을 의미한다. 효율성이란 어느 정도는 소비자의 선호와 가치평가에 의하여 결정되기 때문에 편익과 비용의 크기와 분포가 시대와 지역에 따라 다를 수 있다. 형평성 또한 그러한 문제를 가지고 있다. 형평성이란 상품과 자원의 분포 및 그것이 상품과 서비스의 소비에 미치는 영향이 얼마나 공평한지에 관한 것이다.

이론적으로 말하면, 효율적인 정책은 보험 수요와 공급의 표준모형이 제시하는 바에 최대한 가깝게 자원을 배분하는 것이다. 그러한 정책을 실시하여 거둔 순편익은 사회가 추구하는 형평성 기준을 만족시키는 방향으로 사용되어야 한다. 예를 들면, 보험료가 리스크를 적절하게 반영하는 수준이지만 저소득층이 부담하기 어렵다면 정부가 보험 사업에서 번 돈으로 저소득층을 보조하여 그들도 보험에 가입할 수 있도록 하는 것이다.

효율성에 대한 고려

정부의 정책이 효율성과 형평성의 목표 달성에 얼마나 영향을 미칠까? 경쟁적인 보험시장은 이론적으로, 각종 리스크에 노출된 개인과 기업들 사이에 효율적으로 리스크를 분담케 한다. 만약 거래비용이 과도하게 높지 않다면, 그리고 소비자들이 리스크에 대한 정보를 충분히 가지고 있고 기대효용을 극대화하도록 의사결정을 한다면, 그러한 보험시장에서 위험회피적인 사람들은 모두 보험을 구입하여 리스크를 분담한다. 그러나 만약 보험시장에 수요측면 또는 공급측면의 변칙이 광범위하게 존재한다면 그 사회는 경쟁시장과 다르게 작동된다. 즉, 시장에서 자율적으로 운영되는 민영보험보다 사회보험이나 정부가 세금으로 손해를 보상해주는 것을 선호한다.

정부가 보험구입을 강제하는 것이 보험시장이 존재하게 하는 또 다른 방법이다. 반면에, 보험 계약에 특정 종류의 보장을 포함시키도록 정부가 강제하고 소비자들이 구입 여부를 선택할 수 있게 하면, 소비자들이 진정으로 원하는 보험 상품을 보험사가 제공하지 못하는 문제가 생길 수 있다. 자율적인 민영보험 시장을 대체할 정부의 정책에 대해서는 다음 절에서 보다 상세히 논하고자 한다. 이 절에서는 단순히 자율적인 민영보험 시장과 정부가 강제하는 보험 시장 중의 선택은 주로 민영보험 시장이 과연 존속가능한지, 그리고 보상비용을 누구에게 얼마나 부담시킬지에 대한 정부의 정책 담당자의 판단에 달려 있음을 언급해둔다.

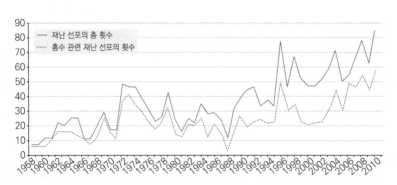

미국 대통령이 선포한 재난의 횟수(1958-2010)

그림 10.1

자료: Michel-Kerjan, Lemoyne de Forges, and Kunreuther 2011.

　　사실상, 이 선택은 재난지역에 대한 정부의 구호 정책이 어떤 효과가 있는지와 관련이 있는 것처럼 보인다. 재난 후의 관대한 정책으로 정치인들이 이득을 챙길 수 있다는 사실 때문에 기초 자치단체와 주정부 및 연방정부의 선출직 공직자들에게 미래에 닥칠 재난에 대한 대비를 맡기는 것이 옳은지에 대하여 의문을 품게 된다. Michel-Kerjan, Sabine Lemoyne de Forges, and Howard Kunreuther(2011)는 정치인들에게 재난 방지 대책을 수립하고 실행하는 임무를 맡기기가 쉽지 않다고 주장하며, 그것을 '정치인의 딜레마'라고 불렀다. 선거가 있는 해에 정치인들의 재난 선포 횟수가 급증한다는 사실을 보여주는 〈그림 10.1〉이 그 주장이 사실임을 뒷받침하고 있다.

　　보험을 강제로 구입하도록 하는 정책이 실효성이 있다는 것을 보여주는 사례가 있다. 특정 지역의 재난에 대한 보상금을 지급하기 위하여 모든 시민들에게 세금을 부과하기보다, 재난 발생 이전에 정부가 시민들에게 스스로를 재정적으로 보호하기 위한 보험을 구입할 것을 요구할 수 있다. 1993년의 건강보험 개혁 안案에 대한 토론에서, 의회예산처Congressional Budget Office는 의무보험의 보험료를 세금으로 징수하자고 주장했다. 그들의 주장의 근거는, 세금과 의무보험은 시민들에게서 강제로 돈을 징수하여 사회적혹은 공적 목적을 달성하는 것이므로 의무보험은 사실상 세금과 같은 기능을 가지고 있다는 것이다. 의무보험과 세금이 동일하다는 것은 2012년 의료비보조법Affordable Care Act에 관한 대법원의 판결에서 재확인되었다.

형평성에 대한 고려

형평성에는 두 가지 측면이 있다. 그 중 하나는 '미시 수평적 형평성micro-horizontal equity'의 원칙으로서, 어떤 행위로 이득을 보는 사람은 그에 대한 비용을 지불해야 하고, 이득을 보지 않는 사람은 비용을 지불하지 않는 것이다. 사적 시장에서는 이 원칙이 자동적으로 지켜진다. 정부도 종종정부의 정책으로 시민이 얻는 한계 효익에 세금을 부과하여 정책에 소요되는 비용을 조달한다. 예를 들면, 연방정부가 휘발유세로 도로의 건설과 유지에 드는 비용을 조달하여 운전하지 않는 사람이 도로의 건설과 유지에 드는 비용을 부담하지 않도록 하고 있다.

이처럼 수평적 형평성을 추구하는 응익원칙應益原則, benefit principle은 자발적인 민간 보험시장에 대한 대안으로 정부가 보험을 제공할 때에도 적용된다. 실업보험과 산재보험에 이러한 원칙이 적용되는데, 정부가 강제적인세금으로 보험료를 징수하지만 세율이 개별 사업장의 실제 손해와 연동되어 있다. 그러나 메디케어[3]의 고액진료 보험에 있어서, 보험의 혜택을 많이받는 노령층에게 더 높은 보험료를 부과하자는 제안이 논란의 대상이 되고

---

3 (역주) Medicare. 미국에서 시행되고 있는 노인의료보험제도. 사회보장세를 20년 이상 납부한 65세 이상의 노인과 장애인에게 연방정부가 의료비의 50%를 지원한다. Medicaid는 저소득층에게 의료비를 제공하는 미국 연방정부의 의료보험 프로그램이다.

있다. 그러한 논란 끝에 레이건 정부에서 발의된, 고액진료 보험의 혜택을 누리는 노령층에게만 세금을 부과하자는, 소위 "메디케어 대재해" 법안이 폐기되었다. 그 시점 이후 메디케어의 재원은 고소득층과 일반인들에게 부과되는 사회보장세로 충당하게 되었다. 최근의 메디케어 파트 B의 고소득 노령층에 대한 보험료 인상은 메디케어가 응익원칙으로 약간 회귀하려는 조짐인 것으로 보인다.

이러한 맥락에서의 형평성 관련 논의의 초점은 보험 혜택과 관련된 세금에 반응하여 사람들이 자신의 행동을 변화시킬 수 있는지 여부다. 예를 들면, 휘발유세가 인상되어 휘발유 가격이 상승하면 운전을 적게 하는 것으로 대응할 수 있지만, 나이가 드는 것은 어찌할 수 없다. 그러므로 사람들이 스스로 통제할 수 있는 것(예컨대, 운전)에 대하여 세금을 부과하는 것은 정당하지만, 스스로 통제할 수 없는 것(예컨대 자연재해와 나이 드는 것)에 대하여 세금을 부과하는 것은 정당하지 않다고 할 수 있다. 그러나 현실적으로, 직장에 가기 위하여 운전하는 것은 피할 수 없고, 대규모의 자연 재해를 회피하기 위하여 집을 어디에 어떻게 지을지에 대해서는 선택 가능하며, 금연이나 운동과 같이 노화老化가 건강에 미치는 영향을 줄이는 선택을 할 수도 있다.

다른 하나의 원칙인 '거시 수평적 형평성macro-horizontal equity'은 모든 활동에 대한 복지의 분포에 주목하고, 특정 상품에 관한 공정성은 상관하지 않는다. 완전경쟁시장은, 특히 최초의 복지의 분배가 사람들 간에 동일하지 않을 경우, 사람들이 흔히 공정하다고 여기는 방식으로 복지를 분배하지 않는다. 결과물을 공평하게 분배하려면 특정 개인이나 집단의 이익을 희생시키는 특별한 조치가 필요하다. 후생경제학에 의하면, 거시적 형평성을 달성하는 최선의 방법은 소득이나 재산을 재분배하되 자원이 효율적으로 배분되게 하는 것이라고 한다. Richard Musgrave(1959)의 고전적 용어로 표현하면, 정부는 투입과 산출이 효율적인 조합을 이루도록 감시하는 "할당처allocation branch"와 사회의 복지가 그 사회의 사람들이 공정하다고 여겨지도록 분배되는지를 점검하는 "분배처distribution branch"를 모두 가지고 있어야 한다.

그러나 종종, 특정 상품을 사람들에게 어떻게 분배할지에 대하여 사회마다 서로 다른 선호가 있다. 그러한 경우에는 특별한 도움이나 조치가 필요한 가계에게 정부가 미리 정해진 숫자의 바우처나 점수를 제공하는 것이 하나의 방법이다. 예를 들면, 정부가 저소득 가정에게 보험 바우처를 지급하여 그 가정이 주택종합보험이나 세입자보험에 가입하는 데 드는 비용의 일정 부분을 보조하는 것이다. 이러한 방식은 시장에서 식료품을 구입하기 어려운 처지의 저소득 가정을 지원하는 푸드 스탬프food stamp제도에서 이미 사용하고 있다.❶

바우처를 지급하여 특정한 용도에 자금을 사용하도록 강제하는 것은 정치적 장점도 있다. 현금을 배분해주면 그 돈을 개인적으로 필요한 상품이나 서비스 등에 전용할 수 있기 때문이다. 재난 빈발지역에 사는 저소득 주택소유자에게 보험 바우처를 지급하여 재난에 대비하는 보험을 구입하게 하면 홍수나 태풍 피해에 대한 정부의 구호금 지급액을 감소시킬 수 있다.

재난 발생 후에 소득재분배 정책을 실시하면 국민들의 인센티브를 왜곡하여 '사회적 비효율'이라는 비용이 발생된다. 자연재해 발생 직후에 제공하는 공적부조public assistance는 단기적으로 형평성을 높이지만, 점점 많은 사람들이 사회에 해를 끼치는 방향으로 행동하게 되어 장기적으로 비효율을 초래한다. 만약, 보험에 가입하지 않은 재난 피해자에게 구호금과 저리 융자를 보장하여(혹은, 기대하게 하여) 재해 빈발지역에 주택을 신축하거나 재건축할 수 있게 하면, 그 지역에 더 많은 사람이 몰려들어 집을 짓고 살게 된다. 그러면 재해로 인한 피해 규모가 더 커지고, 피해자 구제를 위한 납세자들과 민영·공영 보험사들의 부담이 증가한다. 이와 같은 방식의 정부 보조는 사람들로 하여금 재해 방지에 소홀해지도록 하고, 보험 구입을 회피하게 한다.

보험이 정부의 리스크관리 전략에서 중심 역할을 수행하게 하는 이상적인 방법은 모든 사람이 각자 자신이 직면한 재난으로부터의 금전적 손해 리스크를 개인적으로 책임지게 하고, 리스크를 전가하거나 감소시키는 행위와 수단으로부터 발생하는 비용과 혜택을 모두 개인의 몫으로 하는 것이다. 이러한 전제 하에, 특별대우를 받을 필요가 있는 저소득층에 대해서는 정부가 민영보험사를 규제하여 강제로 보험료를 인하하기보다 규정에 따라 보험 구입에 필요한 재원을 보조한다. 이러한 조치의 이론적 근거는, 재난 빈발지역 거주자들이 재난 피해가 직접적으로 자신들의 손해가 되므로, 보다 적극적으로 손해를 예방하고 줄이는 조치를 취하게 된다는 것이다.[4] 그 결과, 공적부조나 가격 통제와 같은 직접적인 방법으로 재난 피해자를 구제할 때에 비하여 인센티브 왜곡이 줄어들고 무임승차가 감소하여 자원배분의 효율성이 높아진다.

정책 평가 지침의 원칙

이와 같은 넓은 개념의 형평성과 효율성은 다른 시장에도 적용할 수 있다. 이제부터는 보험시장에 적용하여 다양한 종류의 변칙에 대응할 수 있도록 하는 원칙을 찾아보자. 이러한 지침과 원칙은 건축 법규, 리스크 감소, 보험을 이용하여 대형 재난으로 고통받는 사람들을 구제하는 것 등 보험 및 관련 전략을 수립하고 평가하는 틀을 제공한다. 이러한 원칙들은 다음 두 가지 중 하나의 범주에 속한다. (1) 좋은 정책을 실시하는 데 필요한 리스크 관련 정보의 취득 가능성을 높이는 '정보 원칙'과 (2) 취득한 정보를 잘 활용하도록 하는 '계약 설계 원칙'이 그것이다.

---

4 (역주) 이러한 현상을 경제학의 용어로 표현하면, '유인 정합적(incentive compatible)인 정책을 도입하여 도덕적해이를 감소시킨다'라고 할 수 있다. 정부의 정책이 유인 정합적으로 되려면 정부(정치인과 공무원)의 독단적인 판단을 최소화하고, 시장의 효율적 자원배분 기능을 최대한 살리는 방향으로 정책을 펼쳐야 한다. 예를 들면, 저소득층을 위하여 보험사에게 보험료를 낮추라고 강제하는 것보다 저소득층에게 보험 바우처를 지급하여 스스로 보험을 구입하도록 하는 것이 사회 전체의 재난 피해를 감소시키는 더 나은 방법이다. 보험 바우처로 할인된 값에 보험을 구입하더라도 자신의 집에 손해방지 조치를 취하면 보험료를 더 낮출 수 있기 때문이다. 그 결과 사회 전체의 재난 피해 규모가 감소된다. 단순히 보험료를 낮추어주면 손해방지 조치를 취할 인센티브가 없다.

정보 원칙 1: 누구나 정확한 리스크 평가 자료를 이용할 수 있게 하라

특정 재난의 발생확률과 피해 규모 및 이러한 추정의 불확실성 정도에 관한 정보는 보험시장의 모든 참여자들이 다 쉽게 얻을 수 있도록 하는 것이 이상적이다. 즉, 어느 누구도 특별한 정보 우위를 누리지 못하게 해야 한다. 만약 보험의 모든 수요자와 공급자가 리스크에 관한 최고급 정보를 공유한다면 변칙의 많은 부분이 사라질 것이다.

핵심적인 과제는, 리스크에 대하여 정확하고 일관된 평가를 내리려고 많은 노력을 했음에도 불구하고 보험사들과 보험소비자들 및 정치인들 사이에 리스크에 관한 인식에 차이가 있을 때, 정부와 보험산업이 무엇을 어떻게 해야 할지다. 두 번째 과제는, 정부든 민간이든 어떤 단체에게 리스크에 대한 정확한 정보를 생산하는 책임을 맡기고, 보험사와 소비자들에게 그 추정이 믿을 만하다는 확신을 가지게 하는 것이다. 일단 신뢰성 있는 기관이나 단체가 그 정보가 믿을 만하다고 인정하면 모든 사람이 그 정보를 이용할 수 있도록 하는 데에는 큰 비용이 들지 않는다. 만약 시민들이 민간단체보다 정부를 더 신뢰한다면 정부가 그 역할을 맡는 것이 적절할 것이다.

그러나 현실에서는 재정적 제약이 종종 정부의 이러한 시도를 좌절케 한다. 대재해 모형을 만드는 기업이나 보험 산업 전반의 데이터를 제공하는 기업이 정부보다 더 많은 자원을 동원할 수도 있지만, 그들에게는 정보를 팔아서 번 돈으로 기업의 수익성을 유지해야 한다는 제약 조건이 있다. 예를 들면, 만약 리스크 평가 결과의 대강의 모습이 널리 알려지게 되면 대재해 모형이 생산한 특별한 정보나 정확한 추정치가 필요하지 않는 한 보험사들은 대재해 평가 회사에게 돈을 주고 리스크에 관한 정보를 구입할 필요가 없다.

보험료가 리스크 정도에 따라 매겨진다면 그 정보는 보험을 구매하려는 개인이나 기업에게도 유용하다. 보험료는 보험 구매자에게 특정 재난에 대한 자신의 상대적 위험 정도를 알려준다. 반면에, 만약 어떤 보험의 보험료가 보험 가입자의 리스크 정도에 맞추어 조정되지 못한다면, 보험에 가입하려는 사람들 개개인에게 그들의 정확한 리스크 정도를 알려주는 것은 역선택을 불러일으킬 것이다. 즉, 저위험자는 보험을 구입하지 않으려 하고, 고위험자는 적극적으로 보험을 구입하는 경향이 생길 것이다.

정보 원칙 2: 상호의존성을 찾아내고 알려라

정부 기관은 리스크가 상호의존적인 속성을 가지고 있음을 인식하여 남들에게 부정적인 영향을 미치는 일을 적절히 관리할 필요가 있다. 예로부터 오늘날까지 사적 시장은 이러한 부정적 외부효과를 효율적이고 공평하게 다루지 못했다. 상호의존성을 보여주는 사례를 하나만 들면, 스프링클러가 없는 집에 화재가 발생하면 불이 옆집으로 옮겨 붙을 수 있다. 화재에 관한 실무에서는 누구의 잘못으로 손해를 입었는지에 관계없이 보험을 제공한 보험사가 보험계약자의 손해를 책임진다.❷ 즉, 보험사는 자신의 보험계약자가 남에게 입힌 손해에는 신경 쓰지 않지만, 남이 자신의 보험계약자에게 입힌 손해에는 크게 신경을 쓴다. 이 같은 책임의 분배가 주택소유자와 보험사로 하여금 남의 재산에 대한 보호에 소홀해지도록 유도했고, 그 결과, 이와 같은 부정적 외부효과를 줄이기 위한 강력한 건축 법규를 도입할 필요성이 대두되었다.

반면에, 자신의 과실로부터 발생하는 결과에 대한 책임을 대신해주는 보험은 보험계약자로 하여금 느슨하거나 부주의하게 행동하게 함으로써 상호의존성을 더욱 증폭시킨다. (의료사고보험은 경험요율제를 사용하지 않는다.) 보험료가 과실 발생 확률이나 기대 손실액을 반영하면 이러한 문제를 피할 수 있다. 그러나 그러한 행동을 적발해 내는 것은 쉽지 않고, 꽤 많은 비용이 든다. 게다가, 과실 행위를 기초로 보험료를 산정하는 것은 정치적으로 인기가 없다. 원칙적으로, 보험사가 자신의 행동을 감시하는 것을 견뎌낼 용의가 있는 보험가입자는 보다 낮은 보험료에 보험을 구입할 수 있다.

: 정보 원칙 3: 편향적 행동과 휴리스틱에 대응하는 전략을 찾아내고 조정하라

의사결정을 함에 있어서 많은 사람들이 지나치게 단순화된 규칙을 사용하고(예를 들면, "그런 일은 내게 일어나지 않아"), 발생확률을 잘못 알고 있으며, 리스크를 낮추는 수단을 도입할지 여부에 대한 투자 의사결정을 근시안적으로 한다. 보험사와 규제 당국이 리스크관리 전략을 수립할 때 사람들에게 이와 같은 편향과 휴리스틱이 있음을 고려해야 한다. 어찌 보면 이것이 이책이 제시하는 주요 정책 목표다. 즉, 공공기관과 민간기관의 정책 수립자는 변칙행동의 원인을 이해하고, 전략을 수립할 때 그 점을 고려하라는 것이다. 부정적인 결과를 줄이려면 정책 수립자가 미래에 발생할 재해 및 그와 관련된 인간 행동에 대하여 충분한 지식을 보유하고 있어야 한다.

1968년의 국민홍수보험공단NFIP의 설계는 이 점에 중점을 두었다. 당시 정책 분석자는 정부가 보험료를 보조함으로써 재난 빈발지역 거주자들로 하여금 보험을 구입하게 할 수 있다고 가정했다. 그러나 실제로는 사람들이 홍수 발생 가능성을 매우 낮게 인식하여 낮은 보험료에도 불구하고 보험을 구입하는 사람이 별로 없었다. 많은 사람들이 미래에 홍수가 발생할 가능성이 매우 낮다고 인식하여 보험료가 아무리 낮더라도 홍수보험을 구입하는 것은 돈 낭비에 불과하다고 생각했다. 그래서 미국 의회는 연방정부가 보증하는 모기지로 NFIP가 적용되는 지역의 주택을 구입한 주택소유자들에게 반드시 홍수보험을 구입하도록 하는 홍수피해방지법Flood Disaster Protection Act of 1972을 통과시키게 되었다(Kunreuther, et al. 1978). 앞에서 언급한 바와 같이, 오늘날 NFPI의 하나의 고민거리는 모기지를 양수·양도할 때 주택소유자들에게 반드시 홍수보험을 구입하라고 요구하지만 흔히 무시당한다는 것이다.

이상의 세 가지 정보 원칙은 다음 두 가지의 보험 계약 설계 원칙으로 보완되어야 한다.

▪ 계약 설계 원칙 1: 보험료는 리스크를 반영해야 한다

리스크를 보유한 사람들로 하여금 재난에 대한 취약성을 감소시키고 재난으로부터의 손해를 줄이는 조치를 취하도록 하려면 리스크를 보험료에 반영해야 한다. 보험료에 인위적 제한을 가하면 보험사가 보험을 공급하지 않을 수 있다. 그러므로 리스크를 반영하여 보험료를 설정할 수 있도록 허용하는 것은 보험사들이 보험을 원활히 공급하게 하는 역할도 한다. 그것은 또한, 손해 발생 후 피해자들의 보상 요구에 얼마나 빨리 대응할지와 같이, 보험사가 소비자들에게 제공하기 원하는 서비스의 수준을 자유로이 선택할 수 있게 하는 역할도 한다.[5] 리스크를 반영한 가격보다 보험료를 낮게 규제하는 것은 보험의 원활한 공급을 방해한다.

▪ 계약 설계 원칙 2: 구매자와 판매자 간의 형평성을 정의하고, 그것을 일관되게 적용하라

보험소비자 일부에 대한 정부의 보조금 지급이나 특별대우에 드는 비용은 (형평성 또는 정치적 이유로) 개인 소득이나 소비세로 조달해야 한다. 교차보조cross-subsidy와 달리, 소득이나 소비에 부과하는 세금은 보험 구입 인센티브를 심하게 왜곡시키지 않는다. 저소득층의 보험료를 보조하는 비용을 다른 보험소비자들의 보험료를 높여서 조달하지 말아야 한다. 왜냐하면 보험료가 적정 수준 이상으로 높아지면 보험을 구입할 인센티브가 낮아져서 적정 수준 이하의 보험을 구입하게 되기 때문이다.[6]

---

5 (역주) 보험사가 자유로이 보험료를 책정할 수 있으면, 보험사들은 보험소비자의 편의가 극대화된 서비스를 제공하기 위하여 보험료를 높이거나 또는 보험료를 낮추는 대신 보험사의 비용 절감에 주안점을 둔 서비스를 제공하거나 둘 중 하나를 선택할 수 있다. 그 결과 보험소비자들은 보험료와 서비스 수준의 다양한 조합 중에서 자신에게 가장 적합한 조합을 선택할 수 있게 되어 소비자 전체의 후생이 증가한다.

6 (역주) 이것은 경제학의 '균형' 개념에 바탕을 둔 주장이다. 적정 수준의 보험료와 보험구입량이란, 경쟁시장에서 수요와 공급이 균형을 이루는 수준의 가격과 구입량이다. 그러한 수준

보조금은, 푸드 스탬프가 사용자들이 원하는 어느 식품점에서나 식품을 구입할 수 있도록 설계된 것과 같이, 소비자들이 원하는 어느 보험사에게서나 보험을 구입할 수 있도록 설계되어야 한다. 형평성을 제고하는 제안은 어떤 소비자 집단이 왜 특별대우를 받아야 하는지를 명시해야 하고, 누가 그 비용을 부담하는지를 밝혀야 한다. 예를 들면, 정부가 특정 집단에게 보험 바우처를 제공하거나 보조금을 지급하기 위하여 모든 재산 소유자에게 특별 세금을 부과하는 결정을 한다면, 적어도 세금 부담의 분포가 어떠한지를 명시해야 한다.

재산보험의 경우, 바우처 시스템은 현재 재난빈발 지역 거주자에게만 적용되어야 한다. 또한, 재난빈발 지역으로 이주해 오는 사람에게는 리스크를 적절히 반영하는 수준의 보험료를 부과해야 한다. 재난빈발 지역으로 이주하는 사람에게 재정적 보조를 실시하면 재난빈발 지역으로의 이주를 부추기고, 그 결과 미래의 재난으로부터 발생하는 손해의 규모가 증가한다.

안전한 내륙에 거주하는 중산층 가정으로부터 위험한 해변에 거주하는 중산층 가정으로의 부의 재분배에 대해서는 아직 형평성의 원칙이 확립되지 못한 상태다. 해변에 거주하는 중산층 가정에게 보조금을 지급하는 것을 정당화하는 주장의 근거는, 그것이 해변에 주택이 많이 지어지도록 하고 해변 소재 주택의 가격을 상승시킨다는 것이다. 비록 그것이 사실일지라도, 그 주택들이 보다 안전한 지역에 지어졌더라면 미래의 태풍이나 홍수 피해를 고려한 사회적 순편익이 더 높을 것이다. 그러면 미래의 재난으로부터의 손해가 줄어들 것이고, 복구를 지원하는 사회적 지출 또한 감소할 것이다.

의 가격은 보험소비자의 한계편익(marginal benefit)이 보험사의 한계비용(marginal cost)과 일치하는 가격이고, 그 조건이 만족되는 수준의 보험 거래량이 적정 수준의 보험수요량 및 공급량이며, 그 수준의 보험료와 보험수급량에서 사회후생이 극대화된다. 정부가 보험료를 규제하면 보험료와 보험 거래량이 경쟁시장의 균형에서 벗어난 수준이 되고, 사회 후생이 극대화되지 않는다.

보험 규제의 실제

과도한 규제가, 플로리다 주의 태풍보험의 경우처럼, 활발해야 할 민간 보험시장을 사라지게 하거나 축소시킨 사례 몇 가지를 이미 살펴보았다. 또한, 과도한 규제는 과도한 보험가입을 유도하고 도덕적해이를 유발하여 손해방지 수단에 대한 과소 투자를 유도하기도 한다. 만약, 과도한 규제가 없었다면 사람들은 보다 적절한 규모의 보험을 구입했을 것이고, 손해방지 수단에 보다 적절한 수준의 투자를 했을 것이며, 리스크에 대하여 보다 책임감 있게 대응했을 것이다. 이러한 방식으로 규제는 사회의 후생과 효율성을 낮추어 '사회 전체의 후생과 효율성 제고'라는 정부의 목적에 어긋나는 결과를 낳는다. 그러나 규제가 보험 설계 원칙에 긍정적인 역할을 하는 측면도 있다.

정부가 민간 보험시장에 개입하는 이유는 리스크를 측정하고 리스크 관련 정보를 제공하는 데 있어서 정부가 해야 할 역할에 대한 견해 차이를 가지고 어느 정도 설명할 수 있다. 정치권의 의사결정자들은 흔히 민영 보험사보다 리스크를 낮게 평가하고, 자신들의 추정치가 더 정확하므로 보험료 결정에 자신들의 추정치를 사용해야 한다고 주장한다. 그들의 판단은 낮은 보험료를 선호하는 유권자들로부터 정치적 지지를 받아 정당성이 더욱더 강화된다. 정부의 부적절한 시장 개입의 원인을 가장 잘 설명하는 논리는 공공선택이론이 묘사하는 정치적 의사결정이다. 즉, 보험료 규제는 소수의 시민들에게 큰 혜택을 제공하는데, 그들은 대개 부유하고 잘 조직되어 정치적 영향력이 큰 사람들이다. 이러한 교차보조의 비용은 수많은 가계로 분산되어 개인별로는 부담이 작고 대개 그러한 상태가 그리 오래 지속되지도 않기 때문에 당하는 사람이 그 폐해를 알아채기 어렵다.[7]

---

7 (역주) 이러한 현상은 합리적 무지(rational ignorance)라고 하며, 공공선택이론의 중심 개념이다. 소수에게 착취당하는 다수가 그 사실을 알더라도 그것을 지적하고 소송이나 정치적 과정을 통하여 그에 대한 보상을 받아내는 데 드는 비용과 시간 및 노력이 받아 낼 수 있는 보상보다 크다면 착취당하고 있는 것이 경제적으로 더 나은 선택이다. 사회 전체의 피해는

이러한 행동은 제9장에서 이미 예시한 바 있다. 플로리다 주 정부가 운영하는 시민재산보험회사Citizens Property Insurance Corporation, CPIC가 해변에 소재한 주택이 가입하는 재산보험의 보험료를 보조했는데, 그 중 많은 주택이 별장second home이었다. 규제의 긍정적인 측면도 있는데, 마약에 중독된 자녀를 가진 가정의 청소년들에게 고가의 정신과 치료를 제공하는 건강보험에 강제로 가입하게 한 조치는 보험료를 아주 조금밖에 올리지 않았다. 국민투표에 부쳐졌다면 아마도 대부분의 국민이 찬성했을 것이다.

정부 규제는 크게 두 가지 범주의 변칙을 초래한다. 보상 구조에 영향을 미치는 것과 보험료에 영향을 미치는 것이 그것이다. 보험사의 준비금에 대한 규제가 변칙의 원인이 되기도 한다. 규제당국은 간혹 그들의 주州에서 판매되는 모든 보험이 특정 종류의 보장을 포함하도록 강제하고, 보험사가 부과하는 보험료를 제한한다. 이런 규제당국을 견제할 수 있는 정책적 수단이 무엇일까? 그리고 누가 정부로 하여금 그러한 정책수단에 주목하도록 할 수 있을까?

가장 간단한 해결책은 역기능을 하는 정부 규제를 제거하는 것이지만, 그 규제를 도입할 당시의 상황 하에서는 필요한 조치였을 수가 있고, 그 규제가 폐지되면 손해 보는 사람들이 있다. 그러므로 이와 같은 단기적 고려를 반영하여 규제 시장으로부터 자유 시장으로의 전환을 보다 조심스럽게 진행시킬 필요가 있다. 저자들과 같은 정책 분석자들의 입장에서는 정부가 사회후생을 증진시키는 방향으로 제도를 개선해야 한다는 주장을 쉽게 할 수 있다. 그러나 규제를 완화하고, 방향을 전환하며, 자유를 확장하는 일은 투표를 통하여 해야 한다는 사실을 인식하고 있다.[8]

크지만 피해자 개개인의 피해는 그리 크지 않아서 불합리한 행태가 지속되는 경우도 있다. 이것 역시 rational ignorance의 한 형태인데, 이 경우에는 '합리적 무시'라고 번역한다. '집단소송제'와 '징벌적 손해배상 제도'는 합리적 무지(또는 합리적 무시)를 극복하는 하나의 방법이다.

8 (역주) 이것이 민주주의의 역설로서, 21세기의 인류가 해결해야 할 가장 심각한 문제점들 중 하나라고 할 수 있다. 경제학적으로는 이미 정답이 나와 있는데, 사람들은 정치적 과정(다수결, 대의민주의, 시위, 선동 등)을 통하여 그 정답과 어긋나는 선택을 한다. 일종의 포퓰리

다음으로, 보험 규제에 필요한 세 가지 원칙에 대하여 설명한다.

⁝ 규제 원칙 1: 보험료를 평준화하지 말라

규제 당국은 흔히 보험사들이 리스크를 반영하여 보험료를 책정하는 것을 못마땅하게 생각한다. 예를 들면, 보험료가 개별 소비자들의 리스크를 충분히 반영하여 책정된다면 재난빈발 지역에 사는 사람들에게 보험료 부담이 무겁게 주어진다. 그러나 개별 소비자들의 리스크가 보험료에 충분히 반영되지 못하면 재난빈발 지역 밖의 사람들이 재난피해 복구자금의 상당부분을 부담하게 된다. 규제 당국은 종종 높은 보험료가 자산의 가치와 현재 소비에 미치는 영향을 고려하여 보험료가 리스크를 반영하는 정도를 완화시키려 한다.

보험료가 보험사의 수입과 지출을 일치시키는 수준이라면, 일부 가입자의 보험료를 낮추어주려면 나머지 가입자들의 보험료를 높여야 한다. 손해를 만회하기 위한 보험료 인상을 규제 당국이 종종 허용하지만, 주州 보험감독원장이 그러한 손실 만회 목적의 보험료 인상을 금지하거나 보험사의 이익에 제한을 가하기도 한다. 주 정부는 종종 자발적 시장에서 보험을 구입하지 못하는 고위험자들을 위하여 잔여시장residual market을 제공한다. 정부가 운영하는 보험사의 경우, 심각한 재해가 발생하여 청구된 보험금을 수익과 준비금으로 다 지급하지 못하게 되면 주정부가 징세권을 이용하여 보험금을 지불하도록 보증한다. 사실상 주의 납세자들이 거대 재해의 발생으로 인한 손해를 보상할 책임을 지는 것이다. 확률이 희박한 거대재해가 발생하지 않는 한, 주 정부가 설립한 보험사는 청구된 보험금을 모두 지급할 수 있다. 그러면 주 정부가 설립한 보험사가 민간 보험시장보다 더 나은 방법인 것처럼 보일 수 있다.

즘이다. 그리스를 비롯한 남유럽 국가들과 베네수엘라가 그러한 문제점이 크게 나타난 경우다. 해결책은 국민 대다수가 경제학이 제시하는 정답을 이해하는 것인데, 여러모로 요원(遼遠)한 과제다.

플로리다 주는, 이러한 관점에서 보면, 주 정부가 운영하는 보험사인 CPIC를 도입한 이래 지금까지 꽤 잘 해오고 있다. 2006년부터 2010년까지는 태풍 피해를 입지 않았고, 이러한 낮은 리스크를 반영하는 수준으로 재난 빈발 지역에 대한 보험료 보조가 시행되었다. 그러나 만약 CPIC의 준비금을 소진할 정도로 심각한 재해가 발생하면 보험금 지급에 부족한 부분은 플로리다 주의 모든 가계가 보험료를 더 내거나 세금을 더 내어 메워야 한다. 이 같은 시스템의 가장 심각한 문제점은 사람들로 하여금 재난빈발 지역으로 이주하도록 부추겨 시장 시스템 하에서보다 재난피해가 더 커진다는 것이다. 이것이 애초에 그러한 시스템을 도입하지 말라고 하는 가장 중요한 이유다.

이 문제를 치유하는 방법은 정치적이기도 하고 경제적이기도 하다. 가장 좋은 전략은, 주 정부가 도와야 할 가계가 어떤(소득수준, 재산정도 및 거주지역) 가계인지를 모든 주민들의 의견을 모아 결정하는 것이다. 그 다음, 재난빈발 지역에 거주하는 중·저소득 가계에 보험 바우처를 통하여 보험가입 비용을 보조하는 것이다. 이러한 시스템이 제대로 효과를 거두려면 건축 법규와 토지사용 규제가 건전하게 실행되어 건축물의 입지와 시공이 재난 피해를 줄이는 방향으로 이루어져야 한다. 그렇게 하려면 보험료 인하나 손해경감 수단 도입을 위한 장기 대출과 같은 재무적 인센티브가 필요하다. 그러한 개선을 위해서라면 정부의 일반예산을 사용해도 좋다. 이러한 접근법은 계약 설계 원칙 1 및 2와도 연결되는데, 보험사에 지급하는 보험료는 리스크를 반영할 필요가 있기 때문이다. 보조금(사전에 정해진 금액을 보험 바우처 방식으로 배분함)은 감당가능성affordability 문제와 관련이 있다.

⁞ 규제 원칙 2: 혜택이 비용에 못 미치는 보험을 강요하지 말라

보험계약이 반드시 최소한의 보장을 하게 하는 주 정부의 규제는 변칙을 낳을 수 있다. 건강보험의 경우, 주 정부가 외래환자에 대한 정신과 치료, 발 건강 치료, 불임 치료 등과 같은 특정 진료를 보장하도록 강제할 수 있다. 보통 이러한 규제를 합리화하는 근거는 강제된 혜택이 매우 중요하므로 당연히 보험소비자들에게 제공해야 한다는 것이다. 그러한 혜택은 민간 시장에서 자발적으로 공급되는 보험계약에는 포함되지 않는 경우가 많은데, 그 이유는 도덕적해이를 일으킬 가능성이 높기 때문이다. 예를 들면, 만약 외래환자의 정신과 진료를 종합적으로 보장해주는 보험 때문에 환자들이 정신과 의사를 과도하게 방문할 수 있다. 그처럼 관대한 보장을 제공하는 보험의 구입을 억제하려면 보험료를 높게 설정해야 한다. 정신과 진료에 대하여 매우 관대한 보장을 제공하는 보험은 효율적이지 않다.

그럼에도 불구하고 정치인들은, 보험소비자들이 보험료를 낮추기 위하여 그러한 보장을 기꺼이 포기하려는 경우에도, 지나치게 관대한 보장을 제공하도록 강제한다. 보험사를 압박하여 보험료 인상 없이 특정한 보장을 추가하게 했다는 사실을 유권자들이 알아준다면 정치인의 입장에서는 성공이다. 이러한 전략은 정치인에게 일석이조의 이익을 가져다준다. 그 첫째는 보험사로 하여금 보다 관대한 보장(현재 시험 중이거나 입증되지 않은 진료 등 과거에는 제공되지 않던 서비스)을 제공하도록 압박했다는 점이고, 둘째는 보험사가 고작 그 정도의 보장을 추가하는 대가로 보험료를 인상하려 했다고 비난하면서 보험료 인상을 저지하는 것이다.

그러나 모든 강제적 조치가 다 비효율적인 것은 아니다. 간혹, 강제적 조치로 받는 보험의 보장이 개인뿐만 아니라 사회에게도 이득일 수 있다. 다른 사람에게 전염되는 질병에 대한 백신 접종[9]이 하나의 예다. 미래의 의료비를 절감시켜주는 기능이 있는 '예방 서비스'에 대한 보장은 종종 법적으로 강제되는데, 그 이유는 보험사들이 다른 보험사와 메디케어가 미래에 부담해야 할 비용을 줄여주는 예방 서비스에 대하여 보상하기를 달가워하지 않기 때문이다. 그러한 법적 강제 조치를 실행하는 주가 그렇게 하지 않는 주에 비하여, 다른 조건이 동일하다면, 보험료 수준이 상당한 정도로 더 높다는

---

9 (역주) 몇 가지 백신을 어린이들에게 접종하는 것은 미국의 부모들에게 부과된 법적 의무 사항이다.

사실을 보여주는 데이터가 있다(Kowalski, Congdon, and Showalter 2008).[10] 그러나 이 점에 대한 증거들은 아직 일관성이 부족한데, 강제로 보장을 추가하는 조치로 인한 보험료 인상 정도가 미미할 경우 보험소비자들이 그것을 눈치 채기는 어렵다.

이러한 종류의 규제가 가지는 중요한 잠재적 단점은 보험의 대상이 되기에 부적합한 것을 보장하라고 강제할 수 있다는 것이다. 예를 들면, 그 보험이 제공하는 서비스가 불필요하거나, 가격이 낮아서 개인적으로 서비스를 받더라도 부담이 크지 않거나, 감기나 독감이 유행할 때 의사를 방문하는 것처럼 보험이 없더라도 거의 확실하게 서비스를 받는 경우 등이다. 보다 일반적으로, 발생확률이 매우 높은 사고에 대하여 보험을 제공하도록 강제하는 것은 규제당국이 저지르는 변칙 행위다.

∴ 규제 원칙 3: 구축효과의 영향에 주목하라

잘못된 선택의 결과를 완화시켜주면 고쳐야 할 행동을 오히려 부추기게 된다. 이러한 현상은 정치경제학의 용어로 "구축驅逐, crowding out"이라고 한다. 사적 품목이나 활동을 대신하는 공적 대체품이나 서비스가 제공되면, 설사 그것이 불완전하고 품질이 낮다 할지라도, 사람들은 흔히 사적 품목이나 활동을 이용하지 않는다. 앞에서 이미 이에 대한 고전적인 사례를 제시했다. 자연재해를 입은 무보험 주택소유자와 소상인을 정부가 구제해주면, 그들은 스스로 구입해야 마땅한 보험을 자기 돈을 들여 구입하지 않게 된다.

극단적인 구축효과를 나타내는 또 다른 사례는 장기간병보험인데, 보험 구입 자격이 되는 사람의 8%만이 자발적으로 구입하고 있다. 가입률이 낮은 다른 보험의 사례에서처럼 적절치 않은 부가보험료와 소비자의 불충분한 정보가 문제가 되지만, Jeffrey Brown, Norma Coe, and Amy Finkelstein(2007)

---

10 (역주) 주 정부의 강제 조치가 경제적으로 타당하려면 실증분석 결과가 이와 반대로 나와야 한다. 강제조치를 취한 주가 그렇게 하지 않은 주보다 보험료가 높은 이유를 밝히는 후속 연구가 필요하다.

과 Mark Brown(1990)은 가장 중요한 걸림돌이 정부가 제공하는 메디케이드라는 사실을 보여주었다. 메디케이드는 어느 정도 경제적 여유가 있는 사람에게도 장기간병 보장을 제공하여 그들로 하여금 재산을 다 탕진하게 만든다.[11] 메디케이드가 얼마나 고귀하고 이타적인지, 사람들로 하여금 민간 보험을 구입하여 스스로 의료비를 해결하지 못하도록 방해한다. 정부의 지출 프로그램은 어떤 형태로든 사람들에게 부정적인 영향을 미치게 마련이지만, 메디케이드의 경우처럼 저품질의 공적 대체품이 민간 시장을 실질적으로 퇴출시킬 정도로 널리 확산되면 정부의 개입이 변칙을 치료하기보다 변칙을 부추기는 게 거의 확실하다.

정부가 보험소비자와 보험사의 의사결정에 개입하는 방법

정보, 설계 및 규제에 관한 원칙들을 실행하려면 어떻게 해야 할까? 보험사들은 스스로 전반적인 산업정책의 일환으로 이미 그것들을 실행하고 있다. 그러나 종종 그 실행에 정부가 개입한다. 현명한 보험 구매와 효율적인 보험 공급을 장려하기 위하여 정부가 할 수 있는 일이 무엇인지, 그리고 정부가 그 일을 기꺼이 하려 할지가 관건이다. 이 절에서는 보험소비자와 보험사의 의사결정에 정부가 개입하는 방법에 관한 네 종류의 모형을 검토한다.

⁑ 모형 1: 강한 가부장주의

저자들은 첫 번째 모형을 '강한 가부장주의'라고 명명했다. 공공정책을

---

11 (역주) 메디케이드는 장기간병 비용을 보장하지만, 보장 수준이 낮아서 개인적으로 져야 할 비용 부담이 크다. 간병 기간이 길어지면 결국 환자는 재산을 탕진하게 된다. 만약 메디케이드가 장기간병을 보장하지 않았더라면 사람들은 민간 보험사로부터 품질이 나은 장기간병보험을 구입하여 재산을 탕진하지 않을 수 있었을 것이다.

평가하는 기준이 소비자들은 각자 자신의 기대효용을 극대화하고 생산자들은 기대 이윤을 극대화하는 경쟁시장에서의 결과를 얼마나 잘 모방하는지에 있다고 가정해보자. 만약 소비자들과 기업들이 이 기준을 따르지 않는다면 규제 당국은 강제력을 동원하여 바람직한 행동을 하도록 할 것이다. 보다 공식적으로, 이것은 '후생 극대화 가부장주의'라는 것으로서, 후생은 기대효용이론으로 정의되고, 사회 구성원들 사이의 가중치 분배가 사회후생함수social welfare function를 구성한다. 이러한 논리에 의하면, 정부가 보험시장에 개입하여 규제하거나 보조하거나 강제하는 이유는, 소비자들이 스스로 기대효용을 극대화하지 않고 보험사들이 스스로 기대이윤을 극대화하지 않기 때문에 정부가 개입하여 사회후생을 극대화시켜야 한다는 것이다.

이러한 과정을 감독하는 정부는, 흔히 '자비로운 독재자'로 비유되는데, 소비자와 생산자의 가중 합계 후생을 극대화하려 한다. 예를 들면, 정부는 모든 의사결정에 비용·편익 분석만을 사용해야 한다. 비용·편익 분석은 후생경제학 모형에 종종 사용되지만(또한 정당화되지만), 이 분석이 실제 공공 부문 의사결정에 제한 없이 적용되는 경우는 드물다. 만약 정부가 이와 같은 방식으로 행동한다면, 어떤 보험을 구입했거나, 정부가 보조하는 프로그램으로부터 제외되었거나 또는 손해방지 수단에 투자했거나 투자하지 않은 소비자는 보조금 지급, 세금 부과 또는 규제의 대상이 되는데, 그러한 정책 수단들이 소비자가 기대효용을 극대화하는 행동을 하도록 유도한다.

이와 유사한 방식으로, 만약 보험사들이 특정 리스크에 대한 보험을 공급하지 않는다면 정부가 보험시장에 개입할 수 있다. 거대 재해나 테러 공격으로 인한 손해에 대한 보상을 연방정부가 보증하는 것이 정당화될 수 있는 이유는 민간 보험시장이 그러한 보험을 적절히 제공하지 못하기 때문이다. 이 경우에, 원래는 자발적으로 공급된 자본이 보험금 지급을 위한 준비금이 되어야 하지만, 제8장에서 설명한 각종 이유들 때문에 그러한 자본이 조달되지 못하여 납세자들의 재산이 준비금의 역할을 하도록 저당 잡힌 것이다. 또는, 대형 재난 이후에 정부가 보험사들에게 시장 이자율로 대출해주어 재난 발생 이전과 동일한 가격에 보험을 공급할 수 있도록 할 수도 있다(Jaffee and Russel 2003).

　강한 가부장주의라 할지라도 정부가 실시할 수 있는 정책들 중 실제로는 채택하지 못하는 것이 있는데, 예를 들면 보험료를 기대손해액보다 낮게 설정하도록 규제하거나, 보험계약에 포함되지 않은 손해를 보상하도록 하여 소득을 재분배하는 것 등이다. 두 번째의 경우에 해당되는 사례로는, 허리케인 카트리나가 지나간 다음 미시시피 주의 법무장관이 주택소유자들이 입은 침수피해를 보상하지 않았다며 보험사들을 상대로 소송을 제기했는데, 침수피해는 보험계약상 명시적으로 보상대상에서 제외되어 있었다. 미국의 사법체계는 통상 그러한 소송이 제기되는 것을 억제해왔다.❸

　의료개혁 법안과 건강보험 규제 개정안은 대개 강한 가부장주의 모형을 따르고 있다. 예를 들면, 발병률이 높은 집단의 건강보험료 경감을 목표로 하는 보조금 정책은 그들로 하여금 보험을 구입하도록 장려하려는 의도가 있다. 그러한 정책은, 위험도가 높지만 반드시 가난하지는 않은 특정 그룹이 타인들로부터 소득을 이전하여 복지를 향상시켜줄 가치가 있는 특별한 존재라는 이유로 실시되는 게 아니다. 반면에, 비용에 비하여 편익이 낮다는 이유로 특정 가전제품에 대한 품질보증이나 렌터카 회사가 보험을 제공하는 것을 금지하는 것은 강한 가부장주의 모형에 부합한다는 이유로 정당화된다.

　후생 극대화 가부장주의가 유일한 강한 가부장주의는 아니다. 다른 유형은 보험 구매자와 판매자의 선호를 정책 수립자의 선호로 대체하는 것이다. 보건경제학에서는 이러한 유형의 가부장주의를 초후생주의extra-welfarism라고 하며, 일부 분석가들의 지지를 받고 있는데, 특히 영국의 보건경제학자들이 정부가 깊이 관여하는 영국의 건강보험제도National Health Service를 설명하는데 사용된다. 이 개념의 핵심 아이디어는 어떤 사회적 가치는 소비자와 생산자의 복지보다 상위에 있다는 것이다. 가장 단순한 모형에서는 정치인과 공무원들이 이러한 가치를 잘 이해하고 있다고 가정한다.

　어떤 극단적인 초후생주의는 정책 입안자의 판단의 기준이 정부의 보조를 받는 사람들의 복지가 아니라고 본다. 정책 입안자들이 보기에 보조를 받는 사람들이 해야 할 적절한 행동이 무엇인지에 대한 정책 입안자들의 판단이 기준이 된다. 예를 들면, 위험회피도가 낮은 일부 소비자들은 시장에서 자발적으로 형성된 보험료에는 보험을 구입하지 않으려 한다. 그러한 소비자들은 보험을 구입하여 부가보험료를 부담하기보다 보험을 구입하지 않는 것이 기대효용을 극대화하는 길이라고 생각한다. 그러나 가부장주의적인 정부는 모든 사람이 보험을 구입해야 한다는 자신의 가치 판단을 국민들에게 강요하여 강제로 보험을 구입하게 한다.

◦ 모형 2: 유연한 가부장주의

유연한 가부장주의란, 정부가 규칙과 정보 및 인센티브의 변화를 주도하지만, 정보를 많이 가지고 있어서 이미 자신의 기대효용을 극대화하고 있는 소비자에게는 영향을 미치지 않으려 하는 입장이다. 오히려, 행동 편향이 있거나 불완전한 의사결정 규칙을 사용하고 있는 사람을 일깨워주려 한다. 이러한 오류는 (예컨대 내게 가장 유리한 퇴직보험을 선택함에 있어서) 흔히 객관적으로 관찰할 수 있는 지표와 비교함으로써 발견할 수 있는데, 무엇이 소비자가 범하는 가장 근본적인 오류인지를 알아내는 방법은 소비자들의 실제 행동과 효용 극대화에 기반을 둔 표준 보험 수요 모형의 차이를 측정하는 것이다.

이 모형은 리스크가 있는 상황에서 의사결정을 하는 소비자가 흔히 범하는 실수를 찾아낸다. 그러나 강제적이거나 과격하지 않고 점잖은 방법으로 소비자들의 실수를 교정한다. 그것은 Richard Thaler and Cass Sunstein(2008)이 선택 설계choice architecture라고 명명한 방법인데, 이 방법을 따르면 설사 소비자들이 불충분한 정보를 가지고 있고 휴리스틱을 사용하고 있을지라도 최선의 선택을 할 확률을 높일 수 있다. 이 모형은 선택의 프레이밍이 사람들의 선택에 큰 영향을 미친다는 실증적 증거에 기초를 두고 있다. 그러나 목표를 설정하고 실수를 정의하는 데 있어서 여전히 기대효용이론에 의존하고 있다. 정부(혹은 어떤 선택 설계 담당자든)가 어떤 방향으로 사람들을 점잖게 몰아가는 것이, 앞으로 더 상세히 논의하겠지만, 후생경제학적으로 어떤 결과를 낳을지는 분명치 않다. 그러나, 앞으로 볼 실제 사례에서처럼, 이 접근법(유연한 가부장주의)이 좋은 정책이라며 슬며시 제안한 것도 변칙을 초래할 수 있다.

⁝ 모형 3: 정확한 정보를 널리 제공함

보험소비자나 보험사가 리스크에 관한 잘못된 정보나 잘못된 인식을 가지고 있을 때 정확한 정보를 널리 제공하면 정부 개입의 필요성을 낮출 수 있다. 정확한 정보는 소비자와 보험사로 하여금 그들의 선호가 기대효용이론이나 기대이윤 극대화와 다르다 할지라도 스스로의 선호에 따라 행동하도록 유도한다. 정확한 정보를 제공한다는 것은 소비자들이 기대효용이론에 따라 합리적으로 의사결정을 한다는 것과는 별개다. 보험소비자들이 기대효용이론이 아닌 감성에 바탕을 둔 다른 기준을 사용하여 보험구입 의사결정을 했더라도 정확한 정보를 가지고 있었다면 보험소비자의 입장에서는 '마음의 평화' 또는 '낮은 자기부담금 선호'라는 나름의 기준에 따른 결정을 했다고 '합리화'할 수 있다.

이 모형의 한 가지 예는 정부로 하여금 리스크에 관한 가능한 한 최대로 정확한 정보를 소비자들에게 제공하게 하거나, 한걸음 더 나아가, 선택할 수 있는 대안들이 각각 기대효용 극대화 혹은 기대이윤 극대화와 어떤 관계가 있는지에 관한 정보를 제공하도록 하는 것이다. 소비자들은 관심 있는 보험상품의 사실(팩트)에 관한 정보와 표준모형에 비추어 자신들이 범할 수 있는 실수에 대하여 상세한 설명을 들은 후 자유롭게 원하는 선택을 한다.

이러한 방안이 다음 두 상황에 어떻게 적용될지를 생각해보면 이 모형의 논점을 좀 더 잘 이해하게 될 것이다.[12]

---

12 (역주) 첫 번째 상황은 잘못된 의사결정을 할 가능성이 있는 소비자들을 방치한 것이어서 '모형 3'의 취지에 어긋난다. 그러나 두 번째 상황은 정부가 소비자들에게 관련 정보를 제공하여 소비자들로 하여금 스스로의 기준에 따라 판단할 수 있도록 한 것으로서, '모형 3'의

- 건강보험에 미가입한 중산층 소비자가 보험 없이 지낼 수 있도록 허용하고, 그 결과가 어떠할지를 경험해보라고 말한다.
- 위험회피 성향이 높은 소비자들에게 원가에 비하여 비싼 품질보증이나 렌터카 보험의 실제 기대편익과 비용에 관한 정보를 제공하고, 보험 구입 의사결정은 그들의 선택에 맡긴다.

공급 측면에서는, 일단 보험사에게 재해(예컨대 미래의 태풍)에 관한 최선의 정보를 제공하고, (높은 이윤을 기대할 수 있음에도 불구하고) 만약 보험사의 경영자나 오너가 추정된 재해발생확률을 신뢰하기 어렵거나 너무 낮다고 생각한다면 보험을 제공하지 않을 수 있도록 허용하는 것이다.

모형 4: 확장된 공공선택

확장된 공공선택 모형이란, 정부가 특정 유권자 그룹의 선호에 맞추어 규제를 제정하고 보조금 제도를 운영하는 것이다. 예를 들면, 어느 국회의원이 표준모형에 어긋나는 관점을 고수하는 시민들에서 표를 받지 못하여 다음 선거에서 낙선할 수 있다는 이유로 다른 시민들이 선호하는 정책을 실시하지 않기로 (설사 그 정책이 보험 수요의 표준모형에 부합할지라도) 할 수 있다. 어떤 선출직 공직자는, 주州의 보험감독원장을 포함하여, 특정 이해 집단(예를 들면, 해변에 있는 별장의 보험료를 보조받는 고소득 주민)의 이익을 위하여 보험시장의 비효율성을 증가시키는 정책을 실시하는 것으로 직위를 유지한다.

이 모형은 전통적인 후생극대화 모형보다 정부의 행태를 더 정확히 묘사한다. 플로리다 주 정부가 운영하는 CPIC(시민재산보험회사)가 태풍빈발 지역 거주자들에게 주택종합보험의 보험료를 보조하는 것이 이러한 정치적 관점으로 잘 설명될 수 있는 사례다. 만약 CPIC가 보험금을 전부 지급할 수 없을 정도의 대재해가 발생하면 플로리다 주 정부가 부족분을 메울 방도를

취지에 부합한다.

찾아야 한다. 태풍빈발 지역 외에 거주하는 주민들은 이러한 사태가 발생하면 자신들이 세금을 내어 그 피해를 보상해야 하는데, 그들은 이러한 시나리오를 눈치채지 못하여 CPIC의 설립에 반대하지 않았다.

요약

이 장에서는 좋은 보험 정책을 수립하는 데 중심적 역할을 할 다음 두 가지의 질문을 제시했다.

- 특정 재해로부터 발생하는 손해의 리스크를 누가 부담해야 하는가?
- 리스크를 줄이는 데 드는 비용은, 리스크 감소가 커서 비용 투입이 적절하다면, 누가 부담해야 하는가?

이러한 질문에 대한 정책적 응답은 효율성과 형평성을 고려해야 한다는 것이다. 효율적인 정책은 표준적인 경쟁적 보험 공급 시장에 바탕을 두어야 하고, 형평성은 사회적으로 공정하다고 여겨지는 비용과 편익의 분배 방식을 반영해야 한다.

공공부문이든 민간부문이든, 전략을 수립하고 평가하는 체계는 정확한 정보, 보험계약의 설계 및 보다 효율적인 규제를 개발하고 제공하는 것을 목표로 하는 원칙을 통하여 수립할 수 있을 것이다. 정보 원칙은 정확한 리스크 평가, 부작용을 일으킬 수 있는 상호 의존성 확인 및 부적절한 결정을 초래할 수 있는 행동 편향과 휴리스틱 등을 다룬다. 계약 설계 원칙의 내용은 보험료가 리스크를 반영해야 한다는 것과, 형평성 원칙을 보험소비자들과 회사들 사이에 일관되고 효율적으로 적용해야 한다는 것이다. 규제 원칙은, 보험료를 평준화하지 말 것, 강제된 보험 혜택의 영향을 면밀히 평가할 것, 그리고 비효율적인 공적 대체물이 보다 효과적인 사적 해결책을 무력화시키는 구축효과를 주의하라는 것 등이다. 이 장에서 개발된 이러한 개념은 특정 변칙을 다루는 다음 장에서도 다시 사용된다.

정보, 계약 및 규제 원칙은 정부 정책의 다음 네 가지 모형 중 하나에 적용할 수 있다.

- **모형 1: 강한 가부장주의.** 정부가 자비로운 독재자가 되어 사람들이 구입하고 보험사가 제공하는 보험을 관장한다.
- **모형 2: 유연한 가부장주의.** 정부는 법규와 유인체계를 개선하여 보험소비자와 보험사가 가진 행동의 편향과 휴리스틱을 바로잡는다.
- **모형 3: 정확한 정보를 널리 제공함.** 특정 리스크의 형태와 성격에 대하여 사람들이 가진 오해와 잘못된 인식을 바로잡을 정보를 제공하는 데까지만 정부가 개입한다.
- **모형 4: 확장된 공공선택.** 정부가 집단의 의지에 굴복하여 다수 또는 특정 이익 집단이 원하는 규제를 실시한다.

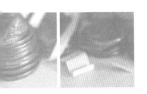

CHAPTER 11
보험 관련 변칙에 대처하는 전략

이 장에서는 보험의 수요 측면과 공급 측면의 변칙이 야기하는 문제점을 보여주는 보다 구체적인 사례를 들고, 앞 장에서 개발한 원칙들을 바탕으로 그에 대처하기 위하여 보험 산업과 정부 부문이 사용할 수 있는 전략을 개발한다. 첫째 절은 수요 측면의 변칙에 대처하는 전략에 초점을 맞춘다. 이러한 전략에는 개인과 사회의 후생을 증가시키기 위하여 정보를 제공하고, 선택지를 재구성하며, 인센티브를 개편하고, 다양한 방법으로 보험을 제공하는 것 등이 포함된다. 다음 절에서는 공급 측면의 변칙을 다루는데, 정부가 리스크 관련 정보를 제공하여 보험사들이 소비자들에게 부과하는 보험료와 제공하는 보장의 종류 및 범위를 결정하는 데 영향을 미치는 방법과, 소비자들이 보험을 보다 쉽고 널리 구입할 수 있도록 하는데 정부가 어떤 역할을 할 수 있을지를 연구한다. 개인, 기업 및 정부의 리스크관리 전략에 보험을 보다 효율적으로 이용하는 방법에 관해서는 보다 많은 연구가 필요한데, 그것을 위한 제안을 하는 것으로 이 장을 마친다.

수요 측면의 변칙에 대처하는 공공 정책

수요 측면의 변칙을 바로잡는 데 대한 논의 중 가장 덜 논란이 되는 것은 정보가 불완전하거나 왜곡되어 보험수요자가 잘못된 결정을 하는 경우 또는 그들이 과도하게 단순한 선택 모형을 사용하는 경우 등일 것이다.❶ 이 경우에 정부가 할 일은 소비자들의 선호를 바꾸는 것이 아니라, 리스크와 보험료의 관계에 대한 충분한 이해를 가진 사람이 완전한 정보를 가지고 하는 가상적 선택과 최대한 일치하는 선택을 하도록 돕는 것이다. 그러한 전략은 민간 보험 시장의 효율화를 훼방 놓는 게 아니라 촉진하도록 설계되어야 한다.

정보 제공 이외에, 정부가 수요 측면의 변칙에 대처하는 다른 방법이 몇 가지 있다. 제10장에서 언급한 바와 같이, '유연한 가부장주의'는 "선택 설계"를 통하여 소비자들로 하여금 주어진 선택의 범위 안에서 올바른 선택을 하도록 유도한다. 이 방법은 새로운 정보를 제공할 필요가 없다. 좀 더 논란이 되는 대안은 강한 가부장주의인데, 정부가 세금이나 규제를 이용하여 국민들을 위하여 가장 좋은 선택이라고 정부(정치인과 공무원)가 믿는 바를 국민들에게 강제하는 것이다. 그러나 만약 국민들이 스스로 충분한 정보를 제공받지 못했다고 생각하거나 정부가 자신보다 더 잘 안다는 것을 인정하지 않으면 강한 가부장주의는 공공선택이나 현실 정치의 벽을 넘지 못할 것이다. 최근 의료개혁 논쟁의 결과 건강보험의 강제성을 일부 후퇴시킨 것이 (그 결과 실제로 강제성이 약화되었음) 미국의 민주주의에서 강한 가부장주의가 직면한 정치적 어려움을 보여주는 사례다. 결국, 정보를 제공하거나 틀을 바꾸는 것이 정치적으로 보다 실현가능한 대안이다.

제5장에서 지적한 바와 같이, 많은 소비자들이 보험 가입을 고려하고 있는 재난의 발생확률이 자신들이 생각하는 일정 수준 이하일 경우, 보험을 구매하지 않기로 결정하거나 심지어 보험을 구매하는 대안을 검토해보기조차 거부한다. 간혹 보험료에 관한 정보를 얻는 데 드는 탐색비용이 상당히 높을 수 있는데, 그 경우에는 그런 행동이 합리적이다(Kunreuther and Pauly 2004). 그러나 그렇지 않다면 그런 행동은 잘못된 결정을 낳을 수 있다. 이러한 행동을 바로잡는 한 가지 방법은, 문제를 재구성하여 소비자들이 사고 발생의 가능성에 주목하고 보험을 구입할 것을 고려하도록 유도하는 것이다. 다음 절에서는 이러한 방법을 실천하는 데 도움이 되는 수요 측면의 정책 두 가지를 검토한다.

◦ 수요측면 정책의 해법 1: 편향을 바로잡을 정확한 정보를 제공하라

제7장에서 논의한 수요측면의 변칙은 대부분 소비자들이 잘못된 정보를 가지고 있거나 표준 모형에 부합하는 행동에서 불필요하게 벗어나도록 소비자의 선택을 유도하는 방식으로 보험 상품이 설명되어 있기 때문에 발생했다. 이 경우에 정부는, 다음 사례가 예시하는 것과 같이, 정확한 정보를 제공함으로써 변칙을 방지하는 데 도움이 될 수 있다. 오늘날, 메디케어와 메디케이드 서비스 센터Center for Medicare and Medicaid Services는 메디케어 의약품 보험과 관련된 정보를 제공한다. 메디케어의 웹사이트는 수혜자들이 복용하고 있는 약품에 대한 정보를 입력하면 각각의 메디케어 의약품 보험 하에서 지출해야 할 예상 비용을 알려주는 온라인 서비스를 제공하고 있다.❷ 여기에는 수혜자들의 자발적인 선택을 직접적으로 방해하는 어떠한 요소도 없다. 이러한 정보를 제공하고 보험 사업을 운영하는 데 드는 비용은 세금으로 조달되어 미국 시민 전체가 부담한다.

물론, 정부가 제공하는 정보가 소비자의 선택을 향상시킬 수 있다는 사실만으로는 그러한 정보를 제공하는 것을 충분히 정당화 할 수 없다. 하나의 조건은 향상된 선택의 가치가 그 정보를 제공하는 데 드는 비용보다 충분히 커야 한다는 것이다. 또 다른 조건은, 추가적인 정보가 전체적인 상황을 개선시킨다는 것이 보장되려면 효율적 시장을 형성하기 위하여 필요한 조건들이 모두 갖추어져 있어야 한다는 것이다. 예를 들면, '메디케어 비교Medicare Compare'가 사람들로 하여금 지역에 따라 가격이 다른 '메디케어 파트 D' 보험을 쉽게 선택하도록 유도하여 부정적인 결과를 초래하는 부작용이 있다는 비판이 있다(Handel 2010). 그럼에도 불구하고, 더 나은 정보가 일반적으로 더 효율적이다.

⁝ 수요측면 정책의 해법 2: 구체적인 비교를 통하여 정확한 확률과 부담금액을 제시하라

사람들은 확률이 낮은 리스크를 평가하는 데 많은 어려움을 겪는다. 그러나 그 리스크에 관하여 그들이 이해할 수 있는 정보가 제공되면 훨씬 수월하게 평가할 수 있다. 백만분의 일이라는 확률이 추상적으로 주어지면 사람들은 그것이 어떤 의미인지 알기 어려워한다. 그러나 그것을 연간 자동차 사고를 당할 확률(약 20분의 1)이나 생일날에 자기 집에서 벼락 맞을 확률(10억분의 1보다 작음)과 비교하면 그 의미를 보다 정확히 해석할 수 있다. 실증 연구에 의하면, 의사결정자들은 리스크를 구체적인 사례와 비교할 때가 보험료와 같은 특정한 척도로 전환하여 이해하려 할 때보다 리스크를 더 잘 평가한다(Kunreuther, Novemsky, and Kahneman 2001).

이 같은 방식으로 정보를 제공하면, 단기적으로 보험금을 받을 전망이 보이지 않을 때 보험을 해지해야 할 투자 대안이라고 생각하지 않도록 하는 데에도 도움이 된다. 최근 몇 년 동안 보험계약으로부터 아무런 혜택도 받지 못한 보험계약자에게 '보험계약으로부터 받을 수 있는 가장 좋은 보상은 보상받지 않는 것'이라는 사실을 이해시키기는 쉽지 않다. 미래에 발생할 수 있는 최대 손해 금액과 그 손해가 미래에 실제로 발생할 수 있다는 정보를 제공하는 것이 소비자들로 하여금 보험계약을 취소하지 않게 하는 최선의 방법이다. 그러한 설명은, 예를 들면 사람들이 건강보험을 구입하도록 하는데 도움이 된다. 건강보험이 비싸다는 것은 분명한 사실이다. 어떤 사람은 세금 혜택을 받지 못하고 가격 할인이 적용되는 단체보험에 가입하지도 못한다. 그렇다 할지라도, 보험이 없으면 막대한 의료비 지출로 파산할 가능성이 있고 매우 비싼 진료는 받을 엄두도 못 낸다는 사실을 이해하는 소비자라면 무보험으로 사는 것에 별 매력을 못 느낄 것이다.

양질의 정보를 만들어냈다 해도 그것을 어떻게 전달할 것인지는 또 다른 문제다. 그 리스크가 자신과 별 관계가 없다고 이미 판단했다면 사람들은 더 이상의 추가적인 정보를 들으려 하지 않을 수 있다. 보다 일반적으로,

미국인들은 정부에게 지구 온난화처럼 아직 논란이 있는 확률을 추정하고 승인할 권한을 맡기기를 원치 않는 것으로 보인다. 각 정당은 특정 집단이 주장하는 확률(올바른 확률일 수 있다)을 바탕으로 자신들의 정책을 제시하지만, 사람들은 일반적으로 그러한 당파적(黨派的) 정보를 신뢰하지 않는다. 올여름 남 플로리다에 태풍이 올 확률이 얼마인지를 결정할 권한을 도대체 누구에게 주어야 하는가? 단순히 어떤 리스크 모델링 회사를 지명하여 객관적이고 공정한 정보의 원천이라고 주장하는 것은 사람들의 의심을 산다. 정보를 생산하고, 발표하며, 그에 대한 대가를 지불하는 최선의 방법을 찾아내고 결정하는 것은 쉽지 않은 과제다. 그러나 그것의 중요성을 인식하고 그것을 결정하는 방식에 대하여 생각해 보는 것만으로도 한 걸음 나아간 것이다.

수요측면 정책의 해법 3: 분석 단위 기간을 연장하라

재해발생 확률을 추정함에 있어서 보다 긴 기간을 분석 단위로 사용하면 재해의 성격을 이해하기가 좀 더 쉬워진다. 연간 4%라는 확률은 10년간 한번 또는 그 이상 발생할 확률이 1/3이라고 해석하거나 또는 10년간 한번도 발생하지 않을 확률이 2/3라고 해석할 수 있다.[1] 50년간 운전하는 동안 안전벨트 착용이 중요한 요소가 되는 사고를 당할 확률이 1/3이라는 말을 들었을 때가, 매번 운전할 때 그러한 사고가 날 확률이 1/100,000이라는 말을 들었을 때보다, 더 안전벨트를 착용하고 싶어진다(Slovic, Fischhoff, and Lichtenstein 1978).

분석 기간을 조정하는 것은 리스크에 대한 인식에도 영향을 미친다. 예를 들면, 어떤 주택 소유자나 경영자가 주택이나 공장을 그것의 내구연한인 25년 동안 지진 피해로부터 보호하려고 한다고 하자. 그들이 그 기간 동안 적어도 한 번의 지진 피해를 입을 확률이 1/5이라는 말을 들었을 때가, 어떤

---

1 (역주) $1 - (1 - 0.04)^{10} = 0.335 ≒ 1/3$, 또는, $0.96^{10} = 0.665 ≒ 2/3$.

해에 한번 이상의 지진 피해를 당할 확률이 1/100이라는 말을 들었을 때보다 훨씬 더 지진 리스크를 심각하게 받아들일 것이다(Weinstein, Kolb, and Goldstein 1996). 어떤 연구에 의하면 단순히 분자와 분모에 같은 수를 곱하여 연간 재해 확률을 표시하는 경우에도, 즉, 1/100 대신에 10/1,000이나 100/10,0000 으로 나타내더라도, 사람들은 보다 더 재해에 주의를 기울인다고 한다(Slovic, Monahan, and MacGregor 2000).

달리 말하면, 사람들은 작은 숫자는 쉽게 무시해도 괜찮다고 느끼고 큰 숫자에는 보다 주목한다. 물론, 발생 확률이 낮은 재해로부터의 손해액은 소비자의 1년 수입에 비하면 매우 크지만, 그의 생애 전체의 소득에 비해서 는 그리 큰 금액이 아닐 수 있다. 그러므로 리스크에 관한 소통의 효과는 사람들이 재해발생 확률과 손해금액 중, 이상적으로는 둘 다 중시해야 하지 만, 어느 쪽에 더 비중을 두는지에 달려 있다. 이 점에 대해서는 이 책의 앞 부분에서 언론의 조언에 대하여 비판할 때 이미 언급한 바 있다.

사람들이 높고 낮은 확률을 더 잘 이해할 수 있도록 정보를 제공하는 방법이 무엇인지는 차후의 연구 과제가 될 만한 주제다. 발생확률이 낮은 재해를 위한 보험을 구입하도록 소비자들을 유도하기 위하여 보험사는 5년, 10년 또는 20년 등과 같이 보다 계약기간이 긴 보험 상품을 제시할 수 있다 (Jaffee, Kunreuther, and Michel-Kerjan 2010). 그러한 상품을 제시함에 있어서, 보 험사는 계약기간 동안 발생할 수 있는 저확률의 재해의 발생가능성에 대한 정보를 제공할 수 있다. 소비자들은 그러한 정보를 바탕으로 재해의 결과에 대하여 보다 더 구체적으로 생각해 볼 수 있을 것이다.

계약기간이 긴 것은 보험사의 입장에서는 매출을 증가시키는 수단이 될 수 있겠지만, 소비자들을 오도할 수 있다는 염려도 있다. 예를 들면, 장 기간병보험을 중년층에게 판매하는 보험판매원이 약 40%의 사람들이 인생 의 어느 시점에선가 적어도 한번은 요양원에 들어가거나 재가간호(在家看護)를 받는다고 고객들에게 말해준다고 하자. 그들이 말하지 않은 것은, 환자들의 대부분은 장기요양 대상이 아니라 입원 후 회복기간 동안 잠시 그러한 진료 를 받는 경우이고, 그 나머지 중 일부는 정신적·신체적 장애로 정부의 보조

를 받아 어린 시절부터 요양시설에 머물고 있는 경우라는 사실이다. 더욱
이, 그러한 종류의 보험을 판매하는 보험판매원은 65세 이상의 노인들 중
요양원에 머무는 노인의 비율이 연간 5% 미만이라는 사실도 알려주지 않는
다. 이러한 사실은 매년 지불하는 보험료에 걸맞은 혜택을 장기간병보험으
로부터 얻어 낼 확률이 낮다는 것을 시사한다.

⫶ 수요측면 정책의 해법 4: 확률이 낮은 몇몇 재해를 한데 묶어 보 장하게 하라

특정한 하나의 재해가 재산에 손상을 가할 확률이 낮을지라도 다른 여
러 가지의 재해가 그와 유사한 재산상의 손해를 초래할 수 있다. 예를 들면,
화재, 폭풍, 침수, 동파 등이 주택에 재산상의 손해를 낳을 수 있다. 따라서
단독손인 보험(예컨대, 암(癌)만을 보장하는 보험)이나 열거손인 보험(몇몇 특정 손인
으로 인한 손해만 보장하는 보험)을 피하는 게 좋다. 그보다는, 프랑스, 스페인,
뉴질랜드 등의 재산보험처럼, 손인에 관계없이 보험에 가입된 재산이 입은
손해를 모두 보상하는 포괄 보상 보험을 제공할 것을 고려해야 한다. 그러
면 그러한 보험의 필요성을 느끼는 사람이 많아지고, 기꺼이 보험을 구입하
는 사람도 많아질 것이다. 유연한 가부장주의를 채택한 정부라면 보험사들
이 이러한 옵션을 소비자들에게 제공하도록 넌지시 떠 볼 것이다.

⫶ 수요측면 정책의 해법 5: 자기부담금이 낮은 보험의 구입을 저지 하라

사람들이 흔히 자기부담금이 낮은 보험계약을 구입하는데, 보험 수요의
표준모형에 비추어보면 그러한 보험계약은 대부분 금전적으로 바람직하지
않다. 자기부담금이 $1,000인 보험계약은 자기부담금이 $500인 보험계약에
비하여, 작은 금액의 수많은 보상청구를 처리하지 않아도 되기 때문에, 사
업비가 상당히 적게 든다. 그래서 자기부담금이 높은 보험계약은 위험회피

도가 매우 높은 소수를 제외한 모든 사람에게 바람직하다. 자기부담금이 낮은 보험은 높은 보험료에 비하여 기대 편익이 작다는 정보를 알려줌으로써 그것이 왜 돈을 쓰는 좋은 방법이 아닌지를 소비자들에게 이해시킬 수 있다. 예를 들면, 보장기간이 다년간인 몇몇 보험계약을 비교함에 있어서, 자기부담금이 낮은 보험계약을 1년 동안 보유하는 데에는 비용이 그리 크지 않게 보일 수 있지만, 그 보험계약을 10년 동안 보유할 때의 보험료 지출과 그 기간 동안의 보험 혜택을 비교하면 자기부담금이 낮은 보험계약의 단점을 쉽게 알아챌 수 있다.

이 논점을 보여주는 상황을 예시해보자. $1,000 이상의 손해를 초래하는 재해가 발생할 확률이 연간 1/20이고, 그 확률은 변치 않는다고 가정하자. 그리고 부가보험료율이 기대손해액의 100%(즉, 부가보험료가 영업보험료의 50%)의 비율로 비례적이어서, 자기부담금이 $1,000에서 $500으로 내려가면 소비자는 $50의 보험료를 더 내야 한다(즉, 2 × 1/20 × [$1000 − $500]). 만약, 그 추가적인 보험료를 10년간 낸다면 소비자는 총 $500을 더 부담하게 된다. 그러나 추가로 낸 $500을 소비자가 되돌려 받지 못할 확률이 60%나 된다.❸ 이와 같은 방식으로 정보를 제공함으로써, 소비자가 자기부담금이 높은 보험계약을 선택할 가능성이, 그들이 내년에 부담해야 할 비용의 차액($50)만 볼 때에 비하여, 높아진다. 재해 발생 시 $500을 추가로 부담하는 것이 소비자에게는 괴로운 일이지만, 향후 10년 내에 그런 일이 발생할 가능성이 매우 낮다는 것을 안다면, 보다 마음 편히 자기부담금이 높은 계약을 선택할 수 있을 것이다.

만약 이러한 설득 방법이 실패한다면 다른 방법도 있는데, 자기부담금이 높은 보험계약으로 전환하는 사람에게 수표를 주겠다고 제안하는 것으로서, 사람들이 리베이트를 선호하는 경향(변칙의 일종임)을 이용하는 것이다. 즉, 보험판매원이 보험계약자에게 자기부담금이 $500인 계약을 $1000인 계약으로 전환하면 전환한 보험계약을 유지하는 한 매 계약년도 말에 $50짜리 수표를 보내주겠다고 제안한다. 이 제안은 소비자에게 매우 매력적으로 보일 것이다. 특히, 낮은 자기부담금이 왜 장기적으로 불리한지에 대한 설명을 곁들이면 더욱 좋다.

소비자들이 자기부담금이 낮은 상품을 회피하도록 하는 또다른 방법은 자기부담금이 높은 계약을 기본 계약으로 하는 것이다. 이것은 Richard Thaler and Cass Sunstein(2008)이 추천한 방법으로서, 유연한 가부장주의에 바탕을 두고 있다. 보험 산업이 자발적으로 이를 실시할 수도 있지만, 그렇게 하도록 정부가 규제할 수도 있다. 기본 보험계약의 자기부담금을 높게 설정하고, 보험료를 조금 더 부담하고 자기부담금이 낮은 보험계약을 구입하겠다는 사람들은 그것을 신청하는데 약간의 번거로움을 겪게 해야 한다. 보험사는 그러한 소비자들에게 표준 계약에 비하여 보험료가 얼마나 더 비싸고, 평균적으로 얼마나 더 혜택을 받는지를 설명한다. 그리고 소비자는 그 보충적 계약[2]의 조건을 잘 이해하고 있다는 사실을 서면으로 제출하는 것을 조건으로 그 계약을 구입할 수 있게 한다.

만약 이같은 유연한 가부장주의적 조치가 잘 먹혀들지 않으면 마지막 수단으로서, 정부는 자기부담금이 높은 계약으로부터의 보험료 절감이 기대편익의 감소보다 월등히 큰 경우, 자기부담금이 낮은 계약의 판매를 금지할 수 있다. 그러나 과연 그처럼 강한 가부장주의를 적용할 수 있는 사례가 실제로 존재하는지는 의문이다. 공공선택이론에 의하면, 자기부담금이 낮은 계약에 대한 유권자들의 선호도가 높으면 그러한 규제를 실시하기에는 정치적으로 어려움이 크다. 예를 들면, 자기부담금이 높은 건강보험 계약이 부담해야 할 자기부담금에 비하여 절감되는 보험료가 평균적으로 더 크다 할지라도, 정치인이 소비자들에게 그러한 보험계약을 구입하라고 강제하기는 어려울 것이다. 또한, 언론은 흔히 자기부담금이 높은 보험계약을 구입했다가 2~3년간의 보험료 절감액을 훨씬 능가하는 자기부담금을 지불하느

---

2 (역주) 보충적 계약이란 자기부담금을 낮추는 별도의 계약이다. 즉, 자기부담금이 낮지만 보험료가 높은 보험계약이 별도로 있는 것이 아니라, 그러한 계약을 원하는 사람은 일단 자기부담금이 높은 기본 보험계약을 구입하고, 자기부담금을 낮추는 별도의 계약을 추가로 구입하게 한다. 보험상품의 구조를 이처럼 설계한 것은 추가로 계약을 구입하는 것을 번거롭게 하여 (즉, 거래비용을 높여) 소비자들이 자기부담금이 낮은 계약을 선택하는 것을 억제하려는 것으로서, 유연한 가부장주의에 입각한 정책이다.

라 고통을 겪는 소비자를 찾아내어 보도한다. 그러나 그 언론은 보다 긴 기간을, 예컨대 10년을 놓고 보면 자기부담금이 높은 보험계약이 결국에는 소비자의 지출을 줄여준다는 사실을 알려주지는 않을 것이다.[3]

수요측면 정책의 해법 6: 리베이트를 사용하는 보험계약을 저지하라

보험계약의 선택에 다른 왜곡이 없다면, 리베이트가 있는 보험계약은 명확함보다 혼란을 조장하기 때문에 일반적으로 좋다고 할 수 없다. 왜 그러한지는 비교 데이터를 가지고 보여줄 수 있다. 제6장에서 설명한 신체장애보험의 예를 가지고 설명해보자. 어떤 사람이 장애인 보험을 구입했는데, 만약 계약기간 동안 보험금을 한 번도 청구하지 않으면 $600을 돌려준다는 조건으로 보험료를 $600 더 냈다고 하자. 보험금을 청구하지 않을 확률이 100% 미만이기 때문에 그러한 리베이트는 명백히 보험계약자에게 손해다. 또한, 그러한 종류의 리베이트는 보험금을 청구할 인센티브를 낮추는데, 그렇다면 애초에 왜 보험을 구입하려 했는지에 대하여 의문이 생긴다.

정부는 그러한 보험계약을 금지하여 보험계약자에게 앞에서 설명한 정보를 제공하는 데 드는 비용을 절감케 할 수 있다. 그러나 재계약 시 "무청구 할인no-claims discount"이 포함된 보험계약을 인정할 여지가 있는데, 그것은 경험요율제experience rating[4]의 일종으로서 미국에서는 자동차보험에 적용하고, 스위스에서는 건강보험에도 적용한다. 경험요율제를 채택한 보험계약은 보험금을 청구하지 않았거나 적게 청구한 보험계약자에게 계약 갱신 시 다음 계약기간의 보험료를 할인해 준다. 자동차보험의 "우량 운전자 할인"

---

3 (역주) 시청자와 독자들로부터 주목받기 위하여 언론사들이 사실을 왜곡하는 경향이 있음을 지적하고 있다. 주목받는 기사가 되려면 취재 대상의 단점을 부각시켜야 하기 때문에, 자기부담금이 높은 보험계약을 구입하여 손해를 보는 드문 경우만 보도하고, 이익을 보는 일반적인 경우는 언급하지 않는다는 것이다.

4 (역주) 우량 고객을 우대하고 보험계약자의 도덕적해이를 억제할 목적으로 보험금을 청구하지 않았거나 적게 청구한 고객이 보험계약을 갱신할 때 보험료를 할인해주는 제도. 미국에서는 경험요율제라고 부르고, 한국과 유럽에서는 할인할증제(bonus-malus system)라고 부른다.

PART 3 보험의 미래

과 유사한 개념이다. 자기부담금제와 보험료 할인제는 차이가 있다. 자기부담금제는 보험계약자가 큰 금액의 사고를 내면 자기부담금을 추가로 부담해야 하지만, 계약 갱신 시 보험료가 인상되지는 않는다. 경험요율제 혹은 스위스 식 용어로 할인할증제bonus-malus system 하에서는, 큰 사고를 낸 보험계약자는 보험계약을 갱신할 때 보험료가 인상되기 때문에 보험계약을 포기할 수 있다. 그러나 미국과 스위스의 자동차보험의 경우 대인배상과 대물배상이 의무보험이기 때문에 보험료가 인상되더라도 보험계약을 구입하지 않을 수 없다.

⠿ 수요측면 정책의 해법 7: 특정 보험의 가입을 의무화하라

이상의 프레이밍과 정보제공 전략이 모두 효과가 없거나 비용이 너무 많이 든다면, 그리고 정보가 충분히 제공되었다면 소비자들이 기꺼이 구입했을 터인데 정보가 부족하여 그 가치를 몰라보고 구입하지 않은 보험이 있다면, 그 보험을 강제로 구입하도록 정부가 규제할 수 있다. 또는, 충분한 정보를 가진 소비자라면 구입하지 않을 보험의 판매를 금지할 수도 있다. 단, 이와 같은 강제적 정책을 실시할 때에는, 앞에서 언급한 바와 같이, 강한 가부장주의가 정치적으로 받아들여지지 않을 수 있다는 점을 염두에 두어야 한다.

충분한 정보를 가진 소비자가 어떤 선택을 하는지를 규제당국이 안다면, 규제당국은 그 상품이나 서비스의 판매를 금지하거나 최소한의 품질 수준을 지정하는 규제를 실시할 수 있다. 예를 들면, 아무리 값이 싸더라도 오염된 유아용 식품을 구입할 사람은 없다. 그래서 식품의약품국Food and Drug Administration, FDA은 그러한 상품의 판매를 금지한다. 보험과 관련하여, 정부는 소비자에게 어떤 보험은 구입하고 비용이 기대 보험금보다 큰 다른 보험은 구입하지 못하게 할 수 있다. 오늘날, 은행은 모기지 대출의 조건으로 주택종합보험을 구입할 것을 요구하고 있고, 미국의 모든 주state는 자동차보험 가입을 의무화하고 있다. 보험료가 기대 보험금에 비하여 크다는 이유로 특정 보험계약을 금지하는 제도는 없다. 그러나 의료개혁 법안에는 평균 보험금 청구액의 일정 비율을 초과하는 수준의 보험료를 부과할 수 없도록 하는 규정이 있다. 현실적으로, 보험의 특정한 금지 조항이나 요구 사항에 대하여 사람들의 선호가 일치하지는 않는다. 이러한 경우에는 유연한 가부장주의가 보다 적절한 전략일 것이다.

그러나 소비자들이 자발적으로 구입할 수 있는 보험을 공급하라고 정부가 보험사에게 요구하는 것은 문제가 있다. 그러한 강제적 요구는 보험료를 상승시켜 일부 소비자들이 보험을 구입할 수 없게 되는 결과를 초래할 수 있다. 만약, 정부가 시장의 자율에 맡겨두었더라면 소비자가 원치 않는 특정 부분에 대한 보장을 제외하고 보험료를 낮출 수 있어서 보험 구입이 가능해졌을 것이다. 주정부가 강제하는 건강보험에서 이 같은 현상이 실제로 발생한다는 주장이 있다. 그러므로 규제당국은 보험계약이 보다 다양한 리스크를 보장하도록 유도하는 것과 너무 비싸서 일부 소비자가 구입할 수 없게 되는 것 사이에서 균형을 잘 잡아야 한다.

⦂ 모든 변칙을 다 교정할 필요는 없다

금전적 영향이 소액에 불과한 온건한 변칙에 대해서는 정부가 개입할 필요가 없음은 당연하다. 그런 것은 정부가 여러 가지의 조치를 취할 수도 있겠지만 그냥 내버려두는 것이 최선일 것이다. 예를 들면, 제7장에서 소개한 변칙에 대한 데이터는 중상위 계층의 사람들이 종종 은퇴 계획을 잘못 선택하고 있음을 보여주고 있다. 그릇된 자기 확신과 빈약한 프레이밍이 결합되면 은퇴를 준비하는 사람들이 개인연금이 아니라 리스크가 큰 증권이나 부동산에 투자하여 그들이 80대 후반이나 90대가 되었을 때 필요한 소득을 지켜내지 못하는 경우가 있다. 2011년 7월에 펜실베이니아 대학교의 교수들에게 온 이메일 광고는 "연금화할 것인가, 말 것인가?"라는 질문을 던지면서, "가끔은 아무 것도 하지 않는 것이 최선이다"라는 표어를 덧붙였다. 즉시연금을 구입하면 사망 시까지 일정 수준의 소비가 보장된다. 그러나 현재 은퇴자의 고작 2%만이 이러한 종류의 보험을 보유하고 있다.

그러나 부유한 가정이 종종 이같이 결함이 있는 은퇴 계획을 세운다는 사실이 정부가 반드시 개입해야 할 사유일까? 이 경우의 정부 정책은, 국민연금Social Security[5]이 퇴직 후 소득의 안전망을 제공하고 있기 때문에, 다른 많은 보험 시장의 경우와 다르다. 고소득자가 재산의 대부분을 개인연금으로 전환하지 않아서 받는 불이익은 기껏해야 은퇴 후의 소비 패턴이 고르지 않다거나 이상적이지 않다는 것 정도다. 그것이 정부가 고소득자의 은퇴계획에 간섭해야 하는 근거가 되지는 못한다.

영국의 개인연금 정책은 미국의 자유방임적인 정책과 다르다. 영국에서는 최근까지도 모든 소득 수준의 국민들에게 그들이 가진 은퇴 후 재산의 상당 부분을 개인연금화 하도록 법으로 강제하고 있었다. 이 법은 2006년에 대폭 완화되었는데, 장수長壽 리스크를 명시적으로 보장하지 않고 높은 투자 수익률을 강조하는 거치 연금에 투자하는 것이 허용되었다. 영국의 정책은, 근로 기간 중의 소득의 상당 부분을 의무적으로 중앙적립기금Central Provident Fund에 납입하여 저축하게 하고, 그 기금으로 하여금 근로자의 은퇴 시까지 자금을 운용하도록 하는 싱가포르의 정책을 벤치마킹한 것이다. 단, 싱가포르에서는 연금화를 강요하지 않는데, 그 결과 은퇴자의 약 10%만이 연금화를 선택하고 있다.

오바마 정부는 최근 보다 적극적인 유연한 가부장주의적 접근법에 대하여 논의하고 있다. 현재, 거의 모든 근로자에게 퇴직 시 일시납 401(k) 퇴직기금 상품 중 하나를 선택하거나 또는 근로자가 임의로 투자대안을 선택할 수 있도록 허용하고 있다. 오바마 정부가 새로이 제안한 정책은, 고용주가 근로자의 은퇴 기금의 일부를 맡아서 운용하여 퇴직 후 2년간 시험적으

---

5 (역주) 미국인들에게 은퇴 후 기본 소득을 제공하는 Social Security System은 대공황 기간 중인 1935년에 극심한 경기침체로 고통 받는 미국인들을 위로하고 불안한 장래를 걱정하여 동요하는 국민들을 안심시켜 국가가 혼란에 빠지지 않도록 할 목적으로 도입되었다. 우리나라의 국민연금 제도가 적립방식(funded system)으로 출발했으나 점차 부과방식(pay-as-you-go system)의 성격이 가미되고 있는 데 비하여, 미국의 Social Security System은 시작부터 부과방식이었다.

로 연금을 제공하도록 하고, 그 기간 이후에는 근로자가 연금에서 탈퇴하여 그 자금을 자신이 원하는 대로 사용할 수 있게 하는 것이다(Gale et al. 2008). 이 정책은 근로자들이 개인연금을 실제로 체험해보면 그것을 더 많이 선택하게 될 것이라는 희망을 담고 있다.

다른 해법도 고려되고 있다. Liran Einav, Amy Finkelstein, and Paul Schrimpf(2010)는 영국의 개인연금 시장에서 발생하는 역선택 현상을 방지할 목적으로 강제명령 제도를 도입하는 정책을 몇 가지 검토했는데, 대부분 부정적인 결론을 얻었다. James Poterba, Steven Venti, and David Wise(2011)와 Shlomo Benarzi, Alessandro Previtero, and Richard Thaler(2011)는 근로자들이 국민연금 수령을 연기하는 방안을 포함하여, 충분한 정보를 가지고 은퇴소득 계획을 수립할 수 있도록 연금의 작동원리에 관한 정보를 제공할 것을 제안했다. Benarzi, Previtero and Thaler(2011)는 또한, 현행 규제를 완화하거나 수정하여 고용주들이 근로자들에게 제시하는 은퇴 계획의 문구를 수정하거나 개인연금을 기본 옵션으로 하게 함으로써, 현재 미국의 근로자들이 많이 가입하고 있는 확정기여형 퇴직연금을 개인연금으로 전환하는 것을 장려하라는 제안도 했다. 예를 들면, 국민연금 수령 자격을 획득하는 시점까지 은퇴시기를 늦추고, 특정 개인연금에 가입하는 것을 기본 옵션으로 하는 것이다.

이상과 같이 다양한 접근법이 있다는 사실은 정부가 중상위 소득 가계의 은퇴소득 계획에서 명시적인 역할을 하는 것이 얼마나 어려운 일인지를 보여준다. 미국의 국민연금제도와 같이 최소한의 은퇴 소득을 제공하는 사회보험은 많은 나라가 도입하고 있으나, 정부가 할 수 있는 그 밖의 대안이 많이 있다는 사실을 고려하면 그보다 한걸음 더 나아가는 것이 과연 타당한지는 불분명하다.

⦂ 대안적인 단순한 의사결정 원칙과 리스크에 대한 선호가 초래하는 변칙

변칙이 기대효용 극대화 원칙에서 벗어나는 소비자의 휴리스틱이나 선택 과정에서 초래된 것이라면 좋은 공공정책을 가려내기는 훨씬 더 복잡해진다. 사람들은 서로 다른 목적을 가지고 있거나 표준 모형에서 벗어난 방식으로 정보를 처리하기 때문에 정부가 개입해야 할지 여부를 판단하기 어렵다. 개인연금이 아니라 생명보험에 보험료를 납부하고 있는 미망인이나 혹은 기대 편익에 비하여 비용이 훨씬 높은 새 MP3를 위한 품질보증을 구입한 학생에 대하여 생각해보자. 그들은, 설사 리스크 방지에 드는 비용이 금전적 기대 편익에 비하여 훨씬 높다 할지라도, 자신이 구입한 보험계약으로부터 '마음의 평화'를 얻고 있다.

극히 소수의 여행자들만 비행기탑승자 보험을 구입하고 건강보험을 구입하지 않은 중산층이 거의 없다 할지라도, 이러한 변칙 행동에 정부가 개입해야 할 것으로 보이지는 않는다.❹ 비행기탑승자 보험을 구입하지 않고 건강보험을 구입하는 것을 기본 옵션으로 지정하게 하는 유연한 가부장주의는, 소비자들이 시간을 내어 다른 대안을 검토한다는 가정 하에, 정상적인 선호를 가진 소비자들로 하여금 금전적으로 바람직하지 못한 선택을 하지 않도록 하여 돈을 절약하도록 하기에 충분하다.

보다 복잡한 상황은 소비자의 리스크에 대한 선호가 색다르거나 극단적이지 않고 보통의 선호를 가지고 있음에도 불구하고 기대효용 모형과 다른 선택을 하는 경우다. 예컨대, 만약 많은 사람들이 전망이론에 부합하는 선택을 한다면, 그들이 사실에 입각하지 않은 선택을 한 게 아니라 독특한 효용함수에 따라 의사결정을 한 것이다. 소비자들이 충분한 정보를 가지고 있고 자신의 선택이 어떤 결과를 낳는지를 잘 이해하고 있다면 정부가 그들을 기대효용이론에 부합하게 행동하도록 강요하거나 유도하는 것은 적절치 않다. 이러한 경우, 정부는 소비자들과 보험시장을 자율에 맡겨두어야 한다. 그들은 스스로 판단할 수 있는 성인이므로 리스크로부터 자신을 얼마나 보호할지는 스스로가 선택할 문제다.

소비자의 목적이 기대효용 극대화가 아닐 경우, 용인할 수 있는 의사결정 방식과 용인할 수 없는 의사결정 방식을 가르는 선을 어떻게 정할 것인지가 문제다. 마음의 평화를 가져다준다는 이유만으로 오로지 암cancer만을 보장하는 보험을, 그것도 기대 편익에 비하여 월등히 높은 가격에 구입하는 것을 과연 용인해야 하는가?

정책 입안자들은 소비자들의 그런 선택을 참고 지켜봐야 하는가? 저자들의 판단으로는, 이 질문에 대한 답은 일반적으로 "그렇다"이다. 충분한 정보를 가지고 있고, 자신의 행위의 결과가 무엇인지를 아는 성인의 선택은 인정해야 한다. 그러나 그 결과는 선택한 사람이 책임져야 할 것이다. 그러한 선택을 용인한다면, 의사결정자가 모든 결과를 책임지고 남들에게 비용을 부담시키지 않도록 제도를 구축해야 한다.

몇 년간 재해가 한번도 발생하지 않았다는 이유로 주택종합보험을 갱신하지 않은 소비자에게는 그가 태풍으로 큰 피해를 입더라도 정부가 구호금을 지급하지 말아야 한다. 그리고 마음의 평화를 얻으려고 값비싸고 보장 범위가 좁은 건강보험을 구입한 소비자는, 그 보험이 보장하지 않는 거액의 의료비가 발생하더라도 정부가 도와주지 말아야 한다. 건강한 중산층 사람이 건강보험 없이 지낸다면 자선단체에게 도움을 요청할 수 없도록 해야 한다. 단, 스스로 의료비를 조달할 수 있다는 증거를 제출하는 것을 조건으로 건강보험을 구입하지 않을 수 있도록 허용해야 한다. 그리고 지하 석유 저장 탱크 소유자가 보험을 구입하지 않으려면 석유가 누출되어 남들에게 입힌 손해를 자신이 전부 보상할 각오를 해야 한다.

그런 주장을 하기는 쉽지만, 간혹 특별한 이익이 소수의 집단에게 집중되는 경우가 있는데, 그 경우에도 정부가 과연 그러한 정책을 밀고 나갈 수 있을지는 의문이다. '바람을 머리카락 속으로wind-in-your-hair'라는 구호를 외치는 '오토바이 헬멧 착용 의무 반대' 주장은 간혹 큰 지지를 받는다. 그러나 그들은 자신에게 부과된 재정적 보호 의무(예컨대, 헬멧 없이 오토바이를 타려면 먼저 의료비를 조달할 수 있다는 증거를 제시할 것)를 외면하고 있다. 자신의 잘못된 선택으로 재정적 타격을 입은 사람들 중 소수는 간혹 자신이 처한 리스크의 심각성을 알지 못했다거나 그런 위험을 보장하는 보험이 있다는 것을 몰랐다고 주장하며 정부에게 도와달라고 로비한다. 보험을 구입하지 않은 사람들에게 "상대방 (사회) 면책 조항"[6]에 서명하도록 하는 일은 거의 일어나지 않을 뿐만 아니라, 설사 그런 서명을 하게 했더라도 그것을 법적으로 이행하는 것은 쉽지 않을 것이다.

정부 정책과 공급 측면 변칙

이 절에서는 보험을 공급할지 여부에 대한 의사결정을 하는 보험사와 재보험사에게 채택하라고 요구해야 하거나, 적어도 장려해야 하는 전략 몇 가지를 제안한다.

⁞ 공급 측면 정책의 해법 1: 보험료 책정 시에 근거가 확실한 리스크 추정치를 사용하라

비록 기대손해액이 어떤 리스크를 보장하는 대가로 얼마를 부과할지를 결정하는 명백한 근거라 할지라도, 보험사들이 자유롭게 보험료를 책정할 수 있으면 반드시 그 원칙을 따르지는 않는다. 이에 대한 대표적인 사례는 최근에 민영보험사들이 보여준 테러보험 가격결정이다.

앞에서 논의한 바와 같이, 9.11 이전에는 보험사들이 테러 발생확률을 매우 낮게 인식하며 일반적인 보험계약에서는 그런 리스크가 명시적으로 언급되지 않았고, 보험료 산정에도 고려되지 않았다. 9.11 공격 이후에는 대부분의 보험사들의 태도가 정반대로 바뀌었다. 그들은 미래의 테러 공격

---

6 (역주) "hold (society) harmless agreement"를 번역한 말임. 불의의 사고로 상해를 입어도 사회(남들)에게 의료비를 책임지라고 하지 않겠다고 서약한다는 뜻이다.

이 발생할 확률을 추정하는 데 있어서의 모호함까지 고려한 자신들의 최선의 리스크 추정치를 반영하여 보험료를 책정하기보다, 아예 테러보험을 제공하기를 거부했다(Kunreuther and Pauly 2005). 9.11 이전에는 테러 보장이 무료였으나, 그 이후에는 시장에서 테러보험을 구경하기도 어려워졌다.

저자들은 이것이 변칙이라고 주장하는데, 그 이유는 기대효용 극대화를 목적으로 하는 보험사라면 보험료를 신중히 계산했을 것이고, 그리 비싸지 않은 가격에 보험을 제공했을 것이 분명하기 때문이다. 테러보험을 제공한 소수의 보험사는 테러 리스크에 대하여 보험료를 매우 높게 책정하여 손해보험과 산재보험 계약의 보험료를 대폭 상승시켰다. 몇몇 보험사가 9.11 이후 테러보험에 실제로 매우 높은 보험료를 부과했을 때, 규제당국, 소비자 및 소비자 단체들이 부당 이득 행위라고 한 목소리를 냈다. 미래의 테러 공격 리스크처럼 손해가 발생할 확률에 대한 정보가 불완전하고, 특히 보험사가 제시하는 높은 가격에도 기꺼이 보험을 구입하려는 소비자가 있다면, 그 보험료가 지나치게 높다고 주장하는 것은 논리적으로 옳지 않다. 정보가 부족하다면 보험료가 지나치게 높은지 여부를 보험사들과 정치인들이 특정 사건을 보고 주관적으로 판단하는 확률에 따라 결정할 수는 없다. 미래에 발생할 재해의 확률과 손해금액을 보다 확실히 추정하려면 연구가 필요하다. 그 연구에는 모든 관련자들의 창의성을 긍정적으로 반영해야 한다. 그러나 그런 연구가 없더라도 단기간에 보험료가 급증한 것을 정당화할 만큼 미래의 테러 발생확률이 그토록 높아졌다고 가정하는 것은 불합리하다고 할 수 있다.

보험사들은 1993년의 세계무역센터WTC 건물이 테러 공격을 받았을 때부터 9.11 테러의 가능성을 이미 알고 있었다. 그러나 테러 공격으로부터의 손실 발생을 추정하기 위한 시나리오에 그것을 명시적으로 반영하지 않은 것으로 보인다. 사실, 모든 보험사의 경영진에게 '스타 트렉'의 미스터 스팍처럼 냉철하게 회사를 운영하라고 요구하기는 어려운 일이다. 보험사로 하여금 확률이 낮은 재해에 대하여 그것이 발생하기도 전에 많은 주의를 기울이도록 하고, 수십억 달러에 달하는 손해를 보고도 감정을 추스르게 하는 방법이 무엇인지는 알기 어렵다. Nassim Taleb(2007)이 지적한 바와 같이, 사람들은 실제로 검은 백조를 보기 전에는 그것이 존재한다고 생각하지 않는다. 검은 백조를 실제로 보기 전에는 마치 검은 백조가 존재하지 않는 것처럼 행동하더라도 아무런 잘못이 없다. 대부분의 사람들은 비행기의 구명조끼가 의자 밑에 있다는 것을 확인하지 않지만, 필요할 때에는 거기에 있을 것이라고 믿는다.

⠿ 공급 측면 정책의 해법 2: 리스크가 증가했을 때에만 보험료를 인상하라

이것은, 9.11 이전에는 표준적인 기업성 보험이 테러 리스크의 가격을 0으로 설정했던 사실을 제외하면, 방금 전에 논의했던 테러 리스크의 사례에 해당된다. 대형 손해가 발생한 이후 보험사와 재보험사들은 뒤늦게 리스크의 중요성을 인식했다. 그러나 그들은 리스크가 실제로 변동되었다는 데 대한 불완전하고 아직 결론이 나지 않은 증거를 가지고 보험료를 인상했다. 그들이 그렇게 한 하나의 이유는 대형 손해를 보상해주는 재보험을 구하기 어려웠고, 테러 리스크를 담보하기 위한 목적으로 추가적인 자본을 조달하려면 매우 높은 이자를 물어야 했기 때문이다(Kunreuther and Pauly 2005). 그러므로 그들은 테러 리스크를 보장하는 보험을 낮은 보험료에 제공하면서 동시에 A.M. Best, Standard & Poor's, 및 Moody's와 같이 이익잉여금과 준비금을 포함한 경영실적을 가지고 보험사들을 평가하는 기업평가기관의 등급 분류를 유지할 수 있을 정도로 풍부한 재무적 능력을 보유하지는 못했다.

이와 같은 제도적 관점에 더하여, 이런 종류의 변칙과 관련된 핵심 주제는 보험사들은 대형 손해를 경험한 후에 보험료를 대폭 인상하는 경향이 있다는 것인데, 그 이유는 보험사들도 소비자들과 마찬가지로 유효성 편향을 나타내기 때문이라는 것이다. 예를 들면, 9.11 이후 보험사들은 미래에 테러 공격이 또다시 발생할 확률을 구체적인 증거도 없이 엄청나게 높게 추정함으로써 유효성 편향을 드러냈다. 그러나 그러한 추정은, 실제로는 그 이후 미국에 테러 공격이 발생하지 않았기 때문에 편향이 있다고 할 수 있다. 그러나 테러 공격이 발생했을 수도 있다. 그렇다면 정부는 어떤 정책으로 이 문제에 대처해야 할까?

낮은 확률의 대재해가 발생한 후, 100년에 한 번 발생하는 홍수와 태풍의 경우처럼 그러한 재해가 독립적으로 발생한다면, 가까운 미래에 그와 유사한 재해가 또다시 발생할 확률은 낮다. 화학물질 사고나 테러 공격처럼 인간이 일으킨 재해의 경우에는 최초의 재해 발생이 향후 그러한 재해가 또다시 발생할 수 있음을 시사하지만, 동시에 사람들이 그에 대한 경각심을 높이기 때문에 그 확률을 추정하기가 좀 더 복잡하다. 만약 미래의 재해발생 확률이 크게 변동되지 않았지만 보험사들이 마치 그것이 크게 변동된 것처럼 행동하면서 시장에서 잠시 철수하려 한다면, 정부가 독립적인 보험사를 설립하고 그것을 통하여 약간 인상된 보험료에 그 리스크를 보장하는 보험을 제공할 것을 고려해야 한다. 단, 정부가 조직한 보험사는 잠시 시장에서 철수한 민간 보험사의 빈틈을 일시적으로 메우는 역할에 그쳐야 한다.

민영 보험사들이 유효성 편향 때문에 보험을 제공하지 못한다면, 정부가 후원하는 보험사가, 대재해 발생 이후에 보험료를 극적으로 올리지 않더라도, 장기적으로 이익을 남길 수 있을 것이다. 간혹, 민영 보험사든 공영 보험사든(플로리다의 CPIC처럼), 극단적인 재해가 연속적으로 발생하면 매우 어려운 처지에 빠질 수 있다. 예를 들면, 태풍이나 테러 공격 및 증권시장 침체가 간혹 연달아 오기도 한다. 그러나 극단적인 재해가 수년 사이에 연속으로 발생할 확률은 매우 낮다. 그러므로 보험사가 그 리스크를 보장하기 위하여 자본을 조달할 때 투자자들이 리스크를 매우 높게 인식하여 자본비용을 크게 인상시키지 않는 한, 보험사가 보험료를 크게 인상할 필요는 없다.

⁞ 공급 측면 정책의 해법 3: 대재해 리스크에 대한 정부의 투자

만약, 어떤 재해의 손해발생 확률이 서로 상관관계가 높고 리스크가 모호하다면 공적 및 사적 정책을 어떻게 조합하는 것이 최선일까? 이런 경우의 문제점은 아무도, 그가 민간 부문에 있든 공공 부문에 있든 또는 연구기관에 있든, "진실"이 무엇인지 모른다는 것이다. 그러므로 어떤 사람이 시도하는 일에 대하여 다른 사람은 그것이 현명하지 못하다고 생각하는 상황이 얼마든지 있을 수 있다. 대형 손해를 당한 후의 보험사나 재보험사의 행동을 생각해보자. 보험사들은 적어도 한번쯤 그 보험을 그만 제공하고 싶다는 생각을 해 볼 수 있다. 그 이유 중 하나는 재보험사들이 더 이상 보험사에게 대재해 리스크에 대하여 재보험을 제공하기를 원치 않기 때문이다. 이러한 일은 아마도, 9.11이나 자연재해와 같은 대재해가 발생한 후, 개인 투자자들과 퇴직연금 펀드 및 자선재단 등으로부터 재보험사와 보험사에게 제공되던 자본이, 역시 유효성 편향 때문에, 종종 고갈되기 때문일 것이다.

만약 대형 재난이 재발한다면, 정부에게는 보험사와 재보험사들이 겪는 자본의 제약이 없기 때문에, 정부가 임시로 대재해 리스크를 보장하는 재보험사의 역할을 할 수 있다. 이 경우의 한 가지 문제점은 "임시적인 것보다 더 영구적인 것은 없다"라는 오랜 격언이다. 펜실베이니아 주는 1936년에 존스틴 홍수가 발생했을 때 재난구호 자금을 마련하기 위하여 임시적인 조치로 포도주와 증류주(양주)에 대하여 세금을 부과했는데, 그 소비세는 그 후 여러 차례 인상되어 오늘날까지 지속되고 있다. 마찬가지로, 정부가 임시로 시행한 보험을 폐지하는 것이 낫다고 증명하기 어려울 수 있다. 그 이유는 그 보험을 좋아하는 소비자들이 있거나, 공무원들 중에 그 보험의 혜택을 누리는 사람들이 있기 때문이다.

재난발생 이전의 보험료 수준으로 정부가 제공하는 보험과 재보험 및 재보험에 대한 준비금 보증은 공짜가 아니다. 재해가 단시일 내에 발생하거나 예상보다 큰 재해가 발생하면 그 비용은 흔히 미래의 조세부담 증가라는 형태로 납세자들이 부담한다. 한편, 그런 정책은 장점도 있는데, 드물지만 큰 피해를 초래하는 대형 재해의 부담을 모든 납세자들이 부담하도록 분산시킨다는 것이다. 납세자 집단은 어떤 재보험사나 자본시장이 조직할 수 있는 사람과 재산의 집단보다 훨씬 더 큰 집단이다. 폴 사뮤엘슨이 말한 바와 같이 "우리 주식회사"는 여러 상황 하에서 효율적으로 리스크를 감당할 수 있다(Samuelson 1964). 그러나 이 경우 각 납세자의 세금 납부액에 비례하여 리스크를 부담시키기 때문에 개인별로 리스크에 대한 태도가 다르다는 사실을 무시하는 결과가 되므로 이상적인 보험이라고 할 수는 없다.

각 개인과 지역이 직면한 리스크의 정도에 따라 미리 정해진 만큼씩 세금을 징수하는 것은 보험으로부터 얻는 각 개인의 기대 순편익을 평준화하는 하나의 방법이다. 예를 들면, 데이터 상으로 테러 공격의 가능성이 높다고 나타난 지역에 부동산을 많이 보유하고 있을수록 더 많은 세금을 부과하는 것이다. 마지막으로, 각 개인들에게 얼마씩의 세금을 부과할 것인지는 사회적으로 형성된 관점에 달려 있다. 그러한 결정은 재난이 발생하여 사회가 혼란스러울 때가 아니라 재난 발생 이전에 미리 내려두어야 한다.

◦ 공급 측면 정책의 해법 4: 준비금에 대한 규제는 안전을 최우선으로 할 것

보험 공급에 대한 절에서 저자들은 보험사들이, 특히 준비금 적립과 관련하여, 기대이윤 극대화 모형에 어긋나는 전략을 선택할 수 있다고 주장했다. 특히, 보험사의 경영자들은 대형 손해에도 기업이 생존할 수 있도록 표준적 보험 공급 모형인 기대이윤 극대화 모형이 제시하는 것보다 높은 수준의 준비금을 적립하려 한다. 그러나 저자들은 또한, 많은 경우 규제 당국이 보험사의 지급불능 확률을 정치적으로 수용할 수 있는 수준으로 낮추는 최소한의 준비금7을 보유할 것을 요구한다는 사실을 지적했다. 그러나 Patricia Born(2001)은 대부분의 보험사가 법적 요구 수준보다 높은 수준의 준비금을 보유하고 있음을 보여주었다. 이러한 이유로 Born은 준비금 규제가 보험사의 이윤에 중대한 부정적 영향을 미치지 않는다고 주장했다. Born이 발견한 준비금 규제의 효과는 준비금 보유 수준이 낮은 소수의 보험사들에게 규제당국이 준비금 수준을 높이라고 지시하는 것으로서, 보험산업 전체에 대

---

7 (역주) 이러한 수준의 준비금을 '책임준비금'이라고 한다.

한 영향은 제한적이다.

　보험사의 준비금 수준은 보험사가 청구받은 보험금을 전액 지불할 확률과 일부만 지불하고 파산할 확률을 결정한다.❺ 만약 소비자들이 기대효용이론에 바탕을 둔 모형을 사용한다면, 높은 보험료를 내고 보험금을 전액 지불받을 확률이 매우 높은 보험계약보다, 보험료를 전액 지불받을 확률이 약간 낮더라도 보험료가 낮은 보험계약을 선호할 것이다. 즉, 그들은 보험사의 지급능력으로는 다 보상할 수 없을 정도로 매우 크지만 드물게 발생하는 재해 리스크를 어느 정도는 보험사와 공유하기를 원하는 것이다. 그 결과 보험사는 많은 보험계약자를 확보하게 되고, 보험계약자들은 보험사가 사업을 계속하는데 부족하지 않을 정도의 자산을 보유할 수 있을 만큼의 보험료를 납부하게 되어, 보험사가 지급능력을 유지할 수 있게 된다.❻

　언제, 그리고, 왜 준비금에 대한 규제가 도입되는가? 한 가지 가능성은, 소비자들이 발생확률이 낮고 손해금액이 큰 재해가 발생했을 때 전액을 보상받지 못할 리스크를 약간 감수하고 보험료가 낮은 보험계약을 기꺼이 선택하려는 용의가 있음을 규제 당국이 알지 못하거나 듣지 못하는 것이다. 이러한 상황에서 피보험자를 보호하기 위하여 규제 당국이 사회적 최적 수준보다 높은 수준의 준비금을 적립하라고 보험사에게 요구하는 것이다. 다른 가능성은, 상품의 질을 확보하는 역할을 하는 차원에서, 규제당국이 최소한의 준비금 적립 수준을 요구하는 것이다. 대부분의 보험사들이 안전제일 원칙을 따르고 있지만, 규제는 그와 다른 목적을 추구하는 보험사를 다루도록 설계되어야 한다. 예를 들면, 준비금 적립 수준이 낮은 어떤 보험사가, 그 보험사가 지급불능 위험이 높다는 사실을 알지 못하는 소비자에게 높은 가격으로 보험을 파는 것은 실제로 얼마든지 일어날 수 있는 일이다.

　거기에 변칙이 존재하는가? 기대효용 극대화 모형에 따르지만 잘못된 정보를 가진 소비자가 부주의하게도 지급불능 위험이 높은 보험사를 선택했다면, 규제 당국은 그 문제를 변칙 행동이 아니라 시장 실패로 다루어야 한다. 그러나 규제 당국이 정치적 목적으로 보험사의 준비금 수준을 정보를 충분히 가진 보험소비자들이 각자 자신의 이익을 위하여 최선을 다해 거래했을 때 형성되었을 수준보다 더 높게 적립하도록 요구하여 보험사가 지나치게 안전해지고 보험료가 높아졌다고 하자. 이 경우에는 규제가 변칙을 초래했다고 할 수 있는데, 보험사는 자신이 선호하는 수준보다 높은 수준의 준비금을 적립했고, 소비자들은 자신이 마땅히 지불해야 할 보험료보다 높은 보험료를 내도록 강요당했다. 그 결과 수요가 너무 낮아져서 보험 상품을 설계하고 마케팅 하는 고정비용을 회수하지 못하게 되면 보험사가 보험 상품을 시장에 내놓지 않게 되는데, 그런 경우에는 변칙이 시장실패를 유도한 셈이 된다.

요약

보험시장에서의 변칙 행위는 수요와 공급 양쪽 측면 모두에서 발생할 수 있다. 수요 측면의 변칙에 대처하는 다양한 정책이 있는데, 예를 들면 소비자에게 양질의 정보를 제공하는 것과, 기본 옵션을 이용하여 보험계약을 어떻게 프레이밍 할지 및 소비자의 선택을 강제할 것인지 혹은 정부가 보조금을 지급할 것인지 등이 있다. 공급 측면에서는, 보험사와 경영자들뿐만 아니라 보험사와 재보험사에게 자본을 공급하는 투자자들에게도 영향을 미칠 필요가 있다. 이 모든 의사결정자들은 최근의 대형 재해에 집착하지 말고 미래의 재해발생 확률과 손해의 규모를 고려해야 한다. 새로운 자본 조달 기법이 도움이 되기도 하지만, 대재해 발생 이후에 발생하는 문제에 대한 궁극적 해법은 정부가 대안적인 자금의 원천이 되거나 자본의 보증인 역할을 하는 데 있다.

CHAPTER 12
다년 계약을 통한 보험 시장의 혁신

서론

이 장은 요즘 보험시장이 공급 측면과 수요 측면에서 발생하고 있는 최악의 변칙을 회피하는 데 도움이 될 만한 제안을 하는 데 초점을 맞추고 있다. 현재 시장에 공급된 보험계약은 대부분 1년 계약인데, 다년 계약multiyear policies 제도를 채택하면, 재해 발생을 통제하고 금전적 보장을 제공하여 재해로부터의 손해를 복구할 수 있도록 하는 것 등, 보험의 두 가지 핵심적 목적을 더 잘 달성할 수 있다.

이 장에서는 현행 생명보험과 건강보험에서 사용되고 있는 다년 보험계약의 예를 참고하여 현행 규제 시스템 하에서 표준적인 재산 보험에 적용할 수 있는 다년 계약의 개발을 시도한다. 또한 저자들은, 현행의 1년 만기의 홍수보험 계약을 개인과 체결하는 체제를, 개인이 아닌 재산과 연계된 다년 계약으로 전환하는 방향으로 국민홍수보험공단을 개편하는 방안을 고려할 것을 정부에 제안한다.

보험의 두 가지 목적

보험은 리스크를 다룸에 있어서 두 가지의 역할을 한다. 첫째, 보험은 개인 및 민간 부문과 공공 부문의 조직들에게 재해를 미연에 방지하고 발생된 재해로부터의 손해를 줄이는 노력을 하도록 동기를 부여하여, 건강, 안전,

환경 등을 위협하는 리스크를 줄이는 역할을 해야 한다. 둘째, 보험은 재해 발생 후에 보험금 지급을 통하여 피해자에게 금전적인 보호를 제공한다.[1] 이 제 다년 계약이 앞서 두 가지 목적과 어떤 관련이 있는지를 살펴보자.

: 목적 1: 미래의 손해를 통제함

비용 효율적으로 미래의 손해를 방지하는 방법이 있지만 그것을 실행 하지 않는 사람들이 종종 있다. 보험의 한 가지 목적은 리스크를 보유한 사 람들에게 그와 같은 보호protective 또는 예방preventive 대책을 실행하도록 장 려하는 것이다. 리스크를 완화하거나 손해를 줄이는 조치를 통하여 보험금 청구를 감소시킨 보험계약자의 보험료를 낮추어 줌으로써 이러한 목적을 달성할 수 있다.

보험료가 미래의 기대손해액을 정확히 반영하는 보험시장에서는, 손해 방지 수단에 투자하여 보험금 청구의 확률과 금액을 낮춘 소비자에게 보험 료를 인하해 주는 정책이 소비자들의 손해방지 투자를 장려하는 이상적인 방법이다. 담배를 끊은 사람은 하루에 1~2갑을 피는 사람보다 폐암에 걸릴 확률이 낮다.❶ 차에 에어백과 자동 안전벨트를 장착하면 사고 시 심각한 부상이나 사망을 줄일 수 있다. 이러한 각종 안전장치는 생명보험의 보험금 청구를 감소시키는 효과가 있다. 보험료 인하 기회를 제공하는 보험은 그러 한 장치를 구입하고 사용하도록 하는 인센티브를 제공한다.

사우스 캐롤라이나 주의 체스터 카운티에 소재한 Institute for Business & Home Safety Research Center의 연구가 강조한 바와 같이, 지붕이 튼튼하 게 지어진 주거용 건물과 상업용 시설물은 그렇지 못한 구조물보다 태풍 피 해가 적을 가능성이 높다. 1,300평방피트[2]의 2층 가옥 2채를 시속 90~100마

---

1 (역주) 이 두 가지 기능은 각각 방지기능(deterrence)과 보상기능(compensation)이라고 하는 데, 보험제도 뿐만 아니라 리스크와 관련된 모든 법과 규제 및 경제 정책의 목적이기도 하다.
2 (역주) 약 36.5평.

일의 강풍이 부는 맹렬한 폭풍우와 장대비에 노출시키는 본격적인 폭풍 실험이 시연된 적이 있었다. 실험에 사용된 가옥 중 한 채는 IBHS FORTIFIED for Safer Living® 기준에 맞추어 지어졌고, 다른 한 채는 통상적인 건축 기준에 따라 지어졌다. 폭풍이 96마일이 되었을 때 통상적 기준으로 지어진 가옥이 붕괴되었다. 그러나 FORTIFIED 가옥은 별 피해 없이 잘 버티고 있었다(그림 12.1a 및 b 참조).

폭풍우 실험 시연 중 바람이 시속 96마일에 달하자, 통상적 기준으로 지은 가옥(왼쪽)은 붕괴되었고, 'IBHS FORTIFIED for Safer Living' 기준으로 지은 가옥(오른쪽)은 건재하다.　그림 12.1 a 및 b

자료: The Insurance Institute for Business & Home Safety.

이와 관련하여 오늘날 가장 호소력 있는 보험 모형은 19세기에 이미 만들어졌다. 그 당시 공장 상호공제조합은 제조공장들에게 보험에 가입하기 전에 반드시 안전 장비에 투자할 것을 요구했고, 보험 가입 기간 중 정기적으로 검사를 실시했다. 그러한 요구조건 없이 보험을 인수한다면 공장들은 안전장비를 적정 수준보다 덜 사용할 것이다. 그것은 일종의 도덕적해이다. 그 결과 사고가 많이 발생하면 보험사가 보험계약을 갱신해주지 않는다. 그리고 안전 장비를 도입하여 사고가 적은 공장에게는 보험료를 할인해 준다(Bainbridge 1952).

Boston Manufacturers Mutual Insurance Company는 산업용 랜턴 제조업자들과 함께 작업하여 보다 안전한 디자인의 랜턴을 개발했다. 그리고 보험에 가입하려면 그 기준을 만족시키는 제조업자가 생산한 랜턴을 사용할 것을 모든 보험가입자들에게 요구했다. Spinners Mutual은 스프링클러 장치가 설치된 건물에 대해서만 보험을 인수했다. 로드 아일랜드 주 프로비턴스 시의 Manufacturers Mutual은 화재 호스의 기준을 개발하고, 보험에 가입한 공장들에게 그 기준에 합격한 회사에서 생산한 화재 호스만을 사용하라고 권고했다(Kunreuther and Roth 1998). Hartford Steam Boiler는 검사에 통과한 보일러에 대해서만 보험을 인수했다(Er, Kunreuther, and Rosenthal 1998). 종종, 보험에 가입한 공장의 리스크를 측정하고 보험료를 조정하는 것보다 어떤 예방조치를 하고 있는지를 점검하는 것이 보험사의 입장에서 비용이 적게 든다. 그래서 보험사들은 종종 리스크를 감소시키는 장치의 설계, 생산 및 설치에 참여한다.

⦙ 목적 2: 금전적 보호를 제공함

보험 수요의 표준모형이 강조했듯이, 보험의 가장 중요한 역할은 심각한 재해를 당하여 입은 개인과 조직의 손해를 보상해주는 것이다. 만약 보험이 보장해야 할 리스크가 미래에 장기간 동안 지속되거나 점점 더 커진다면, 앞의 여러 장에서 이미 살펴본 바와 같이, 손해를 보상해주기 위한 보험 수요와 공급 측면의 과제들을 수행하기가 더 힘겨워진다.

수요 측면에서는, 만약 개인과 기업의 소비자들이 재해를 당하지 않았다면 자신들의 행운을 고마워해야 하는 것이 마땅하고, 보험료가 낭비되었다고 생각하지 말아야 한다는 것을 명심해야 한다. 소비자들은, 보험료를 납부했지만 보험금을 받지 못한 수년간을 짧은 안목으로 평가하지 말고, 보다 장기적인 안목으로 보험이 미래에 제공할 이득을 보아야 한다. 보험은 리스크를 보유한 사람들에게 오늘 상대적으로 작은 비용을 투자하여 미래의 훨씬 더 큰 손해를 회피할 기회를 제공한다는 사실을 소비자들은 이해해야 한다. 만약 그들이 실제로 재해를 당하고 보험금을 청구해 본 경험이 있다면, 그들은 보험 계약이 해지되거나 보험료가 크게 인상되지 않도록 주의해야 한다는 것을 알 것이다.

공급 측면에서는, 대재해가 발생하여 해당 지역의 모든 사람들이 피해를 입고, 보험사가 그 피해를 보상하느라 이익잉여금을 다 소진하고 지급불능에 이를 정도의 재무적 위기를 겪을 수 있음을 염려한다면, 그 보험사는 대재해 리스크에 대비하는 보험을 공급하려 하지 않을 수 있다. 제2장에서 지적한 바와 같이, 자동차 사고, 화재, 대부분의 질병 등과 같이 리스크가 상호 독립적이라면, 보험사는 대수의 법칙에 따라 자신이 부담해야 할 리스크를 최소화함으로써 자신을 보호할 수 있다. 반면에, 심각한 태풍과 홍수처럼 잠재적 손해가 고도로 상호 연관되어 있다면, 보험사는 웬만한 수준의 보험료로는 재해빈발 지역에 사는 많은 사람들을 동시에 보험에 가입시켜주려 하지 않을 것이다. 그처럼 드물게 발생하지만 대단히 클 수 있는 손해에 대하여 보험사들은, 재보험과 대재해 채권[3] 등 민간영역의 수단이나, 넓은 지역으로 리스크를 분산하거나 또는 주정부의 대재해 기금과 연방정부가 제공하는 재보험 등의 리스크 전가 수단을 통하여 자신의 리스크를 낮추려 할 것이다.

두 목적의 잠재적 상호보완성

만약 개인과 기업이 재해에 대비하기 위하여 비용 효율적인 손해 경감 수단에 투자했다면, 그로 인하여 보험사가 보유하고 있는 리스크의 포트폴리오가 대형 손해를 입을 확률이 낮아졌고 또한 보다 예측가능성이 높아졌기 때문에, 보험사들은 그 보험계약의 보장범위를 넓혀주려 할 것이다. 예를 들어 설명해보자. 지진 빈발 지역의 주택 소유자가 미래에 발생할 지진으로부터의 피해를 줄이기 위하여 볼트를 박아 주택의 벽을 건물의 기초에 고정시키면 보험사가 그 주택의 보험료를 낮추어준다고 하자. 그 결과 그 주택은 심각한 지진으로부터의 피해를 $20,000만큼 줄이게 되었다. 또한,

---

3 (역주) catastrophe bond. 흔히 cat bond라고 줄여서 쓴다.

그러한 지진이 발생할 확률이 연간 1/100이고, 그 보험사는 그 지역의 1,000개의 주택의 보험을 인수하고 있다고 하자. 그러면 지진이 발생했을 때 그 보험사의 총 손해가 $20,000,000만큼 감소하고, 그러한 리스크 감소를 보험료에 반영한다면, 부가보험료를 50%로 가정했을 때, 보험료 절감분은 $300,000이 된다.❷ 그러한 손해 경감 조치가 취해지기 전의 준비금 수준이라면, 이제 더 많은 수의 보험계약에 대하여 보험금을 지급할 수 있다.

손해 경감 조치를 취한 보험계약자에게 보험사가 보험료를 인하해주는 제도는 보험 수요 측면에도 효과가 있다. 보험료가 낮아지면 소비자들이 보험 구입에 더 매력을 느끼게 되어 보험 미가입자들 중에 새로이 보험에 가입하는 사람이 생겨난다. 즉, 보험사가 미래의 손해를 낮추기 위하여(목적 1) 경제적 인센티브를 제공하면 (즉, 보험료를 낮추어주면) 더 많은 사람들이 보험에 가입하게 되어 보험사의 금전적 보호 제공 기능(목적 2)도 향상된다.

더욱이, 보험사가 자발적으로 보험료를 낮게 부과하고자 하는 이유는 단지 보험금 청구가 적기 때문만이 아니라, 미래의 대재해에 대비하여 자신을 보호하기 위한 리스크 전가 조치를 취해야 할 필요성이 낮아지기 때문이기도 하다. 그렇게 하여 보험료가 낮아지면 보험 수요가 더욱 진작된다. 손해 경감 수단을 도입하면 보험료를 낮추어주는 조치가 보험 수요를 진작시키고 보험사의 경영성과를 높이지만, 손해 경감 수단의 도입 여부와 관계없이 일괄적으로 보험료를 낮추어주면 손해 경감 수단에 투자할 보험가입자의 인센티브가 사라진다.

⋮ 다년 계약의 역할

이제 우리는 앞에서 언급한 두 가지의 목적에 부합하는 방법으로 리스크를 낮추고 소비자들에게 미래의 손해를 보상해주는 다년간의 보장을 제공하는 보험계약을 살펴보자. 앞에서 언급한 바와 같이, 보험소비자들은 흔히 단기적 비용과 성과에 초점을 맞추기 때문에, 초기에 비용이 많이 드는 반면에 단기적으로 효과를 보기 어려운 손해 경감 수단에 투자하지 않는 경향이 있다. 심지어 몇 년간 보험금을 받지 못하면 보험계약을 해지하는 경우도 있다. 1년 계약이 가지고 있는 이러한 문제점은 다년 계약으로 해소할 수 있다. 또한, 다년 계약은 보험사의 마케팅 비용을 절감시켜주고, 1년 계약을 해지하고 다른 보험사를 찾는 소비자들이 지불해야 할 탐색비용을 지출하지 않게 해 준다.

⦂ 다년 계약의 두 가지 대안

다년 계약이 취할 수 있는 형태에는 두 종류가 있다. 둘 중 더 단순하면서도 더 운영하기 어려운 것은 보험계약을 다년간으로 연장하고 상응하는 보험료를 계약 초에 부과하는 것이다. 예를 들면, 소비자는 주택종합보험이나 건강보험을 향후 20년간 계약하고, 계약 개시와 함께 20년 치 보험료를 한꺼번에 납부하는 것이다. 이 방식은 보험 보장과 보험료를 함께 고정시켜 변동의 여지를 없앤다. 보험사는 손해 경감 수단에 투자한 보험계약자의 보험료를 할인해준다. 그러나 이 계약은 보험을 구입하려는 소비자에게 계약 초기에 큰 돈을 지불하도록 요구한다. 미국에서 이러한 보험계약을 처음 도입한 사람은 1752년에 필라델피아 주택화재보험공제Philadelphia Contributorship for Insuring of Houses from Fire를 설립한 벤저민 프랭클린이다. 보험 구입 시점에 큰 금액의 고정 비용을 지불하는 대신에, "보험 투자"로부터 발생되는 이자로 매년의 보험료를 충당한다.

이 방법보다 재무적 부담이 적은 방법이 있는데, 소위 "위험등급의 평균 보험료로 재계약을 보장"하는 것이다. 이 방법은 건강보험에서 종종 시행되고 있다(Cochrane 1995; Pauly, Kunreuther, and Hirth 1994; Pauly et al. 2011). 이 방법은 사실상 보험계약자가 매년 보험계약 두 개를 동시에 구입하는 것이다. 하나는 다음 해의 기대 보험금을 보상하고, 다른 하나는 리스크 수준이 변화되어 미래의 보험료가 급증하는 것을 보상한다. 보험사는 보험계약자의 위험 등급이 상승하면 보험료를 인상할 권한을 가지고 있지만, 계약갱신 시 어느 한 보험계약자를 지목하여 그가 개인적으로 리스크 수준이 높아졌다는 이유로 보험료를 인상하지는 않을 것을 약속한다. 이 경우, 장기 보험의 보험료의 일부를 선불하지만, 전부를 선불하지는 않는다.

개인 (그룹은 아님) 건강보험은 법적으로 요구받기 이전부터 이미 계약갱신 보장 조항이 있는 다년 계약이 시판되고 있었다. 이 조항이 포함되면 보험료가 좀 높아지지만 젊은이들조차 흔히 그러한 조항이 있는 보험을 구입하고 있다(Pauly and Herring 2006).

보험사들이 장기 또는 다년 계약의 생명보험을 판매하고 있음은 주지의 사실이다. 이와 유사하게 정기보험은 흔히 계약갱신을 보장한다. 또한, 대개 5~10년간은 보험료가 인상되지 않을 것도 보장한다. 소비자는 약간의 보험료를 더 내고 그러한 보장을 선택할지 여부를 결정한다. 소비자들은 언제든지 계약을 중도에 해지할 수 있다. 보험계약자들은 향후 5~10년의 기간 동안 자신의 건강 상태를 포함한 사망률에 어떤 변화가 생기든 관계없이 미리 정해진 보험료를 내면 보험을 구입할 수 있다. Igal Hendel and Alessandro Lizzeri(2003)는 150개의 정기보험을 조사했는데, 그 중 어떤 것은 5년, 10년, 또는 20년 동안 평준 보험료를 내는 조건이었고, 다른 것은 계약갱신을 보장하는 1년 만기 정기보험이었다. 그들의 연구에 의하면, 평균적으로, 계약기간 동안 높은 위험 등급으로 분류되지 않을 것을 소비자에게 보장하는 다년 생명보험계약의 보험료가 계약 갱신을 보장하되 보험료가 매년 변동될 수 있는 1년 만기의 정기생명보험에 연속적으로 가입할 때 드는 보험료보다 높았다. 그러나 만약 소비자들이 보험료의 안정성을 그들의 효용함수의 중요한 요소라고 본다고 생각한다면 그들은 1년 만기 보험보다 평준 보험료의 다년 계약을 선호할 것이다.

⋮ 다년 재산 보험 개발의 어려움

불확실성과 후생 경제학에 관한 획기적인 업적을 남긴 케네스 애로우 Kenneth Arrow가 정의하기를, "무엇인지 알고 있고, 기술적으로 가능하며, 사람들의 후생에 영향을 미칠 수 있는 어떤 행동이 시장에서 거래되지 않는다면 ... 그것은 적절한 가격으로 공급될 수 있고 수요될 수도 있는 서비스를 제공할 수단을 마련하지 못했다는 의미에서 시장의 실패라고 할 수 있다"(Arrow 1963, 945). 안정된 보험료로 화재, 도난 및 대형 자연재해를 보장하는 다년 보험계약이 시장성이 없다면 여러 가지의 요인이 있을 것이다. 이제 공급 측면과 수요 측면에서 그 요인들을 찾아보자.

공급 측면의 요인의 예로는, 정치적 압력이 흔히 리스크가 높은 지역의 보험료율을 인위적으로 낮춘다는 것을 들 수 있다. 그 결과 대재해 손해 가능성이 가장 높은 리스크가 보험사에게는 보험을 제공하기에 가장 매력 없는 리스크가 된다. 보험료를 강제로 낮추면 표면적으로는 소비자에게 도움이 되는 것처럼 보인다. 그러나 적어도 일부 보험사가 시장에서 철수하기 때문에 오히려 소비자에게 손해가 될 수 있다. 자본비용의 불확실성과 시간의 경과에 따른 리스크의 변화 또한 보험사로 하여금 다년 계약을 제공하기를 꺼리게 한다. 물론, 보험사는 규제 당국이 허락한다면, 그러한 요소들로 인한 비용과 리스크를 보험료 산정 요소에 포함시킬 수 있다. 그러나 오늘날 소비자의 이익을 대변한다고 자타가 믿고 있는 보험 규제 당국이 그러한 요소를 보험료 산정에 포함시키도록 허락할 것 같지 않다.

설사 보험료 규제가 없다 할지라도 보험사들이 시간의 경과에 따른 리스크의 변화를 보험료에 반영하기는 쉽지 않다. 예를 들면, 지구 온난화는 기후 관련 재난을 심화시키고, 일부 지역의 환경규제 완화가 향후 수십년간 리스크의 판도를 바꿀 수도 있다. 이러한 문제를 다루는 한 가지 방법은, 이 자율을 재협상할 수 있는 모기지 계약처럼, 과학자 집단이 검증한 새로운 정보를 가지고 수년마다 재협상이 가능하도록 계약하는 것이다.

수요 측면에서의 요인으로는, 다년 계약을 고려하는 소비자는 보험사가 오랜 기간 동안 재무건전성을 유지할 수 있는지에 대하여 염려할 수 있다는 사실을 들 수 있다. 소비자는 또한 보험사가 계약기간이 장기라는 이유로 불확실성을 크게 반영하여 보험료가 지나치게 높아지거나, 보험사가 보상이나 서비스 약속을 저버릴 것을 두려워 할 수 있다. 그러므로 만기가 25년인 보험계약을 보유한 소비자가 10년 동안 사고를 당하지 않았다면, 그는 보험료가 불공정하게 책정되었다고 느낄 수 있다. 그러므로 다년 보험계약은 이러한 점들을 고려하고, 소비자들에게 정보를 투명하게 공개하는 것이 필요하다.

: 다년 재산 보험의 잠재적 장점

다년 재산 보험은 소비자들로 하여금 비용 효율적인 손해 경감 수단에 투자하도록 유도할 수 있다. 많은 주택 소유자들은 보험료가 조금 인하되는 대가로 초기에 큰 비용이 드는 그러한 투자를 하고 싶어 하지 않는다. 보험료 인하는 연간 평균 보험금 지급액의 감소분만큼인데, 그나마도 투자한 해의 다음 해에 보험료가 인하된다. 만약 다년 보험 계약의 보험료가 소비자의 리스크 수준을 적절히 반영하고, 장기 주택개선융자long-term home im-provement loan와 연계되어 있으며, 그 융자가 보험과 함께 모기지에 연계되어 있다면, 보험료 할인액이 대출 상환액보다 클 수 있다.[4]

보험사가 손해 경감 수단에 투자한 소비자의 보험료를 할인해 주려면 먼저 규제 당국이 보험사가 리스크를 반영한 보험료를 부과하는 것을 허용해야 한다. 보험사와 모기지 대출을 한 은행은 소비자들에게 손해 경감 수단에 투자하도록 장려하는 대출을 제공할 수 있다. 매년 상환해야 할 대출금의 금액은, 만약 손해 경감 수단이 효율적이라면, 보험료 할인 금액보다 작다.

---

4 (역주) 경제학의 가르침에 매우 충실한 논리다. 경제학의 논리에 의하면 거래가 자발적으로 일어나야 사회후생이 극대화된다. 경제학의 가르침에 의하면, 정부를 비롯한 강자가 약자에게 거래를 강요하거나, 자비심이나 도덕심에 호소하여 거래를 성사시키면, 단기적으로 잠시 원하는 결과를 얻을 수 있으나, 부작용이 발생하여 장기적으로는 오히려 사회후생을 해치는 나쁜 결과를 초래한다. 손해 경감 수단에 대한 투자는 재해 발생을 줄여 사회적으로 바람직하다. 그러나 1년 만기 계약 위주의 현행 보험제도 하에서는, 손해 경감 수단에 대한 투자비용은 본인이 부담하고, 재해 피해는 보험이 보상해주기 때문에 그 혜택은 자신이 아니라 사회(보험사와 정부)가 누리게 되므로, 소비자들이 그러한 투자를 하지 않는다. 이 문제를 '정부의 명령'으로 해결하는 것이 사회주의적 해법이고, 도덕심에 호소하는 것은 도덕주의적 해법이다. 경제학은 이 두 가지의 해법이 모두 사회후생을 극대화하지 못한다고 본다. 이 책이 제안하는 방법, 즉 다년 보험계약과 주택개선융자 및 보험 바우처를 결합한 정책은 소비자들이 자발적으로 손해 경감 수단에 투자하게 하므로, 경제학의 가르침에 부합한다.

이러한 장기 계약으로부터의 사회적 후생 증가는 상당히 클 수 있다. 재산 피해가 감소하고, 재해 손해를 보상하기 위한 보험사의 비용이 낮아지며, 모기지 대출의 상환율이 높아지고, 정부의 재해 보조금 지출도 감소한다.

1년 계약과 다년 계약의 기대 편익을 비교하기 위하여, Dwight Jaffee, Howard Kunreuther, and Erwann Michel-Kerjan(2010)은 경쟁 시장 환경 하의 2기간 계약 모형을 개발했다. 그들은, 기말에 보험사가 보험계약을 해지할 수 있는 1기간 계약에 비하여, 2기간 계약은 보험사의 마케팅 비용을 줄여주고, 소비자들의 탐색비용 또한 줄여준다는 것을 보여주었다. 그 모형은, 제 2기를 커버할 1기간 보험계약의 보험료가 충분히 낮아서 기존의 2기간 보험계약을 취소하는 것이 정당하다는 것을 보험계약자가 알게 될 경우 제 1기 말에 2기간 보험을 해지할 수 있도록 허용된다면, 보험사는 2기간 계약을 제공하고 소비자는 그것을 구입하는 것이 언제나 최적이라는 것을 보여주었다. 보험사는, 소비자가 만기 이전에 해약하는 것이 해약하지 않는 것과 금전적으로 동일한 가치를 가지도록 해약 수수료 수준을 정할 것이다.

민간 보험시장에서 다년계약이 거래되도록 하려면 보험료에 리스크가 반영되도록 해야 한다. 즉, 보험사는 보험을 구입할 시점에 이미 리스크가 높은 소비자에게는 보험료를 높게 책정해야 한다. 예를 들면, 지진빈발 지역에 주택을 소유한 사람이나, 만성적이고 고가高價의 진료를 받아야 하는 건강상태를 가진 사람에게는 높은 보험료를 부과할 수 있어야 한다. 다년 보험계약을 구입할 시점은 리스크의 증가가 일어난 시점이다. 리스크가 증가하여 1년 보험계약의 보험료가 인상되면 다년 보험계약을 구입할 인센티브가 높아진다.

정상이윤을 얻는 수준의 보험료를 부과하도록 보험사에게 허용하면 보험사는 새로운 상품을 개발할 인센티브가 생긴다. 주State의 보험감독원장들이 재해 빈발 지역에 대하여 리스크에 기반한 보험료를 부과하지 못하도록 규제하고 있는 현재의 규제 환경 하에서는 보험사들이 주택종합보험을 다년 계약으로 판매하려 하지 않는다. 보험료를 얼마로 책정하든지 간에 규제 당국이 보험료를 강력히 통제할 것이라고 믿고 있는 한, 보험사들은 다년 보험계약을 출시하지 않을 것이다.

보험 구입을 원하는 민간 부문의 욕구를 충족시키려면 보험 상품을 개발하고 마케팅하는 데 드는 고정비용과 사업비를 커버할 수 있는 충분한 양의 수요가 있어야 한다. 주택종합보험의 경우에는, 은행을 비롯한 금융기관들이 모기지 제공의 조건으로 보험 구입을 요구하기 때문에, 수요는 문제가 안 된다. 그러나 문제는, 다년 보험계약과 일반적인 1년 보험계약 사이에서 선택을 고민하는 소비자에게 어떻게 하면 다년 보험계약이 더 매력적이 될 수 있을지이다. 규제 당국은 여전히 보험사들이 충분한 자기자본을 보유하고 있고 보험료가 충분히 높아서 지급불능이 될 확률이 수용 가능한 수준으로 낮은지 여부를 감독하는 역할을 수행해야 할 것이다.

설사 규제 당국이 보험사들에게 보험료를 자유롭게 책정하도록 허용하더라도, 다년 보험계약의 기간 중에 리스크와 기대 보험금에 편차가 발생할 불확실성을 어떻게 다룰 것인가? 장기간병보험과 계약갱신을 보장하는 건강보험의 공급자들은 이와 같은 문제에 직면하고 있다. 보험사는 손해의 원인이 되는 재해 리스크의 변화와, 보다 더 중요하게는, 손해 금액의 변화에 대한 불확실성을 반드시 고려해야 한다. 미래의 불확실성에 따르는 리스크에 대한 헤지 수단은 대부분 시장에서 찾을 수 있다. 원칙적으로, 특정 지역의 자연재해나 상대적 의료비 차이에 따른 손해에 대해서는 선물시장을 이용하여 헤지할 수 있다.

기본 모형으로서의 다년 홍수보험

다년 보험계약의 공급과 관련한 규제당국과 보험사 사이의 갈등 및 민간 보험 산업이 당면한 해결과제와 관련하여, 다년 계약을 광범위하게 활용하고 있는 홍수보험을 소개하는 것이 좋은 참고가 될 것으로 생각된다. 연방정부가 설립한 국민홍수보험공단National Flood Insurance Program, NFIP이라는 기관이 미국의 홍수보험의 유일한 공급자다.❸

다년 홍수보험 계약을 구입하는 이유

다년 홍수보험 계약은 홍수 빈발지역에 사는 주택소유자들에게 일정 기간(예컨대, 5년, 10년, 20년 등) 동안 미리 정해진 보험료로 보험을 제공한다.❹ 만약 보험계약기간 중에 주택을 판다면 그 보험계약이 자동적으로 동일한 보험료에 새로 집을 구입한 사람에게로 이전된다. 주택 소유자, 연방정부, 은행을 포함한 금융기관 및 납세자 등 이해관계자의 관점에서 보면, 이러한 장기 홍수보험 계약은 통상적인 1년 만기의 보험계약에 비하여 크게 진보된 리스크관리 수단이다.

앞에서 지적한 바와 같이, 장기 주택개선융자long-term home improvement loan를 통하여 주택소유자에게 비용 효율적인 손해 경감 수단에 투자하도록 유도하는 금전적 인센티브를 줄 수 있다. 만약 재해 빈발지역에 사는 주택 소유자 모두에게 홍수보험을 구입하도록 강제할 수 있다면, 현재 가능한 수준보다 훨씬 더 폭넓고 장기적으로 추가적인 수익을 발생시키는 토대를 확보할 수 있을 것이다. 수익 토대가 커짐으로써 총 보상액 또한 커지지만, 여러 지역으로 리스크를 분산함으로써 더 많은 수의 리스크를 결합할 수 있고, 보험사의 고정 비용을 더 많은 수의 보험계약자들에게 분산시킬 수 있다. 다년 보험계약은 또한, 홍수 빈발지역에 살더라도 몇 년간 홍수가 발생하지 않으면 보험계약을 해지하는 경향을 억제하므로, 정부의 재해 보조금 규모를 줄일 수 있다.

1998년 8월에 버몬트 주의 북부 지역에서 발생한 홍수에 대하여 생각해보자. 연방재난관리청Federal Emergency Management Agency, FEMA에 의하면, 그 재해의 피해자는 1,549명이었는데, 그들 중 특별홍수위험지역Special Flood Hazard Areas에 위치한 주택의 소유자의 84%가 보험에 가입되지 않았고, 그들 중 45%는 보험을 구입할 의무가 있었다고 한다(Tobin and Calfee 2005). 무보험자들 중 일부는 중소기업청Small Business Administration으로부터 저리로 재해 복구 융자를 받았는데, 그 비용은 미국의 납세자들의 부담으로 전가된다. 이러한 형태의 보조금을 받더라도 피해복구 비용의 상당 부분은 자기 자신이 부담해야 한다.

░ 다년 홍수보험의 가격 책정

다년 홍수보험 계약이 리스크를 반영하도록 가격을 책정한다는 것은 지구 온난화의 영향을 고려한다는 의미인데, 특히 미래의 태풍 강도와 해수면 상승의 영향에 주목해야 한다. 향후 10년, 20년, 또는 30년 후의 태풍과 홍수로 인한 피해의 규모를 추정하는 데에는 상당한 정도의 불확실성이 존재한다. 보험계리적 방법으로 홍수보험의 보험료를 계산하려면, 먼저 정확한 홍수지도가 필요하고, FEMA로 하여금 장기적 변화를 정기적으로 홍수지도에 반영하도록 해야 하며, 홍수지도의 개정을 반영하는 보험료 산정 공식을 개발해야 한다(U.S. GAO 2008).

기후 변화가 내년과 10년 후 미국의 홍수 리스크에 어떤 영향을 주는지를 보다 완전하게 이해하려면, 기후 변화에 관한 과학자들의 최선의 추정치를 반영하여 내륙의 홍수와 태풍으로 인한 폭풍해일로부터의 손해를 추정하는 현실성 있는 시나리오를 작성해야 한다. 보험사, 연방정부, 주정부 등이 기꺼이 사용하는 모형이 되려면, 과학적 연구는 다음의 질문에 답할 수 있어야 하고, 추정치의 오차범위를 적절히 제시해야 한다.

- 해수면이 얼마나 상승하고, 해변에 분포하는 습지와 같은 특정 지역의 자연 환경적 보호장치가 향후 50년 동안 5년 간격으로 얼마나 변화할 것인가? 이러한 변화가 하천 유역의 홍수와 태풍으로 인한 폭풍해일에 어떤 영향을 미칠 것인가?
- 대서양에서 향후 6개월에서 18개월 사이(단기)에 얼마나 많은 큰 태풍(3급 이상)이 발생할 것이고, 10년에서 30년 사이(장기)에는 얼마나 많이 발생할 것인가? 그 태풍들 중에서 몇 개나 육지에 상륙할 것인가? 내륙의 어디까지 태풍의 영향을 받을 것이고, 태풍의 진로는 얼마나 정확히 예상할 수 있는가?

- 오늘날의 홍수지도는 얼마나 정확히 범람 리스크를 반영하고 있는가? 지도의 정확도를 향상시키고 시간의 경과에 따른 변화를 반영하려면 무엇을 어떻게 해야 하는가?

오늘날에는 기후변화를 연구하는 과학자들의 최신 추정치를 사용하고, 보험사들과 재난모형 회사들이 실시하는 최근의 분석 방법을 이용하여, 지구 온난화가 다년 홍수보험의 가격에 미치는 영향을 시뮬레이션 하는 시나리오를 작성할 수 있게 되었다(Heweijer, Ranger, and Ward 2009). 로이즈 보험 Lloyd's of London이 재난모형 회사인 Risk Management Solution과 공동으로 연구한 바에 의하면, 2030년에는 해수면 상승으로 인한 잠재적 연간 손해금액이 현재의 2배 수준으로 높아질 것이라고 한다.

이러한 연구의 주요 성과는 손해 경감 수단이 미래의 재해로 인한 손해를 뚜렷이 감소시킬 것이라는 사실을 발견한 것이다. 예를 들면, 로이즈의 연구에 의하면, 적절한 손해 경감 수단을 사용하면 폭풍해일로 인한 고위험 해변 지역 재산에 대한 2030년 무렵의 연간 피해 규모를 오늘날의 수준 이하로 낮출 수 있다고 한다. 특히, 손해 경감 수단과 방파제 설치 등의 투자로 고위험 자산의 손해를 70%나 줄일 수 있다고 한다. 이 연구 결과는 다년 홍수 보험에 장기 주택 개선 융자를 결합하면 주택소유자들에게 손해 경감 수단에 투자할 인센티브를 제공할 수 있고, 그 결과 장래의 홍수와 태풍에 의한 손해를 크게 줄일 수 있음을 보여주고 있다.

기존 체제에서 탈피하기

날이 갈수록 홍수와 태풍 피해가 점차 증가하고 있기 때문에, 현재 국민홍수보험공단NFIP 체제로는 미래에 닥칠 진짜 대재해라고 할 만한 큰 홍수를 극복하기에는 미흡하다. 즉, 현 체제로는 NFIP의 두 가지 목적인 미래 재해로부터의 손해를 줄이는 것과 심각한 홍수 피해를 당한 사람들을 금전적으로 구제하는 것을 동시에 달성하는 데에는 어느 정도 한계가 있다. 그 이유를 요약해보면, 손해 경감 수단에 자발적으로 투자하지 않는 사람들이 많고, 수년간 홍수피해가 없으면 홍수보험을 해약하는 사람들이 많기 때문이다.

보험에 가입한 사람들은 종종 보험이 어떤 리스크를 보장하고 어떤 리스크를 보장하지 않는지, 그리고 보험료가 그 수준으로 책정된 근거가 무엇인지에 대하여 이해하기 어려워한다. 장기 보험계약이라면 문제가 더 복잡해진다. 보험이 보장하는 리스크의 본질과 보장의 각 단계에 얼마만큼의 보험료가 필요한지에 대하여 자세한 설명을 하는 것은 그러한 소비자들에게 보험료 책정에 관하여 교육할 좋은 기회다. NFIP가 이러한 정보를 보다 투명하게 공개하여 주택소유자들이 비용과 기대 편익을 비교하여 의사결정을 할 수 있도록 해 주어야 한다. 현재는 그러한 정보가 공개되지 않아서 의사결정을 하기가 쉽지 않다.

Richard Thaler and Cass Sunstein(2008)은 RECAPRecord, Evaluate, and Compare Alternative Prices이라고 이름붙인 정부 규제를 제안하면서 이러한 형태의 정보공개를 옹호했다. 홍수보험의 경우, 정부는 주택소유자들이 좀 더 이해하기 쉬운 방식으로 보험의 요소들을 공개할 수 있다. 홍수보험은 어떤 리스크를 보장하고 어떤 리스크를 보장하지 않는가? 특정 손해 경감 수단에 투자하면 보험계약자는 얼마만큼의 보험료 인하 혜택을 받을 수 있는가? 보험계약자가 일정 기간 내에 보험계약을 갱신하면 보험료가 얼마가 되고, 그 기간을 넘기면 보험료가 어떻게 되며, 그러한 보험료의 변동은 어떻게 결정되는가?

홍수보험은, 핵심 이해관계자들이 그 해법을 서로 원원하는 제안이라고 생각하게 하려면, 정부부문과 민간부문의 장점을 결합해야 하고 사람들이 어떻게 의사결정을 하는지를 고려해야 한다. 부동산 개발업자들, 건설업계 및 금융기관 등은 이 개념을 실현하는 데 중요한 역할을 한다. 또한, 그러한 해법이 잘 적용되고 있는지, 건축 법규가 잘 집행되고 있는지 등을 점검할 제3의 감독기관이 필요할 것이다.

NFIP는, 주택소유자들이 손해경감 수단에 투자하는 것을 장려하기 위하여, 마을 공동체들과 파트너가 되어 건물이 홍수에 대하여 얼마나 안전한지를 표시하는 "인증 증표" 제도를 도입하는 것을 고려할 만하다. 이 조치는 해당 지역 주택의 자산 가치를 상승시켜 주택소유자들이 손해 경감 수단을 실행할 추가적인 인센티브를 제공할 것이다.

의사결정자들이 다년 홍수보험을 매력적인 대안이라고 생각할지 여부는 NFIP가 자신이 판매하는 보험이 어떤 구조를 가지고 있는지를 핵심 이해관계 그룹에게 어떻게 설명하는지에 달려 있다. 만약 모든 이해관계자들이 다년 홍수보험이 혁신적이고 종합적인 재해관리 프로그램이라는 사실을 잘 이해하게 된다면, 근시안적 사고방식을 부추기는 현행 체제를 버리고 장기적 관점에서 대재해가 빈발하는 새 시대를 대비하는 손해 경감 전략을 실행할 수 있다. 2012년에 NFIP를 개편하면서, 연방재난관리청Federal Emergency Management Agency, FEMA과 국립과학아카데미National Academy of Science, NAS에 '리스크 기반 보험료'와 '가계수입조사 조건부 보험 바우처'5를 홍수보험 제도에 반영하는 방법을 모색하는 연구를 의뢰할 것을 인가했다. 만약 NFIP가 이 두 원칙을 적용하게 된다면, 그것이 모범이 되어 보험의 다른 여러 분야에서도 다년 보험계약을 활용하는 빈도가 증가할 것이다(http://www.govtrack.us/congress/bills/112/hr4348/test의 Title II 참조.).

요약

다년 보험계약은 1년 보험계약보다 '미래의 손해 경감'과 '금전적 보호 제공'이라는 보험의 두 가지 목적을 더 효율적으로 달성할 수 있는 잠재력이 있다. 다년 보험계약으로 재해 빈발지역에 사는 사람들이 비용효율적인 손해 경감 수단에 투자하도록 장려할 수 있다. 현행의 1년 보험계약 제도 하에서는 손해 경감 투자의 대가로 얻는 보험료 절감액이 미미하여 그러한

---

5 (역주) means-tested insurance voucher. 저소득층에게 홍수보험 가입 시 할인 혜택을 받을 수 있는 바우처를 배부하는 제도.

투자를 할 인센티브가 작다. 만약 보험사가 5년 혹은 10년 간의 리스크를 반영하여 보험료를 책정할 수 있다면, 손해 경감 투자를 위하여 주택개선 융자를 받는 비용보다 보험료 절감액이 더 클 수 있다.

다년 보험계약의 장점에는 주택소유자의 재산상 손해에 대한 보장 제공, 재해 보장을 위한 보험사의 비용 절감, 정부의 재해 보조금 지출액 절감 등이 포함된다. 그리고 보험계약자들은 예상치 못한 리스크의 변화로 인하여 보험료가 급등하는 것을 방지하는 효과를 누릴 수 있다.

국민홍수보험공단NFIP은, 연방정부가 홍수 리스크의 상당 부분을 떠맡고 있고, 국민들이 손해 경감 수단에 대한 투자에 소극적인 오늘날의 현실을 극복하기 위하여 다년 보험계약을 실험하고 있다. 만약 보험료가 리스크를 반영하고, 특별한 대우(보험료 보조)를 필요로 하는 사람들에게 보험 바우처가 지급된다면, 다년 홍수보험은 주택소유자들에게 비용효율적인 손해 경감 수단에 투자할 인센티브를 제공할 것이다. 왜냐하면, 다년 보험계약으로부터의 보험료 절감액이 손해 경감 투자에 드는 비용을 능가할 수 있기 때문이다.

보험의 가격 책정에 대해서는 아직도 완전히 해결되지 못한 문제점과 의문점들이 다수 존재한다. 예를 들면, 지구 온난화로 인한 해수면 상승과 태풍으로 인한 폭풍해일 리스크를 어떻게, 그리고 얼마만큼 보험료에 반영해야 하는가? 또한, 건강보험의 보험료는 만성 질환을 가진 사람들이 증가하는 문제[6]를 어떻게, 그리고 얼마나 반영해야 하는가? 이 문제들 및 그 밖의 다른 문제들에 있어서, 예상치 못하게 보험료가 크게 변동하고 있는 현실에 비추어, 과학적 연구가, 설사 완벽한 모형을 구축하지는 못했을지라도, 보험사와 소비자들에게 도움이 될 것이다.

---

6 (역주) 이 문제는 인류의 수명 연장과 인구 고령화 현상으로 인하여 점점 더 심각해지고 있다.

CHAPTER 13
정부가 제공하는 사회보험

　지금까지는 민간 보험시장에서 개인과 기업들이 리스크에 대처하기 위한 선택을 함에 있어서 전통 경제학적 표준과 다르게 행동하는 것에 주로 관심을 집중했다. 그러나 민간이 아닌 정부가 자금을 조달하고 때로는 상품을 제공하기도 하는, 인구의 큰 부분을 담당하는 다른 보험 분야가 있다. 예를 들면, 앞 장에서 논의한 홍수보험, 퇴직 소득을 위한 보험(국민연금), 직장을 잃은 사람들을 위한 보험(실업보험) 및 의료비용을 보상하는 보험(의료개혁 시에 확장된 메디케어와 메디케이드) 등이 그것이다.

　정부가 자금을 제공하는 보험(공적 보험)의 필요성을 뒷받침하는 주요 논리적 근거는 보험사와 소비자들의 변칙 행동이지만, (예를 들면, 1927년의 미시시피 홍수 때 민간 보험사들이 보험 공급을 중단하여 정부가 홍수보험을 제공했음) 그에 못지않게 중요한 근거는 형평성 또는 분배적 정의에 대한 고려다. 보다 구체적으로, 어떤 사람은 은퇴 후 또는 실직 후 소득이 사회의 다른 사람들이 판단하기에 지나치게 낮고, 다른 어떤 사람은 적절한 수준의 진료를 받지 못하고 있다. 이러한 상황이 사회적으로 용납될 수 없는 상황이라고 판단되면 정부가 그 상황을 개선하기 위하여 개입한다.

　본 장에서는 이러한 사회후생 논리가 어떻게 변칙 행동과 상호 작용하는지에 대하여 생각해본다. 먼저, 변칙이 개재되지 않았고, 소비자가 충분한 정보를 가지고 기대효용을 극대화하고 있으며, 보험사가 기대 이윤을 극대화하는 최적의 보험료와 보장범위를 결정하는 상황일지라도, 때로는 민간 보험시장이 사회적으로 바람직하지 않은 결과를 낳는다는 것을 보여줌으로써 정부가 사회보험에 보조금을 지급하는 것이 합리적이라는 논리를 검토한다. 그리고 나서, 소비자와 민간 보험사의 변칙 행동이 어떻게 이 같은 전통적 논리와 상호 작용하는지를 검토한다. 사람들이 변칙 행동을 한다면 그것이 어떻게 사회보험의 논리와 설계에 영향을 미치는가? 사회후생, 형평성 및 변칙 행동에 대한 고려를 염두에 둔다면, 어떻게 사회보험이 자원배분의 효율성과 형평성 또는 분배적 정의에 대한 고려를 동시에 충족시킬 수 있는가? 사회보험은 과연 손해방지와 손해경감을 위한 적절한 인센티브를 제공하는가?

또한, 부차적인 질문으로서, 민간 기업과 정부 중 어느 쪽이 사회보험을 제공하기에 더 적합한지에 대한 답을 구하고자 한다. 메디케어와 의료보험 개혁이 최근에 사회적 관심의 초점이 되어 있기 때문에 의료보험을 가장 많이 다룰 것이다. 개인의 건강, 근로 소득 및 은퇴 후 소득을 보장함에 있어서 정부가 어떤 역할을 해야 하는지에 대한 질문은 매우 중요하여 보험과 보험시장에 관한 논의에서 빠질 수 없다.

사회보험의 목적과 사회보험 제도 하에서의 행동

사회보험은 (간혹 파산에 이를 정도로) 높은 의료비로 경제적 어려움을 겪는 환자와 그 가족을 보호하고, 필요한 진료를 받을 수 있게 하며, 은퇴 후 또는 실직 후의 불충분한 소득을 보충하는 등, 공공의 관심사를 다루기 위하여 만들어졌다. 사회보험 제도는 대부분 사회의 전체 인구로부터 세금을 거두어 도움이 필요한 일부 사람들에게 보조금을 지급하는 '이타적 조치'의 형태를 취하고 있다. 역사적으로 미국의 사회보험은 노령층, 실직자, 어린이와 그의 어머니, 장애인 등 특정 그룹을 대상으로 보조금을 지급해왔다. 미국의 납세자들은 특정 그룹을 위한 보험을 금전적으로 지원하지만, 의복이나 오락 등 다른 소비 품목에 대해서는 지원하지 않는다(Pauly 1970).

이러한 소득 재분배와 자원 재할당의 특성을 예를 들어 설명해보자. 어느 저소득 소비자가 자신의 기대효용을 극대화하도록 건강보험을 구입하는 의사결정을 한다고 하자. 의료보험을 구입하는 그 그룹의 많은 사람들이 다른 시민들, 특히 소득수준이 높고 이타적 관심이 있는 사람들이, 불충분하다고 느낄 정도로 보장범위가 좁은 보험을 구입할 가능성이 높다.

저소득 그룹의 일부는 그들의 제한된 소득을 현재의 가격으로 건강보험을 구입하는 데 사용하는 것이 다른 용도로 사용하는 것에 비하여 매력적이지 않다는 합리적 판단 하에 보험을 구입하지 않을 수 있다. 그들은 의료보험을 구입하려면 다른 필요한 것들을 구입하는데 써야 할 돈이 부족해지기 때문에 보험을 구입할 경제적 여유가 없다고 말하는데, 그것이 사실일 수 있다. 이러한 의미에서 감당할 수 없는 것을 삼가는 것은 합리적이다. 저소득자가 의료보험을 구입하지 않는 또 하나의 이유는, 진료가 필요한데 의료보험이 없으면 응급실을 찾아가 무료로 진료받으면 된다는 것이다(Herring 2005). 이러한 이유로 일부 저소득층이 의료보험을 구입하지 않고 위험회피도가 낮은 사람이 고액의 의료보험을 구입하지 않는 것은 합리적일 수 있다.

그들 개인적으로는 합리적으로 보이는 이러한 행동이 그들의 건강 상태에 관심이 있거나 금전적으로 그들을 보호해야 하는 사람들의 관점에서는, 즉 사회적으로는, 최선이 아닐 수 있다. 그래서 그들이 충분한 보험을 구입할 수 있도록 돕는 사회보험에 대한 수요가 있다. 그러한 사회보험은, 필요하다면, 정부 지출로 자금을 조달할 수 있다. 이러한 이타적 수요가 메디케어(주로 저소득 고령층이 대상임)와 메디케이드(주로 저소득 어린이와 그 부모가 대상임)가 도입된 주요 근거이고 또한 최근에 건강보험 구입을 강제하고 보조금을 지급하는 내용의 의료개혁 법안이 발의된 주요 배경이다.

그러나 합리성과 이타심 사이의 갈등은 전체 스토리의 한 부분에 불과하다. 소득수준이 낮지 않은 사람들 중에도 건강보험으로부터의 기대 편익이 지불해야 할 보험료에 비하여 너무 낮다고 판단하여 보험을 구입하지 않는 사람들이 있는 것은 분명하다. 보다 구체적으로, 상당히 부유한 젊은 사람들이 종종 자신이 질병을 앓거나 상해를 입을 가능성을 과소평가하여 고액의 의료비를 지불할 일이 없다고 생각한다.

〈표 13.1〉은 2008년도(서브프라임 모기지 사태 이전)의 빈곤수준 대비 가계

소득별 건강보험 미가입자의 분포를 보여주고 있다. 표에서 보는 바와 같이 소득이 높을수록, 누구나 예상한 바와 같이, 미가입자 비율이 낮아진다. 그러나 놀라운 것은, 빈곤선의 300% 이상(표의 300–400%와 400% 이상을 결합함)의 가계에서도 1,160만 명이나 건강보험을 구입하지 않았다는 것이다. 그 수는 총 미가입자의 26%를 차지한다. 그들은 소득 수준이 미국의 중위 가계 소득median household income에 근접하거나 그 이상이어서 빈곤층이 아님은 물론이고 저소득층도 아니다.

표 13.1　연방 빈곤 수준(FPL) 대비 가계소득별 65세 이하 미국 시민의 건강보험 가입 현황

(단위: 백만명, 소득 계층에서 차지하는 비중)

연방 빈곤 수준 배율(%)	백만명(n), 소득 계층에서 차지하는 비중(%)	미가입	정부 보험	민간 보험	합계
<100%	n	11.4	17.0	5.7	34.1
	%	33.4%	49.8%	16.8%	100.0%
100–125%	n	3.6	4.5	3.1	11.2
	%	32.2%	40.5%	27.3%	100.0%
125–150%	n	3.7	3.8	4.0	11.5
	%	32.6%	33.1%	34.3%	100.0%
150–175%	n	2.8	2.9	4.7	10.5
	%	26.8%	28.1%	45.0%	100.0%
175–200%	n	3.0	2.4	5.5	10.9
	%	27.3%	21.9%	50.8%	100.0%
200–300%	n	8.8	7.0	27.9	43.7
	%	20.1%	16.0%	63.9%	100.0%
300–400%	n	4.6	3.8	28.3	36.7
	%	12.5%	10.4%	77.1%	100.0%
>400%	n	7.0	7.1	89.5	103.6
	%	6.8%	6.8%	86.4%	100.0%
Total	n	45.0	48.5	168.7	262.2

출처: Pauly 2010, p. 11. (원 데이터는 U.S. Census Bureau, Current Population Survey, March 2008 2008 Supplement.)
주: 정부 보험과 민간 보험을 함께 보유하고 있다고 응답한 사람은 정부 보험에 포함시켰음.

또한, 많은 사람들이 보험료가 실제보다 높다고 인식한다는 증거가 있다 (Yegian et al. 2000). 그들의 대부분은 건강보험을 신경 써서 선택하더라도 별 이득이 없다고 믿기 때문에 건강보험을 구입할 때 여러 대안을 비교 검토하는 탐색비용을 지출하지 않으려 한다(Kunreuther and Pauly 2004; Pauly, Herring, and Song 2006). 또한, 어떤 사람은 수요 측면 변칙의 영향으로 보험 미가입자가 된다. 사회보험 개혁은 복지 혜택을 제공함으로써 그러한 변칙을 찾아내고 교정하며 납세자들의 이타적 욕구를 충족시킨다. 보험을 구입하지 않는 형태의 변칙은 소득이 높은 사람보다 낮은 사람에게서 더 자주 나타난다.

변칙 행동이나 초고액의 보험을 구입하는 일부 소수의 오류에 초점을 맞추지 않더라도, 건강보험을 사회보험으로 공급해야 하는 합리적 이유를 제시할 수 있다. 다른 보험 분야에서 흔히 발견되는 저확률 고비용 형태의 변칙은 건강보험에서는 거의 나타나지 않는다. 대다수의 인구가 구입하는 통상적인 건강보험은 거액의 보상을 필요로 하는 드문 질병과 일상적 질병을 모두 보장한다. 더욱이, 특정 기간 동안 보험의 혜택을 받지 못했다고 해서 보험을 해약하는 경우도 드물다. 사실, 85% 이상의 건강보험 가입자가 1년에 적어도 한번은 크고 작은 진료를 받기 때문에 소비자들은 대개 건강보험이 좋은 투자이자 금전적 보호를 제공해주는 금융상품이라고 인식한다.

사회보험이 보장하는 리스크는 다른 종류의 리스크와는 다른 점이 있다고 보인다. 자동차보험과 화재보험의 경우에는 보험료에 비하여 보험이 제공하는 혜택이 적다고 판단하여 합리적으로 보험을 구입하지 않는 사람이 꽤 있다. 더욱이, 많은 수의 자동차소유자와 주택소유자들이 자동차 대출과 모기지를 얻기 위한 조건을 충족시키기 위하여 보험을 구입했다. 그러나 저자들은, 건강보험이 없는 것에 비하면 화재보험이나 자동차보험이 없다고 해도 사회적으로 그리 심각한 문제가 되지는 않는다고 본다.

이러한 차이는 현재 우리의 관습과도 일치한다. 만약 하나 밖에 없는 집이 보험 미가입인데 화재로 못쓰게 되거나, 보험 미가입인 자동차가 전손全損 사고를 당하거나 하면, 일반적으로 국민들이 나서서 그 손해를 복구해 주려 하지는 않는다. 그러나 만약 건강보험 미가입자가 진료를 받아야 한다면,

그는 언제나 병원의 응급실로 달려갈 수 있고, 응급실은 반드시 그를 치료해야 한다. (그러나, 사실, 무보험 환자라도 돈이 있는 사람이라면 병원이 그에게서 진료비를 받아내려 한다.)[1] 미국 사회는 건강보험이 없는 것이 자동차보험이나 주택종합보험이 없는 것보다 더 해롭다고 판단한다.

어떤 사람은, 지금 즉시 필요한 다른 소비 품목을 희생시키기 보다는, 건강보험에 가입하지 않고 고액의 의료비를 지출할 리스크와 건강보험의 여러 혜택을 보지 못하는 불편함을 개인적으로 감수하려 한다. 보통 사람들은 개인적인 재난을 당한 사람에게 도움을 주어야 한다는 무언의 압박을 느끼고 있지만, 가급적 그런 상황에 처하지 않기를 원한다. 그래서 의료개혁의 과제는 저소득층도 의료보험에 가입할 수 있게 보조금을 지급하여 모든 사람이 빠짐없이 의료보험에 가입하도록 하는 것이다. 그러면 엉성하게 설계되어 비용만 높은 사후 보조를 더 이상 하지 않아도 된다.

메디케어의 역사를 살펴보면 이러한 점에 대한 예시를 더 많이 찾아낼 수 있다. 1965년에 메디케어가 도입되었을 당시에는 '65세 이상의 노인'이란 말은 사실상 '가난한 무보험자'라는 말과 동의어였다. 65세 이상의 노령층이 국민연금을 수급하더라도 그들의 대부분이 나머지 인구에 비하여 소득수준이 상당히 낮았고, 민간 건강보험에 가입된 사람마저 드물었다. 이 연령층의 문제점은 거의 대부분이, 의료 서비스의 이용 빈도가 높아서 민간 건강보험의 보험료 역시 높기 때문에, 보험에 가입하기 어렵다는 것이었다. 정부가 공급하는 메디케어가 이러한 사회 후생 문제와 변칙 행동 문제를 타개하는 해법이라고 간주되었다. 그 결과 정부 보조금의 큰 부분이 그것을 필요로 하는 사람들에게 흘러 들어갔다.❶ 오늘날의 의료개혁은 보다 논란이 많은데, 그 이유는 소득수준이 빈곤선 이상인 (그러나 평균 이하인) 65세 이하의 인구 중에 무보험자가 많아서 '무보험'과 '필요성' 사이의 상관관계가

---

1 (역주) 만약 그 환자가 진료비를 지불할 경제적 능력이 없으면 미국 정부(납세자)가 그 진료비를 대신 부담한다. 미국의 저소득층이 돈이 없어서 치료를 못 받고 고통 받으며 죽어가고 있다고 고발하는 영화가 있었는데, 그것은 극영화(fiction)이지 사실이 아니다. 미국에서는 정당한 의학적 판단 없이 진료를 거부하면 병원과 의사가 처벌받는다. 진료비는 그 다음 문제다.

과거에 비하여 낮아졌기 때문이다.

메디케어와 국민연금은 목표 집단의 후생을 향상시키기 위하여 납세자들이 비용을 부담하도록 설계된 사회적 제도다. 비록 민간 건강보험을 구입할 경제적 여유가 있음에도 불구하고 구입하지 않는 사람들이 있음을 알고 있었지만, 변칙을 바로잡는 것은 그 두 제도의 주요 목적이 아니다. 국민연금과 메디케어 파트 A(병원비를 보장하는 부분)를 위한 "신탁자금"을 설립한 것이 수혜자가 재직기간 동안에 자신의 연금과 노령기의 건강보험 비용을 전부 지불하는 것처럼 보이게 하고 있음은 분명한 사실이다. 그러나 신탁자금만으로는 메디케어 비용을 다 충당하기에 부족하여 정부의 일반 예산으로 그 부족분을 조달한다. 현실적으로, 이러한 제도를 위한 장기 자금조달은 언제나 불충분했다. 그러므로 자급자족하는 제도를 지향한다는 제스처가 이제는 더 이상 정당화되기 어렵다.

건강보험과 재산보험의 비교

다른 많은 보험이 단기보험임에 반하여, 사회보험은 장기보험이다. 이 점을 설명하기 위하여 건강보험과 재산보험을 비교해보자. 건강보험은 재산보험과 여러 가지 점에서 다르다. 어느 시점에 재산보험으로부터 특별히 큰 보상을 받더라도 미래의 기대손해액이 크게 달라지지는 않는다. 재산보험이 보상하는 손해는 발생 확률이 낮고 미래의 사고발생과 상관관계가 없다. 반면에, 매우 심각한 질병 또한 상대적으로 드물게 발생하지만, 심장병, 암, 당뇨병 등의 만성 질환은 흔히 오랫동안 큰 보상이 필요하다. 그러나 건강보험에서도 시간의 경과에 따라 보상금액이 체감한다. 현재의 보상금액 상위 25% 집단이 4년 후에 수령하는 보상금을 조사해보면, 그들 중 40%만이 평균 이상의 보상금을 지급받고 있다(Eichner, McClellan, and Wise 1998).

손해보험과 달리 건강보험에서는 큰 보상금을 지급한 보험계약자에 대하여 보험료를 크게 인상하는 것이 공급 측면의 변칙 행동이라고 할 수 없다. 어떤 사람의 집이 작년에 태풍으로 인하여 파손되었다는 사실이 올해에 또다시 파손될 가능성이 크다는 것을 의미하지는 않는다. 그러나 작년에 당뇨병으로 신체가 손상을 입으면 올해에는, 당뇨병이 없는 사람에 비하여 더 큰 손상을 입을 가능성이 높다는 것을 의미한다.

태풍, 홍수, 지진 등의 리스크는 높은 상관관계를 가지고 특정 지역에 소재한 대부분의 보험 가입 가구들에게 피해를 입힌다. 반면에, 대부분의 질병은 개인들 간에 상관관계가 없지만,❷ 개인별로는 시간의 경과에 따른 상관관계가 있다. 따라서, 어떤 질병을 보유하고 있거나 기왕증이 있는 사람에게 높은 보험료를 부과하는 것에 대하여 정당성을 부여할 수 있다. 그래서 건강보험에 관한 정부 규제가 고위험자이거나 고위험자가 될 사람의 문제를 다루고 있다.

다른 사회보험 제도의 세부 사항

앞에서 살펴본 건강보험에 관한 논의는 국민연금과 실업보험에도 적용할 수 있다. 국민연금이 도입된 이유 중 한가지는, 정부의 개입이 없다면 많은 사람이 저축이나 개인연금을 충분히 마련하지 못하여 적절한 수준의 노후 소득을 확보하지 못하기 때문이다. 적절한 노후 소득을 확보하는지 여부가 (자신의 선호에 비추어) 당사자 개인이 합리적으로 행동하는지 또는 불합리하게 행동하는지에 달렸다는 생각은 국민연금 제도가 도입되면서 더 이상 논의하지 않게 되었다. 국민연금은, 어떤 이유에서든 은퇴 후 소득이 충분치 못하여 빈곤하게 된 노인에 대한 사회적 관심을 반영하고 있다.

그러나 국민연금은 강제가입 보험 이상의 의미를 가지고 있다. 국민연금에는 상당한 정도의 소득재분배 기능이 있다. 저소득 근로자는 고소득 근로자에 비하여 납부하는 세금 대비 연금급여가 훨씬 더 크다.[2] 그러나 은퇴

---

2 (역주) 우리나라에서는 국민연금 가입자들이 보험료를 내지만, 미국에서는 세금(payroll tax)

후에 받는 연금급여와 재직 시의 임금(또는 납부하는 세금) 간에는 양(+)의 관계가 있다. 반면에, 메디케어 파트 A도 국민연금처럼 용도가 지정된 세금으로 조달하여 신탁자금에 적립되지만, 일단 수혜자격을 얻을 수 있는 최소한의 기간 동안만 납부하면 세금 납부액과 보험제도로부터 받는 혜택은 상관관계가 없다.[3] 앞에서 지적한 바와 같이, 일반예산에서 조달되는 메디케어의 다른 파트는 소득재분배가 더 크게 일어난다. 그러므로 건강보험에서의 소득재분배 및 사회후생 동기가 다른 사회보험에서보다 더 강하다고 할 수 있다.

실업보험의 급여를 지급하기 위하여 징수하는 세금은 해당 기업의 실업 리스크와 더 직접적으로 관련이 있다는 점에서 실업보험은 사회보험 스펙트럼의 또 다른 한 부분을 채우고 있다. 그럼에도 불구하고 저자들은, 앞에서 논의한 여러 가지 이유들 때문에, 실업보험 또한 (보장범위를 적절히 제한하는 조건으로) 의무가입 보험으로 해야 할 것이라고 생각한다.

사회보험의 리스크 경감과 방지

이 책의 앞부분에서, 미래에 발생할 손해를 줄이는 조치를 취한 사람들

을 낸다. 미국의 payroll tax에는 소득세, 국민연금의 보험료 및 실업보험의 보험료 등이 포함되어 있다. 근로자를 위한 국민연금과 실업보험의 보험료는, 우리나라와 마찬가지로, 근로자와 고용주가 나누어 부담한다. 국민연금제도에 소득재분배 기능이 있지만, payroll tax를 적게 낸 사람이 많이 낸 사람보다 더 많은 연금급여를 받지는 못한다.

3 (역주) 이 점은 우리나라의 국민건강보험과 같다. 국민건강보험료 납부액이 얼마인지에 관계 없이 모든 가입자가 동일한 혜택을 받는다. 메디케어는 파트 A부터 파트 D까지 4개 부문으로 구성되어 있다. 파트 A는 입원환자의 병원비와 호스피스 및 숙련 간호사의 서비스 비용을 보상한다. 파트 B는 입원환자 및 외래환자가 의사에게서 받은 서비스의 비용 및 외래환자가 받은 응급실 서비스, 엑스레이를 비롯한 각종 검사, 예방적 진료, 의료장비 등의 비용을 보상한다. 파트 C는 파트 A와 파트 B를 대체하는 민간 건강보험이다. 파트 A와 파트 B가 행위별 수가제(fee-for-service, FFS)임에 반하여 파트 C는 인두제(capitated fee)다. 파트 C에는 건강검진과 안과 및 치과 진료 등 파트 A와 파트 B가 보상하지 않는 서비스가 포함되어 있다. 파트 D는 처방약 비용을 보상하는 보험으로서, 정부가 운영한다. '행위별 수가제'와 '인두제'의 개념에 관해서는 제3장의 미주 7을 참고하시오.

에게 보험료를 낮추어주면 보험시장이 보다 효율적이고 공평해진다고 한 바 있다. 즉, 보험계약자의 손해 경감 투자는 보험사가 그 비용을 보상해줌으로써 장려할 수 있다. 사회보험은 손해 경감을 어떻게 다루고 있을까? 앞에서와 마찬가지로, 주로 건강보험과 관련하여 이 주제를 생각해보자.

건강보험에 있어서, 보험사들은 종종 예방적 조치를 취하거나 생활양식을 바꾼 사람에게 보험료를 할인해 준다. 개인에게 직접 보험을 판매하는 건강보험사의 대부분은 고객이 비흡연자이면 보험료를 할인해준다. 그리고 어떤 보험사는 특정한 건강증진 프로그램을 수행하거나 특정 건강목표(체중감량)를 달성하면 보험료를 깎아준다. 그러나 그러한 방법은 효과가 매우 제한적인데, 그 이유는 보험계약자가 실제로 그러한 리스크 경감 활동을 하는지 여부를 보험사가 확인하기 어렵기 때문이다.

정부가 제공하는 공적 건강보험은, 리스크 정도에 따른 보험료 차등이 불공평할 수 있다는 우려가 있어서 보험료 할인이 금지되어 있다. 그러므로 보상 수준이 동일한 보험은 개별 가입자들이 얼마나 혜택을 보는지에 관계없이 명시적 보험료[4]가 동일하다.❸ 이 원칙은 민간 보험사가 제공하는 메디케어 어드밴티지 보험[5]에도 적용된다. 예를 들면, 메디케어의 (파트 B와 파트 D) 명시적 보험료는 나이와 건강 상태에 관계없이 동일하다. 그리고 민간이 제공하는 메디갭[6]의 보험료도 그와 동일하게 "공동체 보험료"[7] 체제로 운영된다. 최근에 발의된 의료개혁 제안서에는, 65세 이하 인구에 대하여 매우 제

---

4 (역주) 'explicit premium'을 번역한 용어다. 보험가입자가 보험 계약 시 납부하는 보험료로서, 자기부담금 등 보험계약자가 추가로 부담하는 각종 비용을 포함하지 않은 보험료다. 자기부담금 등 보험계약자가 추가로 부담해야 하는 비용은 'implicit premium(암묵적 보험료)'이라고 할 수 있다.

5 (역주) Medicare Advantage. 메디케어의 파트 A와 파트 B를 대체하는 민간보험이다. 메디케어 파트 A와 파트 B가 행위별 수가제(fee for service, FFS)임에 반하여, 메디케어 어드밴티지는 메디케어 파트 C와 같이 인두제(capitated fee)다. 매달 일정한 금액의 보험료를 납부한다.

6 (역주) 메디케어의 자기부담금 및 메디케어가 보상하지 않는 부분을 보상하는 민간보험이다.

7 (역주) "community rate"를 번역한 용어로서, 보험료에 개별 보험계약자의 리스크 정도를 반영하지 않고, 한 동네나 그룹에 속한 모든 보험계약자에게 동일한 보험료를 부과하는 것을 의미한다.

한적인 범위 내에서 연령별로 보험료를 차등하되, 건강 상태에 따른 보험료 차등은 전혀 하지 않는 것으로 되어 있다.

이 같은 정책에는 타당한 이유도 있지만, 리스크가 증가할 때 보험료가 인상되지 못하도록 하는 것은, 앞에서 보험의 원리에 대하여 논의할 때 지적한 바와 같이, 부정적인 측면도 있다. 그러한 가격 체계는 보험가입자가 건강을 증진하기 위하여 예방적 조치를 취하거나 생활양식을 바꾸는 등의 손해 경감 활동을 할 인센티브를 왜곡시킨다.

예를 들면, 의료개혁 하에서, 65세 이하 인구에 대하여 공동체 보험료 체계를 적용하거나, 건강 증진을 위한 노력을 한 사람에게 보험사가 보험료를 낮추어 주는 것을 제한하는 것 등이다.❹ 단지 특정한 건강증진 프로그램을 구입한 사람에 대해서만 매우 제한된 범위 내에서 보험료를 할인해 줄 수 있다. 그나마도 실제로 건강이 증진되었는지, 그리고 얼마나 비용 효율적인지는 상관하지 않는다. 그 이유는, 건강이 양호한 사람에게 낮은 보험료를 부과하면, 그로 인하여 발생하는 보험료 수입의 감소를 상쇄하기 위하여 건강이 불량한 사람에게 높은 보험료를 부과해야 하는 것을 염려하기 때문이다. 의료개혁이 이러한 염려에 높은 우선순위를 두고 있기 때문에 리스크 기반 보험료 체계risk-based premium rating를 도입할 수 없다.

⁞ 손해 방지의 비용효율성 판단하기

의료기관이 예방적 진료를 하고 개인이 예방적 조치를 취할 인센티브를 사회보험이 제한하는 것은 심각한 문제인가? 이 문제에 답하려면 먼저 추가적인 예방적 조치가 얼마나 비용 효율적인지를 판단해야 한다. 즉, 비용을 절감할 수 있지만 이용률이 저조하거나 또는 적은 비용으로 건강을 크게 증진할 수 있는 예방적 진료가 현재 의료시장에 얼마나 많이 존재하는가? 현재 시중에 나와 있는 예방적 진료들 중에 미래의 건강을 증진하고 삶의 질을 향상시킬 수 있는 것이 일부 있기는 하지만, 그 대부분은 미래의 의료비 지출을 절감하지 못한다.

금전적 순편익이 있는 예방적 진료의 한 가지 예는 어린이들에게 접종하는 저렴한 홍역 예방주사다. 그 예방주사는 심각한 질병인 홍역을 대부분 예방할 뿐만 아니라, 그보다 더 심각한 결과를 초래하여 환자를 사망에 이르게도 하는 바이러스성 뇌수막염을 예방한다. 반면에, 암 검진은 암을 충분히 발견하거나 예방하지 못하여 암 검진에 드는 비용이 미래의 암 치료 비용을 실질적으로 상쇄할 정도가 되지 못한다. 그러나 만약 사랑하는 가족이 암에 걸렸을 때 다른 가족 구성원들이 부담해야 할 간접적 비용과, 암 검진으로 조기에 암을 발견한 사람이 얻을 마음의 평화까지 고려하면, 그러한 검사에 정당성을 부여할 수 있다.❺

그러나 만약 어떤 고가의 예방적 진료가 리스크를 줄여주고 생명을 구한다면, 정부가 제공하는 공적 보험에 어떻게 그러한 편익을 반영할 것인가? 결장내시경술colonoscopy로 결장직장암colorectal cancer을 검진하는 것을 예로 들어보자. 임상 실무에서는, 결장 암 예방에 실험실 검사, 결장내시경술 및 저침습성 항문결장경검사법 등을 다양하게 결합한 방법이 사용된다. 결장내시경술에만 초점을 맞추어 보자. Amnon Sonnenberg and Fabiola Delco(2002)는 현재 50세 된 사람 10만명에게 그들이 65세가 되었을 때 결장내시경술을 시술하면 어떤 결과가 나올지를 연구했다. 그 검사를 하지 않으면 그들 중 5,904명이 일생 중에 결장직장암에 걸릴 것이라고 추정된다. 65세에 결장내시경술을 1회 시술하면 그들 중 23%가 결장암 징후를 발견하고 예방하거나 조기 치료하여 암 발병자의 수를 4,552명으로 줄일 수 있다. 즉, 2,604명이 암으로 인한 조기사망을 모면하게 되는 것이다. 이러한 혜택을 성취하려면 65세까지 생존한 모든 사람이 $475의 비용이 드는 결장내시경술의 시술을 받아야 하고, 총 $4,100만의 비용이 소요된다.❻

결장암을 예방하면 결장직장암과 관련된 다른 의료비 지출이 $1억 3,700만에서 $1억 400만으로 감소되어 $3,300만을 절약한다. 2,604명의 생명을 $800만[8]으로 구한다는 것은 한 명의 생명을 구하는 데 약 $3,000의 비

---

8 (역주) $4,100만 − $3,300만 = $800만

용이 든다는 의미다. 1명의 생명은 최소한 연간 $50,000의 가치가 있기 때문에, 이 검사는 기대 편익이 검사 비용을 초과하므로 비용효율적이라고 할 수 있다. 물론, 이 사례가 정부가 공급하는 보험의 설계에 주는 시사점이 있지만, 그에 앞서 생명에 금전적 가치를 부여하는 것에 동의해야 하는데, 이 문제는 윤리적으로, 그리고 정치적으로 민감한 문제다.

Sonnenberg and Delco(2002)는 50세부터 시작하여 매 10년마다 결장내시경술을 시술하는, 보다 비용이 높은 대안도 검토했다. 이것은 현재의 의료 실무에 가까운 대안이다. 이 대안은 일생에 한 번 검사받는 것보다 비용이 높지만, 2~3배나 많은 생명을 구할 수 있다. 1명의 생명을 구하는 데 있어서, 더 자주 검사하는 프로그램의 비용이 일생에 한번 검사하는 프로그램의 비용보다 $11,000이 더 비싼데, 그래도 여전히 매우 저렴하다.

이 사례의 요점은 결장내시경술이 매우 효과적인 예방적 진료일지라도 전체 의료비를 절감시키지는 못한다는 것이다. 그러나 수명을 연장시켜주고, 아울러 결장암으로 인한 고통과 괴로움을 겪지 않게 해 준다. 이론적으로, 충분한 정보를 가진 중산층 소비자라면 기꺼이 $475를 지불하려 할 것이다. 그러므로 정부가 제공하는 공적 보험으로 그것을 보장해야 할 명확한 이유가 없다. 사실, 암이 발병했을 때 보험이 그 의료비를 보장한다면 소비자가 자발적으로 예방적 진료를 받을 인센티브가 감소된다.

공적 보험이 결장내시경술을 보장하도록 보다 관대해야 할 이유는 소비자의 무지無知, 즉 사람들이 그 검사의 가치를 과소평가한다는 사실과,❼ 검사 비용을 스스로 조달하기 어려운 저소득층의 건강의 사회적 가치가 검사비용을 능가한다는 사실, 즉 공평성에 대한 고려이다. 이 점에 더하여, 예방적 진료가 다른 의료비 지출을 상쇄시키는 효과가 있다는 사실 또한 공적 보험이 예방적 진료를 보장해야 할 이유가 된다. 즉, 사람들이 추가로 부담해야 할 비용은 총비용 $4,100이 아니라 순비용 $800인 것이다. 이것은 결장내시경술 비용의 약 20%만 부담하면 된다는 것을 의미한다. 우연의 일치이지만, 이것은 메디케어의 자기부담금 비율과 같다! 그러나 이상의 모든 논의는 부정확하고 주관적이다. 그래서 메디케어의 보장이 종종 논란이 되는 것은 놀라운 일이 아니다.

사회보험이 실제로 무슨 일을 했는가? 메디케어는 2006년 중반이 되어서야 위에서 언급한 10년 간격의 검사를 보장하기 시작했다.❽ 『Health Affair』지 2006년 7/8월호에 의하면, 메디케어 수혜자의 단지 절반 정도만이 그 혜택을 받았다. 어찌 생각하면 그러한 선택이 합리적일 수 있다. 검사과정은 불쾌하고, 수혜자가 검사 비용의 20%를 부담해야 하며, 그 검사를 받았다고 해서 메디케어의 보험료를 할인받는 것도 아니다. 그러나 그런 행동은 변칙이라고 할 수 있고 또한 "나는 결코 결장암에 걸리지 않는다"라고 생각하거나 자신이 결장암에 걸릴 가능성이 있음을 알기 원치 않는 사람들이 가진 미래의 건강에 대한 불완전한 정보와 부주의가 반영된 결과일 수 있다.

비만은 당뇨병이나 심장 질환과 같은 만성 질환의 원인이다. 그러한 질병은 의료비가 높을 뿐만 아니라 삶의 질을 저하시킨다. (그러나 놀랍게도, 기대수명을 단축시키지는 않는다.)❾ 20세에서 74세 사이의 미국인들 중에 비만이라고 분류되는 사람의 비율이 1960년대 초부터 2004년 사이에 13%에서 32%로 증가했다. 그 이후 비만율은 그 수준에서 머물고 있다. 시차가 있기는 하지만, 비만이 건강과 의료비에 부정적인 영향을 미치기 때문에, 비만의 증가가 최근 미국의 의료비 지출의 증가에 기여하고 있을 것이다.

비만의 원인은 행동이기도 하고 유전이기도 하다. 비만을 낳는 행동을 변화시키는 것이 현재 주요 공공 건강 정책 중의 하나다. 그러나 아직은, 결장암과 달리, 정부가 개입하여 비만자들에게 부작용 없는 체중 감량을 실시하라고 지시하거나 권유하지는 않는다. 그 대신 식습관을 바꾸고 운동을 하는 등의 비의료적 방법을 연구하고 있지만, 비만자들에게 지속적이고 효과적으로 체중을 감량할 인센티브를 주는 방법은 아직 찾지 못했다(Volpp et al. 2008). 점심식사를 개선하고 쉬는 시간에 운동을 하도록 권장하는 학생 대상 프로그램이 상당한 효과가 있다는 증거가 있다. 그러나 그러한 변화는 민간 보험이거나 정부 보험이거나 간에 보험으로 이끌어낼 수는 없고, 학생에 비하여 통제를 덜 받는 성인들에게 그런 프로그램을 적용하기는 매우 어렵다.

⁞생활양식의 변화가 건강보험에 미치는 영향

공적 건강보험에서 생활양식의 변화를 어떻게 다루어야 할까? 먼저 '인식'에 관하여 논하려고 하는데, 그 중 일부는 변칙 행동이다. 그 다음에 그러한 인식을 감안하여 생활양식을 변화시키는 프로그램을 효과적으로 설계하는 방법에 대하여 생각해보려고 한다. 마지막으로, 저자들이 생각하는 미래에 추구해야 할 최선의 선택에 대하여 밑그림을 그려볼 것이다.

소비자들은 미래에 자신의 건강이 악화되지 않도록 하는 데 관심이 있다. 또한, 앞에서 언급한 이타적 외부효과 때문에, 그들은 다른 시민들 또한 효과적인 예방적 진료를 받기를 원하며, 때로는 자신보다 남들이 그것을 더 많이 받기를 원한다. 그러나 사람들이 예방적 진료를 받는 실제 모습을 보면 정보비대칭과 변칙의 영향을 받고 있다. 특히, 예방적 진료의 장기적 효과에 대한 관심이 부족하다.

대부분의 예방적 진료에는 금전적 비용뿐만 아니라 비금전적 비용도 발생한다. 결장내시경술의 예를 보면, 금전적 비용에는 검사 자체에 드는 비용과 부대 조치에 드는 비용이 있는데, 부대 조치란 검사 도중에 암으로 발전될 소지가 있는 폴립이 발견되면 그것을 제거하는 것이다. 비금전적 비용은 미래에 발생할 수 있는 질병을 찾아내고 예방하는 과정에서 발생된다. 결장내시경술과 항문결장경검사법은 불편하다. 결장암을 예방하려면 붉은 육류와 가공 식품을 멀리하고 통곡물, 과일, 채소 등을 섭취해야 한다. 그러나 보험이 건강식을 하는 데 대하여 보상하지는 않는다.

비만의 경우 누가 과체중인지 쉽게 알 수 있다. 그러나 비만을 예방하기 위한 행동(식사와 운동)의 변화는, 효과적인 체중감량 알약이 개발되지 않는 한, 보험이 보상하기는 어렵다. 그러므로 설사 검사와 치료에 드는 금전적 비용을 보험으로 전부 상쇄시킬 수 있다 하더라도, 검사와 식습관을 바꾸는 것에 따르는 비용이 너무 높아서 인구의 상당 비율이 검사와 치료를 받으라는 권고를 따르지 않을 것이다.

마지막으로, 건강 리스크를 방지하는 데에는 유전적 요인이 있다. 어떤 질병에 걸릴 확률과 예방적 진료의 효과 정도가 본질적으로 사람에 따라 다르다. 예를 들면, 불리한 유전적 자질을 타고난 사람은 비만해지기 쉽고, 설사 의사가 추천한 식사를 하더라도 비만을 예방하거나 체중을 감량하는 데 어려움이 크다.

손해 경감 조치에 대하여 보험사가 보상하는 방법만 있는 것은 아니다. 과체중인 사람의 보험료를 인상하는 것이 대안이 될 수 있다. 그러나 건강보험에서는 이 방법 역시 문제점이 있다. 재산보험의 경우, 손해 경감 조치란 어떤 건축물에 특정 리스크에 대비하는 조치를 하는 것이므로 그 효과를 쉽게 알 수 있다고 가정하는 것이 합리적이다. 서로 비슷한 두 건물이 인접한 장소에 위치해 있다면 지진으로 보일러가 손상을 입을 확률이 비슷하고, 그 보일러를 벽에 고정시켜 피해를 입을 확률을 낮추는 데 드는 비용 또한 비슷하다. 그러므로 그 두 주택으로 하여금 손해 경감 조치를 취할 인센티브를 주기 위한 보험료 인하 또한 같은 금액으로 하면 된다. 그러나 결장암이나 비만의 경우에는 동일한 예방적 조치라도 사람에 따라 그 효과가 다르다. 두 사람이 똑같이 정기적으로 검진을 받고, 똑같은 시간 동안 운동하며, 똑같은 식사를 하더라도, 서로 다른 유전적 소인素因 때문에 비만이 되거나 결장암에 걸릴 확률이 서로 다르다.

이것은 건강보험의 보험료를 특정한 리스크 지표(예컨대, 체중 또는 운동량)에 따라 결정하는 방법이 잘 작동하지 않음을 의미한다. 그의 리스크 수준과 리스크의 변화가 그가 무엇을 어떻게 하는지 만으로 결정되지 않는다. 그것은 그가 어떤 유전자를 가지고 태어났는지에 일정 부분 달려있다. 그러므로 어떤 사람이 현재 리스크가 높다는 이유로 (예컨대, 체중이 많이 나가거나 전암(前癌) 폴립 징후가 있었다는 이유로) 보험료를 높게 부과하는 것은 불공정하다고 할 수 있다. 그러나, 제10장의 '계약 설계 원칙 1'에서 제시한 바와 같이, 보험료를 리스크에 연계하면 손해 경감 조치를 할 인센티브를 줄 수 있다. 그러므로 건강보험에는 효율성에 주안점을 둔 단기적 손해 경감 효과와 형평성에 주안점을 둔 보다 장기적인 리스크 결합 효과 사이에 트레이드오프 tradeoff가 존재한다.

또다른 방법으로는, 보험료나 혜택을 특정 조치와 연계하는 것이다. 예를 들면, 만약 어떤 사람이 영양 상담을 받거나 헬스클럽에 가입하면 보험료를 깎아주는 것이다. 이 방법의 문제점은, 운동에 얼마나 많은 시간을 투입했고 얼마나 많은 땀을 흘렸는지, 그리고 음식을 얼마나 조절했는지 등을 직접적으로 측정하기 어렵고, 쉽게 확인되는 효과와의 상관관계도 뚜렷하지 않다. 그러므로 (보험료를 체중과 연계하는 것처럼) 효과적이지만 불공평한 인센티브와, (보험료를 헬스클럽에 가입하는 것과 연계하는 것처럼, 단, 운동을 열심히 한다는 보장은 없다) 공정하지만 효과적이지 못할 수 있는 인센티브 사이에 트레이드오프가 있다.

이것이 시사하는 바는, 건강보험에 있어서의 손해 경감 관리는 인센티브들 사이에서 복잡한 균형을 잡아야 하고, 잘못된 인식을 바로잡아야 하며, 타인에 대한 배려가 있어야 한다. 정치적 과정이 이러한 트레이드오프들을 고려해야 하는데, 실제로는 그것이 언제나 이상적으로 진행되지는 않는다. 저자들이 제안하는 해법에는 시작 시점에서 뿐만 아니라 오래 지속되는 효과가 있는 행동 변화를 포함하고 있다. 뿐만 아니라 보험사(또는 보험료를 지불하는 사용자)에게는 인센티브에 대한 보상이 보상청구 금액의 절감과 연계되어 인센티브를 보상하는 금액에 비하여 크거나 같은 정도의 비용 절감 효과가 있어야 한다.

효율적인 예방적 진료를 받을 인센티브를 소비자들에게 확실히 제공하려면 전통적인 1년 계약보다 긴 보험계약 기간이 필요할 수 있다. 올해에 독감 예방주사를 맞으면 올해에 독감을 앓지 않게 되고 독감 치료에 드는 비용 또한 절감할 수 있다. 그러나 다른 많은 예방적 진료의 효과는 대부분 미래의 여러 해에 걸쳐서 나타난다. 즉, 미래의 여러 해 동안 건강하게 살 수 있고 질병을 치료하는 데 드는 비용을 절감하게 되는 것이다. 암검진, 고혈압 약 및 당뇨병에 대한 보다 나은 관리 등은 모두 이러한 범주에 속한다.

미국의 건강보험은 사용자가 제공하는 경우가 압도적으로 많은데, 이러한 사실 때문에 보험사와 사용자 모두가 예방적 검진의 가치를 낮게 평가하게 된다. 특히, 소속 회사를 자주 옮기는 근로자일수록 그러한 경향이 더 심하다. 종전에 근무하던 직장에서 제공하는 보험 계약이 예방적 진료를 보상했지만, 새로운 직장의 새로운 보험사는 예방적 진료를 보상하지 않을 수 있다. 이러한 점 때문에 근로자가 애초에 예방적 진료의 필요성을 크게 실감하지 못할 수 있다.

사회보험은 이러한 문제를 회피할 수 있다. 그리고 메디케어는, 아직은 유수의 민간보험들보다 못하지만, 예방적 진료에 대한 보상을 추가하고 있는 중이다. 계약 갱신이 보장된 개인 건강보험 또한, 보험사가 미래의 만성 질환을 보장해야 하고, 보험사는 그러한 질환의 발병이 감소되기를 바라기 때문에, 예방적 진료에 대한 보상을 포함하고 있다. 만약 근로자들이 일생 동안 한 회사에서만 근무한다면 그룹보험이 잘 작동될 수 있다. 그러나 그런 경우는 많지 않고, 근로자의 이동성이 점점 더 높아지는 요즘에는 평생 한 직장에서 근무하는 일이 더더욱 드물다.

이러한 문제를 해결하려는 단기적인 노력 중 하나는 그룹 보험 가입자에게 예방적 진료를 강제하는 것이다(단, 사용자가 제공하는 자가보험의 경우에는 강제하지 못한다). 의료개혁에 그런 요구사항이 더 많이 도입되어야 한다. 보다 유망한 방법은 직장에서 제공하는 단체건강보험의 계약기간을 대폭 늘리는 것이다. 즉, 이직하더라도 이전 직장에서 가입한 보험을 유지할 수 있도록 하는 것이다.

다른 사회보험에서의 손해 경감 수단

정부가 제공하는 (또한, 민간 보험사가 제공하는) 건강보험에서 손해 경감 수단의 도입이 나타낸 성과는 실업보험에도 어느 정도 영향을 미쳤다. 사용자들이 갑작스런 해고를 줄이려면 미래의 노동수요 감소에 대응하는 조정 계획을 미리 수립할 필요가 있다. 보험료가 리스크를 반영하는 실업보험의 특성상 사용자는 손해 경감 조치를 할 인센티브가 강하다. 개별 기업이 거시적인 경제 불안정에 영향을 미치지 못하기 때문에, 사용자들이 경제 불안정 문제를 개선할 여지는 별로 없다.

국민연금social security과 관련하여, 사람들은 더 오래 살아서 더 많은 연금을 받을 리스크를 줄이기를 원치 않는다. 그러므로 그러한 리스크를 경감하려 하지 않는다. 그러나 국민연금이 퇴직연금, 개인연금, 저축 등을 시장에서 몰아내지 않도록 하기 위한 국민연금의 개편으로 노령자들이 수령하는 연금의 총액이 감소되는 리스크는 줄이고 싶어 한다.

개인적 저축으로 국민연금을 보충하기 쉽게 하는 방향으로 정책을 변경하는 것은 장점이 있는 것으로 보인다. 그러나 고소득층에 대한 국민연금의 높은 세율은 저소득층에 대한 형평성과 노년기의 금전적 리스크를 경감하는 효율성 사이에 트레이드오프를 야기시킨다.[9]

정부가 제공하는 사회보험

정부가 보험을 제공하는 것과 (민간 시장이 제공하는 것에 비하여) 변칙 행동 사이에 어떤 관계가 있을까? 사회보험 제도를 실시해야 하는 이유들 중에서 변칙 행동에 근거를 둔 가장 중요한 이유는 '수요 부족'이다. 이 문제를 해결하기 위하여, 세금으로 자금을 조달하여 저소득층에게 보조금 또는 바우처를 지급하고, 고소득층에게는 사회적으로 가치 있는 보험[10]을 구입하도록

---

9 (역주) 문장이 함축적이어서 얼핏 이해하기가 쉽지 않다. 부연설명하면 다음과 같다. 미국의 social security를 비롯하여 세계 각국의 국민연금 제도에는 소득재분배 기능이 있다. 즉, 저소득자의 연금 수익률을 높이기 위하여 고소득자의 연금 수익률을 낮춘다. 그러면 두 소득계층 간의 결과적 형평성은 높아지지만, 저소득자가 근로 기간 중에 노령기에 대비하여 저축할 인센티브, 즉 노령기의 빈곤 문제를 해결하기 위하여 젊은 시절에 손해 경감 수단에 투자할 인센티브를 감소시킨다. 즉, 근로기간과 노령기 사이의 자원 배분의 효율성이 낮아지는 것이다. 또한, 고소득층의 근로 기간에 일할 의욕을 일부 낮출 수도 있다. 이것 역시 경제시스템의 효율성을 낮추는 요소다. 그리고 '보험료'가 아니라 '세율'이라고 한 것은, social security의 재원이 payroll tax(급여세)이기 때문이다.

10 (역주) 국민연금에는 소득재분배 기능이 있어서 고소득층의 입장에서는 수익성이 낮다. 그래서 고소득층은 자발적으로 국민연금에 가입하려 하지 않는다. 그래서 정부가 '사회적 가치'를 내세워 가입을 강제한다.

강제하는 것은 올바른 접근법이라 할 수 있다.

국민연금이 보유한 자금을 운용하는 신탁기금의 구조가 민간의 저축을 직접적으로 또는 연금 지급을 통하여 비효율적으로 감소시킨다는 논란이 상당한 정도로 제기되고 있다. 사실, 이 문제에 대한 이론과 실증분석 결과에는 모호한 점이 있다. 저자들의 생각으로는, 정부가 제공하는 보험이 사회보험으로 채택된 데에는 세 가지 이유가 있다. 그 중 하나는 수요 측면의 변칙과 관계가 있고, 나머지 둘은, 놀랍게도, 공급 측면의 변칙과 관계가 있다.

수요 측면의 변칙에 관한 관심사항은 소비자가 실수를 범할 수 있는 보험의 모든 특성이 과연 민간 보험사가 공급하는 보험을 이용할 때에만 발생하는지 여부이다. 보험에 가입하기 위하여 보조금을 받을 자격에 관한 규제와 규칙은 길고 복잡하지만, 민간 보험사에게 사회보험을 맡기면 보조금 지급에 인색하거나 사회적으로 필요한 특성을 왜곡할 수 있다는 우려가 있다. 물론, 현실에서는, 정부가 보험을 공급하더라도 모든 측면에서 다 바람직하지는 않다. 특히, 개별 소비자들의 욕구를 충족시켜주기 위하여 개인별 맞춤형 보험상품을 제시하기 어렵다. (그래서 의료개혁에 관한 조크에는 사람들이 정부의 차량국(DMV)에 가진 연민과 효율성이 다 포함되어 있다.) 그러나 다른 의견도 있다. 공공경제학의 고전적인 주장에 따르면 보험의 품질을 확보하기 위하여 정부가 보험을 제공한다는 것이다. 그 논리는, 소비자에게 필요하지만 소비자 스스로 그 필요성을 깨닫지 못하고 있는 특성을 가진 보험을 제공하려면 정부가 맡아서 제공하는 것이 가장 좋다는 것이다. 반면에, 민간 보험사는, 진짜로 보험을 필요로 하는 사람에게는 인색하고, 소비자들을 현혹시켜 유혹하려는 목적으로 만든 보험상품의 특성들을 강조하여 소비자들을 이용해먹으려 한다는 것이다.

사회보험을 정부가 공급하는 것에 관한 논쟁은 공급 측면의 변칙과도 관련이 있다. 민간 보험사들은 소비자의 욕구와 필요를 충족시키는 보험상품을 안정적으로 공급할 수 있는가? 민간 보험사가 과연 신뢰할 만하고 의료비를 절약할 수 있는지 여부에 대한 서로 다른 의견이 의료개혁에 관한 공개적 논쟁을 불러일으켰다. 어떤 사람들은 정부의 관리자들을 민간 관리자들보다 더 신뢰한다. 그리고 정치적 영향력으로 무장한 거대한 공보험사가 민간 보험사들보다 병원과 의사들에게 지급할 비용을 낮추는 데 더 나은 능력을 발휘할 것이라고 생각한다.

공적 보험이 민간 보험보다 구매력을 더 강하게 발휘하고 정치적 압력도 더 강하게 행사할 수 있다는 데에는 의문의 여지가 없지만, 그것은 환자에 대한 질 낮은 서비스라는 대가를 치르고 얻은 것이다.[11] 또한, 규모가 큰 메디케어와 국민연금은 소규모의 보험사나 연금 기관에 비하여 규모의 경제 효과가 더 크기 때문에 사업비를 낮출 수 있다.

이와 같은 민간 보험의 품질 문제는 다른 어떤 공적 보험보다 65세 이하 인구를 대상으로 하는 건강보험에서 더 크게 논란이 되고 있다. 은퇴자들은 보충적인 개인연금이나 기업이 제공하는 퇴직 연금에 가입하도록 허용될 뿐만 아니라 장려되고 있지만, 국민연금은 그러한 은퇴자들을 위한 기초 소득으로 여겨지고 있다. 사실, 그러한 이유로 정부는 401(k)에 세제 혜택을 제공한다. 민간 보험인 메디갭은 (규제를 받지만) 언제나 전통적인 메디케어와 함께하고, 역시 민간 보험인 메디케어 어드밴티지는 언제나 공적 보험인 메디케어의 대체재로 이용가능하다.

국민연금과 관련하여 남아있는 논란은, 공적 보험의 신탁자금에 비하여 민간 퇴직 연금의 높지만 불확실성이 큰 투자수익률에 관한 것이다. 민간 보험사는 리스크가 높은 자산에 투자할 수 있다. 그러나, 정부가 발행한 채권에 투자하고, 정부가 그 투자액 전액을 보증하며, 비상 시에는 조세를 통하여 자금을 조달할 수 있는 공적 보험은 보다 리스크가 낮은 자산에 투자하고 있어서 불황 시에는 오히려 민간 보험사보다 투자 수익률이 높다.

공적 보험을 옹호하는 논리는 정부가 민간 부문보다 나은 조건으로 수

---

11 (역주) 정부가 독점적으로 운영하는 메디케어는 어떤 민간보험사보다 규모가 크다. 그래서 독점력을 발휘하여 의약품, 의료용 기자재, 노동력 등을 저렴하게 구입할 수 있는 장점이 있지만, 경쟁자가 없어서 소비자들에게 좋은 서비스를 제공하려는 인센티브가 낮다는 단점도 있다는 뜻이다. 즉, 독점 정도에 따른 구매력과 서비스의 수준은 서로 트레이드오프 관계에 있다는 것이다.

익률을 보장할 수 있다는 주장에 근거를 두고 있다. 이러한 논리는 플로리다 주 정부가 상습 태풍 피해 지역 주민들을 위한 재산 보험을 제공하기 위하여 주 정부가 운영하는 시민재산보험회사Citizens Property Insurance Corporation를 설립할 때에도 인용되었다. 요약하면, 수요 측면과 공급 측면의 변칙 행동을 교정한다는 것이 정부가 공적 보험을 제공하는 것을 선호하는 근거이지만, 쉽게 결합할 수 없는 경제 전반에 걸친 리스크를 다루는 보험 조직을 설립하고 운영하며 손해를 줄일 수 있는 능력이 정부에게 있는지에 대해서는 의문이 있다.

다년 건강보험과 리스크 등급 매기기

리스크의 변화로 인하여 보험료가 변동되는 '다년 문제'가 없는 민간 건강보험에는 두 종류가 있다. 첫째는 장기간병(요양소)보험이고, 둘째는 계약 갱신이 보장된 개인 건강보험이다.

장기간병(long-term care, LTC) 보험

민간 보험사들이 제공하는 장기간병보험의 가입률이 상대적으로 저조하다는 사실은 이미 앞에서 언급한 바 있다. 이 보험은 계약갱신이 보장된 종신보험과 유사한 지급 구조를 사용함으로써 리스크의 변화[12]와 근시안적 안목에서 오는 손해를 보장하고 있다. 특히, 보험료를 납부하는 초기 몇 년 동안은 기대 편익에 비하여 보험료가 높은데, 그 대신 나중에는 보험료가 낮거나 없다. 50대의 나이에 장기간병LTC보험에 보험료를 납입하는 사람은 보험계약에 재산을 적립하는 셈인데, 그 대가로 노년기에 낮은 보험료를 내고, 건강이 악화되었다거나 장기간병 서비스를 이용하기 시작했다는 이유로

---

12 (역주) 건강 악화로 보험료가 인상되는 리스크.

PART 3 보험의 미래

보험료가 인상되지 않는다는 보장을 받는다. 만약 이러한 조건이 없다면 장기간병보험을 구입할 사람이 별로 없을 것이다.

위의 논의의 시사점은, 다년 문제, 즉 리스크 수준이 재분류될 리스크는 장기간병보험 가입이 저조한 데 대한 이유가 아니라는 것이다. 장기간병보험은 사실상 기존의 조건으로 재계약할 권리를 보장하고 있다. 그 대신, 가입률이 저조한 데에는 보다 심각한 다른 이유가 있는데, 이미 앞에서 언급한 바와 같이, 메디케이드의 구축효과와 건강이 악화되고 거동이 불편한 사람에게 지급하는 현금 보상금이 낮기 때문이다(장기간병보험은 메디케이드가 지급하는 보상금만큼을 차감하고 지급한다).

⦂ 개인 건강보험

앞에서 지적한 바와 같이, 민간 보험사가 제공하는 개인 건강보험도 계약 갱신 보장이 약관에 포함되어 있어서, 미래에 개인적으로 건강이 악화되어 병원 방문이나 입원이 잦아지더라도 보험료가 인상되지 않는다. 물론, 사회 전체 의료비 지출의 등락에 따라 보험료가 등락할 수는 있다.

민간 건강보험의 가장 심각한 결함은, 만약 어떤 사람이 그룹 건강보험을 제공하지 않는 직장으로 이직하거나 직장을 그만두게 되어 그룹보험 시장에서 이탈하면 개인 건강보험으로 전환해야 한다는 것이다. 그러므로 건강 상태의 변화와 상관없는 이직으로 보험 계약의 계속성이 위협받게 된다. 기업들이 그룹보험의 보험사를 자주 전환하는 것도 역시 민간 보험이 가진 결함의 원인이 될 수 있다. 그룹 건강보험에 가입한 기업들이 보험료 할인의 유혹을 받아 보험사를 자주 변경하면, 보험사의 입장에서는 기업들이 취하는 손해 경감 조치를 보험료에 반영시켜 봐야 그 혜택(낮은 병원 이용률과 그로 인하여 낮아진 보험사의 보상금 지출)은 다른 보험사가 가져갈 가능성이 높기 때문에 그것을 보험료에 반영하기 어렵고, 따라서 기업들도 손해 경감 수단에 투자하지 않게 된다. 그 결과 사회 전체의 의료비가 상승하고, 개인과 기업이 부담해야 할 보험료도 높아진다. 만약 정부가 리스크에 따른 보험료

차등을 금지한다면, 장기적으로 이득을 얻을 수 있는 예방적 진료를 강제화하거나 보조금을 지급해야 한다. 사실, 정부가 어떤 조치를 실시한다면, 그 조치에 따르는 나쁜 부작용을 제거하는 조치도 병행해야 한다.

더군다나, 작은 보험사가 제공하는 단체보험에 가입한 사람은 그의 리스크가 높아졌을 때 보험료가 인상되거나 재계약을 하지 못하는 리스크에 대한 방어 장치가 없다. 사실, Mark Pauly and Robert Lieberthal(2008)의 연구에 의하면, 다음 해에 건강보험을 재계약하지 못할 확률이, 작은 보험사가 제공하는 단체보험에 가입한 리스크가 높은 사람이 개인보험에 가입한 사람보다, 더 높다고 한다. 직장이 제공하는 단체보험은 개인보험에 비하여 상당한 수준의 사업비 절감 효과가 있지만, 직장을 옮기거나 잃으면 보험 또한 잃게 되기 때문에 장기적 보장을 제공하기에는 그리 효율적이지 못하다.

건강보험의 감당가능성[13]

다년 보험은 평균 이상의 리스크를 가진 사람이 보험료가 높아서 보험을 구입하지 못하는 문제에 대한 하나의 해결책이 될 수 있지만, 리스크가 평균 수준이거나 평균보다 낮은 저소득층이 보험료를 감당하지 못하는 문제는 해결하지 못한다. 리스크가 평균 수준인 사람의 경우, 소득 수준이 낮을수록 민간 보험을 구입할 가능성도 낮아진다.

---

13 (역주) "감당가능성"이라는 말은 "affordability"를 번역하기 위하여 역자가 지어낸 말이다. 이 말은 국어사전에 등재되어 있지 않을 뿐 아니라, 속어로라도 사용되는 경우를 본 적이 없다. 사실, 영어 사전에 affordable은 있지만, affordability는 없다. 아마도 영국이나 미국의 보험 학계나 업계가 필요하여 지어낸 말일 것이다. Affordability에 해당되는 우리말이 없어서 보험학 전공자로서 지난 수십 년간 불편하고 아쉬웠다. 예를 들면, 이 절의 제목인 "건강보험의 감당가능성"을 감당가능성이라는 말을 쓰지 않고 표현하려면 "건강보험의 보험료가 저소득층이 금전적으로 감당할 수 있는 수준인지 여부"쯤 된다. 매우 불편하다. 그래서, 이 책을 번역하는 것을 계기로, "감당가능성"이라는 용어를 사용할 것을 학계와 업계에 제안한다. 참고로, hazard의 번역어인 危態도 국어사전에 없는 말로서, 보험학자들이 지어낸 말이다. 국어사전에 있는 것은 危殆다.

이러한 행동이 변칙적인가? 단연코 "아니다." 왜냐하면, 저소득층의 사람들은 스스로 고가의 건강보험료를 감당하지 못한다고 합리적으로 판단하기 때문이다. 그러나 이러한 관점은 지나치게 단순하다. 앞에서 지적한 바와 같이, 소득수준이 빈곤선의 400% 이상인 사람들 중에도 보험 미가입자가 많은데, 이 사실은 보험 미가입의 이유가 단순히 소득이 낮기 때문이 아님을 시사한다. 소득 수준이 낮지만 빈곤하지는 않은 가계에게 있어서, 건강보험을 구입하지 않으면 지불하기가 불가능하지는 않지만 매우 어려운 높은 의료비 청구서를 스스로 처리해야 할 리스크에 직면할 수 있다.

보험 이론에 의하면, 사람들은 자신이 갚아야 할 손해가 발생했을 때, 보험료가 너무 비싸서 차라리 무보험으로 지내는 편이 낫지 않은 한, 자신의 지갑이나 통장에서 직접 갚는 것보다 보험이 대신 갚아주는 것을 선호한다. 건강보험의 경우, 의료비의 상승이 보험료의 상승을 초래하여 보험료를 감당하지 못하는 사람이 생기는 문제를 낳았다. 사실, 보험료의 상승은 사람들로 하여금 보험 계약을 해지하도록 유도하고, 질병에 걸리면 응급실과 자선 단체에 의존할 확률을 높인다.

의료비가 너무 높기 때문이거나 또는 건강보험료가 너무 높기 때문이거나 간에 관계없이, 사회보험을 지지하는 논리의 바탕에는 다른 사람들이 의료혜택을 제대로 받지 못하는 저소득자들을 기꺼이 도우려 한다는 가정이 있다. 그러나 앞에서 지적한 바와 같이, 대부분의 저소득층이 의료서비스와 건강보험에 금전적 가치를 부여하고 있고, 그들의 대부분은 의료서비스와 건강보험에 지출하고 있다. 소득수준이 빈곤선의 175~200%인 가계의 대부분(51%)은 민간 건강보험을 가지고 있다. 건강보험을 가지고 있지 않은 사람들은 소득의 상당 부분을 의료비에 지출한다.

아직 정답을 알지 못하는 질문은, '소비자가 감당할 수 있는 금액'과 '사람들이 원하는 만큼의 의료 서비스의 비용을 보상할 수 있는 금액' 사이에 균형을 이루는 보험료의 수준이 얼마인지이다. 이 질문에 대한 답은 대개 의료보험료를 내고 남은 소득으로 다른 소비 수요를 충족시킬 수 있는지에 대한 사회적 관점에서의 주관적 판단을 근거로 이루어진다. 예를 들면, 건강보험료와 자기부담금이 가계 소득의 특정 비율을 초과하지 말아야한다는 식이다.

그러므로 '감당할 수 있는 보험료'를 정의하는 하나의 방법은 구입하려는 보험의 보험료가 '가계소득의 몇 퍼센트'라고 하는 것이다. 어떤 계층에 대해서는 감당할 수 있는 보험료의 수준에 대한 사회적 결정이 필요할 것이다. 만약 50% 이상이 보험을 구입했다면 그 보험은 감당할 수 있는 보험이라는 증거일까 또는 70%나 98%가 구입해야 할까? 그러한 기준이 정해지고 그 기준에 따라 보험료가 책정된다면 우리 사회에 무보험자가 얼마나 될지를 계산할 수 있다.

만약 어떤 가계가 보험계리적 원가보다 낮은 보험료를 내면 다른 가계가 그 차액을 메워야 한다. 단, 누가 세금을 더 내어 그 보조금을 부담할지, 그리고 그들로부터 세금을 걷을 수 있을지 여부가 결정되어야 이 문제의 분석이 완료된다.

건강보험료를 내고 남은 소득으로 다른 소비수요를 적절히 충족시킬 수 있었는지에 관한 어느 실증연구에 의하면, 절반 정도의 무보험 가계가 보험료를 감당할 수 있었다고 한다(Bundorf and Pauly 2006).[10] 보조금을 받을 수 있는 소득의 기준을 높일수록 가계들은 다른 소비수요에 더 많은 지출을 할 수 있고, 더 많은 가계가 건강보험을 구입하겠지만, 동시에 다른 동료 시민들에게 더 많은 세금 부담을 안겨주게 된다.

현재 연방정부의 법규는 이러한 보조금 지급 수준을 빈곤선의 400%로 규정하고 있다(4인 가족의 경우 $89,000). 그 수준 이상의 소득을 가진 가계는 보조금을 받지 못할 뿐만 아니라, 건강보험을 구입하지 않으면 과태료를 내야 한다. 대부분의 경우, 그 과태료는 그들이 냈어야 할 보험료보다는 작다. 2006년에 메사추세츠 주에서 도입한 법률은 보조금을 받을 수 있는 기준을 낮추었는데(빈곤선의 300%, 4인 가족의 경우 $67,050), 그 결과 저소득 가계에 지급하는 보조금이 적어져서 그들이 건강보험을 구입하는 데 어려움이 있다고 판단되었다. 그래서 시행하기 전에 그 법률을 개정하여 보험 구입을 강제하는 규정을 삭제했다.[11] 현재 이 문제에 대하여 말할 수 있는 최선은, 의견일치를 보기가 대단히 어려운 문제라는 것이다. 앞으로도 오랫동안 토론이 계속될 것이다.

요약

수요 측면과 공급 측면의 변칙을 바로잡는 것은, 가입을 강제하며 세금으로 자원을 조달하는 사회보험을 도입한 목적의 일부분이기는 하지만, 주요 목적은 아니다. 사실, 사회보험의 주요 목적은 소득 재분배, 퇴직자와 실직자를 위한 소득 보조 및 국민 누구나 적절한 의료 서비스를 받게 하는 것 등의 사회복지 향상이다.

국민연금과, 특히 메디케어에 상당한 정도의 소득재분배 요소가 존재한다는 것은, 그 목적이 보험료를 거두어 그 보험료에 비례한 혜택을 되돌려주자는 것이 아니라, 보다 부유하고 건강한 사람들에게서 보험료를 더 거두어 보다 가난하고 병약한 사람들에게 혜택을 베풀자는 것임을 보여준다. 사회보험의 혜택은 자신이 보험료를 전부 부담하는 조건 하에서 완전한 정보를 가지고 기대효용을 극대화하려는 저소득층이 스스로 선택할 합리적인 수준의 보험보다 훨씬 더 관대하다. 국민연금과 메디케어는, 미래를 잘 계획하지 못하고 건강 악화(또는 긴 은퇴기간)가 자신들에게는 해당되지 않는다고 생각하여, 그들 자신에게 결정을 맡겨두면 그에 대한 대비를 하지 못하는 사람들에게 보험의 보호를 제공한다. 달리 말하면, 메디케어는 변칙을 바로잡고, 동시에 사회 후생 목적도 달성한다.

강제적인 세금으로 재원을 조달하는 것도 공급 측면의 변칙을 바로잡는 데 중요한 역할을 한다. 사회보험을 정부가 제공하는 것, 즉 정부가 국민연금과 전통적인 메디케어를 운영하는 이유는, 적어도 부분적으로는, 어떤 민간 보험사보다 정부가 더 나은 수익률을 보장하고 더 나은 리스크에 대한 대비를 제공할 수 있다는 믿음이 있기 때문이다.

정부가 제공하는 보험의 주요 장점은 그 규모가 압도적으로 크다는 데 있지만(만약 민간 보험사가 그 정도 규모였더라면 독점적 착취 문제가 발생했을 것이다), 준비금과 보험료 축적분이 고갈되어 약속한 혜택을 제공하기 어려워지는 문제를 정부의 조세권이라는 최후의 수단으로 해결할 수 있다는 것도 중요한 장점이다. 그러나 현실적이고 중요한 단점도 있다. 그것은 수입이 지출을 다 충당하지 못하여 발생한 적자를 납세자들에게 부담시켜야 하는 리스크다. 그러나 그러한 구조 때문에 위험을 최대한 결합할 수 있다는 장점도 있다. 또한, 의견차가 매우 큰 주제이지만, 정부가 사회보험을 운영하는 것이 민간 보험사가 운영하는 것보다 사회 전체의 후생을 극대화하기에 더 낫다는 주장도 있다.

손해 경감은 사회보험을 설계할 때 높은 우선순위를 두어야 마땅한 과제다. 예를 들면, 미래의 건강 악화 리스크를 감소시키는 소비자의 행동은, 그것이 의료적 방법이든 생활양식을 개선하는 것이든, 사회보험 제도의 성패에 큰 영향을 미칠 수 있는 대단히 중요한 요소다. 여러 종류의 보장 체계와 보험료 체계가 있지만, 그 모두가 손해 경감과 금전적 보호 사이에서 최적의 균형을 잡는 데에는 한계가 있고, 과연 모든 사람을 위하여 가장 적절한 보험 계약 구조를 설계할 수 있는지에 대해서는 더 큰 의문이 있다. 체중을 감량하고 운동을 더 많이 하는 인센티브를 주도록 보험료 체계를 설계할 수 있다. 그러나 그러한 보험료 체계는 정치적으로 민감한 '차별'을 초래할 수 있다. 저축과 개인연금으로 국민연금을 보완할 수 있지만, 말하기는 쉬워도 실행하기는 어렵다.

만약 변칙을 바로잡는 것이 유일한 목적이라면 국민연금과 건강보험에 관한 정책이 현실에서보다 훨씬 더 단순하고 논란이 덜할 것이다. 그러나 우리가 직면한 현실은, 적어도 평생 소득이 불균등하게 분포되어 있는 한, 그처럼 투명하지 않다. 그러므로 우리는 복잡성과 논란을 견뎌내야 한다.

CHAPTER 14
결론 – 정책 제안을 위한 규범적 틀

이 책은 지금까지 보험소비자와 공급자가 어떻게 의사결정을 하는지를 연구함에 있어서 다음 두 가지 사항에 주안점을 두었다: (1) 그들의 행동의 특성을 규명하고 예측함 (2) 그들의 행동이 개인과 사회의 후생에 미치는 영향을 평가함. 그리고 실증 분석을 바탕으로 다음과 같은 세 가지의 결론에 이르렀다.

- 결론 1: 어떤 상황에서는 보험의 소비자와 공급자의 행동이 전통 경제학 이론에서 도출된 표준 모형에 어긋난다.
- 결론 2: 어떤 종류의 시장과 상황에서는 변칙 행동이 두드러지게 나타난다.
- 결론 3: 보험 시장에 그러한 변칙 행동이 나타나면 정부가 개입하여 개인과 사회의 후생을 증진시킬 수 있다.

이 장에서는 변칙 행동을 다시 살펴보고, 상황을 개선하려면 정부와 시장의 틀을 어떻게 조직해야 할지에 대한 몇 가지 생각을 제시한다.

변칙 행동의 특성을 규명함

보험소비자와 공급자가 자연재해와 같이 확률이 낮고 서로 상관관계가 있으면서 피해 규모가 큰 재해에 직면했을 때 변칙 행동이 가장 잘 드러난다. 재해가 발생하기 전에는 그들이 인식하는 리스크가 관심을 가질만한 수준에 미달하기 때문에 소비자들은 흔히 그러한 리스크를 무시하여 보험에 가입하지 않는다. 그러나 재해가 발생한 직후에는 그러한 종류의 재해를 크게 인식하여 많은 사람들이 보험을 구입한다. 그 후 몇 년 동안 재해가 발생하지 않으면 그 보험을 가치 없는 투자라고 생각하여 해약한다.

보험사는 소비자들보다 더 변덕스럽게 행동한다. 대형 재해가 발생되면 그들은, 설사 미래의 기대손해액이 크게 변하지 않았다는 사실을 알면서도, 종종 시장에서 일시적으로 철수한다. 시장에 남아있거나 재진입하는 보험사들은 보험계리적으로 정당화할 수 없을 정도로 보험료를 대폭 인상한다. 그 재해의 기억이 희미해지면 보험사들은 가까운 장래에 그러한 재해가 다시 발생하지 않을 것으로 생각하여 그러한 대재해의 발생 가능성을 무시하는 반대편의 극단으로 치닫는다. 보험사들은 재해 발생 직후에 오는 자본비용의 급등에도 반응한다. 보험사에게 자본을 제공하는 투자자들이 높은 수익률을 요구하는 것도 역시 재해 직후에 발생하는 변덕스럽고 변칙적인 행동이라고 할 수 있다.

소비자들에게서 나타나는 다른 종류의 변칙 행동도 있는데, 그 대부분은 다음 두 가지의 상황과 관련이 있다: (1) 어떤 종류의 보험을 구입해야 할지를 판단하지 못하는 사람들이 있다, (2) 보험 미가입자들은 자신이 심각한 금전적 손해를 입을 가능성이 있음을 인식하지 못한다. 첫 번째 상황은, 왜 전자제품 매장이 대대적으로 품질보증을 선전하면 많은 사람들이 그것을 구입하는지에 대한 설명을 제공한다. 사실, 사람들은 때때로 혼동과 걱정 때문에 기대손해액보다 보험료가 훨씬 더 높거나 기대효용을 극대화하려면 보험을 구입하지 말아야 할 경우에도 보험을 구입한다.

두 번째 상황은 화재, 홍수, 지진 등으로 인한 주택 파괴, 자동차 충돌 및 가장의 조기 사망 등과 같이 뚜렷하고 명백한 위협과 관련이 있다. 어떤 사람은 반드시 그래야 할 필요가 없는 경우에도 그러한 리스크로부터 자신을 보호하기 위하여 보험을 구입한다. 다른 사람들은 그러한 리스크가 자신이 관심을 가질 만큼 크지 않다고 보고 보험을 구입하지 않는다. 어떤 경우에는 민간 기관이나 정부의 정책이 사람들로 하여금 적어도 몇 가지의 보험을 구입하도록 유도한다. 주택종합보험을 모기지와 연계하거나 자기차량 보험을 자동차 대출과 연계하는 것 등은 보험에 대한 수요를 크게 창출한다. 세금 혜택이 있는 단체 보험의 형태로 종업원들에게 건강보험을 제공하는 것은 건강보험에 가입하게 하는 중요한 인센티브를 제공한다.

저자들이 이 책을 쓰는 데 있어서의 가장 큰 도전은, 표준 모형에서 벗어나는 보험소비자와 공급자들의 행동을 바로잡기 위한 권고의 규범적 틀을 제시하는 것이었다. 만약 소비자들이 기대효용이론에 어긋나는 의사결정 원칙을 사용한다면, 그들의 행동을 바로잡기 위하여 정부와 보험사가 할 수 있는 것이 무엇일까? 전통 경제학 이론에 비추어 타당하지 않은 선택을 한 사람의 결정을 제3자가 뒤집는 것을 정당화 할 방법이 있을까? 만약 투자자들이 미래에 손해가 날 가능성을 극도로 염려하여 수익률이 매우 높아야만 투자하려 한다면, 규제당국, 기업평가 기관 및 공공부문이 그들이 염려하는 리스크에 대한 방어수단을 제공하거나, 비싸지 않은 대가를 지불하고 자본을 조달하게 하는데 어떤 역할을 할 수 있는가? 이 문제와 관련하여 다음 두 질문을 검토해보자.

- 사람들이 근시안적으로 행동하거나, 확률을 간과하거나, 잘못된 믿음을 강하게 고집하거나, 안심하기(마음의 평화)를 원한다면, 정부의 정책이 그것을 암묵적으로 승인해야 할까?[1]
- 정신적 결함이 없는 성인이 내린 결정을 정부가 뒤집는 것이 정당할까?

사람들은 대개 남에게 간섭하기를 꺼려하는데, 잘못된 선택을 한 (예컨대, 건강보험을 구입하지 않거나 홍수보험에 가입하지 않는 것) 사람들을 결국에는 우리가 구제해야 하기 때문에 그들에게 수요와 공급의 표준 모형이 권고하는 바대로 행동하라고 장려하거나 요구해야 하지 않을까라는 데까지 생각이 미치면, 남에게 간섭하기를 꺼려하는 마음이 좀 누그러질 것이다.[2]

---

1 (역주) 영어식의 표현이어서 조금 어색하다. "민간인들이 근시안적 행동 등 자신에게 불리한 여러 가지의 행동을 할 수 있는데, 정부가 간섭하지 말고 내버려두어야 하는가?"라는 뜻이다.
2 (역주) 잘못된 선택을 한 사람들을 구제하기 위하여 납세자들이 그만큼 세금을 더 낸다. 그러므로 그들에게 사고 좀 덜 내도록 조심하라고 요구할 권리가 납세자들에게 있다는 뜻이다.

제10장과 제11장에서, 집단행동과 산업정책이 사회후생을 증진시킬 수 있음을 설명했다. 저자들은 그 문제와 관련하여 오래된 치료법과 새로운 치료법을 제시했다. 그러나 거기에서 멈추어 마음이 편치 않았다. 왜냐하면 저자들은, 단순히 상식에 호소하는 것이 아니라, 관련 사항 전체를 아우르는 엄격하고도 규범적인 틀을 제시하여 정부가 올바른 정책을 도입하도록 하고 싶기 때문이다. 예를 들면, 암으로 진료를 받으면 미리 정해진 금액을 지급하고, 암이 아닌 다른 질병으로 진료를 받으면 아무런 보상도 없는 암보험에 대하여 비판한 바 있다. 그러나 많은 소비자들과 몇몇 나라(일본과 한국 등)의 국회의원들은 암에 대한 국민적 공포나 불명예 등과 같은 문화적 이유를 들어 암보험을 지지하고, 아울러 그들 나라의 사회보험의 미비점을 보완하려 한다. 만약 그들이 암보험을 억제하거나 불법화하려 하면 강한 반발에 부닥칠 것이다. 사실, 그들은 보다 많은 사람들이 암보험을 구입하기를 원할 것이다.

규범적 제안을 위한 틀

이 절에서는 규범적 분석의 틀과, 정치적 의사결정자, 보험 산업 종사자 및 관련 있는 시민 등 핵심 이해관계자들이 동의할 수 있는 분석의 개요를 설명하고자 한다. 이러한 아이디어가 지금까지의 탐구에 대한 기분 좋은 끝맺음이 되고, 다른 사람들이 이 계열의 연구를 보다 더 심도 있게 하도록 고무하게 되기를 바란다.

저자들에게는 약간의 걱정거리도 있다. 그 중 하나는, 선거에서 당선되어 권력을 획득하고 유지하는 것이 가장 중요한 목적인 현실 세계의 국회의원들이, 그들이 보기에 내년이나 후년에 발생할 가능성이 극히 낮아 보이는 재해의 리스크를 잘 관리해야 사회 후생을 증가시킬 수 있다는 저자들의 권고를 심각하게 받아들일 이유가 없다는 것이다. 선출직 공직자들에게는 비용·편익 테스트를 통과한 수단이나 장기적으로 사회후생을 극대화하지만 단기적으로 자신에게 별 이득이 안 되는 정책을 지지할 이유가 없어 보인다.

보다 심각한 문제는, 보험이 소수의 사고 피해자들에게 금전적 이득을 제공하기 때문에, 사실 그것이 보험의 목적이자 사회적 기여인데, 보험을 일종의 사기나 착취라고 생각하는 사람들이 있다는 것이다. 만약 소비자들이 미래의 안전과 보장보다 지금 당장의 만족을 선호하면 장기적으로 부적절한 결과를 초래하는데, 국회의원들도 재선되고 싶은 마음에 소비자들이 범한 것과 똑같은 잘못된 선택을 하려는 유혹에 빠질 수 있다. 예를 들어, 2000년도 대통령 선거의 예비선거 토론에서 다룬 메디케어의 의약품에 대한 보장을 생각해보자. 빌 브래들리 상원의원은 대재해 보장을 옹호했다. 앨 고어 부통령은 "이득을 보지 못하는 사람이 대다수"라는 이유로 그 주장을 비판했다. 그 예비선거에서 앨 고어가 빌 브래들리를 물리쳤다.

보험의 공급 문제로 주제를 돌리면, 태풍 피해를 예측함에 있어서 보험사가 사용하는 대재해 모형의 예측보다 규제 당국이 그 확률을 더 낮게 생각한다면, 규제당국(예컨대, 플로리다 주)은 보험 계리적으로 공정한 보험료 이하로 보험료를 낮추라고 요구할 것이다. 그러면 보험사는 수익성이 낮아져서 어려움에 처할 것이다. 또는, 규제 당국이 정부가 운영하는 보험사를 설립하고 보험료를 낮게 책정하여, 주州가 심각한 재해 피해를 입으면 납세자들에게 그것을 부담하라고 강요할 수도 있다.

하나의 대안은, 매일매일의 정치적 의사결정을 구축하고 제한하는 수준 높고 사려 깊은 집단행동이 존재한다고 상상해보자. 이것은 노벨경제학상 수상자인 제임스 M. 뷰캐넌이 "준 헌법적quasi-constitutional"이라고 부른 체제다(Buchanan 1998; Buchanan and Tullock 1962). 그는 이 아이디어를 세금 구조와 특별이익단체 관련 법안에 적용했다. 그러나 보험과 그에 대한 규제에도 적용할 수 있을 것이다.

예를 들면, 뷰캐넌은 연방 세법은 국가 전체에 똑같이 적용되어야 한다고 지적했다. 환경보호법 위반에 대한 벌칙은, 설사 뉴욕 주의 대표가 뉴욕의 기업들이 그 벌금을 부담할 여유가 없다고 호소할지라도, 웨스트버지니아 주에서보다 뉴욕 주에서 더 낮지 말아야 한다.

그러나 현실에서는, 합법적으로 주에 따라 연방예산 지출에 차등을 둘 수 있고, 실제로도 그러하다. 균일한 법과 균일한 과세의 개념은 전통적인 돼지고기통 지출과[3] 대조된다. 전자는 '준 헌법적 원칙'을 따르는 것이고, 후자는 일상적인 현실 정치의 결과다. 뷰캐넌은 또한 특별 이익집단이 특혜를 받기 어렵게 하기 위하여 과반수보다 더 높은 지지율을 의사결정 기준으로 (예컨대, 시민이나 의원의 2/3 이상의 지지로만 법안을 통과시킬 수 있음) 채택하자는 주장도 했다.

'균일한 대우'의 개념과, 입법기관(국회의원)이 자신의 단기적인 정치적 이해관계에 매몰되어 근시안적 결정을 내리는 경향이 있음을 감안하면, 우리 사회에 보험 관련 행동(소비와 공급)과 규제의 규칙을 제정하고 관리하는 공정한 과정이 있어야 한다. 특정한 리스크에 관한 의사결정을 함에 있어서 누가 승리하고 누가 패배할지 알지 못하는 가운데 그러한 규칙이 결정되어야 한다. 사람들은, 모든 공적 선택이 위기가 닥쳤을 때 이루어지는 것보다는, 더 공정하고 더 나은 선택을 하도록 유도하는 그러한 지침에 따라 미리 대비하는 것에 더 공감할 것이다.

보험의 상황에서는, 자연과 유전적 특질이 리스크를 결정하는 데 있어서 핵심적인 역할을 한다. 그래서 미래에 어떤 일이 일어날지, 그리고 누가 그러한 일로 불리한 영향을 받을지 모르는 상당한 불확실성이 있다. 그러므로 특정한 결정을 내리기에 앞서서 규칙이나 원칙에 동의하고 준수하는 것이 보다 중요하다.

구체적 원칙 제시

보험에 관한 정부의 정책은, 사전에 제정된 규정이 없는 상황에서 정부가 재난 피해를 당한 무보험자에게 보조금을 지급할 경우에 그러해야 하는

---

3 (역주) pork barrel spending. 특정 선거구 혹은 의원에게만 유리하도록 운영하는 정부 지출.

것처럼, 사익 추구가 아니라 원리에 입각하여 제정되어야 한다. 잘 설계된 원칙이란 리스크에 직면한 개인과 사회의 후생을 증대시키는 결과를 낳는 원칙이다. 그러한 원칙은, 보험사가 보험료를 갑자기 대폭 인상하거나, 소비자의 일부를 포기하거나, 시장에서 철수함으로써 단기적 이득을 챙길 수 없도록 해야 한다. 또한, 그러한 원칙은 정치인과 규제 당국이 보험 산업을 적대시하거나 보험료를 지나치게 낮게 책정하도록 압력을 가하여 민간 보험 산업의 존립 기반을 훼손하는 일이 없도록 해야 한다.

그렇다면 준 헌법적 규칙에 입각한 정부의 보험산업 정책이 어떠한 모습이어야 할까? 제10장에서 저자들은 이 문제에 답하기 위한 출발점으로서 다음과 같은 보험계약 설계의 원칙 두 가지를 제시했다.

- 원칙 1: 보험료에 리스크를 반영하여 소비자들로 하여금 자신이 직면한 (건강, 환경, 안전 등) 각종 리스크의 발생확률frequency과 심도severity에 관한 정보를 구하게 하고, 손해를 예방하고 경감하는 조치를 취하도록 장려해야 한다. 고위험자에 대한 사회적 보조금은 저위험자들에게 높은 보험료를 부과하는 방법으로 조달하지 말아야 한다. 즉, 최근에 도입된 의료개혁법의 공동체 보험료 체제에서처럼 보험료를 평준화하지 말아야 한다.
- 원칙 2: 형평성을 달성하고 저소득층이 보험료를 감당할 수 있게 하려면 특정 그룹과 개인에게 특별한 대우를 해야 하는데, 보험료 보조가 아니라 (푸드 스탬프와 유사한) 보험 바우처를 통하여 하라.

규제의 문제점 극복

이러한 원칙을 실행함에 있어서, 규제 당국은 정책을 강요하려는 정치적 압력을 배제해야 한다. 이와 관련하여, 정치적 원인에 의한 세 가지의 오류를 다음과 같이 적시摘示한다.

- 오류 1: 경쟁시장의 보험사들이 착취적인 가격을 설정한다고 간주하는 정부의 정책. 정부가 이러한 정책을 실시한다는 증거는, 보장을 줄이지 않고 보험료를 내리라고 규제하거나, 보험료 인상을 허용하지 않으면서 보장을 확대하라고 규제하는 것이다. 이러한 보험료 규제의 결과, 보험사가 보험료 규제를 받지 않을 경우에 비하여, 소비자들이 보험 계약을 구입하기 어려워진다.

이러한 논쟁의 사례가 의료개혁 토론에서 나타났다. 캘리포니아의 민간 보험사가 일부 개인보험에 있어서, 보험 상품에 따라 차이가 있지만, 보험료를 최대한 39% 인상했다. 이처럼 소규모 상점과 같은 보험시장에서는 보험료가 제각각이라는 사실을 고려하면 그러한 행동은 드물지 않고, 많은 소비자들이 다른 보험사로 보험계약을 이전했다. 그러나 의료개혁 토론과 관련하여 보험산업에 대한 정밀검사를 실시하던 중에 보험료를 인상하는 일이 발생하여 언론에서 크게 문제 삼았고, 결국 그 보험사는 그 보험의 공급을 중단했다(Pear 2010). 보험사가 보험료를 함부로 인상하는 것이 바람직하지 않음은 분명하다. 그러나 일시적인 정치적 압력은 영구적인 해결책이 되지 못한다.

- 오류 2: 보험사에게 리스크에 따라 보험료를 책정하지 못하게 강요함. 이러한 정책의 예를 들면, 고위험 지역에 위치한 주택을 소유한 주민들이나 고액의 진료를 요하는 건강 상태를 지닌 사람에게 낮은 보험료를 받도록 규제하는 것이다.
- 오류 3: 과도하게 관대한 보험혜택을 제공하라고 강요함. 예를 들면, 여러 주州들이 건강보험으로 하여금 추나요법推拿療法, 침술 또는 체외수정을 보장하게 하고, 자동차보험의 자기신체손해 보험에 장례비와 매장비를 포함시키라고 규제한다. 그러한 보장을 받을 가치가 없다고 생각하거나 보험료를 낮추기 위하여 그것이 필요하면 스스로 비용을 지출하려 하기 때문에 그러한 보장을 원치 않는 소비자도 있다.

오류 1과 관련하여, 착취적 보험료라는 혐의는 보험료가 대폭 인상되거나 보험사의 이익이 유난히 클 때 받게 된다. 언제나는 아니지만 때로는 일시적으로 높아진 자본비용 때문에 보험료가 인상된다. 그러한 경우에, 비록 원가 상승으로 보험료가 인상되었지만, 규제 당국은 보험료 인상을 저지하기를 원한다. 그들은 "공정한" 이익 수준이라고 불리는 어떤 것을 상상하면서 그 수준에 보험료를 묶어두려 한다. 보다 일반적으로, 보험사가 최근에 일시적으로 낮은 손해율을 기록하면 대중들이 선출직 공직자를 압박하여 보험료를 낮게 하는 경우가 있다.

어떤 보험사가 작년에 평균 이상의 이익을 올렸다는 사실이 알려지면 대중들은 흔히 보험료가 착취적이라고 비난한다. 반면에, 예상치 못한 대규모의 손해를 입은 보험사는 흔히 다음 해에 보험료를 인상한다. 보험사가 담보한 리스크의 기대손해액과 표준편차가 안정적이라면 이 두 경우는 어느 것도 온당치 않다. 시장이 경쟁적일지라도 어떤 기업과 산업의 이익이 일시적으로 높거나 낮을 수 있다. 물론, 규제 당국은 보험료가 지나치게 높거나 보험사 간에 경쟁이 없는 상황에 대하여 관심을 가져야 한다.

다년 보험의 역할

다년 보험계약을 잘 활용하면 변칙에 대하여 폭넓게 대응할 수 있고, 규제 당국이 보험료에 리스크를 반영하도록 허용한다면 정치적 압력 문제에 적절히 대처할 수 있다. 보험의 대상이 되는 리스크가 향후 수년간 안정적이라고 판단되면, 그리고 보험사가 대규모의 손해를 입더라도 그리 높지 않은 비용으로 자본을 조달할 수 있다면, 보험사는 계약기간 내내 안정된 보험료를 보장하는 다년 보험계약을 제공할 경제적 인센티브가 있다. 그러면 보험사가 단기적 이익을 추구하려는 유혹을 덜 받을 수 있다.

장기적으로 보험 계약을 유지할 수 있다는 보장은, 보험 계약이 취소되었을 때 새로운 보험 계약을 찾느라 소비자가 치러야 할 탐색비용을 절감할 수 있다는 것을 의미한다. 또한, 다년 보험계약은 소비자로 하여금, 계약기간 중 매년 보험료를 할인받을 수 있다는 사실을 안다면, 손해 절감 수단에 투자하도록 한다. 반면에, 1년 계약 하에서는 보험사가 1년간만 보장을 약속하기 때문에 소비자가 얻는 편익의 흐름이 매년 변동되는 불확실성이 있다. 또한, 다년 계약은 향후 12개월이 아니라 여러 해 동안 보험의 보호를 제공하므로 소비자들이 안정감과 마음의 평화를 얻는다.

다년 계약은 보험사에게도 매력적일 수 있다. 그러한 계약은 1년 만기의 계약을 계속 갱신하는 경우보다 사업비와 마케팅 비용이 적게 든다. 보험사의 비용이 절감되면 신규 고객을 유치하고, 기존 고객을 유지하며, 보험사를 떠난 고객을 다시 유치하는 데에 유리해진다. 부정적인 측면도 있는데, 만약 담보한 손해의 시간적 분포가 불확실성이 크거나, 대규모의 손해를 입더라도 보험료를 인상하지 않겠다고 약속한 경우에는 자본비용이 높을 수 있다. 그러나 이러한 추가적인 비용과 성가심은 다년 계약의 장점인 낮은 관리 비용과 마케팅 비용 및 높아진 가격 책정의 유연성으로 상쇄되거나 역전될 수 있다.

규제 당국은 다년 계약의 보험료가 보험사의 높아진 기대 자본비용을 충분히 반영하도록 높게 설정되는 것을 허용해야 한다. 이것은 투자자들이 다년 보험계약을 판매하는 보험사에게 높은 수익률을 요구한다는 가정 하에 하는 말인데, 반드시 그러하지는 않을 것이다. 만약 보험사들이 1년 계약도 함께 판매한다면 규제 당국이 다년 계약을 더욱 긍정적으로 평가할 것이다. 보다 일반적으로 말하면, 다년 계약은 보험사들이 제시하는 상품의 폭을 넓혀주어 리스크 기반 보험료에 대한 규제의 유연성을 높여준다.

보험료의 변동성 완화

앞에서 지적한 바와 같이, 보험료의 등락은 설사 보험료가 비용을 적절히 반영했을지라도 문제가 된다. 규제 당국이 단기적 결과에 초점을 맞추는 경향을 완화시키고 보험료의 변동성을 보다 평탄하게 하는 방법이 있다면 모든 사람에게 이로울 것이다. 1년 계약 하에서라면 어떤 종류의 정보가 (예컨대, 하천 유역과 해변의 홍수 피해를 증가시키는 해수면 상승처럼 보험료 인상이 보험사의 책임이 아님을 보여주는 상황) 보험료의 상당한 인상을 정당화 할지에 대한 규칙을 보험 계약에 명시하는 것이 하나의 방법이다. 그러나 다년 계약 하에서는 그러한 번거로움과 복잡함 없이 보험료를 안정시킬 수 있다.

규제 당국의 측면에서는, 보험료 책정과 시장 구조를 관장하는 공무원은 자신이 지지하는 산업 경쟁 정도를 미리 명시할 필요가 있다. 그들이 경쟁을 촉진하고, 진입 장벽을 낮추며, 가격의 투명성을 높이는 등의 반독점 규제를 잘 하고 있다면, 착취적인 독점 가격이나 어느 해에 이익이 비정상적으로 높다는 등의 이유로 도전하는 세력에 대하여 규제 당국이 민감하게 반응할 필요가 없다. 그들이 해야 할 일은 그것보다는, 보험료를 제한하는 조치를 취하기 전에는 보험 산업이 비경쟁적으로 행동했음을 보여주고, 왜 그들의 반독점 정책이 실패했는지를 설명하는 것 등이다.

전형적인 보험시장에서는 진입과 퇴출이 자유롭기 때문에 상당한 독점력을 가진 보험사가 존재하는 경우가 드물다. 만약 보험사들이 비용에 비하여 지나치게 높은 보험료를 부과하고 있다면, 그것은 규제 당국이 대형 보험사를 견제하고, 여러 기업으로 분리하며, 담합을 통제하고, 보험료를 투명하게 유지하도록 하는 등의 반독점 업무를 소홀히 했다는 것을 의미한다. 이러한 상황을 회피하려면 규제 당국은 이러한 업무를 보다 적극적으로 수행해야 할 것이다.

지도 원칙의 적용

이 방향으로 이동하는 출발점으로서, 보험료를 규제하는 오늘 날의 주들은 요율 책정 과정에서와 요율 점검 시에 '계약 설계 원칙 1: 보험료는 리스크를 반영해야 한다'를 적용해야 한다. 이 원칙에서 벗어나는 어떠한 논리라도 미리 명확히 설명하고, 가능하다면 주 의회에 알려 검토나 승인을 받기 위한 투표에 부쳐야 한다.

보험 계약이 명확하고 투명하게 작성되어 보험을 구입하려는 사람이 자신이 서명하는 계약을 정확히 이해할 수 있도록 해야 한다. 보험료 책정의 근거는 보험 계약서 상에 명확히 기재되어 있어야 한다. 보험료에 대한 설명에는 부가보험료에 관한 사항도 포함되어야 하는데, 구체적으로 관리비, 마케팅 비용 및 기타 각종 사업비뿐만 아니라, 대재해 손해가 발생할 경우 그 비용을 조달하기 위한 자본비용도 포함되어야 한다. 기업 평가 기관이 이 과정에 개입될 수 있는데, 그들은 보험사가 건전한 재무적 기초 위에서 운영되고 있는지를 평가한다.

'계약 설계 원칙 2: 형평성과 감당가능성이라는 주제를 다루라'를 준수하기 위하여 저소득자에게 제공하는 보조는 보험료 인하가 아니라 보험 바우처를 통하여 해야 한다. 누가 그 보조금을 부담하고, 누가 그 보조 프로그램을 운영하는지를 보조를 받는 사람이 명확히 알게 할 필요가 있다. 예를 들면, 주정부나 연방정부는 특정한 기준(예컨대 연간 소득)을 가지고 보조금을 지급하고, 필요한 자금은 세금 또는 기타의 수단으로 조달할 수 있다.

규제 당국이 보험사에게 추가적인 보장을 제공하라고 강제하려면 먼저 그 추가적인 보장의 가치가 비용을 능가한다는 재무 분석의 개요를 증거로 제시해야 한다. 예를 들면, 어느 저소득자가 자기부담금이 큰 대신 보험료가 저렴한 상품을 선호한다고 하자. 그들은 그 보험상품으로 자신과 가족의 병원비 문제를 잘 해결할 수 있다고 생각한다. 그러나, 현재 의료개혁 정밀 검사 법안에서처럼, 규제 당국이 그러한 보험상품을 금지하려면 그것이 부당하다는 증거를 제시해야 한다. 예를 들면, 자기부담금이 너무 커서 저소득층 가계가 파산한다는 것을 보여주는 재무 분석 결과를 제시하라는 것이다. 요컨대, 시민과 시장의 자유를 제한하는 규제를 도입하려면 먼저 그 제한이 합당함을 보여주는 증거를 제시할 필요가 있다.

대안적 수단들

국회의원과 규제당국의 용감한 행동은 보상받아 마땅하다. 비뚤어진 세상사를 바로 잡는 것은, 특히 보험에 관한 인기 없는 정책일 경우에는, 흔히 정치적 리스크를 동반한다. 대다수의 주州는 주지사가 보험감독원장을 임명하지만, 그러한 공직자라도 보험 업계의 부당한 영향력으로부터 보호되어야 한다.

저자들은 왜곡된 인센티브를 줄이고 보험 시장을 안정되게 하는 정책을 지지한다. 그러한 목적을 위한 제안들 중에는 다년 보험계약과 심각한 재난 후에 보험사에게 자본을 제공할 수 있는 새로운 제도적 장치가 포함되어 있다. 이 절에서는 이에 관하여 논의한다.

⋮ 보험 시장의 안정화

보험 계약의 취소와 보험료의 심한 등락은 보험 시장이 안정화되기를 바라는 소비자와 보험사에게 문제를 일으킨다. 드물게 발생하는 큰 손해나 상관관계가 큰 사고가 발생하면, 보험사와 보험사에게 자본을 제공하는 투자자들이 보험료를 올리거나 보험 공급을 줄인다는 증거가 많이 있다. 플로리다의 태풍, 캘리포니아의 지진, 뉴욕의 테러 공격 등과 같은 거대 재해가 발생하면 보험료가 치솟고 일시적으로 보험 공급이 중단되다시피 한다. 이러한 현상은 최근의 현저한 사건에 대한 변칙적 과잉반응이라고 할 수 있다. 보다 구체적으로, 보험사와 재보험사들은 미래에 그와 유사한 규모의 재난이 재발할 확률보다 최근의 재난으로 입은 손해의 규모에 더 초점을 맞춘다. 보험사와 재보험사의 경영자들과 얘기해보니, 그들이 보험료를 인상하고 보험 공급을 줄이는 주요 이유는, 거대 손해가 발생한 직후에 보험사에 자본을 공급하는 투자자들이 변칙적으로 행동하여 보험사의 자기자본[4]을

---

4 (역주) 원서의 'surplus'를 '자기자본'으로 번역하였다. Surplus(잉여)란 자산에서 부채를 갚고

본래 수준으로 회복하기 위한 자본조달이 어렵기 때문이라는 것이다.

재보험사도 보험사와 동일한 자금력 문제, 즉 자기자본을 회복하기 위한 자본조달의 어려움에 직면한다. 설사 재해로 인한 손해의 발생이 장래의 수익성에 상당한 영향을 미친다는 논리적 이유가 없을지라도, 현재 투자의 수익성이 얼마나 될지 불확실하다고 생각하기 때문에, 투자자들은 보험사와 재보험사에게 자본을 제공하기를 주저한다.❶ 큰 손해의 발생과 그에 따라 이익잉여금이 크게 감소된 보험사에게 투자자들이 자본을 제공하기를 꺼려하는 경향이 결합되어 보험시장의 불안정성을 낳는다. 이러한 현상은 흔히 '보험 사이클insurance cycle'이라는 개념으로 설명된다. 보험 사이클이란 큰 재해 발생 이후에 오는 경성 시장hard market과, 그 후 수년간 재해가 발생하지 않으면 다시 시장이 안정되는 연성 시장soft market이 반복적으로 번갈아 오는 현상이다.

보험사와 재보험사 및 보험시장이 이처럼 행동한다는 전제 하에서, 어떻게 하면 보험시장을 보다 안정화 시킬 수 있는가? 저자들은, 다년 보험 계약에 다음 두 가지의 보완적 전략을 결합하면 해결할 수 있을 것이라고 생각한다. 그것은, 리스크를 보다 폭넓게 분산시키는 것과, 거대 재해 발생 이후에 비교적 저렴한 비용으로 자본을 제공할 수 있는 새로운 제도를 도입하는 것이다.

⦂ 보다 폭넓은 리스크 분산

제2장에서, 보험사들이 특정 리스크에 대한 보장을 제공할 수 있는 데에는 대수의 법칙이 중요한 역할을 한다고 설명한 바 있다. 만약, 보험 계약의 포트폴리오가 손해가 발생할 가능성이 서로 독립적인 수많은 리스크로

남는 금액이라는 뜻으로서, 자기자본(owners' equity)과 같은 의미이다. 보험 산업에서는 전통적으로 자기자본을 policyholders' surplus라고 표현하여, 우연한 손해이든 혹은 경영 실패이든 간에 보험사가 본 손해는 보험계약자들(채권자)에 앞서서 주주들이 우선적으로 부담하겠다는 의지를 밝히고 있다.

구성되어 있다면 보험사가 큰 손해를 입을 확률은 매우 작다. 반면에, 보험 포트폴리오가 서로 상관관계가 높은 수많은 리스크로 구성되어 있다면, 보험사는 그러한 리스크들을 분산시킬 것을 고려해야 한다. 장기 생명보험을 제공하는 보험사들이 불안해하지 않는 주요 이유는 수많은 보험계약자들이 어느 특정 연도에 한꺼번에 사망할 확률이 극도로 낮기 때문이다.

재산보험과 관련하여, 보험사와 재보험사들은 자신이 보유한 포트폴리오를 분산하여 자연재해와 테러 공격 및 기타 대재해의 리스크로부터 스스로를 보호해야 한다. 특정 지역에 사업기반을 둔 보험사들은, 재보험이 리스크 분산의 대안이라 할지라도, 포트폴리오를 충분히 분산하기가 쉽지 않다. 전 세계적으로 사업하는 거대 보험사라 할지라도, 손해가 집중적으로 발생할 확률을 낮추기 위하여 특정 지역에서 판매하는 보험계약의 수를 제한해야 한다.

⦂ 거대 재해 발생 이후에 자본을 제공하기 위한 새로운 제도적 장치

대재해 손해로부터 보험사들을 보호하려면 새로운 리스크 전가 수단이 필요하다. 어떤 보험사가 보험계약자들에게 5년 만기의 재산보험을 제공하려는 상황을 생각해보자. 그 보험사는 스스로를 보호하기 위하여 5년 만기의 재보험이나 대재해 채권을 구입하려 할 것이다. 이러한 다년 보험계약을 가능케 하려면 먼저 다음 몇 가지의 의문점을 해소해야 할 것이다. 재보험사가 그러한 계약을 제공하려면 어떠한 조건이 필요한가? 투자자들로 하여금 5년 만기의 대재해 채권을 제공하게 하려면 수익률이 얼마나 되어야 할까?

그것 이외에도 새로운 제도적 장치가 가능하다. 예를 들면, 걸프 해안과 북동지역Northeast에 소재한 주州들처럼 폭넓은 지역을 아우르도록 보험 풀pool을 확장하면 그 풀에 참여하는 보험사들을 보호할 수 있다. 그 5년의 기간 동안 대형 재난을 당한 보험사가 민간 부문에서 자금을 조달하지 못할 경우 주정부와 연방정부가 자금을 대출할 수 있다. 이러한 해법을 실행하려면 저비용 자본을 제공할 상황이 되었는지 여부를 판정할 신뢰성 있는 지표를 개발할 필요가 있다. 또는, 보험사들이 평상시에 정상적 수준보다 보험료를 약간 높게 설정하고, 그 초과분을 적립하여 대재해 발생 이후에 자기자본을 회복하는데 사용하는 것도 하나의 방법이다. 그러한 자금은 사실상 상호재보험이라고 할 수 있다.

가장 오해받는 산업에 대한 재고찰

보험 산업에 대한 오해가 많다. 보험사의 상품을 구입한 사람은, 보험계약에 간혹 불분명하고 불투명한 점이 있거나 리스크가 단순한 말로는 설명하기 어려운 복잡한 개념이어서, 자신이 무엇을 구입했는지 이해하기 어려워한다.

보험 판매자들은 사람들로부터 나쁜 기운을 몰고 온다는 부당한 비난을 받는다고 믿는다. 그들은 재난 발생 후에 피해를 보상하기 위하여 현장에 나타나는데, 보험금 청구를 신속히 처리하지 못한다거나, 보험계약 상 보상에서 제외된 손해라며 보상금 지급을 거절한다는 (예컨대, 홍수 피해는 주택종합보험이 보상하지 않는다) 등의 이유로 비난받는다. 거대 재난 발생 후에 보험사들이 보험시장에서 철수하거나 보험료를 대폭 인상하여 그러한 비난을 더욱 증폭시킨다.

오해받는 산업을 치료하는 하나의 방법은 보험사가 무엇을 할 수 있고 무엇을 할 수 없는지에 대한 대중들의 이해도를 높이는 것이다. 그것이 이 책의 목적이다. 저자들이 독자들에게 바라는 바는, 보험 계약을 구입한 보험사가 화를 돋우는 행동을 했을 때, 감정적으로 반응하지 말고 보다 신중하게 생각해보고 행동하라는 것이다. 또한, 보험사들에게 바라는 바는, 단기적 이익에 집착하지 않도록 하는 수단을 강구하라는 것이다.

미 / 주

CHAPTER 02 보험 실무와 이론 입문

❶ 이것은 Marco Arena(2008)가 지적한 논점이다.

❷ 메디케어(Medicare)의 재원은 급여세와 일반재정 및 고령자들이 낸 보험료로 조달된다.

❸ 이것은 보험학계와 경제학계에서 널리 사용되는 용어이다. 대표적 용례는 Neil Doherty and Harris Schlesinger(1990, 246)를 참조하시오.

❹ 보험사의 설립형태가 상호보험회사(mutual insurance company)일 경우라면 어떠한 지에 대해서는 제5장을 참조하시오.

❺ 투자자들은 99.9%의 확률로 10%의 수익률을 얻을 것이라고 예상하고 있다. 나머지 0.1%는 1/1000의 확률로 발생하는 원금과 이자의 손실을 보상하는 데 사용된다.

❻ 만약 보험사가 준비금(자본)을 충분히 확보하지 못하면 보험금을 일부 지급하지 못할 가능성이 있다. 그러한 지급불능의 가능성을 없애려면 보험사가 준비금을 충분히 확보하여야 한다. 보험계리적으로 공정한 보험료에는 그러한 추가적인 준비금을 확보하기 위한 비용도 포함된다.

❼ Chris Starmer(2000, 335)가 지적한 바와 같이, "효용함수의 오목성(concavity of the utility function, 한계효용 체감의 법칙)은 위험회피를 시사한다. 즉, 오목한 효용함수를 가진 사람은 언제나 확실한 금액 x를 기댓값이 x인 불확실한 대안보다 선호한다." James Dyer and Rakesh Sarin(1982)은 효용함수에서 체감하는 한계효용과 위험회피를 분리하는 이론적 방법론을 제시하였다.

CHAPTER 03 변칙과 변칙에 관한 루머

❶ 현명하지 못한 보험구입에 대한 보다 많은 논의는 Tobias(1982)를 참조하시오.

❷ 종신보험에도 이와 유사한 약관조항이 있다. 매우 드문 일이지만, 피보험자가 높은 연령(예컨대, 100세)까지 생존한 경우에도 사망보험금을 지급한다. (물론, 100세 이전에 사망할 경우에도 사망보험금을 지급한다.)

❸ 이와 같은 계통의 연구들을 모아 요약한 것을 보려면 Starmer(2000)를 참조하시오.

❹ 만약 사고의 원인이 상대방에게 있고, 그가 보험에 가입되어 있다면, 그리고 상대방의 보험사로부터 별 문제없이 손해배상을 받을 수 있다면, Joe는 사고피해에 대하여 아무런 책임을 지지 않아도 된다. 그러나 가해자인 상대방이 무보험이거나 저보험이고, 보유한 재산이 손해를 배상하기에 충분치 않으면, 사고피해의 전부 또는 일부를 피해자인 Joe 자신이 책임져야 할 수 있다.

❺ 직장이 제공하는 단체건강보험을 비롯한 몇몇 단체보험을 제외하면, 대부분의 가계성 보험은 개인들이 구입한다.

❻ 이 사례는 2002년 2월 워싱턴 리스크 센터의 회의에 파견된 글로벌 HR 컨설팅 기업인 타워스 페린(Towers Perin)의 대표가 제공하였다.

❼ 관리의료(managed care)의 부작용으로 이러한 문제가 더욱 악화되었다. 즉, 관리의료체계가 보험사들을 압박하여 건강보험의 보험료를 절감할 목적으로 사용하던 진료 제한을 폐지시킨 것이다. [역주: 관리의료란, 전통적인 행위별 수가제(fee-for-service) 방식의 진료비 체계가 의료 소비자와 공급자 양측의 도덕적해이를 불러일으켜 의료비가 끝없이 증가하는 문제를 해결하기 위하여 도입된 새로운(관리의료의 도입 초기인 1970년대의 관점에서) 진료비 체계다. HMO(Health Maintenance Organization)는 관리의료의 대표 격이다. HMO는 인두제(capitation) 방식의 진료비 체계를 가지고 있는데, 환자는 일정한 보험료만 내면 추가적인 비용 없이 진료를 받고(MC=0), 병원과 의사는 일정한 수입의 범위 내에서 모든 환자를 다 진료해야 한다(MR=0). 또한, 환자는 미리 지정된 병원만 이용할 수 있다. 경제원리가 아니라 양심과 도덕에 바탕을 둔 사회주의적 의료체계로서, 비용이 낮지만 품질 또한 낮다.]

CHAPTER 04 표준모형에 부합하는 행동

❶ 보험가입이 강제되어 있다면 실제 보험 수요는 소비자들이 원하는 만큼이 아니라 구입하도록 요구받는 만큼이다. 모기지 대출의 조건으로 주택종합보험 가입을 요구받는 경우처럼, 보험소비자들이 변칙적으로 행동한다고 생각될 정도로 보험 가입률이 높은 경우가 종종 있다.

❷ 실제로 차량을 수리했을 때 보험사가 직접 수리공장에게 그 비용을 지급하는 경우가 있고, 보험사가 수리비 견적서의 금액을 피보험자에게 보내고, 피보험자는 그 돈으로 수리할지 말지, 한다면 얼마만큼 수리할지를 결정하는 경우도 있다.

❸ 보험사가 지불하는 손해사정비(loss adjustment expense)에는 수리비를 결정하기 위한 협상 비용, 수리의 필요성을 검증하는 비용, 수리비를 지급하는 데 드는 비용 등, 보험이 없었더라면 소비자가 지불했을 비용도 포함한다.

❹ 보험사는 보험가입자에 대한 데이터만 보유하고 있고, 미가입자에 대한 데이터는 보

유하지 않고 있다.

❺ 차량금융을 이용하여 차를 구입한 경우에는 예외 없이 보험에 가입하도록 의무화되어 있다. 그러나 의무조항이 없다면 보험을 자발적으로 구입하지 않았을 수 있다.

❻ 주택종합보험에 있어서, 주택 내 동산에 대한 최대 보험가입금액은 대개 주택의 보험가입금액의 50%이다.

❼ 고정비용을 감안하면 그처럼 부가보험료율이 높더라도 표준모형에 어긋나지 않을 수 있다.

CHAPTER 05 현실세계의 복잡성

❶ 보험사도 모든 리스크에 대하여 다 확실히 아는 것은 아니다.

❷ 이러한 상황을 다룬 고전적인 논문은 George Akerlof(1970)이다.

❸ http://www.cartoonstock.com/directory/i/insurance_fraud.asp.

❹ Scott Harrington and Greg Niehaus(1999), pp. 132-3.

CHAPTER 06 보험에 가입하는 이유와 가입하지 않는 이유

❶ 이 그림의 출처는 Johnson et al. 1993, 43.

❷ 선호가 현시되는(revealed) 것이 아니라 구축되는(constructed) 것이라는 아이디어는 1980년대 말과 1990년대 초에 여러 논문이 주장하였다. 예를 들면, Chapman and Johnson 1995; Tversky, Sattath, and Slovic 1988; Tversky, Slovic, and Kahneman 1990, 등이 있다. 이 논문들의 아이디어는 Slovic(1995)이 잘 요약, 정리하였다.

❸ 이러한 행동에 대한 실증 데이터는 Michel-Kerjan, Lemoyne de Forges, and Kunreuther(2011)를 참조하시오.

CHAPTER 07 보험 수요 측면의 변칙

❶ 중소기업청(SBA)의 재난 대출 프로그램의 세부사항은 http://www.sba.gov/serv-ice/disasterassistance/를 참조하시오. (2010년 11월 5일에 접속했음.)

❷ 경쟁시장에서 보험사가 어떻게 그토록 높은 부가보험료율을 책정할 수 있었는지에

대한 설명은 아직 없다.

❸ 자기부담금이 주택의 자산가치에 비하여 작은 주택종합보험에서보다, 자기부담금이 자동차의 자산가치에 비하여 상대적으로 큰 자동차보험에서 도덕적해이가 더 심하다는 의견이 있는데, 저자들은 이를 약간 에누리해서 듣는다. 자동차보험의 보상청구 금액은 대체로 작아서 자기부담금이 접촉사고 수준의 피해에 대한 수리 여부 의사결정에 큰 영향을 미칠 수 있지만, 주택 화재는 대부분 큰 규모의 손해를 일으키므로 자기부담금이 화재복구 의사결정에 별 영향이 없다.

❹ 보험사가 제시하는 자기부담금은 $500, $1,000, $2,000, 및 $5,000이다.

❺ 그런 보험계약은, 보험사에게 보상을 청구하는 빈도가 다른 보험계약보다 높기 때문에, 보험료가 높다.

❻ 비행기탑승자 보험에 대한 보다 상세한 내용은 http://travelinsurancecenter.com/을 참조하시오.

❼ 개인이 운영하는 항공기에는 비행기탑승자 보험이 제공되지 않는데, 항공사의 여객기에 비하여 사고율이 훨씬 더 높다.

❽ 요즘은 인터넷에서도 비행기탑승자 보험을 팔고(최소한 가격 검색은 가능함) 있다. 즉, 공항에 도착하기 전에도 수요가 좀 있다는 것이다.

❾ 어떤 렌터카 회사는 보험 미가입자가 사고를 내면 차량 수리비뿐만 아니라 회사가 차를 렌트해주지 못한 날짜를 세어 그에 대한 휴차료(loss of use)도 물린다. 그러나 휴차 기간이 수개월이 아닌 한, 여전히 부가보험료율이 대단히 높다.

❿ 출장 가는 기업의 임직원들은 대개 회사로부터 렌터카 보험을 구입하지 말라는 지시를 받는다. 기업이 이미 일반 손해보험사로부터 비소유 및 임대 차량에 대한 보험을 훨씬 저렴한 보험료로 구입했기 때문이다. 이 점을 지적해준 Jim MacDonald에게 감사드린다.

⓫ 심장 질환으로 사망하는 사람이 암으로 사망하는 사람보다 많지만, 심장 질환에 특화된 보험을 시장에서 찾기 어려운 것은 흥미로운 현상이다.

⓬ aflac.com에 의하면, "전 세계 5천만 명 이상의 고객이 애플랙의 보험을 구입했습니다"라고 한다. http://www.aflac.com/aboutaflac/corporateoverview/default.aspx(2011년 11월 3일에 접속했음.)

⓭ 이 절의 내용에 유익한 조언과 토론을 해준 Jeff Brown과 Michael Liersch에게 감사드린다.

⓮ 어떤 보험상담자는 평균보다 훨씬 더 오래 살 가능성을 무시하고 평균적인 기대여명을 가졌다면 받게 될 연금소득을 알려준다. (2010년 5월, Jeff Brown과의 개인적 대화에서)

⑮ 주정부는 가입자들의 수급권을 보호하기 위하여 흔히 연금 회사에게 예금보험 (guarantee fund)에 가입할 것을 요구한다.

⑯ 엔론은 임직원들이 맡긴 확정기여형 퇴직연금 보험료의 자산을 모두 자사주에 투자하여 운용했기 때문에, 회사가 파산했을 때 임직원들은 퇴직연금 없이 빈손으로 회사를 떠나야 했다. 이 사실을 알려준 Michael Liersch에게 감사드린다.

⑰ 만약 어떤 사람이 위험회피적이고, 그래서 큰 재산을 남기고 세상을 뜨려는 사람이라면, 그리고, 개인연금을 구한 후 곧 사망할 가능성이 있음을 인식한다면, 그는 개인연금을 구입하려 하지 않을 것이다. 즉, 손실회피(loss aversion)가 위험회피(risk aversion)보다 비중이 더 높다.

⑱ 식견이 있는 투자자라면 개인연금과 투자 포트폴리오를 결합하여 자신이 원하는 리스크와 수익성의 조화를 이루어 낼 수 있다.

⑲ 병원비($2,100) + 화학요법($7,200) + 수술($5,000) + 선불 현금($5,000) = $19,300. 이것은 병원에 7일간 입원하는 비용에 대한 추정금액이다. 입원기간이 길어지면 금액도 높아진다. 또다른 추정에 의하면, 애플랙의 $290짜리 보험의 기대 보상액이 $16,000라고 한다. 이것은 저자들의 추정치와 가까우므로, 저자들의 추정치가 현실성이 있음을 보여준다(Bennett, Weinberg, and Lieberman 1998). (역주) 병원비란 병실과 병상 등 병원의 시설과 장비에 대한 사용료를 의미한다.

CHAPTER 08 보험 공급의 서술적 모형

❶ 향후 10년 동안 적어도 한 번의 태풍이 발생할 확률은, (1-플로리다에서 향후 10년간 태풍이 발생하지 않을 확률) = $1 - (5/6)^{10} = 0.84$. 이것은 대수의 법칙이 잘 작동되는 사례 중 하나다. 향후 10년간 플로리다의 어느 지역에 태풍이 닥쳐 최소한 $100만 이상의 피해를 입힐지는 알 수 없다. 그러나 그 기간 동안 그러한 사건이 플로리다 주에 적어도 한번은 발생할 것이라는 데 대해서는 상당한 정도로 확신할 수 있다.

❷ 이러한 논리는 손해보험사의 재보험 수요에서도 나타난다(Mayers and Smith 1990). Neil Doherty and Seha Tiniç(1982)은 재보험 수요가, 보험사가 지급불능에 빠지는 것을 보험계약자들이 싫어한다고 보험사들이 예상하기 때문에, 생긴다고 주장하였다.

❸ 기대 이윤이 감소하는 이유는 경쟁시장의 기업이 수요 곡선이 탄력적인 지점에 가격을 설정했기 때문이다. 그럴 경우에 가격이 상승하면 총 수입이 감소하고, 원가가 불변한다고 가정하면, 기대 이윤은 낮아진다.

❹ James Stone은 보험사 운영의 안정성을 도모함에 있어서 제약이 되는 사항들을 소개했다. 그러나 대재해 리스크에 대처하는 데 있어서 보험사들은 전통적으로 그러한 제약 사항들을 고려하지 않는다.

❺ 보험계리사들과 계약심사인(언더라이터)들에게도, 사고발생 확률과 손해금액에 대한 조사가 잘 되어 있는 경우와 잘 되어있지 않은 경우에 있어서, 지하 저장창고가 자연재해로 입는 누수(漏水) 피해를 보장하는 보험의 가격을 산정해 달라고 요청하였다. 그들의 가격결정 행태는 지진 보험에 대한 가격 결정의 경우와 흡사했다.

❻ 시간의 경과에 따라, 이러한 종류의 보험 상품들은 점차 영리 보험사로 이전되었다.

❼ Grace, M. F., R. W. Klein, and Z. Liu(2005); Klein, R. W.(2007); 및 Klein, R. W.(1995) 참조.

❽ 이 점을 지적해 준 Jim MacDonald에게 감사드린다.

CHAPTER 09 보험 공급 측면의 변칙

❶ 이 결정에 대한 보다 상세한 설명은 Wharton Risk Management Center(2005)를 참조하시오.

❷ 투자자가 위험중립적이고, 무위험 자본 수익률이 8%이며, 원금과 이자를 회수할 확률이 90%라면, 투자에 대한 요구수익률이 20%가 될 것이다(즉, $0.9 \times 1.20 = 1.08$). 만약 테러 공격을 당할 확률이 10% 미만이라면 투자자는 8%의 무위험 수익률에 투자하는 것보다 테러보험에 투자하는 것이 낫다. 무위험 수익률이 8%보다 낮으면 테러보험이 보다 더 매력적인 투자가 된다.

❸ 9.11과 같은 대형 테러공격이 또다시 발생하지 않았고, 오늘날의 미국이나 유럽처럼 큰 보험시장에 정부가 개입하여 뒷받침해 주었기 때문에, 2002년부터 테러보험의 가격이 크게 낮아졌다. 2008년 말 미국에서는 대기업의 약 2/3가 테러보험에 가입했는데, 평균 보험료가 재산보험의 약 12.5% 수준이었다(Michel Kerjan, Raschky, and Kunreuther 2009).

❹ 리스크 평가 과정에 대재해 모형을 이용하는 방법에 대한 보다 상세한 설명은 Grossi and Kunreuther(2005)의 제3장을 참조하시오.

❺ 규제 당국과 보험사 사이의 상호 작용에 대한 보다 상세한 논의는 Grace and Klein(2007), 및 Kunreuther and Michel-Kerjan(2009)의 제3장을 참조하시오.

❻ State Farm과 플로리다 주 사이의 합의에 대한 보다 상세한 설명은 http://www.floir.com/PressRelease/viewmediarelease.aspx?ID=3375(accessed September 10, 2010)을 참조하시오.

❼ 2010년 9월 2일 이메일로 논문의 이 부분에 대하여 귀중한 조언을 해 준 Richard Roth, Jr.에게 감사드린다.

❽ 보험사들이 명시적으로 고려하지 못한 손인(損因)을 반영하기 위하여 이미 보험료에 일반적인 '추가 요소'를 포함시켰을 수 있다.

❾ 대재해 채권 시장에 관한 보다 상세한 내용은 Michel-Kerjan and Morlaye(2008)을 참조하시오.

❿ 전화 몇 통이면 자동차보험, 확장된 품질 보증, 생명보험 등의 보험료를 쉽게 알아낼 수 있다. 그러나 건강보험처럼 보험료를 알아보는데 시간이 많이 걸리고, 무엇을 어떻게 물어봐야 할지조차 몰라서 어려움이 있는 보험 상품도 있다.

CHAPTER 10 보험의 설계 원칙

❶ 용도가 지정된 바우처를 지급하면, 현금을 지급하는 것과 달리, 수혜자들이 바우처가 지정하는 상품(보험 또는 영양가 있는 식료품)을 구입할 것이라는 확신을 가질 수 있다.

❷ 화재에 대한 보험을 제공한 보험사는, 보험계약자의 손해가 누구의 잘못 때문인지에 관계없이, 보험금을 지급해야 한다. 보험사와 보험계약자 사이의 계약이 이러한 형태를 취하는 하나의 이유는 사고의 인과관계를 밝히기 어려운 경우가 많기 때문이다. 화재 사고에 대한 고전적인 사례는 *H. R. Moch Co., Inc. v. Rensslear Water Co. 247 N.Y.160, 159 N.E. 896*이다. 이 판례의 요지는 "과실로 건물에 화재를 일으킨 가해자는 화재가 발발한 건물의 주인에게 손해배상을 해야 한다. 그러나 그 불이 번져 손해를 입은 다른 건물의 주인에게는 책임지지 않는다"이다. 이 판례를 알려준 Victor Goldberg에게 감사드린다.

❸ 미시시피 주 정부는 이 소송에서 패했다. 보다 상세한 논의는 Kunreuther and MichKerjan(2009)를 참조하시오.

CHAPTER 11 보험 관련 변칙에 대처하는 전략

❶ 이 절의 일부는 Krantz and Kunreuther(2007)를 참조하였다.

❷ 이 서비스는 메디케어 홈페이지에서 "메디케어 상품 탐색기(Medicare Plan Finder)"라고 불린다. www. medicare.gov/find-a-plan/questions/home.aspx.를 참조하시오.

❸ 추가로 낸 보험료를 회수하지 못할 확률은 $(19/20)^{10} = 0.60$.

❹ 미국 정부가 제공하는 건강보험이 폐지되지 않고 지속되는 주요 이유는, 리스크를 무릅쓰고 건강보험에 미가입한 꽤 많은 수의 부자들을 위한 제도가 아니라 (수백만

으로 추정됨), 건강보험을 구입할 형편이 못되는 수많은 저소득층을 위한 제도이기 때문이라는 것이 일반적인 견해다.

❺ 법률과 계약에 따라 차이가 있지만, 보험금의 일부를 지급하지 못하더라도 반드시 보험사가 파산하지는 않는다.

❻ 보험사가 보험금을 전부 지불하지 못했거나 못할 것으로 예상되었을 때 실제로 일어나는 일은 매우 복잡하다. 규제 당국이 개입하여 계약이전, 합병, 관재인 임명, 청산 등 모든 가능한 방법들을 복합적으로 적용한다.

CHAPTER 12   다년 계약을 통한 보험시장의 혁신

❶ 자신의 습관을 옹호하는 흡연자는, 흡연자의 사망률이 높기 때문에 건강보험의 보험료를 내는 기간이 짧아야 한다고 주장할 수 있다. 그러나 수명을 단축시켜서 일생 동안 지불하는 보험료를 줄이려는 생각을 지지하는 사람은 별로 없다.

❷ 각 주택의 기대손해액의 절감분은 (1/100 × $20,000) = $200이므로, 1,000가구 전체의 보험료 절감액은, 부가보험료를 50%로 가정하면, 1,000 × $200 × 1.50 = $300,000 이다.

❸ 국민홍수보험공단(NFIP)은 1968년에 설립되었다. 당시 보험사들이 홍수 리스크를 보험불가능 리스크로 보고 보험을 제공하기를 거부했기 때문에 정부가 홍수보험을 제공하기 위하여 설립했다. 2012년 4월 현재, NFIP는 550만 건 이상의 보험계약을 판매했고(1992년에는 약 250만 건이었음), $1조 2천억 이상의 재산을 보장하고 있다(1992년에는 $2,370억에 불과했음). (Michel-Kerjan and Koulsky 2010; http://fema.gov/business/nfip/pcstat.shtm accessed July 2012).

❹ 이 항은 Kunreuther and Michel-Kerjan(2010)을 참조하였다. 국민홍수보험공단(NFIP)이 설립된 이후 현재까지의 보다 상세한 성과는 Michel-Kerjan(2010)을 참조하시오.

CHAPTER 13   정부가 제공하는 사회보험

❶ 국민연금(Social Security)의 도입을 둘러싼 상황 또한 이와 유사한 역사를 가지고 있다. 대공황 시기에 근로자들이 재직기간 중 적립한 퇴직연금과 개인연금으로 노후소득을 충당하기에는 불충분한 경우가 많았다.

❷ 인플루엔자와 같이 전국적으로 유행하는 전염병일지라도 건강보험의 보상으로 지출

되는 전체 금액에 비하면 극히 적은 금액이다.

❸ 메디케어의 수혜자들이 내는 보험료 총액은 그들이 받는 급여 총액의 10%에 불과하다.

❹ 의료개혁으로 미래에는 보다 다양한 제도가 도입될 것이다.

❺ 이러한 추가적인 혜택과 향상된 건강으로 인한 비용 절감을 고려하더라도, 전립선암 검진처럼 일부 예방적 진료는 남용되고 있다고 생각된다.

❻ 비용이 $4,100만에 불과한 이유는, 현재 50세인 100,000명 중 86,316명만이 65세까지 생존하기 때문이다.

❼ 소비자의 요구가 한계효익을 정확히 반영하지 못할 때의 최적 공동보험에 관한 논의는 Pauly and Blavin(2008)을 참조하시오. 개략적으로 말하면, 만약 소비자가 결장내시경술의 한계편익을 과소평가한다면, 그리고 그 시술의 소비자 가격이 낮아져서 자신의 주관적 한계편익이 한계비용과 같아지기 전에는 그 시술을 받지 않는다면, 보험의 보상액을 더 높여서 그 시술의 소비자 가격을 더욱 낮추어 사회적 최적 수준으로 근접시키는 것이 바람직하다. (역주: 결장내시경술을 받지 않아서 조기사망하거나 병을 키워 더 큰 수술을 받아야 하는 데 따르는 사회적 비용을 감안하면, 보조금을 지급해서라도 조기에 결장내시경 검사를 받게 하는 것이 사회적 최선이라는 의미다.) 보험의 리스크 방지 효과를 고려해야 하지만, 일상적으로 예정된 결장내시경술의 비용과 관련된 리스크는 별로 없다.

❽ 전통적인 메디케어는 정상적인 건강 상태에 있는 사람에 대하여 일반 결장내시경술을 이보다 더 자주 보장하지 않는다. 그러나 고위험자(결장암의 가족력이 있거나, 결장암을 앓은 적이 있거나, 결장암으로 발전할 수 있는 폴립을 보유한 사람)에 대해서는 결장내시경술을 2년에 한 번씩 보장한다. 민간보험인 메디케어 어드밴티지 중에는 결장내시경술을 보다 자주 보장하는 경우가 있다.

❾ http://www.jhsph.edu/publichealthnews/press_releases/2007/wang_adult_obesity.html

❿ 반수 이상의 건강보험 미가입자가 가계소득이 충분히 높아서, 보험료를 지불한 후 남은 소득으로 빈곤선 이상의 소비 수준을 유지할 수 있음이 밝혀졌다.

⓫ 이 법이 실행된 후 메사추세츠 주의 보험 미가입률이 낮아졌다. 그러나 그 대부분은 메디케이드에 가입할 자격이 있는 사람들이었다.

CHAPTER 14 결론 – 정책 제안을 위한 규범적 틀

❶ 만약, 그 재해가 재해발생 구조에 변화를 초래하여 미래의 기대손해액이 증가한다면, 보험료를 인상하는 것이 적절하다.

용 / 어 / 해 / 설

(원서의 "Glossary"를 역자가 일부 수정 보완했음)

■ **감당가능성(affordability)** 소비자가 보험계약을 구입할 수 있는 경제적 여유. 보험료가 너무 비싸거나 보험구매자의 소득이 낮으면 감당가능성이 없어서 보험을 구입하지 못할 수 있다. 그러면 보험의 두 가지 핵심 목적인 손해 경감과 피해자에 대한 보상이 이루어지지 않게 된다. 보험 계약의 감당가능성을 확보하는 것은 정부 규제의 주요 목적 중 하나다.

■ **거래 비용(transaction costs)** 거래를 함에 있어서 가격 이외에 드는 비용. 예를 들면, 교통, 통신, 탐색, 협상, 계약 체결 등에 드는 금전적, 비금전적 비용. 거래비용이 클수록 가격이 높아지고 거래량이 감소되어 자원배분의 효율성이 낮아진다. 보험계약의 가격인 보험료 중 부가보험료 부분은 일종의 거래비용이다.

■ **거시 수평적 형평성(macro-horizontal equity)** 사회의 구성원들이 얼마나 비슷한 수준으로 재산을 보유하고 소득을 누리는지의 정도. 자원을 배분하는 사회적 제도(보험제도 포함)가 거시 수평적 형평성을 과도하게 추구하면 도덕적해이가 발생하여 사회후생이 감소된다. 그러나 사회적 제도가 거시 수평적 형평성을 도외시해도 사회적 갈등이 심화되어 사회후생에 악영향을 미친다.

■ **경험요율제(experience rating)** 보험계약자가 보험사로부터 받은 보상의 횟수와 금액을 반영하여 보험료를 책정하는 제도. 보험계약자의 도덕적해이를 통제하고 자발적으로 손해 경감조치를 하도록 유도하여 사고발생을 줄이고 사회후생을 증대시키는 효과가 있다. 자동차 보험은 흔히 경험요율제를 사용한다. 한국과 유럽에서는 할인할증제(bonus-malus system)이라는 용어를 사용한다.

■ **계약갱신 보장(guaranteed renewability)** 리스크에 변동이 있거나 보상청구 경험이 있더라도 보험료 인상 없이 보험계약을 갱신할 수 있음을 약속하는 계약조항.

■ **계약심사(underwriting)** 소비자가 청약한 보험을 인수할지 여부를 결정하고, 인수한다면 보험 가액과 기타 보험 계약 조건을 어떻게 할지를 결정하기 위하여, 소비자의 리스크를 평가하고 분석하는 과정. 인수업무라고도 한다.

■ **고정비용(fixed costs)** 집세나 정규직 근로자에 대한 임금과 같이 생산량에 관계없

이 일정하게 발생하는 비용. 보험계약자의 수가 많을수록 대수의 법칙이 더 잘 적용되어 보험사의 리스크가 감소되고, 보험사의 고정비용이 더 넓게 분산되어, 보험료를 더 많이 낮출 수 있다.

▪ 공동보험(coinsurance)　　　보험사와 보험계약자가 일정 비율로 손해를 나누어 부담하는 계약. 보험계약자의 도덕적해이를 억제하는 데 효과가 있다. 건강보험에 흔히 사용된다. 자기부담금제에 비하여, 보험계약자의 리스크를 줄이는 데는 덜 효율적이지만, 보험사의 리스크를 낮추는 데는 더 효율적이다.

▪ 기대손해액(expected loss)　　　각 보험계약자의 사고확률과 사고 금액의 곱을 합산한 금액. 보험계약자별로 기대손해액을 구할 수도 있다.

▪ 기업평가 기관(rating agencies)　　　보험사와 재보험사의 재무적 안정성, 즉 보험계약자에 대한 의무를 다할 수 있는지에 대하여 독립적으로 평가하는 민간 기관.

▪ 다년 보험(multi-year insurance)　　　계약기간이 1년인 전통적인 보험과 달리, 계약기간이 여러 해인 손해보험 계약. 사고발생확률이 낮지만 손해액이 큰 리스크를 담보하는 보험에서 흔히 발생하는 수요와 공급의 변칙적 행동을 완화할 수 있다.

▪ 단독 손인 보험(individual peril coverage)　　　오직 한 가지의 손인으로 인한 손해만 보상하는 보험. 열거 손인 보험보다 보상 범위가 더 좁다. 암보험이 그러한 예다. 여러 가지의 손인을 종합적으로 담보하는 보험에 비하여 부가보험료율이 높다.

▪ 대수의 법칙(law of large numbers)　　　상호 독립적인 리스크의 결합이 커질수록 총 손해의 평균이 기대손해액에 더욱 접근해가는 원리. 보험사가 소비자들의 리스크를 담보할 수 있게 하는 가장 중요한 원리가 대수의 법칙이다.

▪ 대재해 모형(catastrophe model)　　　지진, 홍수, 태풍, 테러 공격 등 자연재해나 인위적 재해의 발생 확률과 피해 규모를 예측하는 컴퓨터 기반 모형.

▪ 대재해 채권(catastrophe bonds)　　　기업(보험사 포함)이 발행하는 채권의 일종으로서, 대재해 발생 시 그 손해의 규모가 특정 금액을 초과하면 이자와 원금의 전부 또는 일부를 지급하지 않거나 지급 시기를 연기할 수 있다.

▪ 도덕적해이(moral hazard)　　　보험에 가입한 소비자가 사고확률을 높이고 사고 금액을 증가시키는 방향으로 행동하는 경향. 역선택과 더불어 정보비대칭 때문에 자원배분의 비효율이 초래되는 대표적인 현상이다. 그 해결책(완화책)에는 감시, 동기부여 및 반복거래 등이 있다.

▪ 독립적 사건(independent events)　　　하나의 사건이 다른 사건과 관계없이 발생하는 것. 보험 포트폴리오가 서로 독립적이고 동질적인 다수의 리스크로 구성되어 있으면

대수의 법칙을 적용할 수 있다.

* 리스크(risk)　　　미래에 어떤 사건(재해)이 발생할지가 불확실한 상태, 그 불확실한 정도 또는 그러한 불확실성을 가진 사람이나 사물. '위험'이라고도 한다. 체계적 위험과 비체계적 위험, 주관적 위험과 객관적 위험 등 여러 가지의 성격이 있고, 손인(peril), 위태(hazard), 모호성(ambiguity) 등 리스크과 유사하지만 명확히 구분되는 개념들이 있어서 사용상 주의를 요한다.

* 리스크 회피(risk aversion)　　　리스크에 직면한 개인이 그 리스크를 회피할 수 있다면 리스크의 기댓값보다 큰 비용을 기꺼이 치르려는 경향. 소비자가 보험을 구입하는 목적들 중 가장 중요한 목적. 대수의 법칙(위험 결합)과 더불어 보험계약이 성립될 수 있는 이유를 설명하는 가장 중요한 원리.

* 모호성(ambiguity)　　　확률의 예측치에 존재하는 불확실성. '리스크' 또는 '위험'은 미래의 불확실성을 뜻하는 말인데, 통계학, 확률론, 보험학 등에서는 그 확률을 정확히 알거나 안다고 가정할 경우에 이 용어를 사용한다. 그 확률을 정확히 알지 못하는 상태가 모호성이 존재하는 상태이다. 리스크 뿐만 아니라 모호성도 할인률을 증가시켜 불확실한 사건의 현재가치를 낮추고 보험료를 높인다.

* 모호성 회피(ambiguity aversion)　　　손해가 발생할 확률의 추정에 불확실성이 있을 때 그것을 만회하기 위하여 보험사가 보험료를 인상하는 경향. 미래의 사고 발생이 확정적이지 않고 확률적이면 불확실성이 있다고 하고, 그 확률의 추정치에 불확실성이 있으면 모호성이 있다고 한다.

* 목적과 계획 이론(goals and plans theory)　　　재무적, 감성적 및 사회적 목적이 의사결정에 영향을 미친다는 서술적 선택 이론. 표준 모형에서 벗어난 변칙적 행동을 설명하는 방법 중 하나다.

* 미시 수평적 형평성(micro-horizontal equity)　　　어떤 행사나 활동으로부터 이득을 본 사람은 반드시 그 대가를 치러야 하고, 이득을 보지 않은 사람은 대가를 치르지 말아야 한다는 원칙. 자원을 배분하는 사회적 제도가 이 원칙이 지켜지도록 제정되고 시행되면, 독점이 발생하지 않고, 도덕적해이와 역선택이 발생하지 않는다. 그러나 상호 이익이 되는 거래가 발생하지 않거나, 사회의 이익이 극대화되지 않는 방법으로 거래가 일어나는 '변칙'이 발생할 수는 있다.

* 변칙/변칙적(anomaly/anomalous)　　　수요와 공급의 표준모형이 예측하는 바에서 벗어나는 행동. 즉, 이기적이고 합리적인 인간이라면 하지 않을 행동. 예를 들면, 9.11 테러 이전에는 무료 또는 매우 낮은 보험료에 테러 리스크를 보장하다가, 9.11 테러 직후에는 테러 리스크를 보장하지 않거나 대단히 높은 보험료를 부과했고, 몇 년 후에는 다시

정상적 수준의 보험료에 테러 리스크를 보장하는 보험사의 행동. 사회후생을 감소시키는 몇몇 요인들 중 하나다. 변칙적 행동을 줄이는 것이 정부 정책의 목표 중 하나다.

▪ 보험 바우처(insurance vouchers)　　푸드 스탬프와 유사한 보조금으로서, 다른 용도로는 사용할 수 없고 오로지 보험료를 지급하는 데 한하여 사용할 수 있다. 규제로 보험료를 낮추거나 재난 피해자에게 손해를 복구하기 위한 보조금을 지급하는 정책과 달리 보험 시장을 왜곡시키지 않고 형평성을 제고할 수 있고, 보험 가입자의 손해경감투자 인센티브도 저해하지 않는다.

▪ 보험계리적으로 공정한 보험료(actuarially fair premium)　　기대 보험금과 같은 수준의 보험료. 사업비와 자본비용을 포함하지 않은 보험료. 실무에서는 순보험료(pure premium, net premium)라고 한다.

▪ 보험금(claims)　　보험계약자가 입은 손해에 대하여 보험사가 지급하는 보상금.

▪ 보험료(premiums)　　보험 약관에 표시된 특정 손해를 특정 기간(대부분 1년) 동안 보장하는 보험의 가격.

▪ 부가보험료율(loading cost factor)　　보험료 중 보험금 지급에 사용되지 않는 부분(사업비, 비상위험준비금 등)이 전체 보험료에서 차지하는 비율.

▪ 사업비(administrative costs)　　청구된 보험금을 지급하는 것 이외에 보험사가 지출해야 할 비용으로서, 보험 판매원에게 지급하는 수수료, 광고비 등을 비롯한 마케팅 비용, 임직원에 대한 급여 및 기타 경비 등이 포함된다. 경쟁시장에서 보험사가 정상이윤 이상의 이익을 올리고 경쟁 보험사들보다 높은 성장률을 나타내려면 창조적인 경영을 통하여 매출을 늘리고 사업비를 줄여야 한다.

▪ 사회 후생(social welfare)　　사회 내의 모든 시장(산업)에서의 생산자 잉여와 소비자 잉여의 합으로 정의된다. 다른 모든 경제정책과 마찬가지로, 정부의 보험 정책의 목적은 사회후생의 극대화여야 한다. 즉, 어느 특정 개인이나 그룹의 이익을 위하여 다른 사회구성원들의 이익을 희생시키는 단기적이고 정치적인 정책이 아니라, 사회의 모든 구성원들의 후생을 장기적으로 극대화시키는 정책을 펴야 한다. 그렇게 하려면 시장실패요인과 변칙을 최대한 억제해야 한다.

▪ 상관관계가 있는 손해(correlated loss)　　한 건의 재난이나 대재해로부터 동시에 여러 건의 손해가 발생하는 것. 리스크들 사이에 상관관계가 높을수록 위험 결합(risk pooling)으로 리스크를 줄이는 데 한계가 커져서 보험사들이 그 리스크를 인수하기 어려워진다. 주식투자, 자연재해, 사회적 변동 등이 상관관계가 있는 손해를 발생시키는 대표적인 예다.

▪ 상호 보험(mutual insurance)　　　보험계약자가 곧 기업의 소유자인 형태의 비영리 보험회사. 비슷한 종류의 리스크를 보유한 많은 사람들이 리스크가 실제로 발생한 소수의 사람들을 돕는 것이 보험의 기본 정신이라면, 상호보험이 가장 자연스러운 보험 조직의 형태이다. 1980년대까지는 전 세계적으로 약 50%의 시장점유율을 차지하고 있었으나, 그 후 점차 주식회사형의 보험사들에게 시장점유율을 빼앗기고 있다. 1950년대 이래로 상호보험사 형태로 신규 설립되는 보험사를 찾아보기 어렵다.

▪ 상호의존성(interdepencies)　　　상호 부정적 영향을 줄 수 있는 행동이나 사건. 예를 들면, 홍수가 발생하면 그 지역의 수많은 주택이 침수될 수 있고, 어느 주택에 화재가 발생하면 인근 주택으로 불이 옮겨 붙을 수 있다. 리스크들 사이에 상호의존성이 있으면 그 리스크들은 통계적으로 상호 독립적이지 않다고 말한다.

▪ 선택 설계(choice architecture)　　　의사결정자로 하여금 표준 모형에 가까운 선택을 하도록 정보와 의견을 프레이밍 하는 것.

▪ 소비자 후생(consumer welfare)　　　재화와 서비스의 소비로부터 얻은 소비자의 순편익. 흔히, 어떤 재화를 구입함에 있어서, 소비자의 지불용의와 실제로 지불한 금액의 차이로 나타낸다. 소비자 잉여(consumers' surplus)와 같은 개념이다.

▪ 손실 분포(loss distribution)　　　미래에 일어날 모든 가능한 손해의 금액과 그 각각에 대한 확률을 열거한 것. 손실분포를 정확히 알면 리스크(위험)가 있는 상태이고, 그것을 정확히 알지 못하면 모호성이 있는 상태이다.

▪ 손실 회피(loss aversion)　　　행동경제학적 인간 행동 중 하나로서, 이익을 얻는 것보다 손실을 회피하는 것에 더 큰 가치를 두는 경향.

▪ 손해율(loss ratio)　　　어느 보험 상품 또는 보험사에 있어서, 보험료 수입에 대한 발생 손해액의 비율.

▪ 시장침투 수준(market penetration level)　　　특정 보험시장에 있어서, 보험을 구입할 자격이 있는 사람에 대한 실제로 보험을 구입한 사람의 비율.

▪ 심적 회계(mental accounting)　　　사람들이 자신의 소득을 특정한 목적을 위하여 여러 바구니 속에 나누어 보관하는 현상으로서, 행동경제학적 현상 중 하나다. 소비자들이 왜 자신의 효용을 극대화하는 합리적인 소비를 하지 않는지를 설명하는 하나의 방법이다.

▪ 안전제일 모형(safety-first model)　　　특정 리스크를 보장하는 보험계약들로부터의 손해가 보험사가 염두에 두고 있는 수준을 넘지 않도록 보험료를 책정하는 것. 즉, 기대이윤 극대화가 아니라, 파산 확률이 어느 선을 넘지 않도록 보험료를 책정하는 것.

▪ 역선택(adverse Selection)　　　보험료가 개별 보험계약자의 리스크를 충분히 반영하

지 못할 때, 리스크가 높은 사람일수록 보험가입률이 높거나 더 많은 보장을 선택하는 경향. 이에 대한 보험사의 대응은 모든 보험계약자의 보험료를 인상하거나 또는 보험의 공급을 중단하는 것이다. 해결책으로는 신호 보내기, 걸러내기, 반복거래 및 강제가입 등이 있다.

▪ 열거 손인 보험(named perils insurance)　　　보험약관에 명시적으로 열거된 손인으로 인한 손해만 보상하는 보험 계약. 보다 폭넓은 범위의 손인으로 인한 손해를 보장하는 종합보험에 비하여 보험사의 리스크를 낮추지만, 부가보험료율이 높다.

▪ 유효성 편향(availability bias)　　　의사결정 시 최근에 발생한 사건의 영향을 과대평가하는 경향. 이러한 경향은 소비자들로 하여금 재해 발생 직후에 보험을 구입하게 하고, 보험사들로 하여금 대재해 발생 직후에 보험료를 대폭 인상하거나 보험 공급을 중단하게 한다.

▪ 의사(擬似) 자기부담금(pseudo-deductible)　　　보험계약자의 행동을 결정하는 실질적인 자기부담금으로서, 보험계약상의 자기부담금을 초과하는 금액이다. 보험계약자들이 자기부담금을 초과하는 금액의 손해를 입더라도 그 초과하는 정도가 작으면 보험금을 신청하지 않는 경우가 있는데, 보험금을 신청하지 않는 최대의 손해액이 의사 자기부담금이다. 할인할증제(경험요율제)가 실시되고 있는 경우에 그러한 현상이 흔히 나타나는데, 보험금을 신청하지 않는 가장 흔한 이유는 다음 기에 보험료가 할증되지 않도록 하기 위함이다. 보험금을 신청하는 것이 번거로워서 보험금을 신청하지 않는 경우도 있다.

▪ 자기부담금(deductible)　　　보험 사고로 발생한 손해 금액 중 보험계약자가 부담하는 일정 금액. 보험사는 그 나머지를 부담한다. 보험계약자의 도덕적해이를 줄여주어 사고 발생 확률을 낮추고, 소액 사고는 보험계약자 스스로가 처리하게 하여 거래비용을 절감시킨다. 그 결과 보험료의 인상을 억제하고 사회후생을 증진시킨다. 자동차보험의 자기차량보험에 흔히 사용된다.

▪ 자본(capital)　　　주식회사의 경우, 납입자본금과 이익잉여금의 합계다. 자기자본(owners' equity) 또는 준비금(policyholders' reserve 또는 reserve)이라고도 한다. 상호회사의 경우, 기초자본금과 이익잉여금의 합계다. 보험사가 어느 해에 적자를 기록하더라도 지급불능 상태에 빠지지 않고 보험계약자에게 보험금을 지급하려면 자본이 있어야 한다. 정부 보험감독기관의 가장 큰 관심사는 보험사들이 충분한 수준의 준비금을 보유하여 지급불능 상태에 빠지지 않고 보험사고를 당한 보험계약자들에게 빠짐 없이 보험금을 지급하도록 하는 것이다.

▪ 잔여 시장(residual market)　　　보험사가 자발적으로 인수하지 않는 리스크를 담보하

는 시장. 단기간 동안 여러 번 사고를 일으켜 리스크가 매우 크다고 판단되거나, 보험료 규제가 심하여 보험사가 이익을 남기지 못할 것으로 예상되는 보험계약자가 있으면, 보험사들은 그러한 계약자들의 리스크를 자발적으로 인수하지 않으려 한다. 자동차보험처럼 법으로 가입이 강제된 보험의 경우, 규제당국이 보험사들에게 잔여시장을 개설하도록 강제하여, 소비자들이 보험에 가입해야 하는 법적 의무를 준수할 수 있도록 한다.

재보험(reinsurance) 보험소비자들로부터 인수한 재산보험의 대재해 리스크를 분산하기 위하여 보험사가 다른 보험사로부터 보험을 구입하는 것. 원보험사들은 종종 적절한 재보험을 구입하지 못할 것으로 예상되면 보험소비자들로부터 보험을 인수하지 않는다. 대재해 직후에 원보험사들이 보험료를 대폭 인상하거나 잠시 보험 판매를 중단하는 이유 중 하나가 적절한 조건으로 재보험에 가입할 수 없기 때문이다.

정보 비대칭(information asymmetry) 거래의 양 당사자가 서로 다른 수준의 정보를 가지고 있는 상황. 그 결과 도덕적해이와 역선택 현상이 발생할 수 있다. 도덕적해이와 역선택은 모두 효율적 자원배분을 방해하여 사회후생을 감소시킨다. 경제 주체들이 주어진 여건(정보비대칭) 하에서 각자 자신의 효용을 극대화하도록 행동한 결과 나타난 자원배분의 비효율이므로, 정보비대칭이 변칙적 행동의 원인이라고 할 수 없다.

주관적 확률(subjective probability) 특정 사건이 발생할 가능성에 대한 개인의 인식. 보험업은 주관적 확률을 가진 여러 소비자들의 리스크를 모아서 객관적 확률로 전환시키는 사업이라고 할 수 있다. 소비자들은 주관적 확률과 예상 손해금액을 보험금 및 보험료와 비교하여 보험가입 여부를 결정하는데, 항상 올바른 판단을 하지는 못한다. 보험소비자의 잘못된 판단을 바로잡아 주는 것도 보험사의 임무 중 하나다.

지급불능(insolvency) 보험사나 재보험사가, 부채가 자산보다 커서, 지급해야 할 보험금의 전부 또는 일부를 지불할 수 없는 상태. 보험시장이 실패한 경우로서, 정부 감독당국의 목적들 중 가장 중요한 목적은 보험사가 지급불능 상태에 빠지지 않도록 감시하고 규제하는 것이다.

진입과 퇴출의 자유(free entry and exit) 기업이 시장에 진입하고 퇴출하는데 아무런 장벽이 없는 상태로서, 완전경쟁시장의 조건 중 하나이다.

초과확률 곡선(exceedance probability curve, EP curve) 미래의 일정 기간 동안 특정 수준을 초과하는 리스크가 발생할 확률을 그래프로 나타낸 것. 가장 보편적인 EP 곡선의 형태는 특정 연도에 경제적 손실이 특정 금액 이상으로 발생할 확률을 그래프로 나타낸 것이다.

초후생주의(extra-welfarism) 사회 후생을 극대화하기 위하여 개인이 아니라 정책

결정자의 선호를 적용하는 것. 개인이 자신의 복지를 위하여 고려하는 가치를 능가하는 사회적 가치가 있다고 가정한다.

▪ 최대가능손실(probable maximum loss)　　대재해가 발생했을 때 일련의 보험 계약으로부터 발생할 수 있는 경제적 손실의 최대치.

▪ 포괄 보상 보험(all-perils coverage)　　명시적으로 제외된 손인 이외의 손인으로 보험에 가입된 자산이 입은 모든 손해를 보상하는 종합 보험. 단독손인 보험이나 열거손인 보험에 비하여 부가보험료율이 낮으나, 보험사가 부담해야 할 리스크는 높다.

▪ 표준모형(benchmark models)　　보험의 수요와 공급을 설명하고 예측하는 모형으로서, 전통적인 전통 경제학 이론으로부터 도출되었음. 수요자와 공급자가 모두 이기적이고 합리적인 경제주체이며, 보험 시장이 완전경쟁시장에 가까워서 독과점, 진입과 퇴출의 장벽, 정보비대칭, 거래비용, 외부효과 등이 없거나 무시할 만한 수준이라는 가정하에서 도출된 모형이다. 이 모형에서의 모든 자원배분은 MR=MC, MB=MC를 충족하고, 그 결과 사회후생이 극대화된다. 행동경제학은 이와 같은 표준모형이 현실을 잘 설명하지 못하는 경우가 많다고 주장하며, 시장에서 실제로 일어나는 현상들 중 표준모형이 설명하지 못하는 것을 '변칙'이라고 부른다.

▪ 프레이밍(framing)　　의사결정에 영향을 미치도록 정보를 각색하여 전달하는 것. 반드시 거짓이 아니더라도 정보를 전달하는 방법에 따라 그 정보를 전해받은 사람의 의사결정이 달라질 수 있다. 예컨대, 컵에 물이 반밖에 없다고 알려주는 것과, 컵에 물이 반이나 남아있다고 알려주는 것은, 듣는 사람의 행동을 달라지게 할 수 있다. 경제학의 표준모형에서 벗어난 변칙을 설명하는 한 가지 방법이다.

▪ 행동경제학(behavioral economics)　　개인과 조직의 의사결정을 분석함에 있어서, 경제주체들이 기대효용과 기대이윤을 극대화하는 방향으로 냉정하고 합리적으로 행동한다는 전통 경제학의 가정을 완화하여, 감정, 오인(誤認) 및 기타 합리성 가정을 벗어나는 요인의 역할을 인정하는 경제학의 한 분야.

▪ 현상유지 편향(status quo bias)　　현 상태를 벗어나는 것이 자신에게 유리함에도 불구하고 현 상태를 유지하려는 경향. 변칙적 행동을 유발하는 원인들 중 하나다. 예를 들면, 소득수준이 낮은 젊은 시절에 가입한 정기보험은 중년기에 소득수준이 높아지면 종신보험으로 전환하는 것이 유리하지만, 정기보험을 계속 유지하는 현상은 현상유지 편향의 사례라고 할 수 있다.

▪ 휴리스틱(huristics)　　의사결정 시에 사용하는 주먹구구, 반복적 시행착오를 통하여 정답에 접근해 가는 것. 발견적 방법.

REFERENCE
참 / 고 / 문 / 헌

A. M. Best. 2006. *Methodology: Catastrophe Analysis in A.M. Best Rating.* Oldwick, NJ: A.M. Best.

Abaluck. J., and J. Gruber. 2011. Choice inconsistencies among the elderly: Evidence from plan choice in the Medicare part D program. *American Economic Review* 101: 1180-210.

Abelson, R. 1996. When the best policy may be no policy at all. *New York Times.* November 3.

Aflac Incorporated. 2008. *It's no mystery how Aflac makes a difference: Annual Report for 2008.* http://thomson.mobular.net/thomson/7/2877/3818/ (accessed November 18, 2010).

Akerlof, G. 1970. The market for lemons: Qualitative uncertainty and the market mechanism. *Quarterly Journal of Economics* 84: 488-500.

American Council of Life Insurers. 2008. *ACLI Life Insurers Fact Book 2008.* http://www. acli.com/ACLI/Tools/Industry+Facts/Life+Insurers+Fact+Book/ GR08-108.htm (accessed November 5, 2010).

Ameriks. J., A. Caplan, S. Laufer, and S. Van Nieuwerburgh. 2011. The joy of giving or assisted living? Using strategic surveys to separate public care aversion from bequest motives. *Journal of Finance* 66: 519-61.

Arena, M. 2008. Does insurance market activity promote economic growth? A cross country study for industrialized and developing countries. *Journal of Risk and Insurance* 75: 921-46.

Arrow, K. J. 1963. Uncertainty and the welfare economics of medical care. *American Economic Review* 53: 941-73.

Bainbridge, J. 1952. *Biography of an Idea: The Story of Mutual Fire and Casualty Insurance.* Garden City, NY: Doubleday & Co.

Bantwal, V. and H. Kunreuther. 2000. A Cat Bond Premium Puzzle? *Journal of Psychology and Financial Markets*, 1(1): 76-91.

Barrett, W. P. 2010. Annuities aren't all the same. *Forbes Magazine.* March 29.

Barseghyan, L., J. Prince, and J. Teitelbaum. 2011. Are risk preferences stable across contexts? Evidence from insurance data. *American Economic Review* 101: 591-631.

Bell, D. E. 1985. Disappointment in decision making under uncertainty. *Operations Research* 33: 1-27.

Bell. 1982. Regret in decision making under uncertainty. *Operations Research* 30: 961-81.

Benartzi, S., A. Previtero, and R. Thaler. 2011. Why don't people annuitize late life consumption? A framing explanation of the under-annuitization puzzle. *American Economic Review* 98: 304-9.

Forthcoming. Annuitization puzzles. *Journal of Economic Perspectives*.

Benartzi, S., and R. Thaler. 1995. Myopic loss aversion and the equity premium puzzle. *Quarterly Journal of Economics* 110: 73-92.

Bennett, C. L., P. D. Weinberg, and J. J. Lieberman. 1998. Cancer insurance policies in Japan and the United States. *Western Journal of Medicine* 168: 17.

Borch, K. 1962. Equilibrium in a reinsurance market. *Econometrica* 30: 424-44.

Born, P. 2001. Insurer profitability in different regulatory and legal environments. *Journal of Regulatory Economics* 19: 211-37.

Bradford, S. L. 2005. Which life insurance is best? *SmartMoney.com*, February 9, 2005. http://www.smartmoney.com/personal-finance/insurance/which-life-insurance-is-best-16975/ (accessed June 25, 2010).

Braun, M., P. S. Fader, E. T. Bradlow, and H. Kunreuther. 2006. Modeling the "pseudodeductible" in homeowners' insurance. *Management Science* 52: 1258-72.

Braun, M., and A. Muermann. 2004. The impact of regret on the demand for insurance. *Journal of Risk and Insurance* 71: 737-67.

Brown, J. R. 2001. Private pensions, mortality risk, and the decision to annuitize. *Journal of Public Economics* 82: 29-62.

Brown, J., N. B. Coe, and A Finkelstein. 2007. Medicaid crowd-out of private long-term care insurance demand: Evidence from the health and retirement survey. *Tax Policy and the Economy* 21: 1-34.

Brown, J., and A. Finkelstein. 2008. The interaction of public and private insurance: Medicaid and the long term care insurance market. *American Economic Review* 98: 1083-102.

Brown, J., and A. Finkelstein. 2007. Why is the market for long term care in-surance so small? *Journal of Public Economics* 91: 1967-91.

Brown, j. R., and A. Goolsbee. 2002. Does the internet make markets more competitive? Evidence from the life insurance industry. *Journal of Political Economy* 110: 481-507.

Brown, J. R., J. R. Kling, S. Mullainathan, and M. Wrobel. 2008. Why don't people insure late life consumption? A framing explanation of the under-annuitization puzzle. NBER Working Paper No. 13748. Cambridge, MA:

National Bureau of Economic Research.

Buchanan, J. 1998. *Explorations in Constitutional Economics*. College Station, TX: Texas A&M University Press.

Buchanan, J., and G. Tullock. 1962. *Calculus of Consent*. Ann Arbor: University of Michigan Press.

Bundorf, M. K., and M. V. Pauly. 2006. Is health insurance affordable for the uninsured? *Journal of Health Economics* 25: 650-73.

Bundorf, M. K., B. J. Herring, and M. V. Pauly. 2010. Health risk, income, and employment-based health insurance. *Forum for Health Economics and Policy* 13(2): Article 13 http://www.bepress.com/fhep/13/2/13 (accessed October 28, 2011).

Bureau of Economic Analysis. 2010. *Industry Economic Accounts*. http://www. bea.gov/industry/index.htm (accessed July 28, 2010).

Cabantous, L., D. Hilton, H. Kunreuther, and E. Michel-Kerjan. 2011. Is imprecise knowledge better than conflicting expertise? Evidence from insurers' decisions in the United States. *Journal of Risk and Uncertainty* 42: 211-32.

Camerer, C., and T.-H. Ho. 1994. Violations of the betweenness axiom and nonlinearity of probability. *Journal of Risk and Uncertainty* 8: 167-96.

Camerer, C. F., and H. Kunreuther. 1989. Decision processes for low probability events: Policy implications. *Journal of Policy Analysis and Management* 8: 565-92.

Capital Insurance Agency, Inc. 2008. *Personal Cancer Indemnity/Hospital Incentive Care Protection Insurance (Prepared for State of Florida Employees)*. Columbus, GA: American Family Life Assurance Company of Columbus (AFLAC). http://www.myflorida.com/mybenefits/pdf/AFLAC.pdf (accessed November 18, 2010).

Cawley, J., and T. Philipson. 1999. An empirical examination of information barriers to trade in insurance. *American Economic Review* 89: 827-46.

Center for Medicare and Medicaid Services. 2008. National Health Expenditure Projections: 2009-2019, Forecast Summary and Selected Tables. Table 3. https://www.cms.gov/ NationalHealthExpendData/03_NationalHealthAccounts Projected.asp#TopOfPage (accessed July 28, 2010).

Centers for Disease Control and Prevention (CDC). 2006. FastStats-Cancer. http://www.cdc. gov/nchs/fastats/cancer.htm (accessed July 10, 2010).

Chang, S., S. R. Long, L. Kutikova, L. Bowman, D. Finley, W. H. Crown, and C. L. Bennett. 2004. Estimating the cost of cancer: Results on the basis of claims data analysis for cancer patients diagnosed with seven types of cancer during 1999 to 2000. *Journal of Clinical Oncology* 22: 3524-30.

Chapman, G. B., and E. J. Johnson. 1995. Preference reversals in monetary and life expectancy evaluations. *Organizational Behavior and Human Decision*

Processes 62: 300-17.

Chen, T., A. Kalra, and B. Sun. 2009. Why do consumers buy extended service contracts? *Journal of Consumer Research* 36: 611-23.

Chiappori, P. A., and B. Salanie. 2000. Testing for asymmetric information in insurance markets. *Journal of Political Economy* 108: 56-78.

Cochrane, J. H. 1995. Time-consistent health insurance. *Journal of Political Economy* 103: 445-73.

Cohen, A. 2005. Asymmetric information and learning: Evidence from the automobile insurance market. *Review of Economics and Statistics* 87: 197-207.

Consumer Reports. 2005. Extended warranties: Say yes, sometimes. *Consumer Reports.org* 70: 51.

Cummins, J. D. and C. M. Lewis. 2003. Catastrophic Events, Parameter Uncertainty and the Breakdown of Implicit Long-Term Contracting: The Case of Terrorism Insurance. *Journal of Risk and Uncertainty* 26(2): 153-178.

Cummins, J. D., D. M. McGill, H. E. Winklevoss, and R. Zelten. 1974. *Consumer Attitudes toward Auto and Homeowners Insurance.* Philadelphia: Department of Insurance, Wharton School, University of Pennsylvania.

Cutler, D. M., A. Finkelstein, and K. McGarry. 2008. Preference heterogeneity and insurance markets: Explaining a puzzle of insurance. *American Economic Review* 98: 157-62.

Cutler, D. M., and R. Zeckhauser. 2004. Extending the theory to meet the practice of insurance. *Brookings-Wharton Papas on Financial Services:* 2004. Eds. R. Herring and R. E. Litan. Washington, DC: Brookings Institution Press, 1-53.

Dacy, D., and H. Kunreuther. 1968. *The Economics of National Disasters.* New York: Free Press.

Doherty, N. A., and H. Schlesinger. 1983. Optimal insurance in incomplete markets. *Journal of Political Economy* 91: 1045-54.

Doherty, N. A., and H. Schlesinger. 1990. Rational insurance purchasing: Consideration of contract non-performance. *Quarterly Journal of Economics* 105: 243-53.

Doherty, N. A., and S. M. Tinic. 1982. A note on reinsurance under conditions of capital market equilibrium. *Journal of Finance* 36: 949-53.

Dorfman, R., and P. O. Steiner. 1954. Optimal advertising and optimal quality. *American Economic Review* 44: 826-36.

Dyer, J., and R. Sarin. 1982. Relative risk aversion. *Management Science* 28: 875-86.

Eichner, M. J., M. B. McClellen, and D. A. Wise. 1998. Insurance or self-insurance? Variation, persistence, and individual health accounts. In *Inquiries in the*

Economics of Aging. Ed. D. A. Wise. Chicago: University of Chicago Press, 19-45.

Einav, L., A. Finkelstein, I. Pascu, and M. R. Cullen. 2010. *How general are risk preferences?* Choices under uncertainty in different domains. NBER Working Paper No. 15686. Cambridge, MA: National Bureau of Economic Research.

Einav, L., A. Finkelstein, and P. Schrimpf. 2010. Optimal mandates and the welfare cost of asymmetric information: Evidence from the U.K. annuity market. *Econometrica* 78: 1031-92.

Eisner, R., and R. H. Strotz. 1961. Flight insurance and the theory of choice. *Journal of Political Economy* 69: 355-68.

Ellsberg, D. 1961. Risk, ambiguity, and the savage axioms. *The Quarterly Journal of Economics* 75: 643-69.

Er, J. P., H. Kunreuther, and I. Rosenthal. 1998. Utilizing third-party inspections for preventing major chemical accidents. *Risk Analysis* 18: 145-54.

Fang, H., M. P. Keane, and D. Silverman. 2008. Sources of advantageous selection: Evidence from the Medigap insurance market. *Journal of Political Economy* 116: 303-50.

Federal Old-Age and Survivors Insurance and Federal Disability Insurance (OASDI) Trust Funds. 2009. *Annual Report of the Board of Trustees*. Washington. DC: U.S. Government Printing Office.

Finkelstein, A., and K. McGarry. 2006. Multiple dimensions of private information: Evidence from the long-term care insurance market. *American Economic Review* 96: 938-58.

Finkelstein, A., and J. Poterba. 2004. Adverse selection in insurance markets: Policyholder evidence from the U.K. annuity market. *Journal of Political Economy* 112: 183-208.

Finucane, M. L., A. Alhakami, P. Slavic, and S. M. Johnson. 2000. The affect heuristic in judgments of risks and benefits. *Journal of Behavioral Decision Making* 13:1-17.

Fischhoff, B., R. M. Gonzalez, D. A. Small, and J. S. Lerner. 2003. Judged terror risk and proximity to the World Trade Center. *Journal of Risk and Uncertainty* 26: 137-51.

Fleckenstein, M. 2006. Rating agency recalibrations. In *The Review: Cedant's Guide to Renewals 2006*. Ed. G. Dobie. London: Informa UK Ltd.

Frase, M. J. 2009. Minimalist health coverage: The market for mini-medical plans is growing. Is such limited coverage really better than nothing? *HR Magazine*, June 2009. http:// findarticles.com/p/articles/mi_m3495/is_6_54/ ai_n32068534/ (accessed July 2, 2010).

Freeman, P. K., and H. Kunreuther. 1997. *Managing Environmental Risk through*

Insurance. Boston: Kluwer Academic Pub.

Gale, W G., J.M. Iwry, D. C. John, and L. Walker. 2008. Increasing annuitization in 40l(k) plans with automatic trial income. The Hamilton Project, Discussion Paper 2008-02. Washington, DC: The Brookings Institution.

Gilboa, I., and D. Schmeidler. 1995. Case based decision theory. *Quarterly Journal of Economics* 110: 605-39.

Grace, M. F., and R.W. Klein. 2007. Facing mother nature. *Regulation* 30: 28-34.

Grace, M. F., R. W. Klein, and P. R. Kleindorfer. 2004. Homeowners insurance with bundled catastrophe coverage. *Journal of Risk and Insurance* 71: 351-79.

Grace, M. F., R.W. Klein, and Z. Liu. 2005. Increased hurricane risk and insurance market responses. *Journal of Insurance Regulation* 24: 2-32.

Greenwald, B. C., and J. E. Stiglitz. 1990. Asymmetric information and the new theory of the firm: Financial constraints and risk behavior. *American Economic Review* 80: 160-5.

Gron, A. 1994. Capacity constraints and cycles in property-casualty insurance markets. *Rand Journal of Economics* 25: 110-27.

Grossi, P., and H. Kunreuther. 2005. *Catastrophe Modeling: A New Approach to Managing Risk*. Boston: Springer Science and Business Media, Inc.

Handel, B. 2010. Adverse selection and switching costs in health insurance markets: When nudging hurts. January 26. Unpublished paper, Northwestern University, Chicago, IL.

Harrington, S. E., and G. Niehaus. 1999. Basis risk with PCS catastrophe insurance derivative contracts. *Journal of Risk and Insurance*, 66: 49-82.

He, D. 2009. Three essays on long-term care and life insurance. Dissertation, Washington University, St. Louis, MO.

Hendel, I., and A. Lizzeri. 2003. The role of commitment in dynamic contracts: Evidence from life insurance. *Quarterly Journal of Economics* 118: 299-327.

Herring, B. 2005. The effect of the availability of charity care to the uninsured on the demand for private health insurance. *Journal of Health Economics* 24: 225-52.

Hertwig, R., G. Barron, E. U. Weber, and I. Erev. 2004. Decisions from experience and the effect of rare events in risky choice. *Psychological Science* 15: 534.

Heweijer, C., N. Ranger, and R. E. T. Ward. 2009. Adaptation to climate change: Threats and opportunities for the insurance industry. *Geneva Papers on Risk and Insurance* 34: 360-80.

Hogarth, R. M., and H. Kunreuther. 1995. Decision making under ignorance: Arguing with yourself. *Journal of Risk and Uncertainty* 10: 15-36.

Hsee, C. K., and H. C. Kunreuther. 2000. The affection effect in insurance decisions. *Journal of Risk and Uncertainty* 20: 141-59.

Huber, O., R. Wider, and O. W. Huber. 1997. Active information search and complete information presentation in naturalistic risky decision tasks. *Acta Psychologica* 95: 15-29.

Huysentruyt. M., and D. Read. 2010. How do people value extended warranties? *Journal of Risk and Uncertainty* 40: 197-218.

Inkmann, J., P. Lopes, and A. Michaelides. 2011. How deep is the annuity market participation puzzle? *Review of Financial Studies* 24: 279-319.

Insurance Information Institute. 2009a. Auto Insurance. http://www.iii.org/media/facts/statsbyissue/auto/ (accessed July 5, 2010).

Insurance Information Institute. 2009b. Do I need separate rental car insurance? http://www.iii.org/individuals/auto/a/rentalcar/?printerfriendly=yes (accessed April 1, 2009).

Insurance Information Institute. 2008. Homeowners Insurance. http://www.iii.org/media/facts/statsbyissue/homeowners/ (accessed December 9, 2008).

Insurance Information Institute. 2010. Online Insurance Fact Book. http://www2.iii.org/factbook/ (accessed June 25, 2010).

Insurance Information Network of California (IINC). 2008. Rental Car Insurance Simplified. http://www.iinc.org/articles/2/l/Rental−Car−Insurance−Simplified/ Pagel.html (accessed April 1, 2009).

Insurance Research Council. 2006. "Average Premiums for Homeowners and Renters Insurance, United States, 2000-2008." Data table. Insurance Information Institute: Homeowners Insurance. http://www.iii.org/media/facts/statsbyissue/homeowners/ (accessed November 19, 2010).

Insure.com. 2010. *Tire basics of accidental death and dismemberment insurance.* http://www.insure.com/articles/lifeinsurance/accidental-death.html (accessed February 20, 2010).

Jaffee, D., H. Kunreuther, and E. Michel-Kerjan. 2008. Long term insurance (LTI) for addressing catastrophic market failure. NBER Working Paper No. 14210. Cambridge, MA: National Bureau of Economic Research.

Jaffee, D., H. Kunreuther, and E. Michel-Kerjan. 2010. Long term insurance (LTI) for addressing catastrophe risk. *Journal of Insurance Regulation* 29: 167-87.

Jaffee, D., and T. Russell. 2003. Markets under stress: The case of extreme event insurance. In *Economics for an Imperfect World: Essays in Honor of Joseph E. Stiglitz.* Eds. R. Arnott, B. Greenwald, R. Kanbur, and B. Nalebuff. Cambridge, MA: MIT Press.

Jenkins, H. W. 2004. Insurance Update: More alert, less at risk. *Wall Street Journal.* August 11.

Johnson, E. J., J. Hershey, J. Meszaros, and H. Kunreuther. 1993. Framing, probability distortions and insurance decisions. *Journal of Risk and*

Uncertainty 7: 35-51.

Kahneman, D. 2011. *Thinking, Fast and Slow.* New York: Farrar, Straus and Giroux

Kahneman, D., and A. Tversky. 1973. On the psychology of prediction. *Psychological Review* 80: 237-51.

Kahneman, D., and A. Tversky. 1979. Prospect theory: An analysis of decision under risk. *Econometrica* 47: 263-91.

Keynes, J. M. 1921. *A Treatise on Probability.* New York: Macmillan and Co.

Klein, R. W. 2007. Catastrophe risk and the regulation of property insurance: A comparative analysis of five states. Working Paper, Georgia State University, Atlanta, GA.

Klein, R. W. 1995. Insurance regulation in transition. *Journal of Risk and Insurance* 62: 263-404.

Knight, F. H. 1921. *Risk, Uncertainty and Profit.* Boston and New York: Houghton Mifflin.

Kolata, G. 1994. When is a coincidence too bad to be true? *New York Times.* September 11.

Kotlikoff, L. J., and J. Gokhale. 2002. The adequacy of life insurance. *Research Dialogue* 72. New York: TIAA-CREF Institute.

Kowalski, A., W. J. Congdon, and M. H. Showalter. 2008. State health insurance regulations and the price of high deductible policies. *Forum for Health Economics and Policy* 11: 1-24.

Krantz, D. H., and H. C. Kunreuther. 2007. Goals and plans in decision making. Judgement and Decision Making 2: 137-68.

Kunreuther, H. 1989. The role of actuaries and underwriters in insuring ambiguous risks. *Risk Analysis* 9: 319-28.

Kunreuther, H. 2002. The role of insurance in managing extreme events: Implications for terrorism coverage. *Business Economics* 37: 6-16.

Kunreuther, H. 2009. The weakest link: Managing risk through interdependent strategies. In *Network Challenge: Strategy, Profit and Risk in an Interlinked World.* Eds. P. R. Kleindorfer and Y. Wind. Upper Saddle River, NJ: Wharton School Publishing.

Kunreuther, H., R. Ginsberg, L. Miller, P. Sagi, P. Slovic, B. Borkan, and N. Katz. 1978. *Disaster Insurance Protection: Public Policy Lessons.* New York: John Wiley & Sons.

Kunreuther, H., R. Hogarth, and J. Meszaros. 1993. Insurer ambiguity and market failure. *Journal of Risk and Uncertainty* 7: 71-87.

Kunreuther, H., and E. Michel-Kerjan. 2010. From market to government failure in insuring U.S. natural catastrophes: How can long-term contracts help? *In Private Markets and Public Insurance Programs.* Ed. J. Brown. Washington,

DC: American Enterprise Institute Press.

Kunreuther, H., and E. Michel-Kerjan. 2009. *At War with the Weather.* Cambridge, MA: MIT Press.

Kunreuther, H., N. Novemsky, and D. Kahneman. 2001. Making low probabilities useful. *Journal of Risk and Insurance* 23:103-20.

Kunreuther, H., and M. V. Pauly. 2004. Neglecting disaster: Why don't people insure against large losses? *Journal of Risk and Uncertainty* 28: 5-21.

Kunreuther, H., and M. V. Pauly. 2005. Terrorism losses and all-perils insurance. *Journal of Insurance Regulation* 23: 3-20.

Kunreuther, H., and M. V. Pauly. 2006. Insurance decision-making and market behavior. *Foundations and Trends* in *Microeconomics* 1: 63-127. Hanover, MA: Now Publishers

Kunreuther, H., and R. Roth, Sr., eds. 1998. *Paying the Price: The Status and Role of Insurance Against Natural Disasters in the United States.* Washington, DC: The Joseph Henry Press.

Kunreuther, H., W. Sanderson, and R. Vetschera. 1985. A behavioral model of the adoption of protective activities. *Journal of Economic Behavior & Organization* 6: 1-15.

Lecomte, E., and K. Gahagan. 1998. Hurricane insurance protection in Florida. In *Paying the Price: The Status and Role of Insurance Against Natural Disasters in the United States.* Eds. H. Kunreuther and R. J. Roth, Sr. Washington, DC: The Joseph Henry Press, 97-124.

Lieber, R. 2010. The unloved annuity gets a hug from Obama. *New York Times.* January 29.

Liebman, J. B., and R. Zeckhauser. 2008. Simple humans, complex insurance, subtle subsidies. NBER Working Paper No. 14330. Cambridge, MA: National Bureau of Economic Research.

Litzenberger, R. H., D. R. Beaglehole, and C. E. Reynolds. 1996. Assessing catastrophe reinsurance-linked securities as a new asset class. *Journal of Portfolio Management* Special Issue: 76-86.

Lobb, A. 2002. Ouch! Don't forget the disability insurance. CNN Money, May 6, 2002. http://money.cnn.com/2002/03/25/pf/insurance/q_disability/index.htm (accessed December 9, 2008).

Loewenstein, G. F., E. U. Weber, C. K. Hsee, and N. Welch. 2001. Risk as feelings. *Psychological Bulletin* 127: 267-86.

Loomes, G., and R. Sugden. 1982. Regret theory: An alternative theory of rational choice under uncertainty. *Economic Journal* 92: 805-24.

Lloyd's of London. 2008. *Coastal Communities and Climate Change: Maintaining Future Insurability* (Part of the 360 Risk Project). London: Lloyd's.

Luhby, T. 2004. Money Matters column. *Newsday.* November 28.

Mayers, D., and C. W. Smith, Jr. 1990. On the corporate demand for insurance: Evidence from the reinsurance market. *Journal of Business* 63: 19-110.

Michel-Kerjan, E. 2010. Catastrophe economics: The National Flood Insurance Program: Past, present, and future. *Journal of Economic Perspectives* 24: 165-86.

Michel-Kerjan, E., and C. Kousky. 2010. Come rain or shine: Evidence on flood insurance purchases in Florida. *Journal of Risk and Insurance*: 77: 369-97.

Michel-Kerjan, E., S. Lemoyne de Forges, and H. Kunreuther. 2011. Policy tenure under the U.S. National Flood Insurance Program (NFIP). *Risk Analysis*. Article first published online: September 15, 2011. DOI: 10.1111/j.1539-6924.2011.01671.x (accessed October 28, 2011).

Michel-Kerjan, E. and B. Pedell. 2006. How does the corporate world cope with mega-terrorism? Puzzling evidence from terrorism insurance markets. *Journal of Applied Corporate Finance* 18: 61-75.

Michel-Kerjan, E. and B. Pedell. 2005. Terrorism risk coverage in the post-9/11 era: A comparison of new public-private partnerships in France, Germany, and the U.S. *Geneva Papers on Risk and Insurance* 30: 144-70.

Michel-Kerjan, E. O., P. A. Raschky, and H. C. Kurreuther. 2009. Corporate demand for insurance: An empirical analysis of the U.S. market for catastrophe and non-catastrophe risks. Working Paper, Wharton Risk Management Center, University of Pennsylvania, Philadelphia, PA.

Miller, M. J., and K. N. Southwood. 2004. *Homeowners Insurance Coverages: An Actuarial Study of the Frequency and Cost of Claims for the State of Michigan*. Carlock, IL: Epic Consulting, LLC.

Mitchell, O. S., J.M. Poterba, M. J. Warshawsky, and J. R. Brown. 1999. New evidence on the money's worth of individual annuities. *American Economic Review* 89: 1299-1318.

Musgrave, R. A. 1959. *The Theory of Public Finance*. New York: McGraw Hill.

National Association of Insurance Commissioners (NAIC). 2008. 2006 Profitability Report. NA1C Store: Statistical Reports. http://www.naic.org/store_pub_statistical.htm#profitability (accessed December 9, 2008).

2006. A Shopper's Guide to Cancer Insurance. http://oci.wi.gov/pub_list/pi-001.htm (accessed July 10, 2010).

National Highway Traffic Safety Administration (NHTSA). 2007. *Traffic Safety Facts 2007*. Washington, DC: National Center for Statistics and Analysis, U.S. Department of Transportation. http://www-nrd.nhtsa.dot.gov/Pubs/811002.PDF (accessed November 5, 2010).

Office of Fair Trading (OFT). 2002. Extended warranties on domestic electrical goods: A report on an OFT investigation. http://www.oft.gov.uk/shared_oft/reports/consumcr_protection/oft387.pdf (accessed November 18, 2010).

Palm, R. 1995. *Earthquake Insurance: A Longitudinal Study of California Homeowners.* Boulder: Westview Press.

Pauly, M. V. 1968. The economics of moral hazard: Comment. *American Economic Review* 58: 531-7.

Pauly, M. V. 1970. *Medical Care at Public Expense.* New York: Praeger.

Pauly, M. V. 1990. The rational nonpurchase of long-term care insurance. *Journal of Political Economy* 98: 153-68.

Pauly, M. V. 2010. *Health Reform without Side Effects: Making Markets Work for Individual Health Insurance.* Stanford: Hoover Institution Press.

Pauly, M. V., and F. Blavin. 2008. Moral hazard in insurance, value based cost sharing, and the benefits of blissful ignorance. *Journal of Health Economics* 27: 1407-17.

Pauly, M. V., and B. Herring. 2006. Incentive-compatible guaranteed renewable health insurance premiums. *Journal of Health Economics* 25: 395-417.

Pauly, M. V., and B. Herring. 2007. Risk pooling and regulation: Policy and reality in today's individual health insurance market. *Health Affairs* 26: 770-9.

Pauly, M. V., B. Herring, and D. Song. 2006. Information technology and consumer search for health insurance. *International Journal of the Economics of Business* 13: 45-63.

Pauly, M. V., A. L. Hillman, M. S. Kim, and D. R. Brown. 2002. Competitive behavior in the HMO marketplace. *Health Affairs* 21: 194-202.

Pauly, M. V., H. Kunreuther, and R. Hirth. 1994. Guaranteed renewability in health insurance. *Journal of Risk and Uncertainty* 10: 143-56.

Pauly, M. V., and R. Lieberthal. 2008. How risky is individual health insurance? *Health Affairs* 27: w242-w249 (Web exclusive, May 6, 2008). http://content. healthaffairs.org/cgi/reprint/27/3/w242.

Pauly, M. V., K. Menzel, H. Kunreuther, and R. Hirth. 2011. Guaranteed Renewability Uniquely Prevents Adverse Selection. *Journal of Risk and Uncertainty* 43(2): 127-39.

Pauly, M. V., and L. M. Nichols. 2002. The nongroup health insurance market: Short on facts, long on opinions and policy disputes. *Health Affairs* 21: w325-w344. Web exclusive, October 23, 2002. http://content.healthaffairs. org/cgi/reprint/hlthaff.w2.325vl.

Pear, R. 2010. Health executive defends premiums. *New York Times.* February 24.

Piao, X., and H. Kunreuther. 2006. *Object-oriented affect in warranty decisions.* Manuscript. New York, NY: Columbia University.

Poterba, J., S. Venti, and D. Wise. 2011. The draw down of personal retirement assets, January. NBER Working Paper No. 16675. Cambridge, MA: National

Bureau of Economic Research.

Rabin, M., and R. Thaler 2001. Anomalies: Risk aversion. *Journal of Economic Perspectives* 15: 219-32.

Retzloff, C. D. 2005a. *Trends in Life Insurance Ownership among U.S. Households.* Windsor, CT: LIMRA International.

Retzloff, C. D. 2005b. *Trends in Life Insurance Ownership among U.S. Individuals.* Windsor, CT: LIMRA International.

Roth, Jr., R. J. 1998. Earthquake insurance protection in California. In *Paying the Price: The Status and Role of Insurance against Natural Disasters in the United States.* Eds. H. Kunreuther and R. J. Roth, Sr. Washington, DC: The Joseph Henry Press, 67-96.

Rothschild, M., and J. Stiglitz. 1976. Equilibrium in competitive insurance markets: An essay on the economics of imperfect information. *Quarterly Journal of Economics* 90: 629-49.

Rottenstreich, Y., and C. K. Hsee. 2001. Money, kisses, and electric shocks: On the affective psychology of risk. *Psychological Science* 12: 185-90.

Samuelson, P. 1964. Principles of efficiency: Discussion. *American Economic Review, Papers and Proceedings* 54: 93-6.

Samuelson, W., and R. Zeckhauser. 1988. Status quo bias in decision making. *Journal of Risk and Uncertainty* 1: 7-59.

Sandroni, A., and F. Squintani. 2007. Overconfidence, insurance, and paternalism. *American Economic Review* 97: 1994-2004.

Schade, C., H. Kunreuther, and P. Koellinger. 2011. Protecting against low probability disasters: The role of worry. *Journal of Behavioral Decision Making.* Article first published online: September 26, 2011. DOI: 10.1002/bdm.754 (accessed October 28, 2011).

Schaus, S. 2005. Annuities make a comeback. *Journal of Pension Benefits: Issues in Administration* 12: 34-8.

Schulze, R. and T. Post 2010. Individual annuity demand under aggregate mortality risk. *Journal of Risk and Insurance* 77(2): 423-49.

Shafir, E., I. Simonson, and A. Tversky. 1993. Reason-based choice. *Cognition* 49: 11-36.

Shapira, Z., and I. Venezia. 2008. On the preference for full-coverage policies: Why do people buy too much insurance? *Journal of Economic Psychology.* 29(5): 747-61.

Shiller, R. J. 2003. *The New Financial Order: Risk in the 21st Century.* Princeton: Princeton University Press.

Silverman, R. E. 2005. Getting paid for getting sick: As health costs rise, insurers market policies that make payments for specific illnesses. *Wall Street Journal.* July 14.

Singletary, M. 2003. Renters insurance worth the cost: The color of money. *Renter's Insurance Business,* September 21, 2003. http://www.cvoco. org/downloads/housing/renters-insurance.pdf (accessed October 28, 2010).

Slovic, P. 1995. The construction of preference. *American Psychologist* 50: 364-71.

Slovic, P., B. Fischhoff, and S. Lichtenstein. 1978. Accident probabilities and seat belt usage: A psychological perspective. *Accident Analysis and Prevention* 10: 281-5.

Slovic, P., J. Monahan, and D. G. MacGregor. 2000. Violence risk assessment and risk communication: The effects of using actual cases, providing instruction, and employing probability versus frequency formats. *Law and Human Behavior* 24: 271-96.

Smetters, K. 2004. Insuring against terrorism. *Brookings-Wharton Papers on Financial Services: 2004.* Ed. R. Herring and R. E. Litan. Washington, DC: Brookings Institution Press, 139-87.

Smith, A. 1759/1966. *Theory of Moral Sentiments.* Repr., New York: Augustus M. Kelley

Social Security Administration. 2009. Social security basic facts. Social Security Online: Press Office Fact Sheet. http://www.ssa.gov/pressoffice/basicfact.htm (accessed October 28, 2010).

Sonnenberg, A., and F. Delco. 2002. Cost effectiveness of a single colonoscopy in screening for colorectal cancer. *Annals of Internal Medicine* 162: 163-8.

Spindler, M. 2011. Asymmetric information in insurance markets: Does this really exist? *Geneva Association Insurance Economics* no.64, July 2011.

Starmer, C. 2000. Developments in non-expected utility theory: The hunt for a descriptive theory of choice under risk. *Journal of Economic Literature* 38: 332-82 (also cited in Chapter 3).

Steele, J. 2003. No coverage is a risky policy. *Chicago Tribune* (online), December 2, 2003. http://articles.chicagotribune.com/2003-12-02/business/ 0312020113_1_renter-s-insurance-insurance-information-institute-insurance-industry (accessed November 5, 2010).

Stone, J. 1973. A theory of capacity and the insurance of catastrophic risks: Part I and Part II. *Journal of Risk and Insurance* 40: 231-43 (Part I); 339-55 (Part II).

Sulzberger, A.G. 2011. They dropped their flood insurance, then the "mouse" roared. New York Times. June 24. http://www.nytimes.com/2011/06/24/us/ 24flood.html?_r=1&ref=agsulzberger (accessed October 13, 2011).

Sun, L. H. 2010. Report: Millions in area at risk of being denied insurance. The Washington Post (online), May 13, 2010. http://www.washingtonpost.com/ wp-dyn/content/article/2010/05/12/AR2010051202047.html (accessed October

27, 2010).

Sunstein, C. R. 2003. Terrorism and probability neglect. *Journal of Risk and Uncertai11ty* 26: 121-36.

Sydnor, J. 2010. (Over)insuring modest risks. *American Economic Journal*: Applied Economics 2: 177-99.

Taleb, N. 2007. *The Black Swan: The Impact of the Highly Improbable.* New York, NY: Random House.

Thaler, R. 1985. Mental accounting and consumer choice. *Marketing Science* 4: 199-214.

Thaler, R., and C. R. Sunstein. 2008. *Nudge: Improving Decisions about Health, Wealth and Happiness.* New Haven, CT: Yale University Press.

Tobias, A. P. 1982. *The Invisible Bankers: Everything the Insurance Industry Never Wanted You to Know.* New York: Simon & Schuster.

Tobin, R. J., and C. Calfee. 2005. *The National Flood Insurance Program's Mandatory Purchase Requirement: Policies, Processes, and Stakeholders.* Washington, DC: American Institutes for Research.

Travel Insurance Center. 2010. FlightGuard AD&D overview. http://www. travelinsurancecenter.com/eng/information/cm_home.cfm?line=tguard_fac (accessed July 10, 2010).

Truffer, C. J., S. Keehan, S. Smith, J. Cylus, A. Sisko, J. A. Poisal, J. Lizonitz, and M. K. Clemens. 2010. Health spending projections through 2019: The recession's impact continues. *Health Affairs* 29: 522-9.

Tversky, A., and D. Kahneman. 1991. Loss aversion in riskless choice: A reference-dependent model. *Quarterly Journal of Economics* 106: 1039-61.

Tversky, A., S. Sattath, and P. Slovic. 1988. Contingent weighting in judgment and choice. *Psychological Review* 95: 371-84.

Tversky, A., P. Slovic, and D. Kahneman. 1990. The causes of preference reversal. American Economic Review 80: 204-17.

U. S. Census Bureau. 2004. Current Housing Reports, Series H150/03. *American Housing Survey for the United States: 2003.* Washington, DC: U.S. Government Printing Office.

U. S. Census Bureau. 2008. Current Housing Reports, Series H150/07. *American Housing Survey for the United States: 2007.* Washington, DC: U.S. Government Printing Office.

U. S. Census Bureau. 2010. Statistical Abstract: the National Data Book. http://www.census.gov/compendia/statab/(accessed June 25, 2010).

U.S. Department of Labor. Bureau of Labor Statistics. Consumer Expenditure Survey, 2004: Interview Survey and Detailed Expenditure Files.

U.S. Government Accountability Office (GAO). 2002. *Flood Insurance: Extent of Noncompliance with Purchase Requirements is Unknown.* Washington,

DC: GAO-02-396.

U.S. Government Accountability Office (GAO). 2008. *Flood Insurance: FEMA's Rate-Setting Process Warrants Attention.* Washington, DC: GAO-09-12.

Viscusi, W. K., W. A. Magat, and J. Huber. 1987. An investigation of the rationality of consumer valuations of multiple health risks. *Rand Journal of Economics* 18: 465-79.

Volpp, K., L. K. John, A. Troxel, L. Norton, J. Fassbender, and G. Loewenstein. 2008. Financial incentive based approaches for weight loss: A randomized trial. *Journal of the American Medical Association* 300: 2631-7.

Wakker, P., R. Thaler, and A. Tversky. 1997. Probabilistic insurance. Journal of Risk and Uncertainty 15: 7-28.

Weinstein, N., K. Kolb, and B. Goldstein. 1996. Using time intervals between expected events to communicate risk magnitudes. *Risk Analysis* 16: 305-8.

Wharton Risk Management and Decision Processes Center (2005), *TRIA and Beyond: Terrorism Risk Financing in the U.S.* Philadelphia: Wharton School, University of Pennsylvania.

Winter, R. A. 1994. The dynamics of competitive insurance markets. *Journal of Financial Intermediation* 3: 379-415.

Wu, G., and R. Gonzalez. 1996. Curvature of the probability weighting function. Management Science 42: 1676-90.

Yaari, M. E. 1965. Uncertain lifetime, life insurance, and the theory of the consumer. *Review of Economic Studies* 32: 137-50.

Yegian, J., D. Pockell, M. Smith, and E. Murray. 2000. The nonpoor uninsured in California, 1988. Health Affairs 19: 171-7.

Zeckhauser, R. 1970. Medical insurance: A case study of the tradeoff between risk spreading and appropriate incentives. *Journal of Economic Theory* 2: 10-26.

찾 / 아 / 보 / 기

사항색인

역자 약력

김 정 동

연세대학교 경영학과 교수 (보험학 전공)

연세대학교 경제학과 (학사), 연세대학교 대학원 경영학과 (석사), George Washington University (MBA), University of Pennsylvania, Wharton School (PhD), 한국리스크관리학회장, 소비자보호원분쟁조정위원, 삼성생명 사외이사 역임.

보험과 행동경제학: 가장 오해받는 산업에서의 의사결정 향상

초판발행   2018년 1월 5일

지은이   하워드 C. 컨루더 · 마크 V. 폴리 · 스테이시 맥모로
옮긴이   김정동
펴낸이   안종만

편 집   배근하
기획/마케팅   조성호
표지디자인   조아라
제 작   우인도 · 고철민

펴낸곳   (주) 박영사
                  서울특별시 종로구 새문안로3길 36, 1601
                  등록 1959. 3. 11. 제300-1959-1호(倫)
전 화   02)733-6771
f a x   02)736-4818
e-mail   pys@pybook.co.kr
homepage   www.pybook.co.kr
ISBN   979-11-303-0474-8   93320

* 잘못된 책은 바꿔드립니다. 본서의 무단복제행위를 금합니다.
* 역자와 협의하여 인지첩부를 생략합니다.

* 책값은 뒤표지에 있습니다.